알앤비
RJNBJ

패턴국어
고등문법

- 기본편 -

이 책의 구성과 사용방법

1. 고등학교 국어 문법의 기본서

1 교체

1) 음절의 끝소리 규칙

받침이 되는 자음은 'ㄱ, ㄴ, ㄷ, ㄹ, ㅁ, ㅂ, ㅇ'의 일곱 가지만 올 수 있다.

- 국어에서 음절의 끝에서 발음되는 자음 : ㄱ, ㄴ, ㄷ, ㄹ, ㅁ, ㅂ, ㅇ (7개)
- 음절 끝에 일곱 소리 이외의 자음이 오면 이 일곱 자음 중의 하나로 바꾸어 발음하는 음운의 교체 현상이다.

'음절의 끝소리 규칙'과 관련된 〈표준 발음법〉 규정

제08항 받침소리로는 'ㄱ, ㄴ, ㄷ, ㄹ, ㅁ, ㅂ, ㅇ'의 7개 자음만 발음한다.
제09항 받침 'ㄲ, ㅋ', 'ㅅ, ㅆ, ㅈ, ㅊ, ㅌ', 'ㅍ'은 어말 또는 자음 앞에서 각각 대표음 [ㄱ, ㄷ, ㅂ]으로 발음한다.

규칙					
받침		조건	발음		예시
ㄲ, ㅋ	⇨	어말 또는 자음 앞 (음절의 끝소리에서)	[ㄱ]	⇨	밖→[박], 밖도→[박또]
ㅅ, ㅆ, ㅈ, ㅊ, ㅌ			[ㄷ]		옷→[옫], 옷도→[옫또], 옷 안→[오단], 있(고)→[읻(꼬)], 낮→[낟], 꽃→[꼳], 바깥→[바깓]
ㅍ			[ㅂ]		잎→[입], 잎도→[입또], 잎 위→[이뷔]

⇨ 어말 위치에서 또는 자음으로 시작된 조사나 어미 앞에서 'ㄲ, ㅋ', 'ㅅ, ㅆ, ㅈ, ㅊ, ㅌ' 및 'ㅍ'이 각각 [ㄱ, ㄷ, ㅂ]으로 발음되는 것을 규정한 것이다. 구체적으로 말하면, 받침 'ㄲ, ㅋ'은 받침 'ㄱ'과 같이 [ㄱ]으로 발음하고, 받침 'ㅅ, ㅆ, ㅈ, ㅊ, ㅌ'은 받침 'ㄷ'과 같이 [ㄷ]으로 발음하며, 받침 'ㅍ'은 받침 'ㅂ'과 같이 [ㅂ]으로 발음한다.
단, 'ㅎ'의 경우는 위의 규칙으로 일반화할 수 없다. '히읗'은 '[히읃]'으로 발음되지만, '낳다'의 경우는 받침의 'ㅎ'이 [ㄷ]으로 발음되지 않고 'ㅎ' 다음에 오는 'ㄷ'과 합쳐져서 축약이 일어나기 때문에 [나타]로 발음한다.

◆ 고등학교 국어 문법의 기본서로서 학습자 혼자서도 스스로 학습할 수 있도록 개념 설명이 '예시'와 함께 자세하게 되어 있다.

◆ 중요한 개념은 다시 한 번 정리할 수 있도록 표를 통해 강조하고 있다.

◆ 문법 내용을 지식적 차원에서 단순히 암기하는 학습이 아니라, 문법 규칙이 어떤 근거나 규정에서 비롯된 것인지를 알기 쉽게 제시하고 있다.

02 중세 국어

- 중세 국어 : 고려의 건국에서 조선 전기까지의 국어를 지칭한다. 고려의 건국으로 언어의 중심지가 경주에서 개성으로 옮겨졌으며 다시 조선이 건국된 후에는 그 중심지가 한양으로 변화하게 된다.
- 중세 국어 시기에는 '훈민정음'이 창제되어 비로소 우리말을 전면적으로 표기할 수 있게 된다.

1 표기

1) 현대 국어 표기법과 달리 원형을 밝히지 않고 소리 나는 대로 적는 이어적기를 한다.

> 불휘기·픈남·ᄀᆞᆫᄇᆞᄅᆞ·매아니 :뮐·ᄊᆡ곶 :됴·코여·름하ᄂᆞ·니
> - 《용비어천가》 제2장, 세종 29년(1447년)
>
> (현대어 풀이)
> 뿌리가 깊은 나무는 바람에 아니 움직이므로, 꽃 좋고 열매 많아지니

⇨ '기픈', 'ᄇᆞᄅᆞ매'에서 원형을 밝히지 않고 소리 나는 대로 적는 이어적기를 한다.

표기법의 종류

이어적기(연철)
한 음절의 종성을 다음 자의 초성으로 이동하여 적는 표기법. '말씀이'를 '말ᄊᆞ미'로 쓰는 것 따위.
끊어적기(분철)
여러 형태소가 연결될 때 그 각각을 음절이나 성분 단위로 밝혀 적는 표기법.
거듭적기(혼철)
형태소의 모음 사이에서 나는 자음을 각각 앞 음절의 종성으로 적고 뒤 음절의 초성으로 적는 표기법.

◆ 현대 국어뿐만 아니라 중세 국어 문법도 비중 있게 제시하여 어떠한 유형의 문제에도 당황하지 않고 해결할 수 있도록 내용을 구성하였다.

2. 내신과 수능을 함께 잡을 수 있는 **문제 구성과 정답 및 해설**

◆ 〈확인문제〉는 문법에 대한 기본 개념을 익힐 수 있도록 구성하였다. 특히, 주관식 문제도 함께 병행하여 내신 대비도 아울러 할 수 있도록 하였다.

◆ 〈기출문제〉는 지금까지 나온 어떤 책에서도 없었던 구성을 취했다. 2015년부터 2021년 11월까지 출제됐던 고등학교 1, 2학년 전국연합학력평가 모든 문제를 총망라하여 단원별로 분류하여 정리하였다. 따라서 해당 단원의 기본 개념 이론을 스스로 학습한 다음, 그 단원에서 기출됐던 모든 문제를 집중적으로 풀어볼 수 있도록 구성하여 학습자의 학습 효율을 높이고자 하였다.

◆ 정답과 해설

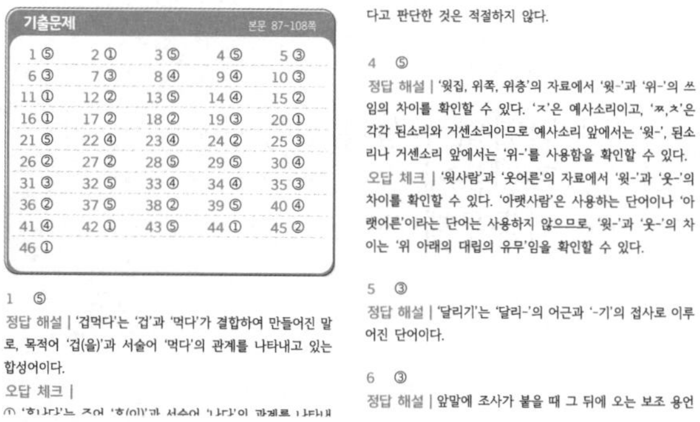

제2강 형태론

기출문제 본문 87~108쪽

1 ⑤	2 ①	3 ⑤	4 ⑤	5 ③
6 ③	7 ③	8 ④	9 ④	10 ③
11 ①	12 ②	13 ⑤	14 ④	15 ②
16 ①	17 ②	18 ②	19 ③	20 ①
21 ⑤	22 ④	23 ④	24 ②	25 ③
26 ②	27 ②	28 ⑤	29 ⑤	30 ④
31 ③	32 ⑤	33 ④	34 ④	35 ③
36 ②	37 ⑤	38 ②	39 ⑤	40 ④
41 ④	42 ①	43 ⑤	44 ①	45 ②
46 ①				

1 ⑤

정답 해설 | '겁먹다'는 '겁'과 '먹다'가 결합하여 만들어진 말로, 목적어 '겁(을)'과 서술어 '먹다'의 관계를 나타내고 있는 합성어이다.

오답 체크 |

다고 판단한 것은 적절하지 않다.

4 ⑤

정답 해설 | '윗집, 위쪽, 위층'의 자료에서 '윗-'과 '위-'의 쓰임의 차이를 확인할 수 있다. 'ㅈ'은 예사소리이고, 'ㅉ,ㅊ'은 각각 된소리와 거센소리이므로 예사소리 앞에서는 '윗-', 된소리나 거센소리 앞에서는 '위-'를 사용함을 확인할 수 있다.

오답 체크 | '윗사람'과 '웃어른'의 자료에서 '윗-'과 '웃-'의 차이를 확인할 수 있다. '아랫사람'은 사용하는 단어이나 '아랫어른'이라는 단어는 사용하지 않으므로, '윗-'과 '웃-'의 차이는 '위 아래의 대립의 유무'임을 확인할 수 있다.

5 ③

정답 해설 | '달리기'는 '달리-'의 어근과 '-기'의 접사로 이루어진 단어이다.

6 ③

정답 해설 | 앞말에 조사가 붙을 때 그 뒤에 오는 보조 용언

◆ 〈정답과 해설〉은 정답 선지에 대한 해설뿐만 아니라, 오답이 왜 오답인지에 대한 해설도 자세하게 덧붙여놨기 때문에 자기주도학습교재로서의 요건을 완벽하게 갖추었다고 할 수 있다.

목차

제1강 음운론(음운)

제2강 형태론(단어)

제3강 문장론(문장)

제4강 의미론(의미)

제5강 화용론(담화)

제6강 국어의 어문 규정

제7강 바른 국어 생활

제8강 국어사

제9강 국어의 변천

저자

류대곤 인천하늘고등학교 국어 교사

고려대학교 국어국문학과 및 교육대학원 국어교육과 / 저서 : 《청소년을 위한 한국고전문학사》

윤진석 용인외대부고 국어 교사

고려대학교 국어교육과 졸업 / 전 경기외고 교사

검토진

이기봉 청심국제중고등학교 / **정철** 중산고등학교 / **김은정** 진성고등학교 / **김선혜** 하남고등학교 / **최성조** 인천국제고등학교

대치동 및 강남 서초 분당의 학원에서 학생들을 지도하시는 선생님들께서도 검토해 주셨습니다.

대치 김나래 / 박소현 / 백애란 / 서승원 / 성수나 / 신희정 / 윤경훈 / 윤주영
윤지윤 / 이경희 / 이수현 / 이수현 / 이예원 / 이정현 / 정장현 / 정태식 / 채상아

서초 나선애 / 배윤정 / 송남권 / 이정화 / 최동우

압구정 곽은영 / 이연주 / 이정여

반포 김기식 / 김민경 / 민지애 / 양세영

분당 김현진 / 민병억 / 서보현 / 한성환 / 함범찬 / 홍승희

초판 1쇄 2022년 3월 11일
저자 류대곤, 윤진석
펴낸이 이상기 **펴낸곳** ㈜도서출판알앤비 **등록** 2018년 8월 22일 제 2019-000048호
주소 서울시 서초구 반포대로 300, 6층 **전자주소** rnbbooks@daum.net

ISBN 979-11-968123-7-9 53700

값 16,000원

제1강
음운론(음운)

01 음성과 음운

1 음성

사람의 발음 기관을 통해 내는 구체적이고 물리적인 소리를 말한다.

- 발화자와 발화시에 따라 다르게 나는 소리이다. (≒말소리)
- 자음과 모음으로 나뉘는 성질이 있다.
- 음운의 음성적 실현 단위이다.
  ⇨ 같은 음운이라도 환경에 따라서 다른 음성으로 발음될 수 있다.
- 구체적이고 물리적인 말소리를 지칭한다.

2 음운

말의 뜻을 구별하여 주는 소리의 가장 작은 단위

> - '님'과 '남'이 다른 뜻의 말이 되게 하는 'ㅣ'와 'ㅏ'
> - '물'과 '불'이 다른 뜻의 말이 되게 하는 'ㅁ'과 'ㅂ'

- 의미와 관련이 있다.
- 의미의 차이를 내는 최소 문법 단위이다.
- 최소의 의미 변별 단위이다.
- 공통적인 요소만을 뽑아 머릿속에서 같은 소리로 인식하는 추상적이고 관념적인 말소리이다.
- 음운은 사람들의 관념에 따라 그 수가 달라질 수 있다.
  ⇨ 우리말의 'ㄹ'을 영어에서는 'l'과 'r'의 두 개의 음운으로 인식한다.
- 음운의 종류 : 분절 음운, 비분절 음운

음운 체계 02

1 분절 음운

분절 음운은 소리마디의 경계를 나눌 수 있는 음운을 말한다. 자음과 모음처럼 다른 소리와 잘 나누어지는 음운을 의미한다.

1) 자음 체계

- **자음** : 목, 입, 혀 따위의 발음 기관에 의해 구강 통로가 좁아지거나 완전히 막히는 따위의 장애를 받으며 나는 소리이다.
- **자음 체계표** : 자음은 조음 위치와 조음 방법에 따라서 분류할 수 있다.

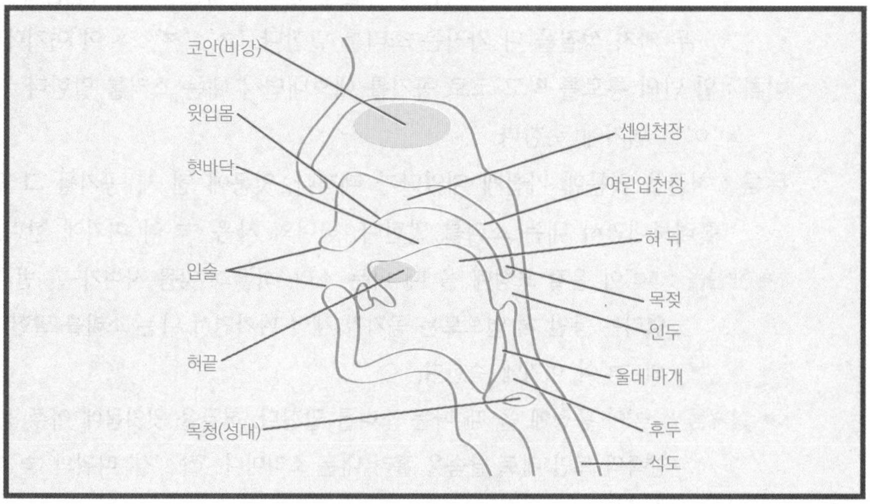

<조음 기관 단면도>

조음 위치 / 조음 방법			두 입술	윗잇몸 혀끝	센입천장 혓바닥	여린입천장 혀 뒤	목청 사이
			입술소리	혀끝소리	센입천장소리	여린 입천장소리	목청소리
안울림 소리	파열음	예사소리	ㅂ	ㄷ		ㄱ	
		된소리	ㅃ	ㄸ		ㄲ	
		거센소리	ㅍ	ㅌ		ㅋ	
	파찰음	예사소리			ㅈ		
		된소리			ㅉ		
		거센소리			ㅊ		
	마찰음	예사소리		ㅅ			ㅎ
		된소리		ㅆ			
울림 소리	비음		ㅁ	ㄴ		ㅇ	
	유음			ㄹ			

<자음 체계표>

- 울림소리 : 발음할 때, 목청이 떨려 울리는 소리를 말한다. 국어의 모든 모음이 이에 속하며, 자음 가운데에는 'ㄴ', 'ㄹ', 'ㅁ', 'ㅇ'이 여기에 속한다. 유성음(有聲音)
- 안울림소리 : 성대(聲帶)를 진동시키지 않고 내는 소리를 말한다. 무성음(無聲音)
- 파열음 : 폐에서 나오는 공기를 일단 막았다가 그 막은 자리를 터뜨리면서 내는 소리. 'ㅂ', 'ㅃ', 'ㅍ', 'ㄷ', 'ㄸ', 'ㅌ', 'ㄱ', 'ㄲ', 'ㅋ'이 여기에 속한다.
- 마찰음 : 입 안이나 목청 따위의 조음 기관이 좁혀진 사이로 공기가 비집고 나오면서 마찰하여 나는 소리를 말한다. 'ㅅ', 'ㅆ', 'ㅎ'이 여기에 속한다.
- 파찰음 : 막았다가 서서히 터뜨리면서 마찰을 일으켜 내는 소리. 파열음과 마찰음의 두 가지 성질을 다 가지는 소리를 말한다. 'ㅈ', 'ㅉ', 'ㅊ'이 여기에 속한다.
- 비음 : 입 안의 통로를 막고 코로 공기를 내보내면서 내는 소리를 말한다. 'ㄴ', 'ㅁ', 'ㅇ'이 여기에 속한다.
- 유음 : 혀끝을 잇몸에 가볍게 대었다가 떼거나, 잇몸에 댄 채 공기를 그 양옆으로 흘려보내면서 내는 소리를 말한다. 국어의 자음 'ㄹ'이 여기에 한다.
  - 탄설음 : 'ㄹ'이 음절 초성에 올 때 나는 소리. 혀끝과 잇몸 사이가 한 번 닫혔다가 열리는 동안 혀 옆으로는 공기가 새어 나가면서 나는 소리를 말한다. '라면'의 'ㄹ'이 여기에 속한다.
  - 설측음 : 'ㄹ'이 종성에 올 때 나는 소리를 말한다. 혀끝을 윗잇몸에 아주 붙이고, 혀 양쪽의 트인 데로 날숨을 흘려 내는 소리이다. '쌀', '길' 따위의 'ㄹ'이 여기에 속한다.
- 입술소리 : 두 입술 사이에서 나는 소리를 말한다. 양순음.
- 혀끝소리 : 혀끝과 윗잇몸이 맞닿아 나는 소리를 말한다. 설단음, 설첨음.
- 센입천장소리 : 혓바닥과 경구개, 즉 굳은 입천장 사이에서 나는 소리를 말한다. 경구개음, 구개음.
- 여린입천장소리 : 혀의 뒷부분과 연구개 사이에서 나는 소리를 말한다. 연구개음.
- 목청소리 : 목청 사이에서 나오는 소리를 말한다. 후음.

2) 모음 체계

- 모음 : 성대의 진동을 받은 소리가 목, 입, 코를 거쳐 나오면서, 그 통로가 좁아지거나 완전히 막히거나 하는 따위의 장애를 받지 않고 나는 소리를 말한다.

ⓐ 단모음 : 소리를 내는 도중에 입술 모양이나 혀의 위치가 달라지지 않는 모음을 말한다.

단모음
'ㅏ', 'ㅐ', 'ㅓ', 'ㅔ', 'ㅗ', 'ㅚ', 'ㅜ', 'ㅟ', 'ㅡ', 'ㅣ'

ⓑ 이중 모음 : 단모음과 반모음이 결합한 것으로, 입술 모양이나 혀의 위치를 처음과 나중이 서로 달라지게 하여 내는 모음을 말한다

이중 모음
'ㅑ', 'ㅒ', 'ㅕ', 'ㅖ', 'ㅘ', 'ㅙ', 'ㅛ', 'ㅝ', 'ㅞ', 'ㅠ', 'ㅢ'

ⓒ 반모음 : 모음과 같이 발음하지만 음절을 이루지 못하는 아주 짧은 모음을 말한다.

반모음
'ㅑ', 'ㅒ', 'ㅕ', 'ㅖ', 'ㅘ', 'ㅙ', 'ㅛ', 'ㅝ', 'ㅞ', 'ㅠ', 'ㅢ' 따위의 이중 모음에서 나는 'j', 'w'가 여기에 속한다.

• 모음 사각도와 모음 체계표 : 혀의 위치, 혀의 높낮이, 입술의 모양 등에 따라 분류할 수 있다.

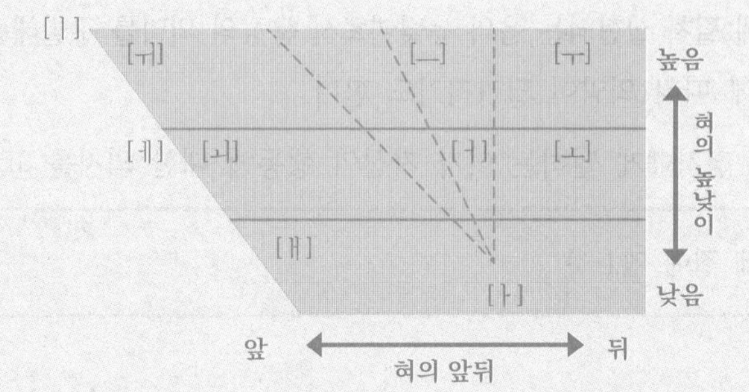

〈모음 체계표〉

혀의 앞뒤 / 입술의 모양 / 혀의 높이	전설모음		후설모음	
	평순	원순	평순	원순
고모음	ㅣ	ㅟ	ㅡ	ㅜ
중모음	ㅔ	ㅚ	ㅓ	ㅗ
저모음	ㅐ		ㅏ	

〈모음 체계표〉

2 비분절 음운

정확히 소리마디의 경계를 그을 수 없으나 음성과 달리 의미의 변별성을 가지는 음운을 말한다. 소리의 길이, 억양, 성조, 강세 등과 같이 다른 소리와 잘 나누어지지 않는 음운이다.

1) 소리의 길이

소리의 길이는 뜻을 구별하여 준다는 점에서 자음이나 모음과 같은 자격을 가진다.

- 소리의 길이가 길고 짧음에 따라 뜻이 달라지는 단어

> 말:[言]-말[馬], 눈:[雪]-눈[眼], 손:[孫]-손[手], 밤:[栗]-밤[夜],
> 성:인[聖人]-성인[成人], 무:력[武力]-무력[無力], 가:정[假定]-가정[家庭]

- 긴소리는 일반적으로 단어의 첫째 음절에서 나타나는데, 특이하게도 본래 길게 발음되던 것도 둘째 음절 이하에 오면 짧은소리로 발음되는 경향이 있다.

> 한국+말: ⇨ 한국말　　함박+눈: ⇨ 함박눈　　구두+솔: ⇨ 구둣솔

2) 억양

여러 음절에 걸쳐 실현되는 음의 높낮이로서 문장의 의미를 구별해준다. 말하는 이의 감정이나 태도에 따라 억양이 달라지기도 한다.

- 평서문 : 청자에게 말하는 이가 자신의 행동에 대한 의지를 표시할 때

> ㉰ 이제 집에 가.(↘)

- 의문문 : 청자에게 어떻게 행동할 것인지 몰라서 물을 때

> ㉰ 이제 집에 가?(↗)

- 명령문 : 화자가 청자에게 명령을 할 때

> ㉰ 이제 집에 가!(→)

⇨ 이 경우는 명령문 외에도 상황에 따라 다른 뜻이 나올 수 있다. 현재 화자는 상대방의 말대로 행동하고 싶지 않은데 상대방의 재촉에 짜증을 내며 말할 때에도 해당된다.

음절 03

1 음절의 의미 및 특징

1) 음절의 의미

- 한 뭉치로 이루어진 소리의 덩어리를 의미한다.
- 하나의 종합된 음의 느낌을 주는 말소리의 단위이다.
- 한 번에 낼 수 있는 소리 마디를 나타내는 문법 단위이다.

2) 음절의 특징

- 모든 말은 음절 단위로 마디를 이루어서 발음된다.
- 국어에서 음절이 만들어지려면 반드시 모음이 있어야 한다.
- 음절의 숫자는 모음의 숫자와 일치한다.
- 음절은 의미와 전혀 관계가 없는 음성학적 문법 단위일 뿐이다.

3) 음절의 구조

- 국어에서 음절이 이루어지는 방법은 아래의 네 가지가 있다.

음절 구조	용례
모음 단독	아, 에, 예, 와
자음 + 모음	가, 게, 녜, 과
모음 + 자음	악, 엑, 옐, 왈
자음 + 모음 + 자음	각, 녤, 괄, 값

04 음운의 변동

음운의 변동 : 한 음운이 일정한 환경에서 변하는 현상

- **교체** : 한 음운이 다른 음운으로 바뀌는 현상을 말한다.
  ⇨ 음절의 끝소리 규칙, 비음화, 유음화, 구개음화, 된소리되기 등이 있다.
- **탈락** : 두 음운 중 한 음운이 없어지는 현상을 말한다.
  ⇨ 자음군 단순화, 'ㄹ' 탈락, 'ㅎ' 탈락, 모음 탈락 등이 있다.
- **첨가** : 없던 음운이 새로 생기는 현상을 말한다.
  ⇨ 'ㄴ' 첨가, 반모음 첨가 등이 있다.
- **축약** : 두 음운이 하나의 음운으로 줄어드는 현상을 말한다.
  ⇨ 거센소리되기(자음 축약), 모음 축약 등이 있다.

1 교체

1) 음절의 끝소리 규칙

받침이 되는 자음은 'ㄱ, ㄴ, ㄷ, ㄹ, ㅁ, ㅂ, ㅇ'의 일곱 가지만 올 수 있다.

- 국어에서 음절의 끝에서 발음되는 자음 : ㄱ, ㄴ, ㄷ, ㄹ, ㅁ, ㅂ, ㅇ (7개)
- 음절 끝에 일곱 소리 이외의 자음이 오면 이 일곱 자음 중의 하나로 바꾸어 발음하는 음운의 교체 현상이다.

'음절의 끝소리 규칙'과 관련된 〈표준 발음법〉 규정

제08항 받침소리로는 'ㄱ, ㄴ, ㄷ, ㄹ, ㅁ, ㅂ, ㅇ'의 7개 자음만 발음한다.
제09항 받침 'ㄲ, ㅋ', 'ㅅ, ㅆ, ㅈ, ㅊ, ㅌ', 'ㅍ'은 어말 또는 자음 앞에서 각각 대표음 [ㄱ, ㄷ, ㅂ]으로 발음한다.

규칙					
받침		조건	발음		예시
ㄲ, ㅋ	⇨	어말 또는 자음 앞 (음절의 끝소리에서)	[ㄱ]	⇨	밖→[박], 밖도→[박또]
ㅅ, ㅆ, ㅈ, ㅊ, ㅌ			[ㄷ]		옷→[옫], 옷도→[옫또], 옷 안→[오단], 있(고)→[읻(꼬)], 낮→[낟], 꽃→[꼳], 바깥→[바깓]
ㅍ			[ㅂ]		잎→[입], 잎도→[입또], 잎 위→[이뷔]

⇨ 어말 위치에서 또는 자음으로 시작된 조사나 어미 앞에서 'ㄲ, ㅋ', 'ㅅ, ㅆ, ㅈ, ㅊ, ㅌ' 및 'ㅍ'이 각각 [ㄱ, ㄷ, ㅂ]으로 발음되는 것을 규정한 것이다. 구체적으로 말하면, 받침 'ㄲ, ㅋ'은 받침 'ㄱ'과 같이 [ㄱ]으로 발음하고, 받침 'ㅅ, ㅆ, ㅈ, ㅊ, ㅌ'은 받침 'ㄷ'과 같이 [ㄷ]으로 발음하며, 받침 'ㅍ'은 받침 'ㅂ'과 같이 [ㅂ]으로 발음한다.
단, 'ㅎ'의 경우는 위의 규칙으로 일반화할 수 없다. '히읗'은 '[히읃]'으로 발음되지만, '낳다'의 경우는 받침의 'ㅎ'이 [ㄷ]으로 발음되지 않고 'ㅎ' 다음에 오는 'ㄷ'과 합쳐져서 축약이 일어나기 때문에 [나타]로 발음한다.

2) 자음 동화

자음과 자음이 만날 때 서로 닮게 되는 현상을 말한다.

- 음절 끝 자음이 그 뒤에 오는 자음과 만날 때, 어느 한쪽이 다른 쪽을 닮아서 그와 비슷하거나 같은 소리로 바뀌기도 하고, 양쪽이 서로 닮아서 두 소리가 다 바뀌기도 하는 현상이다.

> **동화 :** 한쪽의 음운이 다른 쪽 음운의 성질을 닮는 현상을 말한다.
> - 말소리가 서로 이어질 때, 어느 한쪽 또는 양쪽이 영향을 받아 비슷하거나 같은 소리로 바뀌는 소리의 변화를 이르는 말이다.
> - 비음화, 유음화, 구개음화는 모두 자음이 앞이나 뒤에 오는 음운의 성질을 닮아 변동하므로 동화에 속한다.

ⓐ 비음화

비음이 아닌 자음이 비음의 영향을 받아 비음으로 바뀌는 현상으로, 어떤 음의 조음(調音)에 코 안의 울림이 수반되는 현상을 말한다.

> **'비음화'와 관련된 〈표준 발음법〉 규정**
>
> **제18항** 받침 'ㄱ(ㄲ, ㅋ, ㄳ, ㄺ), ㄷ(ㅅ, ㅆ, ㅈ, ㅊ, ㅌ, ㅎ), ㅂ(ㅍ, ㄼ, ㄿ, ㅄ)'은 'ㄴ, ㅁ' 앞에서 [ㅇ, ㄴ, ㅁ]으로 발음한다.
> [붙임] 두 단어를 이어서 한 마디로 발음하는 경우에도 이와 같다.
>
> **제19항** 받침 'ㅁ, ㅇ' 뒤에 연결되는 'ㄹ'은 [ㄴ]으로 발음한다.
> [붙임] 받침 'ㄱ, ㅂ' 뒤에 연결되는 'ㄹ'도 [ㄴ]으로 발음한다.

규칙 1

받침		뒤 자음		받침		뒤 자음		예시
ㅂ	+	ㅁ ㄴ	⇨	ㅁ	+	ㅁ ㄴ		밥물→[밤물] 받는다→[반는다] 국물→[궁물]
ㄷ				ㄴ				
ㄱ				ㅇ				

⇨ 'ㄴ, ㅁ' 등의 비음 앞에서 받침의 소리 [ㄱ, ㄷ, ㅂ]이 각각 [ㅇ, ㄴ, ㅁ]으로 동화되어 발음됨을 규정한 것이다. 예컨대 '값만, 없는'은 우선 'ㅅ'을 탈락시키고서 'ㅁ, ㄴ'에 의하여 'ㅂ'이 [ㅁ]으로 역행 동화되어 [감만], [엄ː는]으로 발음된다. [ㄷ]으로 발음되는 'ㅅ, ㅆ, ㅈ, ㅊ, ㄷ, ㅌ' 받침은 'ㄴ, ㅁ' 앞에서 모두 [ㄴ]으로 발음된다.

[붙임] 위와 같은 환경만 주어지면 단어와 단어 사이에서도 비음으로 바뀐다.

㉾ 국 마시다[궁마시다], 옷 마르다[온마르다], 입 놀리다[임놀리다]

규칙 2								
받침		뒤 자음		받침		뒤 자음		예시
ㅁ	+	ㄹ	⇨	ㅁ	+	ㄴ		남루→[남누]
ㅇ				ㅇ				종로→[종노]

⇨ 한자어에서 받침 'ㅁ, ㅇ' 뒤에 결합되는 'ㄹ'을 [ㄴ]으로 발음하는 규정이다. 본래 'ㄹ'을 첫소리로 가진 한자는 'ㄴ, ㄹ' 이외의 받침 뒤에서는 언제나 'ㄹ'이 [ㄴ]으로 발음된다.

[붙임] 받침 'ㄱ, ㅂ' 뒤에서 'ㄹ'은 [ㄴ]으로 발음되는데, 그 [ㄴ] 때문에 'ㄱ, ㅂ'은 다시 [ㅇ, ㅁ]으로 역행 동화되어 발음된다.

㉠ 막론(莫論)→[막논]→[망논]

규칙 3								
받침		뒤 자음		받침		뒤 자음		예시
ㅂ	+	ㄹ	⇨	ㅁ	+	ㄴ		섭리→[섭니]→[섬니]
ㄷ				ㄴ				몇 리(→[멷리]) →[멷니]→[면니]
ㄱ				ㅇ				백로→[백노]→[뱅노]

⇨ 비음화 '규칙 3'은 '규칙 1'과 '규칙 2'가 합쳐진 형태로, 음운의 변화 과정은 먼저 뒤 자음인 'ㄹ'이 비음인 'ㄴ'으로 바뀌고, 그런 다음 'ㄴ'의 영향을 받아 받침 'ㅂ, ㄷ, ㄱ'이 비음인 'ㅁ, ㄴ, ㅇ'으로 바뀌는 것이다.

ⓑ 유음화

'ㄴ'이 'ㄹ'의 영향을 받아 유음 'ㄹ'로 바뀌어 발음되는 현상. 'ㄴ'은 'ㄹ'의 앞 또는 뒤에서 'ㄹ'의 영향을 받아 'ㄹ'로 바뀌어 발음된다.

'유음화'와 관련된 〈표준 발음법〉 규정

제20항 'ㄴ'은 'ㄹ'의 앞이나 뒤에서 [ㄹ]로 발음한다.

[붙임] 첫소리 'ㄴ'이 'ㅀ', 'ㄾ'뒤에 연결되는 경우에도 이에 준한다.

다만, 다음과 같은 단어들은 'ㄹ'을 [ㄴ]으로 발음한다.

규칙 1

받침		뒤 자음		받침		뒤 자음	예시
ㄴ	+	ㄹ	⇨	ㄹ	+	ㄹ	신라→[실라] 칼날→[칼랄]
ㄹ		ㄴ		ㄹ		ㄹ	

⇨ '신라'의 경우 받침 'ㄴ'이 뒤에 오는 자음 'ㄹ'에 의해서 'ㄹ'로 변한 것이고, '칼날'은 받침 'ㄹ'로 인해 뒤에 온 자음 'ㄴ'이 앞이나 뒤에 온 자음 'ㄹ'로 인해 유음 'ㄹ'로 바뀌었다.

규칙 2

받침		뒤 자음		받침		뒤 자음	예시
ㅀ	+	ㄹ	⇨	ㄹ	+	ㄴ	닳는→[달른] 핥네→[할레]
ㄾ				ㄹ			

⇨ 'ㅀ, ㄾ' 과 같이 자음 앞에서 [ㄹ]이 발음되는 용언 어간 다음에 'ㄴ'으로 시작되는 어미가 결합되면 그 'ㄴ'을 'ㄹ'로 동화시켜 발음한다. 즉 '앓는[알른], 앓나[알라], 앓네[알레]'와 같이 발음한다.

단, <표준 발음법 제20항>의 '다만'에 따라 다음과 같은 단어들은 'ㄹ'을 [ㄴ]으로 발음한다. 이는 한자어에서 'ㄴ'과 'ㄹ'이 결합하면서도 [ㄹㄹ]로 발음되지 않고 [ㄴㄴ]으로 발음되는 예에 해당한다.

㉥ 의견란[의ː견난], 생산량[생산냥], 결단력[결딴녁], 공권력[공꿘녁], 이원론[이ː원논]

동화의 종류

동화는 방향에 따라 역행 동화, 순행 동화, 상호 동화로 나뉘고, 정도에 따라 완전 동화와 부분 동화(불완전동화)로 나뉜다.

1) 방향에 따른 분류

- 역행 동화 : 어떤 음운이 뒤에 오는 음운의 영향을 받아서 그와 비슷하거나 같은 소리로 바뀌는 현상. 앞 발음이 변한다.
  - ㉦ 곤란[골란], 국물[궁물], 끝내[끈내], 잎눈[임눈], 밭머리[반머리], 입모양[임모양]
- 순행 동화 : 어떤 음운이 앞에 오는 음운의 영향을 받아서 그와 비슷하거나 같은 소리로 바뀌는 현상. 뒷발음이 변한다.
  - ㉦ 찰나[찰라], 남루[남누], 왕릉[왕능], 땔 나무[땔라무]
- 상호 동화 : 인접하는 두 개의 음이 서로 영향을 주고받아 닮게 되는 현상. 둘 다 변한다.
  - ㉦ 십 리[심니], 국력[궁녁], 독립[동닙]

2) 정도에 따른 분류

- 완전 동화 : 말소리가 서로 이어질 때, 어느 한쪽이 다른 쪽의 영향을 받아 그와 같은 소리로 바뀌는 음운 현상이다.
  - ㉦ 신라[실라], 값만[감만], 끝나다[끈나다], 젖는[전는], 빛나게[빈나게]
- 부분 동화(불완전 동화) : 말소리가 서로 이어질 때, 가까이 있는 두 음운이 서로 영향을 주거나 받아 서로 비슷하게 소리가 나는 음운 현상이다.
  - ㉦ 앞 날[암날], 먹는[멍는], 심리[심니], 맏는다[만는다], 부엌문[부엉문]

3) 구개음화

구개음이 아닌 'ㄷ', 'ㅌ'이 구개음 'ㅈ', 'ㅊ'으로 발음되는 현상을 말한다.

- 끝소리가 'ㄷ', 'ㅌ'인 형태소가 모음 'ㅣ'나 반모음 'ㅣ[j]'로 시작되는 형식 형태소와 만나면 그것이 구개음 'ㅈ', 'ㅊ'이 되거나, 'ㄷ' 뒤에 형식 형태소 '히'가 올 때 'ㅎ'과 결합하여 이루어진 'ㅌ'이 'ㅊ'이 되는 현상이다.
- 구개음화는 조사나 접미사에 의해서만 일어날 수 있다.
- 합성어에서는 받침 'ㄷ, ㅌ' 다음에 '이'로 시작되는 단어가 결합되어 있더라도 구개음화가 일어날 수 없다.

㉦ '밭이랑[반니랑], 홑이불[혼니불]' 등과 같이 'ㄴ'에 의해서 'ㅌ'이 [ㄴ]으로 발음된다.

'구개음화'와 관련된 〈표준 발음법〉 규정

제17항 'ㄷ, ㅌ(ㄾ)'이 조사나 접미사의 모음 'ㅣ'와 결합되는 경우에는, [ㅈ, ㅊ]으로 바꾸어서 뒤 음절 첫소리로 옮겨 발음한다.

[붙임] 'ㄷ' 뒤에 접미사 '히'가 결합되어 '티'를 이루는 것은 [치]로 발음한다.

<table>
<tr><th colspan="7">규칙 1</th></tr>
<tr><th>발음</th><th rowspan="3">+</th><th>뒤 모음</th><th rowspan="3">⇨</th><th>발음</th><th rowspan="3"></th><th>예시</th></tr>
<tr><td>ㄷ</td><td rowspan="2">ㅣ</td><td>ㅈ</td><td rowspan="2">굳이→[구지]
같이→[가치]</td></tr>
<tr><td>ㅌ</td><td>ㅊ</td></tr>
</table>

⇨ '굳이'의 받침 'ㄷ'과 '같이'의 받침 'ㅌ'이 뒤에 오는 모음 'ㅣ'에 의해 각각 'ㅈ'과 'ㅊ'으로 변한다.

<table>
<tr><th colspan="7">규칙 2</th></tr>
<tr><th>받침</th><th rowspan="2">+</th><th>접미사</th><th rowspan="2">⇨</th><th>발음</th><th rowspan="2"></th><th>예시</th></tr>
<tr><td>ㄷ</td><td>히</td><td>[치]</td><td>굳히다→[구치다], 닫히다→[다치다]</td></tr>
</table>

⇨ 받침의 'ㄷ'이 다음에 오는 'ㅎ'과 만나 [ㅌ]이 된 후, 'ㅌ'이 'ㅣ'와 결합할 때 구개음화가 일어나는 것이다.

4) 된소리되기(경음화)

특정한 환경에서 예사소리가 된소리로 바뀌어 발음되는 현상을 말한다.

- 안울림 예사소리인 'ㄱ, ㄷ, ㅂ, ㅅ, ㅈ'이 된소리 'ㄲ, ㄸ, ㅃ, ㅆ, ㅉ'으로 발음되는 현상
- 된소리는 한자어로 경음(硬音)이므로 경음화(硬音化)라고도 한다.

ⓐ 파열음 뒤에서 된소리되기

'된소리되기'와 관련된 <표준 발음법> 규정 (1)

제17항 받침 'ㄱ(ㄲ, ㅋ, ㄳ, ㄺ), ㄷ(ㅅ, ㅆ, ㅈ, ㅊ, ㅌ), ㅂ(ㅍ, ㄼ, ㄿ, ㅄ)' 뒤에 연결되는 'ㄱ, ㄷ, ㅂ, ㅅ, ㅈ'은 된소리로 발음한다.

⇨ 한 단어 안에서나 체언의 곡용 및 용언의 활용에서나 위의 환경에서는 예외 없이 된소리로 발음한다.

받침	ㄱ
예시	국밥[국빱], 깍다[깍따], 넋받이[넉빠지], 삯돈[삭똔], 닭장[닥짱], 칡범[칙뻠]
받침	ㄷ
예시	뻗대다[뻗때다], 옷고름[옫꼬름], 있던[읻떤], 꽂고[꼳꼬], 꽃다발[꼳따발], 낯설다[낟썰다], 밭갈이[받까리], 솥전[솓쩐]
받침	ㅂ
예시	곱돌[곱똘], 덮개[덥깨], 옆집[엽찝], 넓죽하다[넙쭈카다], 읊조리다[읍쪼리다] 값지다[갑찌다]

ⓑ 어간 끝 자음 'ㄴ(ㄵ), ㅁ(ㄻ)' 뒤에서 된소리되기

'된소리되기'와 관련된 〈표준 발음법〉 규정 (2)

제24항 어간 받침 'ㄴ(ㄵ), ㅁ(ㄻ)' 뒤에 결합되는 어미의 첫소리 'ㄱ, ㄷ, ㅅ, ㅈ'은 된소리로 발음한다.
다만, 피동, 사동의 접미사 '-기-'는 된소리로 발음하지 않는다.

⇨ 이는 용언 어간에만 적용되는 규정이다. 체언의 경우에는 '신도[신도], 신과[신과]'라든가 '바람도[바람도], 바람과[바람과]' 등과 같이 된소리로 바꾸어 발음하지 않는다.

받침	ㄴ
예시	신고[신ː꼬], 껴안다[껴안따], 앉고[안꼬], 얹다[언따]
받침	ㅁ
예시	삼고[삼ː꼬], 더듬지[더듬찌], 닮고[담ː꼬], 젊지[점ː찌]

※ <표준 발음법> 제24항 '다만' 규정에 따라 아래와 같이 피동, 사동의 접미사 '-기-'는 된소리로 발음하지 않는다.
㉠ 안기다, 감기다, 굶기다, 옮기다
하지만, 일종의 활용 형식인 용언의 명사형의 경우에는 '안기[안ː끼], 남기[남ː끼], 굶기[굼끼]'와 같이 된소리로 발음한다.

ⓒ 어간 끝 자음 'ㄼ, ㄾ' 뒤에서 된소리되기

'된소리되기'와 관련된 〈표준 발음법〉 규정 (3)

제25항 어간 받침 'ㄼ, ㄾ' 뒤에 결합되는 어미의 첫소리 'ㄱ, ㄷ, ㅅ, ㅈ'은 된소리로 발음한다.

⇨ 이는 용언 어간에 한정되는 규정인데, 체언의 경우에는 '여덟도[여덜도], 여덟과[여덜과], 여덟보다[여덜보다]'처럼 된소리로 발음되지 않기 때문이다. 이 규정을 겹받침에 한정시킨 것은 홑받침 'ㄹ' 다음에서는 '알고, 알더니, 알지'와 같이 된소리로 발음되지 않기 때문이다.

받침	ㄼ
예시	넓게[널께], 떫지[떨찌]
받침	ㄾ
예시	핥다[할따], 훑소[훌쏘]

ⓓ 한자어 'ㄹ' 받침 뒤에서 된소리되기

'된소리되기'와 관련된 〈표준 발음법〉 규정 (4)

제25항 한자어에서, 'ㄹ' 받침 뒤에 연결되는 'ㄷ, ㅅ, ㅈ'은 된소리로 발음한다.
다만, 같은 한자가 겹쳐진 단어의 경우에는 된소리로 발음하지 않는다.

⇨ 한자어에서 받침 'ㄹ' 다음에 된소리로 발음되는 것을 규정한 것이다. 그러나 '결과, 물건, 불복, 설계, 열기, 절기, 출고, 팔경, 활보' 등 된소리로 발음되지 않는 예들이 많다. 된소리로 발음되는 경우에는 사전에서 그 발음을 표시하여야 한다.

받침	ㄹ
예시	갈등[갈뜽], 발동[발똥], 말살[말쌀], 일시[일씨], 갈증[갈쯩], 물질[물찔], 발전[발쩐]

※ <표준 발음법> 제26항 '다만' 규정에 따라 같은 한자가 겹쳐진 아래와 같은 단어의 경우에는 된소리로 발음하지 않는다.
㉠ 허허실실(虛虛實實)[허허실실], 절절-하다(切切-)[절절하다]

ⓔ 관형사형 '-(으)ㄹ' 뒤에서 된소리되기

'된소리되기'와 관련된 〈표준 발음법〉 규정 (5)

제27항 관형사형 '-(으)ㄹ' 뒤에 연결되는 'ㄱ, ㄷ, ㅂ, ㅅ, ㅈ'은 된소리로 발음한다.
다만, 끊어서 말할 적에는 예사소리로 발음한다.
[붙임] '-(으)ㄹ'로 시작되는 어미의 경우에도 이에 준한다.

⇨ 관형사형 '-ㄹ, -을' 다음에서는 'ㄱ, ㄷ, ㅂ, ㅅ, ㅈ'을 각각 예외 없이 된소리로 발음한다. '-(으)ㄹ' 다음에 오는 것이 명사가 아니라 보조 용언일 경우에도 역시 그 다음 자음을 된소리로 발음한다.

받침	-(으)ㄹ
예시	할 것을[할꺼슬], 갈 데가[갈떼가], 할 바를[할빠를], 할 수는[할쑤는]

※ <표준 발음법> 제27항 '붙임' 규정에 따라 '-(으)ㄹ'로 시작되는 어미의 경우에도 뒤에 연결되는 'ㄱ, ㄷ, ㅂ, ㅅ, ㅈ'은 된소리로 발음한다.
㉠ 할걸[할껄], 할수록[할쑤록]

5) 모음 동화

모음과 모음이 서로 닮게 되는 음운 변화를 말한다.

- 모음 동화가 일어나는 단어들 중 일부 예를 제외하고, 모음 동화에 대해서는 표기는 물론 발음까지도 표준어와 표준 발음으로 인정하지 않는다.

ⓐ 전설 모음화('ㅣ'모음 역행 동화)

앞 음절의 'ㅏ, ㅓ, ㅗ, ㅜ'가 뒤 음절의 전설 모음 'ㅣ'에 동화되어 전설 모음 'ㅐ, ㅔ ㅚ, ㅟ'로 변하는 현상

규칙								
앞음절		뒤음절		앞음절		뒤음절		예시
ㅏ, ㅓ, ㅗ, ㅜ	+	ㅣ	⇨	ㅐ, ㅔ, ㅚ, ㅟ	+	ㅣ		아비→[애비], 어미→[에미], 고기→[괴기], 죽이다→[주기다] →[쥐기다]

⇨ 전설 모음화는 뒤에 오는 'ㅣ'모음 때문에 앞에 오는 모음이 변하기 때문에 역행 동화에 해당한다. 그리하여 전설 모음화를 'ㅣ'모음 역행 동화라고도 한다. 전설 모음화는 필수적으로 일어나는 현상이 아니라 발화자의 편의에 따라 수의적으로 발생하는 현상이므로 표준 발음으로 인정되지 않는다.

- 모음 동화 중 표준어로 인정되는 것들
  - 'ㅣ' 모음 역행 동화된 단어를 표준어로 인정하는 경우
    - ㉞ 서울내기, 시골내기, 신출내기, 풋내기, 냄비, 동댕이치다, 멋쟁이, 소금쟁이, 담쟁이덩굴, 골목쟁이, 발목쟁이 등

모음 충돌에 대한 발음 규정

'모음 충돌'에 대한 〈표준 발음법〉

제27항 다음과 같은 용언의 어미는 [어]로 발음함을 원칙으로 하되, [여]로 발음함도 허용한다.

[붙임] '이오, 아니오'도 이에 준하여 [이요, 아니요]로 발음함을 허용한다.

⇨ 모음으로 끝난 용언 어간에 모음으로 시작된 어미가 결합될 때에 나타나는 모음 충돌에 대한 발음 규정. '되+어→되어'는 [되어]로 발음함이 원칙. 때로 모음 충돌을 피한 발음인 [되여]가 쓰이기도 하여 이를 현실적으로 허용한다는 규정이다. '이오, 아니오'의 경우에도 마찬가지이다.

㉞ 되어[되어/되여], 피어[피어/피여], 이오[이오/이요], 아니오[아니오/아니요]

ⓑ 모음 조화

양성 모음은 양성 모음끼리 음성 모음은 음성 모음끼리 어울리는 현상을 말한다.

- 두 음절 이상의 단어에서, 뒤의 모음이 앞 모음의 영향으로 그와 가깝거나 같은 소리로 되는 언어 현상이다.
- 'ㅏ', 'ㅗ' 따위의 양성 모음은 양성 모음끼리, 'ㅓ', 'ㅜ' 따위의 음성 모음은 음성 모음끼리 어울리는 현상이다.
- 현대 국어에서 모음 조화를 보이는 예들은 대개 용언의 어간, 용언의 어미, 의성 부사, 의태 부사에서 나타난다.
  - ㉔ (파랗다/퍼렇다), (되어, 놓아, 죽어, 고와), (사각사각/서걱서걱, 소곤소곤/수군수군, 종알종알/중얼중얼), (반들반들/번들번들, 알록달록/얼룩덜룩)
- 모음 조화가 지켜지지 않는 사례
  - ㉔ 고맙+어 > 고마워(고마와(×)), 가깝+어 > 가까워(가까와(×)) 등

6) 이화 현상

인접하는 두 음운이 서로 달라지려는 현상을 말한다.

ⓐ 모음 조화 파괴 현상

표현 효과를 위해서 일부러 상이한 모음 계열을 택하는 현상을 말한다.

- 대개 모음 조화 파괴는 공시적 현상에서보다는 통시적 현상에서 나타난다.
- 규칙적이기보다는 불규칙적으로 나타나기 때문에 '규칙'이라고 말하기도 어렵다.
  - ㉔ 남아→[나머], 작아→[자거], 소곰→[소금], 처섬→처엄→[처음]

2 탈락

1) 자음군 단순화

음절 끝의 두 자음 중 하나가 탈락하고 하나만 소리 나는 현상을 말한다.

- 두 자음 중 하나가 탈락할 때, 앞엣것이 탈락하기도 하고 뒤엣것이 탈락하기도 한다.
  - ㉔ 넋[넉], 넋과[넉꽈], 앉다[안따], 여덟[여덜], 핥다[할따], 넓죽하다[넙쭈카다]

'자음군 단순화'와 관련된 〈표준 발음법〉 규정

제10항 겹받침 'ㄳ', 'ㄵ', 'ㄼ, ㄽ, ㄾ', 'ㅄ'은 어말 또는 자음 앞에서 각각 [ㄱ, ㄴ, ㄹ, ㅂ]으로 발음한다.
다만, '밟-'은 자음 앞에서 [밥]으로 발음하고, '넓-'은 다음과 같은 경우(파생어나 합성어)에 [넙]으로 발음한다.
㉔ 넓죽하다[넙쭈카다], 넓둥글다[넙뚱글다]

제11항 겹받침 'ㄺ, ㄻ, ㄿ'은 어말 또는 자음 앞에서 각각 [ㄱ, ㅁ, ㅂ]으로 발음한다.
다만, 용언의 어간 말음 'ㄺ'은 'ㄱ' 앞에서 [ㄹ]로 발음한다.

2) 자음 탈락

둘 이상의 형태소가 서로 만날 때에 하나의 음운이 없어지는 현상을 말한다.

ⓐ 'ㄹ' 탈락

실질 형태소의 끝소리 'ㄹ'이 'ㄴ, ㄷ, ㅅ, ㅈ' 등의 자음 앞에서 탈락한다.

'ㄹ'탈락과 관련된 〈표준 발음법〉 규정

제28항 끝소리가 'ㄹ'인 말과 딴 말이 어울릴 적에 'ㄹ' 소리가 나지 아니하는 것은 아니 나는 대로 적는다.

① 합성과 파생 과정에서 'ㄹ'이 탈락하는 경우

'ㄹ'이 'ㄴ, ㄷ, ㅅ, ㅈ' 앞에서 탈락한다.

㉠ 다달이(달-달-이), 따님(딸-님), 우짖다(울-짖다), 화살(활-살)

⇨ 합성어나 파생어가 만들어질 때 'ㄹ'이 탈락하는 경우에는 탈락한 발음을 표준어로 삼는다. 'ㄹ' 탈락은 '활시위(활-시위)', '돌도끼(돌-도끼)'와 같이 동일한 환경에서 'ㄹ' 탈락이 일어나지 않는 경우가 많아 규칙화하기 어렵다.

② 활용 과정에서 'ㄹ'이 탈락하는 경우

용언 어간의 끝소리 'ㄹ'이 'ㄴ, ㄹ, ㅂ, ㅅ'로 시작하는 어미와 연결될 때 탈락한다.

㉠ 갈다 : 가니 / 간 / 갑니다 / 가시다 / 가오 등
둥글다 : 둥그니 / 둥근 / 둥급니다 / 둥그시다 / 둥그오 등

ⓑ 'ㅎ' 탈락

'ㅎ'을 끝소리로 가지는 어간은 모음으로 시작하는 어미나 접미사 앞에서 'ㅎ'이 탈락한다.

㉠ 낳은[나은], 놓아[노아], 쌓이다[싸이다] 등

3) 모음 탈락

둘 이상의 음절이 서로 만날 때 하나의 음절이 없어지는 현상을 말한다.

ⓐ 'ㅡ' 탈락

'ㅡ'로 끝나는 어간이 모음 'ㅏ/ㅓ'로 시작하는 어미와 결합할 때 'ㅡ'가 탈락하는 현상을 말한다.

㉠ 뜨- + -어 → 떠, 잠그- + -아 → 잠가, 담그- + -아서 → 담가서,
쓰- + -어라 → 써라

• 자음으로 시작하는 어미가 붙으면 'ㅡ'는 탈락하지 않는다.

ⓑ 'ㅏ/ㅓ' 탈락(동음 탈락)

'ㅏ/ㅓ'로 끝나는 어간이 모음 'ㅏ/ㅓ'로 시작하는 어미와 결합할 때 'ㅏ/ㅓ'가 탈락하는 현상을 말한다.

㉠ 가- + -아 → 가, 삼가- + -아 → 삼가, 건너- + -었- + -다 → 건넜다

3 첨가

• 표현 명료화의 원리에 따라 일어나는 음운 변동 현상을 말한다.

1) 'ㄴ' 첨가

합성어 및 파생어에서 자음으로 끝나는 형태소 뒤에 단모음 'ㅣ'나 반모음 'ㅣ̆'로 시작하는 형태소가 올 때 'ㄴ'이 첨가되는 현상을 말한다.

'ㄴ' 첨가와 관련된 〈표준 발음법〉 규정

제29항 합성어 및 파생어에서, 앞 단어나 접두사의 끝이 자음이고 뒤 단어나 접미사의 첫 음절이 '이, 야, 여, 요, 유'인 경우에는, 'ㄴ'소리를 첨가하여 [니, 냐, 녀, 뇨, 뉴]로 발음한다.

다만, 다음과 같은 말들은 'ㄴ' 음을 첨가하여 발음하되, 표기대로 발음할 수 있다.

㉠ 이죽-이죽[이중니죽/이주기죽] 야금-야금[야금냐금/야그먀금] 검열[검:녈/거:멸] 욜랑-욜랑[욜랑뇰랑/욜랑욜랑] 금융[금늉/그뮹]

[붙임 1] 'ㄹ' 받침 뒤에 첨가되는 'ㄴ' 음은 [ㄹ]로 발음한다.

㉠ 들-일→[들 :릴], 솔-잎→[솔립], 설-익다→[설릭따]

[붙임 2] 두 단어를 이어서 한 마디로 발음하는 경우에도 이에 준한다.

㉠ 한 일→[한닐], 옷 입다→[온닙따], 서른 여섯→[서른녀섣]

다만, 다음과 같은 단어에서는 'ㄴ(ㄹ)' 음을 첨가하여 발음하지 않는다.

㉠ 6·25→[유기오], 3·1절→[사밀쩔]

규칙

앞 단어, 접두사의 끝		뒤 단어, 접미사의 첫 음절		앞 단어, 접두사의 끝		뒤 단어, 접미사의 첫 음절	예시
자음	+	이 야 여 요 유	⇨	자음	+	니 냐 녀 뇨 뉴	솜-이불→[솜니불] 내복-약→[내 :봉냑] 한-여름→[한녀름] 담-요→[담 :뇨] 식용-유→[시공뉴]

⇨ 한자어, 합성어 및 접두 파생어에서 앞 단어나 접두사가 자음으로 끝나고 뒤 단어의 첫 음절이 '이, 야, 여, 요, 유'인 경우에 'ㄴ'을 첨가시켜 발음한다. 앞 요소의 받침은 첨가된 'ㄴ' 때문에 비음으로 발음된다.

합성어와 파생어

- 합성어 : 둘 이상의 실질 형태소가 결합하여 하나의 단어가 된 말
  예 '집안', '돌다리' 등
- 파생어 : 실질 형태소에 접사가 결합하여 하나의 단어가 된 말
  예 '덧버선', '덮개' 등

2) 사잇소리 현상으로서의 'ㄴ' 첨가

두 개의 형태소 또는 단어가 어울려 합성 명사를 이룰 때, 그 사이에 사잇소리를 삽입시키는(소리가 덧나는) 현상을 말한다.

- 사잇소리 현상은 반드시 **합성 명사**에서 나타나며, 사이시옷 표기와 관련된다.
- 앞말의 끝소리가 울림소리이고 뒷말의 첫소리가 안울림 예사소리이면 뒤의 예사소리가 된소리로 변하는 현상이다.
  ⇨ 이 경우는 첨가가 아니라 교체임. 된소리되기 참조
- 앞말이 모음으로 끝나고 뒷말이 'ㅁ, ㄴ'으로 시작되면 앞말의 끝소리에 'ㄴ' 소리가 하나 덧나는 현상이다.
- 앞말이 모음으로 끝나고 뒷말이 모음 'ㅣ'나 반모음 'ㅣ̆'로 시작되면 앞말의 끝소리와 뒷말의 첫소리에 'ㄴ'이 둘 덧나는 현상이다.
- 사잇소리 현상은 결정적 변동이 아니라, 수의적 변동에 해당하므로, '규칙'이 아니라 '현상'이라고 부른다.

'사잇소리 현상'과 관련된 〈표준 발음법〉 규정

제30항 사이시옷이 붙은 단어는 다음과 같이 발음한다.

1. 'ㄱ, ㄷ, ㅂ, ㅅ, ㅈ'으로 시작하는 단어 앞에 사이시옷이 올 때는 이들 자음만을 된소리로 발음하는 것을 원칙으로 하되, 사이시옷을 [ㄷ]으로 발음하는 것도 허용한다.
   예 냇가[내ː까 / 낻ː까], 콧등[코뜽 / 콛뜽], 대팻밥[대ː패빱 / 대ː팯빱], 햇살[해쌀 / 핻쌀], 뱃전[배쩐 / 밷쩐]
2. 사이시옷 뒤에 'ㄴ, ㅁ'이 결합되는 경우에는 [ㄴ]으로 발음한다.
   예 콧날[콛날→콘날], 뱃머리[밷머리→밴머리]
3. 사이시옷 뒤에 '이' 음이 결합되는 경우에는 [ㄴㄴ]으로 발음한다.
   예 깻잎[깯닙→깬닙], 나뭇잎[나묻닙→나문닙]

'사이시옷'과 관련된 〈한글 맞춤법〉 규정

제30항 사이시옷은 다음과 같은 경우에 받치어 적는다.

1. 순우리말로 된 합성어로서 앞말이 모음으로 끝난 경우
   (1) 뒷말의 첫소리가 된소리로 나는 것
   ㉠ 나룻배→[나루빼/나룯빼], 나뭇가지→[나무까지/나묻까지]
   (2) 뒷말의 첫소리 'ㄴ, ㅁ' 앞에서 'ㄴ' 소리가 덧나는 것
   ㉠ 멧나물→[멘나물], 아랫니→[아랜니]
   (3) 뒷말의 첫소리 모음 앞에서 'ㄴㄴ' 소리가 덧나는 것
   ㉠ 도리깻열→[도리깬녈], 뒷윷→[뒨뉻], 두렛일→[두렌닐]
2. 순우리말과 한자어로 된 합성어로서 앞말이 모음으로 끝난 경우
   (1) 뒷말의 첫소리가 된소리로 나는 것
   ㉠ 귓병, 머릿방, 뱃병, 봇둑, 사잣밥
   (2) 뒷말의 첫소리 'ㄴ, ㅁ' 앞에서 'ㄴ' 소리가 덧나는 것
   ㉠ 곗날, 제삿날, 훗날, 툇마루, 양칫물
   (3) 뒷말의 첫소리 모음 앞에서 'ㄴㄴ' 소리가 덧나는 것
   ㉠ 가욋일, 사삿일, 예삿일, 훗일
3. 두 음절로 된 다음 한자어
   곳간(庫間), 셋방(貰房), 숫자(數字), 찻간(車間), 툇간(退間), 횟수(回數)

3) 반모음 첨가

주로 모음으로 끝나는 용언 어간 뒤에 '-아/-어'로 시작하는 어미가 결합할 때 반모음 'ǐ' 또는 'ㅗ̌/ㅜ̌'가 덧붙는 현상을 말한다.

- 표준 발음으로 인정되지 않는 수의적 발음 현상이다.

㉠ 피어도 → [피여도] 좋아도 → [조와도]

4 축약

1) 자음 축약(거센소리되기)

두 형태소가 서로 만날 때에 앞뒤에 있는 두 자음이 합쳐져서 하나의 음운이 되는 현상을 말한다.

- 'ㅂ, ㄷ, ㅈ, ㄱ'이 인접한 음운 'ㅎ'과 서로 만나면 거센소리인 'ㅍ, ㅌ, ㅊ, ㅋ'이 된다.

규칙					
받침		접미사		발음	예시
ㅂ	+	ㅎ	⇨	ㅍ	잡히다→[자피다]
ㄷ				ㅌ	많다→[만타]
ㅈ				ㅊ	좋고→[조코]
ㄱ				ㅋ	먹히다→[머키다]

2) 모음 축약

두 형태소가 서로 만날 때에 앞뒤 형태소의 두 모음이 합쳐져서 하나의 음절로 줄어드는 현상을 말한다.

규칙		
두 음절	⇨	한 음절
아이[ai]		애[æ]

음운 변동이 일어나는 이유

표현 명료화의 원리	경제성의 원리
• 뜻을 좀 더 분명하게 전달하려는 원리 • 경음화, 'ㄴ' 첨가	• 발음을 쉽고 빠르게 하기 위한 원리 • 동화, 축약, 탈락

표준 발음법과 음운의 변동

표준 발음법은 음운과 음운이 결합하는 과정에서 변화가 일어날 수 있음을 알고 이러한 경우에 어떻게 발음해야 하는지를 규정해 놓은 것이다. 따라서 표준 발음법에 맞는 정확한 발음을 하려면 국어의 음운 변동에 대한 이해가 바탕이 되어야 한다.

음운의 변동	표준 발음법 조항	음운의 변동	표준 발음법 조항
음절의 끝소리규칙	제8~16항	된소리되기 (경음화)	제12항
비음화, 유음화	제18~20항	축약과 탈락	제23~28, 30항
구개음화	제17항	음의 첨가	제29~30항

확인문제 05

01

'음운'에 대한 설명으로 적절한 것만을 묶어 놓은 것은?

보기

㉠ 의미와 관련이 없다.
㉡ 의미와 관련이 있다.
㉢ 구체적이고 물리적인 말소리
㉣ 추상적이고 관념적인 말소리
㉤ 분절적인 소리이다.

① ㉠, ㉢　② ㉡, ㉣　③ ㉠, ㉢, ㉤
④ ㉡, ㉢, ㉤　⑤ ㉡, ㉣, ㉤

02

<보기>에서 ㉮를 예로 들어 ㉯를 설명하려고 한다. (　　　　) 안에 들어갈 적절한 말을 쓰시오.

보기

㉮ '강'과 '궁'
㉯ 음운 : 말의 뜻을 구별하여 주는 소리의 가장 작은 단위

→ '강'과 '궁'의 뜻을 구별해주는 소리는 (　　　　　　)와 (　　　　　　)이다.

03

〈보기〉의 ⓐ와 ⓑ에 공통으로 들어갈 단어를 쓰시오.

보기

- '물', '불', '풀'의 'ㅁ', 'ㅂ', 'ㅍ'은 단어의 (ⓐ)를 구별해 주는 기능을 한다.
- '눈:[雪]'과 '눈[眼]', '말[言]'과 '말[馬]'에서처럼 소리의 길고 짧음에 따라 말의 (ⓑ)가 달라진다.

04

〈보기〉의 밑줄 친 단어와 조음 방법 및 조음 위치가 같은 것은?

보기

- <u>부모</u>님께 효도하는 사람

① 파마 ② 다리 ③ 가마 ④ 까치 ⑤ 사랑

05

ⓐ와 ⓑ에 대한 설명으로 적절하지 <u>않은</u> 것은?

보기

ⓐ ㅁ,ㄴ,ㅇ ⓑ ㄹ

① ⓐ와 ⓑ는 모두 발음할 때 성대가 울린다는 공통점이 있다.
② ⓐ와 ⓑ는 조음 방법은 같으나 조음 위치는 다르다.
③ ⓐ와 ⓑ는 조음 방법은 다르나 조음 위치는 같다.
④ ⓐ와 ⓑ는 조음 방법과 조음 위치가 모두 다르다.
⑤ ⓐ의 일부는 ⓑ와 조음 방법 및 조음 위치가 모두 같다.

06

우리말 단모음 중에서 이중 모음으로 발음하는 것도 허용하고 있는 것은?

① ㅐ, ㅔ ② ㅚ, ㅟ ③ ㅑ, ㅕ ④ ㅒ, ㅖ ⑤ ㅘ, ㅝ

07

'음절'에 대한 설명으로 적절한 것만을 묶어 놓은 것은?

보기

㉠ 하나의 종합된 음의 느낌을 주는 말소리의 단위
㉡ 의미의 차이를 나타내는 최소 문법 단위
㉢ 의미와 전혀 관계가 없음.
㉣ 음절의 숫자는 모음의 숫자와 일치함.

① ㉠, ㉢ ② ㉡, ㉣ ③ ㉠, ㉡, ㉢
④ ㉠, ㉢, ㉣ ⑤ ㉡, ㉢, ㉣

08

〈보기〉의 밑줄 친 부분에 해당하는 것을 모두 쓰시오.

보기

음절의 끝소리 규칙은 음절 끝에 일곱 소리 이외의 자음이 오면 이 **일곱 자음** 중의 하나로 바꾸어 발음하는 음운의 교체 현상이며, 겹받침의 발음도 이 원칙을 따른다.

09

〈보기〉의 설명에 해당하는 단어로 적절하지 않은 것은?

보기

음절 끝 자음이 그 뒤에 오는 자음과 만날 때, 어느 한쪽이 다른 쪽을 닮아서 그와 비슷하거나 같은 소리로 바뀌기도 하고, 양쪽이 서로 닮아서 두 소리가 다 바뀌기도 하는 현상

① 국물 ② 천리 ③ 논밭 ④ 밥물 ⑤ 속는다

10

〈보기〉의 밑줄 친 말을 소리 나는 대로 쓰시오.

보기

우리는 봉사활동에 <u>뜻 있는</u> 분들을 기다리고 있습니다.

11

〈보기〉의 단어들에 대한 설명으로 가장 적절한 것은?

보기

감, 강, 난, 낫, 낱, 돌, 밖, 앞, 부엌

① 음절 끝의 자음이 바뀌지 않는 경우는 '감, 강, 난, 낫'이다.
② 음절 끝의 자음이 예사소리일 때에는 바뀌지 않는다.
③ 음운 변동이 일어나면 'ㄱ, ㄷ, ㅂ' 중 하나로 바뀐다.
④ 음절 끝의 자음이 바뀌는 예로 '낮'과 '남'을 추가할 수 있다.
⑤ 음절 끝의 자음이 바뀌지 않는 예로 '낮'과 '칼'을 추가할 수 있다.

12

<보기>는 '비음화'의 발음 규칙이다. ㉠에 해당하는 단어로 가장 적절한 것은?

> **보기**
>
> 첫째, ㉠**비음 'ㅁ, ㄴ'의 앞에서 파열음 'ㅂ, ㄷ, ㄱ'이 비음 'ㅁ, ㄴ, ㅇ'으로 바뀌는 현상**이고, 둘째, 'ㅁ, ㅇ'의 뒤에서 'ㄹ'이 비음 'ㄴ'으로 바뀌는 현상이다. 마지막으로, 'ㅂ, ㄷ, ㄱ'과 'ㄹ'이 만나면 'ㄹ'이 'ㄴ'이 되고, 이렇게 변해서 된 'ㄴ'을 닮아서 그 앞의 'ㅂ, ㄷ, ㄱ'이 각각 비음 'ㅁ, ㄴ, ㅇ'이 되는 현상이다.

① 종로　② 국내　③ 막론　④ 섭리　⑤ 담력

13

<보기>는 '동화'의 종류에 대한 설명이다. 제시어와 동화의 종류가 일치하는 것으로 적절한 것은?

> **보기**
>
> 동화는 방향에 따라 역행 동화, 순행 동화, 상호 동화로 나뉘고, 정도에 따라 완전 동화와 부분 동화(불완전 동화)로 나뉜다.
>
> 제시어: 꽃망울[꼰망울]

① 잡는　② 있는　③ 천리　④ 협력　⑤ 강릉

14

밑줄 친 단어 중, 구개음화가 일어나지 않는 것은?

① 선생님이 하는 것과 같이 하세요.
② 네가 굳이 따라가겠다면 할 수 없지.
③ 저곳은 우리가 감자를 심을 밭이다.
④ 그는 우산을 받쳐 들고 걸어가고 있다.
⑤ 구름은 걷혀 버려 산마루 뒤로 물러앉아 있었다.

15

<보기>의 밑줄 친 말을 소리 나는 대로 쓰시오.

> **보기**
>
> 이 친구, 팥으로 메주를 쑨다 해도 <u>**곧이들을**</u> 친구로구먼.

16

<보기>는 '된소리되기'와 관련된 표준 발음법 규정이다. 이에 따라 발음한 것이 적절하지 <u>않은</u> 것은?

> **보기**
>
> **제23항** 받침 'ㄱ(ㄲ, ㅋ, ㄳ, ㄺ), ㄷ(ㅅ, ㅆ, ㅈ, ㅊ, ㅌ), ㅂ(ㅍ, ㄼ, ㄿ, ㅄ)' 뒤에 연결되는 'ㄱ, ㄷ, ㅂ, ㅅ, ㅈ'은 된소리로 발음한다.
> **제25항** 어간 받침 'ㄼ, ㄾ' 뒤에 결합되는 어미의 첫소리 'ㄱ, ㄷ, ㅅ, ㅈ'은 된소리로 발음한다.

① 걱정[걱쩡]　② 넓다[널따]　③ 핥고[할꼬]
④ 밭고랑[받꼬랑]　⑤ 넓죽하다[널쭈카다]

17

<보기>의 문장을 표준발음법에 따라 발음하려고 한다. 밑줄 친 ㉠과 ㉡의 표준발음을 쓰시오.

> **보기**
>
> • 높이 ㉠<u>**올라갈수록**</u> 기온은 떨어진다.
> • 그가 나를 ㉡<u>**속일 줄은**</u> 꿈에도 생각하지 못했다.

→ ㉠: [　　　　　　　　] ㉡: [　　　　　　　　]

18

밑줄 친 단어들 중에서 표준어가 아닌 것은?

① 나는 그 방면에 풋내기야.
② 냄비에서 물이 끓고 있다.
③ 그는 멋쟁이로 소문나 있다.
④ 미쟁이는 흙을 벽에 바르고 있다.
⑤ 담쟁이는 말없이 그 벽을 오른다.

19

<보기>의 규정에 따라 적은 것이 아닌 것은?

보기
제28항 끝소리가 'ㄹ'인 말과 딴 말이 어울릴 적에 'ㄹ' 소리가 나지 아니하는 것은 아니 나는 대로 적는다.

① 따님 ② 마소 ③ 무가치 ④ 여닫이 ⑤ 화살

20

두 음절로 된 한자어 중 사이시옷이 들어가는 단어를 모두 쓰시오.

21

다음 단어를 소리 나는 대로 쓰시오.

→ 낮 한때 : [ ]

06 기출 문제

2015년 3월 고1 전국연합학력평가

01 **〈보기〉의 설명에 따를 때, [㉠]에 들어갈 수 있는 단어로 적절한 것은?**

보기

자음 두 개가 음절 끝에 놓일 때, 둘 중에서 하나의 자음이 탈락하는 현상을 '자음군 단순화'라고 한다. 다음 그림은 '칡'([칡] → [칙])과 같이 끝소리에 위치한 두 자음 중 앞에 있는 자음(**자음**^{2})이 탈락하여 뒤에 있는 자음(**자음**^{3})만 발음되는 현상을 시각화한 것이다.

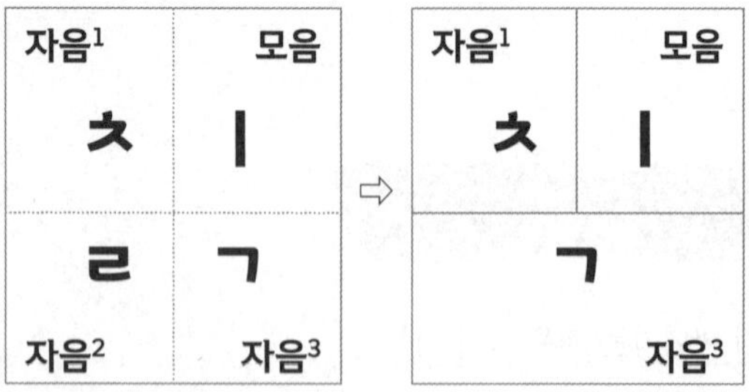

반면, 다음 그림은 [㉠]과 같이 끝소리에 위치한 두 자음 중 뒤에 있는 자음(**자음**^{3})이 탈락하여 앞에 있는 자음(**자음**^{2})만 발음되는 현상을 시각화한 것이다.

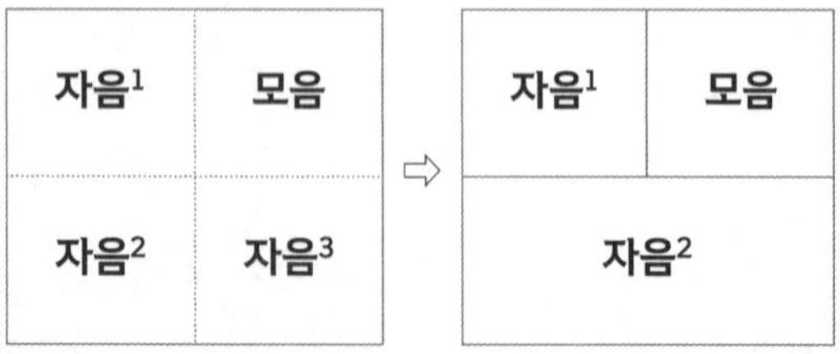

① 값, 넋　　② 값, 닭　　③ 값, 삶
④ 넋, 삶　　⑤ 닭, 삶

2015년 6월 고1 전국연합학력평가

02 **〈보기〉는 자음 동화와 관련한 국어 수업의 한 장면이다. ㉠, ㉡에 들어갈 예를 바르게 짝지은 것은?**

보기

선생님: 두 개의 자음이 이어서 소리가 날 때, 소리 내기 쉽도록 어느 한 쪽이 다른 쪽의 소리를 닮거나, 서로 닮는 방향으로 변동하는 것을 '자음 동화'라고 합니다.
다음 현상이 일어나는 예를 찾아볼까요?

'ㄱ, ㄷ, ㅂ'이 비음 'ㄴ, ㅁ'의 앞에서 비음 'ㅇ, ㄴ, ㅁ'으로 바뀌는 현상	㉠
비음 'ㄴ'이 유음 'ㄹ' 앞뒤에서 'ㄹ'로 바뀌는 현상	㉡

	㉠	㉡
①	먹물[멍물]	중력[중녁]
②	국밥[국빱]	설날[설랄]
③	입는[임는]	막내[망내]
④	닫는[단는]	권리[궐리]
⑤	솜이불[솜니불]	물난리[물랄리]

2015년 9월 고1 전국연합학력평가

03 다음의 단모음 체계표를 참고할 때, 〈보기〉의 ㉠에 들어갈 말로 적절한 것은?

혀의 앞뒤 위치 / 입술의 모양 / 혀의 높낮이(입을 벌리는 정도)	전설 모음		후설 모음	
	평순 모음	원순 모음	평순 모음	원순 모음
고모음(폐모음)	ㅣ	ㅟ	ㅡ	ㅜ
중모음(반개모음)	ㅔ	ㅚ	ㅓ	ㅗ
저모음(개모음)	ㅐ		ㅏ	

보기

수정: 내가 잘 했어야 했는데.

민기: 뭐? 내가 잘 했어야 한다고? 어떻게 그렇게 말하니?

수정: 아니. 니가 못 했다는 게 아니라 내가 잘 했어야 했는데 그렇지 못해서 미안하다고.

민기: 아아, 내가 오해했구나. 나는 '네가 잘 했어야 했는데.'로 들었어. 그런데 '니가'는 잘못된 표현 아니야?

수정: 맞아. 그런데 '내'와 '네'가 혼동되니까 현실적으로 '니가'를 사용하기도 하지.

민기: 아, 그렇구나. '내'를 발음할 때는 (㉠)

① '네'보다 입을 더 크게 벌려야겠구나.

② '네'와 달리 입술을 동그랗게 오므려야겠구나.

③ '네'보다 혀의 높이를 더 높아지게 해야겠구나.

④ '네'와 달리 혀의 최고점을 앞에 놓아야겠구나.

⑤ '네'와 달리 입술이나 혀를 움직이지 말아야겠구나.

2015년 9월 고1 전국연합학력평가

04 다음 상황이 발생하게 된 이유로 적절한 것은?

① 받침이 뒤의 첫소리로 옮겨가며 나는 소리를 잘못 발음해서

② 울림소리와 안울림소리를 혼동하여 구분하지 않고 발음해서

③ 과도한 된소리나 거센소리를 뒤의 첫소리로 연이어 발음해서

④ 긴소리를 짧은소리와 구별하여 발음하지 않고 짧게 발음해서

⑤ 이중모음의 발음을 단모음의 발음과 구분하지 않고 발음해서

2015년 11월 고1 전국연합학력평가

05 다음은 국어 수업 중 일부이다. Ⓐ에 들어갈 말로 적절하지 않은 것은? [3점]

보기

선생님: 국어의 모음에는 단모음과 이중 모음이 있는데, 이중 모음은 단모음과 달리 발음할 때 입술 모양이나 혀의 위치가 바뀝니다. 그런데 이중 모음 가운데 'ㅢ'는 이중 모음으로 발음하는 것이 원칙이지만, 조사로 쓰일 경우에는 단모음 [ㅔ]로, 단어에서 첫음절이 아닐 경우에는 단모음 [ㅣ]로 발음하는 것도 허용합니다. 그러면 칠판의 예시를 보고 'ㅢ'가 각각 어떻게 발음될 수 있는지 말해 봅시다.

의(㉠) 사 의(㉡) 호 의(㉢) (好意)

학 생: (Ⓐ)

① ㉠의 'ㅢ'는 입술 모양이나 혀의 위치가 바뀌면서 발음되겠군요.
② ㉡은 조사이므로 ㉡의 'ㅢ'는 이중 모음뿐만 아니라 단모음으로도 발음할 수 있겠군요.
③ ㉢은 단어의 첫음절이 아니므로 ㉢의 'ㅢ'는 [ㅣ]로 발음하는 것도 가능하겠군요.
④ ㉠과 ㉡의 'ㅢ'는 서로 다른 소리로 발음할 수도 있겠군요.
⑤ ㉡과 ㉢의 'ㅢ'는 단모음으로 발음될 때 동일한 소리로 발음되겠군요.

2016년 3월 고1 전국연합학력평가

06 <보기>를 참고할 때 동화의 양상이 다른 것은?

보기

◦ 순행 동화 : 뒤의 음운이 앞의 음운의 영향을 받아 그와 비슷하거나 같게 소리 나는 현상.
  예 칼날[칼랄], 강릉[강능]
◦ 역행 동화 : 앞의 음운이 뒤의 음운의 영향을 받아 그와 비슷하거나 같게 소리 나는 현상.
  예 편리[펼리], 까막눈[까망눈]

① 종로 ② 작년 ③ 신라 ④ 밥물 ⑤ 국민

2016년 6월 고1 전국연합학력평가

07 <보기>의 ㉠, ㉡에 해당하는 단어로 적절한 것은?

보기

된소리되기는 'ㄱ, ㄷ, ㅂ, ㅅ, ㅈ'과 같은 예사소리가 'ㄲ, ㄸ, ㅃ, ㅆ, ㅉ'과 같은 된소리로 바뀌어 소리 나는 음운 현상이다. 된소리되기의 유형은 다음과 같다.

◦ 받침 'ㄱ, ㄷ, ㅂ' 뒤에 연결되는 자음 'ㄱ, ㄷ, ㅂ, ㅅ, ㅈ'을 된소리로 발음하는 유형
◦ 어간 받침 'ㄴ(ㄵ), ㅁ(ㄻ)' 뒤에 결합되는 어미의 첫소리 'ㄱ, ㄷ, ㅅ, ㅈ'을 된소리로 발음하는 유형 ……… ㉠
◦ 한자어에서 'ㄹ' 받침 뒤에 결합되는 자음 'ㄷ, ㅅ, ㅈ'을 된소리로 발음하는 유형 ……… ㉡

	㉠	㉡
①	신다	굴곡(屈曲)
②	앉다	불법(不法)
③	넓다	갈등(葛藤)
④	담다	발전(發展)
⑤	곪다	월세(月貰)

2016년 9월 고1 전국연합학력평가

08 다음 질문에 대한 답변으로 적절하지 않은 것은?

질문

[질문] 다음 밑줄 친 부분을 어떻게 읽어야 하는지 발음 원리와 함께 설명해 주세요.

㉠**한여름**, ㉡**대관령**에 올라 ㉢**좋은** 것만 가지려는 ㉣**욕망**을 버리고 나니, ㉤**그렇게** 마음이 편할 수 없었다.

[답변]

① ㉠은 앞말이 자음으로 끝나고 뒷말이 반모음 'ㅣ'로 시작할 때, 'ㄴ' 소리를 첨가하므로 [한녀름]이라고 읽습니다.

② ㉡은 'ㄴ'이 'ㄹ' 앞에서 'ㄹ'의 영향을 받으므로 [대관녕]이라고 읽습니다.

③ ㉢은 받침 'ㅎ'이 모음과 모음 사이에서 탈락하므로 [조은]이라고 읽습니다.

④ ㉣은 'ㄱ'이 비음 앞에서 발음이 바뀌므로 [용망]이라고 읽습니다.

⑤ ㉤은 'ㅎ'과 'ㄱ'이 어울려 거센소리가 되므로 [그러케]라고 읽습니다.

2016년 11월 고1 전국연합학력평가

09 다음은 표준 발음에 대한 수업 장면의 일부이다. 각 예에 적용된 내용과 그 발음이 모두 바른 것은?

보기

학 생: 선생님, 저번 시간에 ⓐ**홑받침이나 쌍받침이 모음으로 시작된 조사나 어미, 접미사와 결합되는 경우에는, 제 음가대로 뒤 음절 첫소리로 옮겨 발음한다**고 하셨으니까 '막일'은 [마길]로 발음해야 하나요?

선생님: 그렇지 않아요. ⓑ**합성어 및 파생어에서, 앞 단어나 접두사의 끝이 자음이고 뒤 단어나 접미사의 첫음절이 '이, 야, 여, 요, 유'인 경우에는, [ㄴ] 소리를 첨가하여 [니, 냐, 녀, 뇨, 뉴]로 발음해야 하기 때문**에 '막일'은 [망닐]로 발음해야 해요.

학 생: 그러면 '막일'에서 '일'이 [닐]로 발음되는 건 이해가 되는데, '막'은 왜 [망]으로 발음이 되는 거죠?

선생님: 그것은 ⓒ**받침소리 [ㄱ, ㄷ, ㅂ]은 [ㄴ, ㅁ] 소리 앞에서 [ㅇ, ㄴ, ㅁ]으로 발음되는 현상** 때문입니다. 그래서 [막닐]이 아니라 [망닐]로 발음해야 됩니다.

학 생: 아, 그렇군요. 말씀해 주신 것 말고도 제가 더 알아 둬야 할 것이 있나요?

선생님: ⓓ**[ㄴ] 소리가 첨가된 후, 이 [ㄴ] 소리가 받침소리 [ㄹ] 뒤에서 [ㄹ]로 발음되는 현상**도 있습니다. '물약'을 [물략]으로 발음하는 것이 이에 해당해요.

	예	적용 내용	발음
①	눈 + 요기	ⓐ	[눈뇨기]
②	내복 + 약	ⓑ, ⓒ	[내:봉냑]
③	색 + 연필	ⓑ, ⓒ	[색년필]
④	들 + 일	ⓑ, ⓓ	[들:닐]
⑤	칼 + 날	ⓑ, ⓓ	[칼랄]

2017년 3월 고1 전국연합학력평가

10 **다음은 음운 변동에 대한 선생님의 설명이다. 질문에 대한 답으로 적절한 것은?**

> **설명**
>
> 선생님 : 음운 변동에는 한 음운이 다른 음운으로 바뀌는 현상인 '교체', 있던 음운이 없어지는 현상인 '탈락', 없던 음운이 새로 생기는 현상인 '첨가', 두 음운이 하나의 음운으로 합쳐지는 현상인 '축약'이 있습니다.
> 그러면 '국물[궁물]'과 '몫[목]'에서는 각각 어떤 음운 변동이 일어날까요?

	국물	몫
①	교체	탈락
②	교체	첨가
③	탈락	축약
④	첨가	교체
⑤	첨가	탈락

2017년 6월 고1 전국연합학력평가

11 **〈보기〉의 (ㄱ)과 (ㄴ)에 나타나는 음운 변동으로 적절한 것은?** [3점]

> **보기**
>
> 음운 변동은 한 음운이 다른 음운으로 바뀌는 '교체', 원래 있던 음운이 없어지는 '탈락', 없던 음운이 추가되는 '첨가', 두 개의 음운이 합쳐져서 하나로 되는 '축약'으로 분류할 수 있다.
>
> 단어에 따라 아래 예와 같이 한 단어에서 두 가지 음운 변동이 일어나는 경우도 있다.
>
> 예) 물약 → [물냑] → [물략]
> (ㄱ) (ㄴ)

	(ㄱ)	(ㄴ)
①	첨가	교체
②	첨가	탈락
③	탈락	교체
④	교체	첨가
⑤	교체	축약

2017년 9월 고1 전국연합학력평가

12 **다음 표를 참고할 때, 〈보기〉의 놀이에서 승리할 수 있는 카드는?**

혀의 앞뒤	전설 모음		후설 모음	
입술의 모양 / 혀의 높이	평순	원순	평순	원순
고 모 음	ㅣ	ㅟ	ㅡ	ㅜ
중 모 음	ㅔ	ㅚ	ㅓ	ㅗ
저 모 음	ㅐ		ㅏ	

> **보기**
>
> ◎ 한글 모음 놀이의 승리 조건
> - 아래의 조건을 모두 만족하는 모음 카드를 제시할 것
>   · 입천장의 중간점을 기준으로 혀의 가장 높은 부분을 앞쪽에 둔 상태로 발음하는 모음
>   · 입술을 평평하게 해서 발음하는 모음
>   · 입을 조금 벌리고 혀가 입천장에 닿을 만큼 높은 상태로 발음하는 모음

① ㅔ ② ㅜ ③ ㅣ
④ ㅟ ⑤ ㅏ

2017년 9월 고1 전국연합학력평가

13 다음은 자음 습득에 관한 탐구 자료이다. 이에 대한 이해로 적절하지 않은 것은?

보기

'엄마'와 '아빠' 중에 어느 단어가 상대적으로 낮은 연령에서 발음하기가 쉬울까? 자음은 발음을 할 때 공기의 흐름이 방해를 받기 때문에 제약이 많아 연령에 따라 습득되는 자음들이 다르다. 연령에 따른 자음의 발달 단계를 살펴보면 우선 두 입술 사이에서 나는 소리가 가장 먼저 발달한다. 그 중에서도 코로 공기를 내보내는 비음이자 울림소리인 'ㅁ'이 2세 때 습득된다. 그 후 3세 때에는 파열음이자 안울림소리인 'ㅃ'을 습득하게 된다. 따라서 'ㅁ'을 'ㅃ'보다 먼저 습득하게 되므로 아동들은 부모의 호칭 중 음성학적으로 '아빠'보다 '엄마'를 보다 쉽게 발음할 수 있는 것이다.

① 'ㅁ'은 'ㅃ'보다 강하게 파열되며 나는 소리구나.
② 'ㅁ'은 'ㅃ'과 달리 목청을 울리면서 소리를 내게 되는구나.
③ 'ㅁ'은 'ㅃ'과 달리 코로 공기를 내보내면서 소리를 내게 되는구나.
④ 'ㅁ'과 'ㅃ'은 모두 두 입술 사이에서 나는 소리구나.
⑤ 'ㅁ'과 'ㅃ'은 모두 공기의 흐름이 방해를 받는 소리구나.

2018년 6월 고1 전국연합학력평가

14 <보기>는 음운 변동에 대한 선생님의 설명이다. 질문에 대한 답으로 적절한 것은?

보기

• 선생님 : 음운 변동은 결과에 따라 한 음운이 다른 음운으로 바뀌는 교체, 두 개의 음운이 하나의 음운으로 합쳐지는 축약, 두 개의 음운 중 하나의 음운이 없어지는 탈락, 원래 없던 음운이 새로 덧붙는 첨가가 있습니다.
• 다음 '잡일'과 동일한 음운 변동 과정이 일어나는 단어는 무엇일까요?

잡일 → [잡닐] → [잠닐]
　　첨가　　　교체

① 법학[버팍]　② 담요[담뇨]　③ 국론[궁논]
④ 색연필[생년필]　⑤ 한여름[한녀름]

2018년 11월 고1 전국연합학력평가

15 <보기>를 바탕으로 사례들을 분석한 내용 중 적절하지 않은 것은?

보기

음운의 교체는 특정한 음운 환경에서 한 음운이 다른 음운으로 바뀌는 음운 변동 현상이다. 두 음절이 인접한 경우 ㉠**앞말의 끝소리와 뒷말의 첫소리가 만나는 상황**이나 ㉡**앞말의 끝소리가 연음되어 뒷말의 가운뎃소리와 만나는 상황**에서 음운이 교체될 때, 발음의 결과 ⓐ**앞의 음운만 변한 경우**나 ⓑ**뒤의 음운만 변한 경우**도 있지만 ⓒ**두 음운이 모두 변한 경우**도 있다.

① '마천루[마철루]'는 ㉠이면서 ⓐ에 해당한다.
② '목덜미[목떨미]'는 ㉠이면서 ⓑ에 해당한다.
③ '박람회[방남회]'는 ㉠이면서 ⓒ에 해당한다.
④ '쇠붙이[쇠부치]'는 ㉡이면서 ⓐ에 해당한다.
⑤ '땀받이[땀바지]'는 ㉡이면서 ⓒ에 해당한다.

2018년 3월 고1 전국연합학력평가

[16~17] 다음 글을 읽고 물음에 답하시오.

음운의 동화는 인접한 두 음운 중 어느 한쪽 또는 양쪽이 서로 비슷하거나 같은 소리로 바뀌는 현상이다. 국어의 대표적인 동화에는 비음화, 유음화, 구개음화가 있다.

비음화는 비음이 아닌 'ㅂ, ㄷ, ㄱ'이 비음 'ㅁ, ㄴ' 앞에서 비음 'ㅁ, ㄴ, ㅇ'으로 바뀌어 소리 나는 현상이다. 예를 들어 '국민'이 [궁민]으로 발음되는 것은 비음화에 해당한다. 유음화는 비음 'ㄴ'이 유음 'ㄹ'의 앞이나 뒤에서 유음 'ㄹ'로 발음되는 현상이다. 유음화의 예로는 '칼날[칼랄]'이 있다. ㉠<u>아래의 자음 체계표</u>를 보면, 비음화와 유음화는 그 결과로 인접한 두 음운의 조음 방식이 같아진다는 것을 알 수 있다.

조음 위치 조음 방식	입술소리	잇몸소리	센입천장소리	여린입천장소리
파열음	ㅂ, ㅍ	ㄷ, ㅌ		ㄱ, ㅋ
파찰음			ㅈ, ㅊ	
비음	ㅁ	ㄴ		ㅇ
유음		ㄹ		

구개음화는 끝소리 'ㄷ, ㅌ'이 모음 'ㅣ'로 시작되는 조사나 접미사 앞에서 구개음 'ㅈ, ㅊ'으로 발음되는 현상이다. 가령 '해돋이'가 [해도지]로 발음되는 것이 이에 해당한다. 이는 동화 결과로 조음 위치와 조음 방식이 모두 바뀌는 현상이다.

아래 그림을 보면 '해돋이'가 [해도디]가 아닌 [해도지]로 소리 나는 이유를 알 수 있다. [1]과 [2]에서 보듯이, 'ㄷ'과 'ㅣ'를 발음할 때의 혀의 위치가 달라 '디'를 발음할 때는 혀가 잇몸에서 입천장 쪽으로 많이 움직여야 한다. 그러나 [2]와 [3]을 보면, 'ㅈ'과 'ㅣ'를 발음할 때의 혀의 위치가 비슷하기 때문에 '지'를 발음할 때는 혀를 거의 움직이지 않아도 된다.

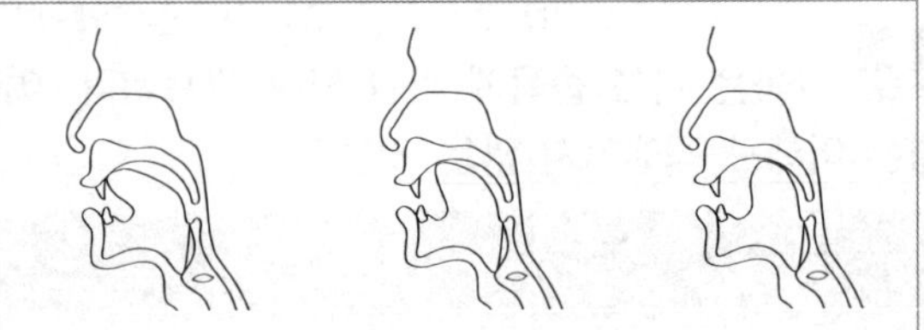

[1] 'ㄷ, ㅌ' 발음　[2] 'ㅣ' 발음　[3] 'ㅈ, ㅊ' 발음

비음화, 유음화, 구개음화는 동화 결과 인접한 두 음운의 성격이 비슷하거나 같은 소리로 바뀐다는 점에서 유사하다. 이처럼 성격이 비슷하거나 같은 소리가 연속되면 발음할 때 힘이 덜 들게 되므로 발음의 경제성이 높아진다.

16 **윗글의 내용에 대한 이해로 적절하지 <u>않은</u> 것은?**

① 음운의 동화는 인접한 두 음운이 비슷하거나 같은 소리로 바뀌는 현상이다.

② 음운의 동화로 조음 위치나 조음 방식이 바뀌면 발음의 경제성이 높아진다.

③ 구개음화와 달리 비음화와 유음화가 일어나는 인접한 두 음운은 모두 자음이다.

④ 구개음화는 자음으로 시작되는 조사나 접미사 앞에서는 일어나지 않는다.

⑤ 구개음화는 동화의 결과로 자음과 모음의 소리가 모두 바뀌는 현상이다.

17 **㉠을 참고할 때, 〈보기〉의 a~c에서 일어난 음운 동화에 대한 설명으로 적절한 것은?**

보기

a. 밥물[밤물　b. 신라[실라]　c. 굳이[구지]

① a : 비음화의 예로, 조음 방식만 바뀐 것이다.

② a : 유음화의 예로, 조음 방식만 바뀐 것이다.

③ b : 비음화의 예로, 조음 위치만 바뀐 것이다.

④ b : 유음화의 예로, 조음 위치만 바뀐 것이다.

⑤ c : 구개음화의 예로, 조음 방식만 바뀐 것이다.

2019년 3월 고1 전국연합학력평가

18 **<보기>의 '활동 1'과 '활동 2'를 연결하여 '활동 자료'의 단어를 탐구한 내용으로 적절한 것은?**

보기

[활동 자료]

국민[궁민], 글눈[글룬], 명랑[명낭], 신랑[실랑], 잡념[잠념]

[활동 1] 음운 변동이 있는 음운은 '1', 없는 음운은 '0'으로 표시하면 '국물[궁물]'은 '001000'으로 표시할 수 있습니다. '활동 자료'의 단어는 어떻게 표시될까요?

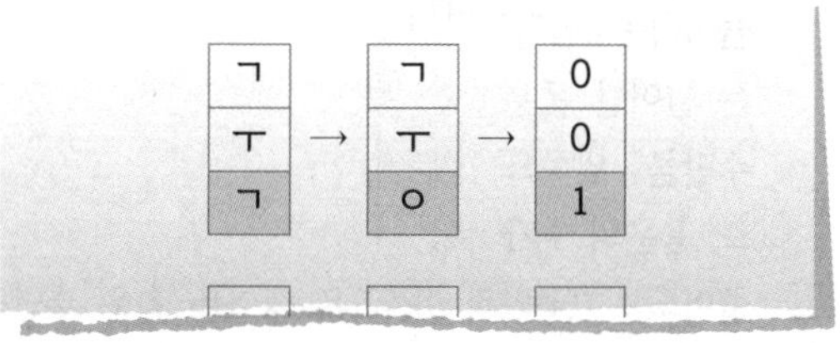

[활동 2] '활동 자료'의 단어를 발음할 때 순행 동화가 일어나는지 역행 동화가 일어나는지 알아봅시다.

- 순행 동화 : 뒤의 음운이 앞의 음운의 영향을 받아 그와 비슷하거나 같게 소리 나는 현상.
- 역행 동화 : 앞의 음운이 뒤의 음운의 영향을 받아 그와 비슷하거나 같게 소리 나는 현상.

① '국민'은 '001000'으로 표시할 수 있으므로 순행 동화이다.
② '글눈'은 '000100'으로 표시할 수 있으므로 역행 동화이다.
③ '명랑'은 '001000'으로 표시할 수 있으므로 순행 동화이다.
④ '신랑'은 '000100'으로 표시할 수 있으므로 역행 동화이다.
⑤ '잡념'은 '001000'으로 표시할 수 있으므로 역행 동화이다.

2019년 6월 고1 전국연합학력평가

19 **<보기>를 참고하여 음운 변동 사례에 대해 이해한 것으로 적절하지 않은 것은?**

보기

음운의 변동은 어떤 음운이 다른 음운으로 바뀌는 **교체**, 어떤 음운이 없어지는 **탈락**, 새로운 음운이 생기는 **첨가**, 두 음운이 하나의 음운으로 합쳐지는 **축약**으로 구분된다.

① '밥물[밤물]'이 발음될 때에는 'ㅂ'이 'ㅁ'의 영향을 받아 'ㅁ'으로 교체되는 현상이 일어난다.
② '광한루[광:할루]'가 발음될 때에는 'ㄴ'이 'ㄹ'의 영향을 받아 'ㄹ'로 교체되는 현상이 일어난다.
③ '좋아[조:아]'가 발음될 때에는 모음으로 시작되는 어미와 만나 'ㅎ'이 탈락하는 현상이 일어난다.
④ '색연필[생년필]'이 발음될 때에는 첨가되는 'ㄴ'으로 인해 'ㄱ'이 'ㅇ'으로 교체되는 현상이 일어난다.
⑤ '옷 한 벌[오탄벌]'이 발음될 때에는 'ㅅ'이 탈락한 후 첨가되는 'ㄷ'이 'ㅎ'과 만나 'ㅌ'으로 축약되는 현상이 일어난다.

2019년 11월 고1 전국연합학력평가

20 **다음은 사전 활용 수업 장면의 일부이다. 선생님의 설명을 참고하여 <보기>의 학습지를 탐구한 내용으로 적절하지 않은 것은?**

수업

선생님: 우리는 '표준국어대사전'의 발음정보를 통해 음절의 끝소리 규칙이나 자음군 단순화가 일어나는 체언의 발음을 확인할 수 있습니다. 이러한 경우 연음될 때의 발음에 대한 이해를 돕기 위해 조사 '이'와의 결합형이 활용정보에 제시됩니다. 활용정보에는 비음화와 구개음화가 일어날 때의 발음도 제시되어 있으며, 구개음화의 경우에는 연음될 때의 발음에 대한 이해를 돕기 위해 조사 '을'과의 결합형도 제시됩니다.

보기

낯 발음: [낟]
활용: 낯이[나치], 낯만[난만]
「명사」 눈, 코, 입 따위가 있는 얼굴의 바닥.

밭 발음: [받]
활용: 밭이[바치], 밭을[바틀], 밭만[반만]
「명사」 물을 대지 아니하거나 필요한 때에만 물을 대어서 야채나 곡류를 심어 농사를 짓는 땅.

흙 발음: [흑]
활용: 흙이[흘기], 흙만[흥만]
「명사」 지구의 표면을 덮고 있는, 무기물과 유기물이 섞여 이루어진 물질.

① '낯'의 경우 발음정보를 통해 음절의 끝소리 규칙이 일어나는 것을 확인할 수 있군.
② '흙'의 경우 발음정보를 통해 자음군 단순화가 일어나는 것을 확인할 수 있군.
③ '낯'과 '밭'은 모두, 활용정보를 통해 구개음화가 일어나는 것을 확인할 수 있군.
④ '밭'과 '흙'은 모두, 활용정보를 통해 연음될 때의 발음 양상을 확인할 수 있군.
⑤ '낯', '밭', '흙'은 모두, 활용정보를 통해 비음화가 일어나는 양상을 확인할 수 있군.

2020년 3월 고1 전국연합학력평가

21 **<보기>의 '선생님'의 마지막 질문에 대한 '학생'의 대답에서 ㉠, ㉡에 들어갈 내용으로 적절한 것은?** [3점]

보기

선생님 : 음운 변동이 여러 번 일어날 때 최종적으로 음운의 수가 얼마나 바뀌었는지 파악하기 어려웠죠? 오늘은 좌표를 이용해서 이를 쉽게 확인해 볼게요.

이 좌표 평면에서 0인 별표(★)를 기준으로, 음운의 수가 늘어나는 '첨가'는 늘어난 음운 수만큼 위쪽으로, 음운의 수가 줄어드는 '탈락'과 '축약'은 줄어든 음운 수만큼 아래쪽으로 이동합니다. 그리고 음운의 수가 변하지 않는 '교체'는 교체 횟수만큼 오른쪽으로 이동합니다.

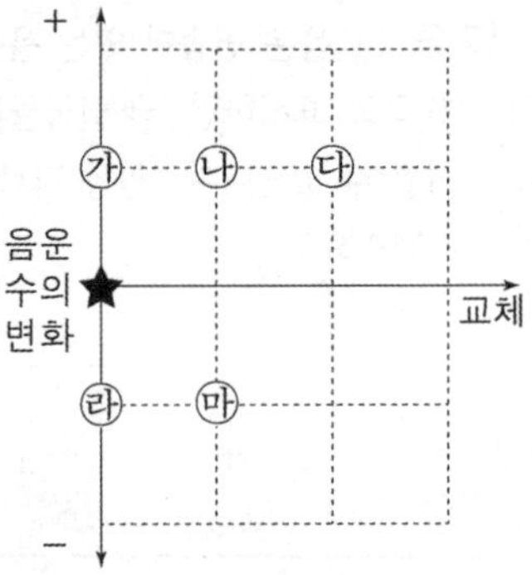

예를 들어 '걷히다'는 거센소리되기에 의해 [거티다]가 된 후 구개음화에 의해 [거치다]가 되므로, 축약과 교체가 한 번씩 일어나 ㉲로 이동합니다. 그 결과 음운의 수가 한 개 줄어든 것을 알 수 있어요.

그러면 '색연필'의 음운 변동 양상은 어떻게 될까요?

학생 : 제 생각에는 '색연필'이 '[색년필 → 생년필]'로 바뀌므로, (㉠)이/가 한 번씩 일어나 (㉡)로 이동합니다. 그 결과 음운의 수가 한 개 늘어납니다.

	㉠	㉡
①	첨가와 교체	㉮
②	첨가와 교체	㉯
③	첨가와 탈락	㉰
④	탈락과 교체	㉱
⑤	탈락과 교체	㉲

2020년 9월 고1 전국연합학력평가

[22~23] 다음 글을 읽고 물음에 답하시오.

(가) ○○고등학교 국어 자료실 게시판

> 묻고 답하기
>
> (질문) '국'은 [국]으로 발음하는데, 왜 '국물'은 [궁물]로 발음하나요?
>
> ↳ (답변) '국물'은 비음화가 일어난 경우입니다. '국물'의 받침 'ㄱ'이 비음 'ㅁ' 앞에서 비음 'ㅇ'으로 바뀌어 [궁물]로 발음됩니다.

(나) 우리말에는 (가)의 사례처럼 한 음운이 일정한 환경에 따라 다르게 발음되는 경우가 있다. 이런 현상을 '음운 변동'이라고 하며 비음화, 거센소리되기, 모음 탈락 등이 이에 해당한다.

비음화는 비음이 아닌 'ㄱ, ㄷ, ㅂ'이 뒤에 오는 비음 'ㄴ, ㅁ'의 영향을 받아 각각 비음인 'ㅇ, ㄴ, ㅁ'으로 바뀌어 발음되는 현상을 말한다. 이것은 한 음운이 다른 음운의 영향을 받아 비슷하거나 같은 소리로 바뀌는 원리로, '밥만,' '닫는'도 각각 [밤만], [단는]으로 발음된다. 또한 '담력[담ː녁]', '종로[종노]'처럼 'ㄹ'이 비음 'ㅁ, ㅇ' 뒤에서 비음 'ㄴ'으로 바뀌어 발음되는 것도 비음화이다.

거센소리되기는 'ㄱ, ㄷ, ㅂ, ㅈ'이 'ㅎ'과 합쳐져 거센소리인 'ㅋ, ㅌ, ㅍ, ㅊ'으로 발음되는 현상을 말한다. 예로 '축하'는 'ㄱ'과 'ㅎ'이 합쳐져서 하나의 음운이 'ㅋ'이 되어 [추카]로 발음되며, 음운의 개수도 5개에서 4개로 줄어든다.

모음 탈락은 두 모음이 이어질 때 그중 한 모음이 탈락하는 현상을 말한다. '가-+-아서'가 '가서[가서]'가 되거나 '담그-+-아'가 '담가[담가]'가 되는 경우가 그 예이다.

그리고 우리말에서 음절의 끝에서 발음되는 자음은 'ㄱ, ㄴ, ㄷ, ㄹ, ㅁ, ㅂ, ㅇ'뿐이므로 그 이외의 자음이 음절의 끝에 오면 앞에 제시된 자음 중 하나로 발음하게 되는데, 이것도 음운 변동 현상에 해당한다. '부엌[부억]', '옷[옫]'이 그 예이다.

한편 음운 변동은 한 단어 안에서 한 번만 일어나기도 하고, ㉠**<u>여러 차례 일어나기도 한다</u>**. 예를 들어 '앞마당'은 먼저 음절 끝의 자음 'ㅍ'이 'ㅂ'으로 바뀐 후 비음화가 일어나 [암마당]으로 발음된다.

22 **〈보기〉는 윗글을 바탕으로 탐구한 자료이다. ⓐ, ⓑ에 들어갈 단어를 바르게 짝지은 것은?** [3점]

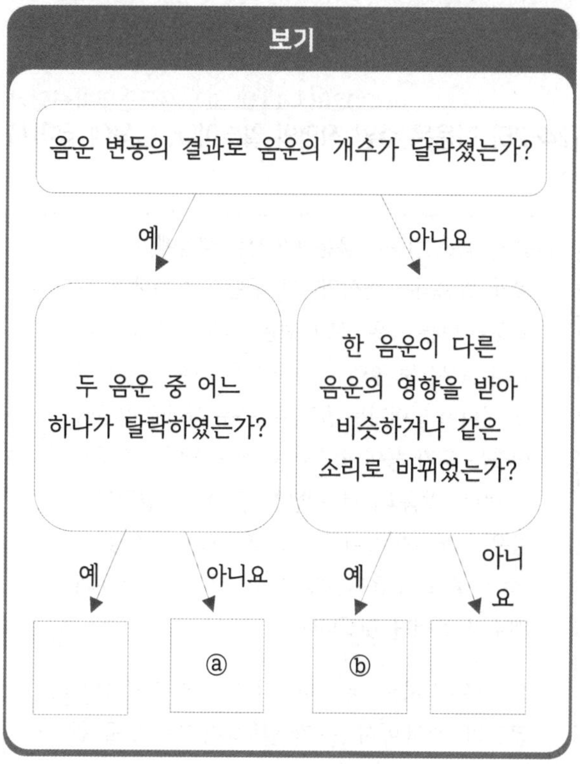

	ⓐ	ⓑ
①	창밖[창박]	능력[능녁]
②	놓다[노타]	다섯[다섣]
③	맏형[마텽]	식물[싱물]
④	쓰-+-어→써[써]	법학[버팍]
⑤	타-+-아라→타라[타라]	집념[짐념]

23 **밑줄 친 단어 중 ㉠에 해당하는 예로 적절한 것은?**

① 그는 자신의 뜻을 <u>굽히지[구피지]</u> 않았다.
② 올 가을에는 <u>작년[장년]</u>보다 단풍이 일찍 물들었다.
③ 미리 준비하지 <u>않고[안코]</u> 이제야 허둥지둥하는구나.
④ 우리 집 정원에는 개나리, <u>장미꽃[장미꼳]</u> 등이 있다.
⑤ 물감을 <u>섞는[성는]</u> 방법에 따라 표현 효과가 달라진다.

2020년 11월 고1 전국연합학력평가

[24~25] 다음은 수업 장면의 일부이다. 물음에 답하시오.

> 선생님: 음운 변동은 음운이 일정한 환경에 따라 다르게 발음되는 현상입니다. 음운의 변동에는 한 음운이 다른 음운으로 바뀌는 교체, 두 음운이 하나의 음운으로 줄어드는 축약, 두 음운 중에서 어느 하나가 없어지는 탈락, 두 음운 사이에 음운이 덧붙는 첨가 등이 있습니다. 예를 들어, '여덟'은 [여덜]로 발음되는데 겹받침 중 'ㅂ'이 탈락되어 음운의 개수가 줄어든 것입니다. 또한 '솜이불'은 [솜:니불]로 발음되는데 'ㄴ'이 첨가되어 음운의 개수가 늘어난 것입니다. [A]
>
> 학생: 그런데 저는 '너는 나보다 키가 커서 좋겠다.'라는 문장의 '커서'에서 'ㅡ'가 탈락되었다는 것을 찾기가 어려웠어요. 음운 변동 결과가 표기에 반영되었기 때문이겠죠?
>
> 선생님: 맞아요. 그러면 음운 변동이 표기에 반영되는 경우와 표기에 반영되지 않는 경우를 용언의 활용을 예로 들어 알아봅시다. 용언 어간 끝의 모음 'ㅏ, ㅓ'가 '-아/-어'로 시작하는 어미와 결합할 때 모음 'ㅏ, ㅓ'가 탈락하는 경우, 용언 어간 끝의 모음 'ㅡ'가 '-아/-어'로 시작하는 어미와 결합하여 탈락하는 경우, 어간의 끝소리 'ㄹ'이 몇몇 어미 앞에서 탈락하는 경우는 음운 변동 결과를 표기에 반영합니다. 하지만 어간의 끝소리 'ㄴ, ㅁ' 뒤에서 어미의 첫소리가 된소리로 교체되는 경우, 어간의 끝소리 'ㅎ'이 모음으로 시작하는 어미 앞에서 탈락되는 경우는 음운 변동 결과를 표기에 반영하지 않습니다. 가령 앞에서 말한 '커서'의 경우는 음운 변동의 결과가 표기에 반영된 것이고, '낳은'을 '나은'으로 표기하지 않는 것은 음운 변동의 결과가 표기에 반영되지 않은 것입니다.
>
> 학생: 아, 그럼 음운 변동 결과가 ㉠<u>**표기에 반영된 경우**</u>와 ㉡<u>**표기에 반영되지 않은 경우**</u>를 찾아볼게요.

24 **[A]를 바탕으로 음운 변동을 이해한 내용으로 적절한 것은?**

	사례	음운 변동	음운의 개수 변화
①	풀잎[풀립]	축약, 첨가	늘어남
②	흙화덕[흐콰덕]	교체, 탈락	줄어듦
③	맞춤옷[맏추몯]	축약, 탈락	줄어듦
④	옛이야기[옌:니야기]	교체, 첨가	늘어남
⑤	달맞이꽃[달마지꼳]	교체, 축약	줄어듦

25 **㉠, ㉡에 해당하는 예로 적절하지 <u>않은</u> 것은?** [3점]

① ┌ ㉠: 관객이 많으니 미리 줄을 <u>서라</u>.
　└ ㉡: 돌아오는 기차표는 네 것만 <u>끊어라</u>.
② ┌ ㉠: 눈을 <u>떠</u> 보니 다음날 아침이었다.
　└ ㉡: 네가 집에 빨리 <u>가서</u> 아쉬웠다.
③ ┌ ㉠: 체육 시간에는 교실 불을 <u>꺼</u> 두자.
　└ ㉡: 오늘은 새 신반을 <u>신고</u> 학교에 가자.
④ ┌ ㉠: 지금 <u>마는</u> 김밥은 어머니께 드릴 점심이다.
　└ ㉡: 독서로 <u>쌓은</u> 지식은 삶의 자양분이 될 것이다.
⑤ ┌ ㉠: 아버지 대신 빨래를 <u>너는</u> 모습이 보기 좋다.
　└ ㉡: 가을빛을 <u>담고</u> 있는 감나무 열매를 본다.

2021년 3월 고1 전국연합학력평

[26~27] 다음 글을 읽고 물음에 답하시오.

모음은 크게 두 부류로 나눌 수 있다. 발음할 때 입술 모양이나 혀의 위치가 변하지 않는 모음을 '단모음'이라 한다. '표준어 규정'은 원칙적으로 'ㅏ, ㅐ, ㅓ, ㅔ, ㅗ, ㅚ, ㅜ, ㅟ, ㅡ, ㅣ'를 단모음으로 발음할 것을 규정하고 있다.

입술 모양이나 혀의 위치가 발음 도중에 변하는 모음은 '이중 모음'이라 하는데, 이중 모음은 홀로 쓰일 수 없는 소리인 '반모음'이 단모음과 결합한 모음이다. 예를 들어 이중 모음 인 'ㅑ'의 발음은, 'ㅣ'를 짧게 발음하는 것과 유사한 소리인 반모음 '[j]' 뒤에서 'ㅏ'가 결합한 소리이다. 'ㅑ'와 마찬가지로 'ㅒ, ㅕ, ㅖ, ㅛ, ㅠ, ㅢ'의 발음은, 각각 반모음 '[j]'와 단모음 'ㅐ, ㅓ, ㅔ, ㅗ, ㅜ, ㅡ'가 결합한 소리이다. 'ㅗ'나 'ㅜ'를 짧게 발음하는 것과 유사한 반모음 '[w]'도 있는데 'ㅘ, ㅙ, ㅝ, ㅞ'의 발음은 각각 반모음 '[w]'와 단모음 'ㅏ, ㅐ, ㅓ, ㅔ'가 결합한 소리이다. 반모음이 단모음 뒤에서 결합한 소리인 'ㅢ'를 제외하고, 이중 모음의 발음은 모두 반모음이 단모음 앞에서 결합한 소리이다.

'ㅚ'와 'ㅟ'는 단모음으로 발음하는 것이 원칙이지만 현실에서 이중 모음으로 발음하는 경우가 많다. 'ㅚ'를 이중 모음으로 발음할 경우에는 반모음 '[w]'와 'ㅔ' 소리를 연속하여 발음하며, 'ㅟ'를 이중 모음으로 발음할 경우에는 반모음 '[w]'와 'ㅣ' 소리를 연속하여 발음한다. '표준어 규정'에서도 현실 발음을 고려하여 이와 같이 'ㅚ'와 'ㅟ'를 이중 모음으로 발음하는 것을 허용하고 있다.

26 윗글에 대한 이해로 적절하지 <u>않은</u> 것은?

① 'ㅠ'는 발음할 때 입술 모양이나 혀의 위치가 변한다.
② 'ㅐ'는 발음할 때 입술 모양이나 혀의 위치가 변하지 않는다.
③ 'ㅖ'의 발음은 반모음 '[j]' 뒤에서 단모음 'ㅔ'가 결합한 소리이다.
④ 'ㅘ'의 발음은 단모음 'ㅗ' 뒤에서 반모음 '[j]'가 결합한 소리이다.
⑤ 반모음 '[w]'는 홀로 쓰일 수 없고 단모음과 결합하여 이중 모음을 이룬다.

27 <보기>는 학생들의 대화이다. 윗글을 바탕으로 할 때 <보기>의 ㉠, ㉡에 들어갈 내용으로 적절한 것은? [3점]

보기

학생 1 : '표준어 규정'에 따르면 'ㅚ'는 단모음으로 발음하는 것이 원칙이지만 이중 모음으로 발음하는 것도 허용하더라고. 그러면 '참외'는 [차뫼]로 발음하는 것이 원칙이지만, ___㉠___ 로 발음하는 것도 허용한다고 할 수 있겠어.
학생 2 : 그래, 맞아. '표준어 규정'에서는 'ㅟ'도 이중 모음으로 발음하는 것을 허용하고 있어. 이에 따른 'ㅟ'의 이중 모음 발음은 'ㅑ, ㅒ, ㅕ, ㅖ, ㅘ, ㅙ, ㅛ, ㅝ, ㅞ, ㅠ, ㅢ'의 발음 중에 ___㉡___ .

	㉠	㉡
①	[차뭬]	포함되어 있지 않아
②	[차뭬]	'ㅢ' 소리에 해당해
③	[차뫠]	'ㅝ' 소리에 해당해
④	[차메]	포함되어 있지 않아
⑤	[차메]	'ㅢ' 소리에 해당해

2021년 6월 고1 전국연합학력평가

28 <보기>의 ㉠과 ㉡이 모두 일어나는 단어로 적절한 것은?

보기

음운의 변동에는 한 음운이 다른 음운으로 바뀌는 ㉠**'교체'**, 원래 있던 음운이 없어지는 '탈락', 두 개의 음운이 하나로 합쳐지는 ㉡**'축약'**, 없던 음운이 새로 생기는 '첨가'가 있다.

① 굳히다[구치다] ② 미닫이[미다지] ③ 빨갛다[빨가타]
④ 솜이불[솜니불] ⑤ 잡히다[자피다]

2021년 9월 고1 전국연합학력평가

29 **<보기>의 (가)에 들어갈 말로 적절한 것은?**

보기

선생님: 음운 변동에는 한 음운이 다른 음운으로 바뀌는 교체, 있던 음운이 없어지는 탈락, 없던 음운이 새로 더해지는 첨가, 두 음운이 합쳐져 하나의 음운으로 줄어드는 축약이 있습니다. 그럼 아래 단어들에 나타난 음운 변동의 유형을 파악해 봅시다.

㉠ 맨입[맨닙]	㉡ 쌓아[싸아]
㉢ 입학[이팍]	㉣ 칼날[칼랄]

학생: ____________(가)____________

선생님: 네, 맞습니다.

① ㉠은 '첨가'에 해당하고, ㉢은 '축약'에 해당합니다.
② ㉠은 '교체'에 해당하고, ㉣은 '첨가'에 해당합니다.
③ ㉡은 '탈락'에 해당하고, ㉢은 '교체'에 해당합니다.
④ ㉡은 '교체'에 해당하고, ㉣은 '축약'에 해당합니다.
⑤ ㉢은 '탈락'에 해당하고, ㉣은 '첨가'에 해당합니다.

2021년 11월 고1 전국연합학력평가

30 **<보기>는 수업의 일부이다. 선생님의 질문에 대한 답으로 적절한 것은?**

보기

선생님: 음운 변동 중 교체가 일어날 때 앞 음절의 종성과 뒤 음절의 초성 자리에 놓인 두 음운이 만나서 그중 하나가 바뀌는 경우가 있습니다. ㉠은 뒤 음절의 초성 자리에 놓인 음운이 바뀌는 경우이고, ㉡은 앞 음절의 종성 자리에 놓인 음운이 바뀌는 경우를 나타냅니다.

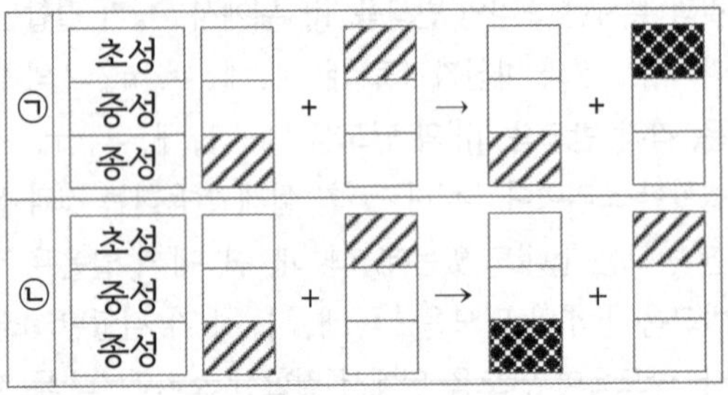

그럼, 표준 발음에 따라 다음 단어들을 ㉠과 ㉡으로 나눠 볼까요?

먹물, 중력, 집념, 칼날, 톱밥

	㉠	㉡
①	먹물, 칼날	중력, 집념, 톱밥
②	중력, 집념	먹물, 칼날, 톱밥
③	먹물, 집념, 톱밥	중력, 칼날
④	먹물, 중력, 집념	칼날, 톱밥
⑤	중력, 칼날, 톱밥	먹물, 집념

2015년 6월 고2 전국연합학력평가

31 **<보기1>의 두 조항이 모두 적용된 사례를 <보기2>에서 찾아 바르게 묶은 것은?**

보기1

제18항 받침 'ㄱ(ㄲ, ㅋ, ㄳ, ㄺ), ㄷ(ㅅ, ㅆ, ㅈ, ㅊ, ㅌ, ㅎ), ㅂ(ㅍ, ㄼ, ㄿ, ㅄ)'은 'ㄴ, ㅁ' 앞에서 [ㅇ, ㄴ, ㅁ]으로 발음한다.

제29항 합성어 및 파생어에서, 앞 단어나 접두사의 끝이 자음이고 뒤 단어나 접미사의 첫음절이 '이, 야, 여, 요, 유'인 경우에는, 'ㄴ' 음을 첨가하여 [니, 냐, 녀, 뇨, 뉴]로 발음한다.

보기2

㉠ 어느새 진달래 **꽃잎[꼰닙]**도 져 버렸구나.
㉡ 아기가 **색연필[생년필]**로 낙서를 마구 해 댔다.
㉢ 엄마는 고구마를 **식용유[시굥뉴]**에 튀기고 계셨다.
㉣ 그녀는 아무 말 없이 **직행열차[지캥녈차]**를 타고 떠났다.

① ㄱ, ㄴ ② ㄱ. ㄷ ③ ㄴ, ㄱ ④ ㄴ, ㄹ ⑤ ㄷ, ㄹ

2017년 3월 고2 전국연합학력평가

32 **<보기>의 설명에 따를 때, 음운 변동 ⓐ, ⓑ가 모두 일어나는 단어로 적절한 것은?**

보기

다음은 '맨입'과 '국민'을 발음할 때에 일어나는 음운 변동을 나타낸 것이다. '맨입'은 음운 변동 ⓐ가 일어나 [맨닙]으로 발음되고, '국민'은 음운 변동 ⓑ가 일어나 [궁민]으로 발음된다.

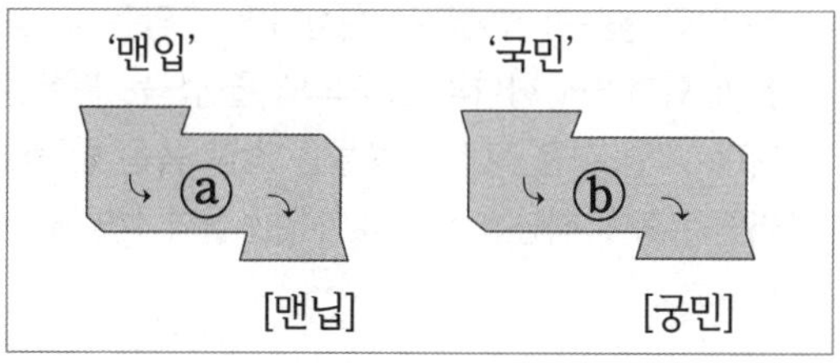

① 막일 ② 담요 ③ 낙엽 ④ 곡물 ⑤ 강약

2015년 11월 고2 전국연합학력평가

33 〈보기〉의 '선생님'의 질문에 대한 대답으로 적절한 것은? [3점]

보기

선생님: 음운 변동은 그 결과에 따라 교체, 탈락, 첨가, 축약으로 분류할 수 있습니다. 교체는 한 음운이 다른 음운으로 바뀌는 현상이며, 탈락은 두 음운 중에서 어느 하나가 없어지는 현상입니다. 첨가는 없던 음운이 추가되는 현상이며, 축약은 두 음운이 합쳐져서 하나의 음운으로 줄어드는 현상입니다. 그럼 다음 학습 자료들은 각각 음운 변동의 어떤 유형에 해당하는지 그 이유를 들어 설명해 볼까요?

[학습 자료]

㉠ 줍+고→[줍꼬]　　㉡ 넣+은→[너ː은]
㉢ 먹+는→[멍는]　　㉣ 쌓+지→[싸치]
㉤ 논+일→[논닐]

① ㉠은 첨가에 해당합니다. 왜냐하면 'ㅂ'의 영향을 받아 'ㄱ'에 'ㄱ'이 추가되어 'ㄲ'이 되었기 때문입니다.
② ㉡은 축약에 해당합니다. 왜냐하면 'ㅎ'으로 끝나는 어간과 모음으로 시작하는 어미가 결합하여 하나의 모음으로 줄어들었기 때문입니다.
③ ㉢은 탈락에 해당합니다. 왜냐하면 'ㄴ'의 영향을 받아 'ㄱ'이 없어졌기 때문입니다.
④ ㉣은 교체에 해당합니다. 왜냐하면 'ㅈ'이 'ㅎ'의 영향을 받아 'ㅊ'으로 바뀌었기 때문입니다.
⑤ ㉤은 첨가에 해당합니다. 왜냐하면 'ㄴ'으로 끝나는 형태소와 'ㅣ' 모음으로 시작하는 형태소가 결합할 때 'ㄴ'이 추가되었기 때문입니다.

2016년 3월 고2 전국연합학력평가

34 〈보기〉에 따라 표준 발음에 대하여 학습하였다. 각 예에 적용된 내용과 그 발음이 바르지 <u>못한</u> 것은?

보기

○ 합성어 및 파생어에서, 앞 단어나 접두사의 끝이 자음이고 뒤 단어나 접미사의 첫음절이 '이, 야, 여, 요, 유'인 경우에는, 'ㄴ' 음을 첨가하여 [니, 냐, 녀, 뇨, 뉴]로 발음함. 그리고 'ㄹ' 받침 뒤에 첨가되는 'ㄴ' 음은 [ㄹ]로 발음함. ······ ⓐ
○ 받침 'ㄱ, ㄷ, ㅂ'은 'ㄴ, ㅁ' 등의 비음 앞에서 [ㅇ, ㄴ, ㅁ]으로 발음함. ······ ⓑ
○ 받침 'ㅁ, ㅇ' 뒤에 연결되는 'ㄹ'은 [ㄴ]으로 발음함. ······ ⓒ
○ 'ㄴ'은 'ㄹ'의 앞이나 뒤에서 [ㄹ]로 발음함. ··· ⓓ

	예	적용 내용	발음
①	색연필	ⓐ, ⓑ	[생년필]
②	물약	ⓐ, ⓒ	[물냑]
③	잡는다	ⓑ	[잠는다]
④	강릉	ⓒ	[강능]
⑤	물난리	ⓓ	[물랄리]

2016년 6월 고2 전국연합학력평가

35 〈보기〉의 ㉠~㉣에 대한 이해로 적절한 것은?

보기

음운의 변동 중 ㉠**축약**은 두 음운이 합쳐져서 하나의 음운으로 줄어드는 현상을 말한다. 반면 ㉡**탈락**은 두 음운이 만나면서 한 음운이 사라져 소리가 나지 않는 현상을 말한다. 이러한 축약과 탈락은 ㉢**<u>자음에서 일어나는 경우</u>**와 ㉣**<u>모음에서 일어나는 경우</u>**가 있다.

① '싫다[실타]'는 ㉠과 ㉣에 해당된다.
② '좋아요[조아요]'는 ㉡과 ㉣에 해당한다.
③ '울- + -는 → 우는'은 ㉠과 ㉢에 해당된다.
④ '크- + -어서 → 커서'는 ㉡과 ㉣에 해당한다.
⑤ '나누- + -었다 → 나눴다'는 ㉠과 ㉢에 해당한다.

2017년 6월 고2 전국연합학력평가

36 <보기1>을 활용하여 <보기2>의 음운 변동을 설명한 내용으로 적절한 것은?

보기1

조음 위치 / 조음 방법	입술소리	잇몸소리	센입천장소리	여린입천장소리
파열음	ㅂ, ㅍ	ㄷ, ㅌ		ㄱ, ㅋ
파찰음			ㅈ, ㅊ	
비음	ㅁ	ㄴ		ㅇ
유음		ㄹ		

보기2

㉠ 국민→[궁민]　　㉡ 물난리→[물랄리]
㉢ 굳이→[구지]

① ㉠은 첫음절 끝의 파열음이 뒤의 자음과 결합하여 유음으로 바뀌었다.
② ㉡은 유음이 앞뒤 비음의 영향을 받아 비음으로 바뀌었다.
③ ㉢은 여린입천장소리가 뒤의 자음을 닮아 센입천장소리로 바뀌었다.
④ ㉠과 ㉡에서 변동된 음운은 조음 방법이 변하였다.
⑤ ㉡과 ㉢에서 변동된 음운은 조음 위치가 변하였다.

2017년 9월 고2 전국연합학력평가

37 <보기>의 활동 과제를 수행한 결과로 적절한 것은?

보기

[활동 과제]

음운 변동의 유형에는 '교체', '첨가', '탈락', '축약'이 있다.

ⓐ : 교체 - 한 음운이 다른 음운으로 바뀌는 현상
ⓑ : 첨가 - 없던 음운이 새로 생기는 현상
ⓒ : 탈락 - 한 음운이 없어지는 현상
ⓓ : 축약 - 두 음운이 합쳐져 다른 음운으로 바뀌는 현상

㉠과 ㉡에 해당하는 음운 변동을 ⓐ~ⓓ 중에서 골라보자.

불여우 →(㉠) [불녀우] →(㉡) [불려우]

	㉠	㉡
①	ⓐ	ⓐ
②	ⓐ	ⓑ
③	ⓑ	ⓐ
④	ⓑ	ⓒ
⑤	ⓒ	ⓓ

2017년 11월 고2 전국연합학력평가

38 <보기>는 음운 변동에 대한 수업의 한 장면이다. 학생들의 활동 결과로 적절한 것은?

보기

선생님: 지난 시간에는 음운 변동 현상인 교체, 탈락, 축약, 첨가에 대해서 배웠습니다. 오늘은 음운 변동이 두 가지 이상 나타나는 단어를 통해 지난 시간에 배운 내용을 적용해 보겠습니다. 모둠별로 칠판에 제시한 단어에서 일어나는 음운 변동 현상을 분석한 후, 분석 결과에 따라 해당 항목에 알맞은 단어 카드를 붙여 볼까요?

맛없다 영업용 깨끗하다 급행열차

교체와 탈락 : ⓐ
교체와 축약 : ⓑ
교체와 첨가 : ⓒ
축약과 첨가 : ⓓ

	ⓐ	ⓑ	ⓒ	ⓓ
①	급행열차	깨끗하다	맛없다	영업용
②	맛없다	급행열차	영업용	깨끗하다
③	맛없다	깨끗하다	영업용	급행열차
④	깨끗하다	영업용	맛없다	급행열차
⑤	깨끗하다	맛없다	급행열차	영업용

2018년 3월 고2 전국연합학력평가

39 <보기>의 선생님의 질문에 답한 내용으로 적절하지 않은 것은? [3점]

보기

선생님 : 우리말에서 어근과 어근이 결합하여 합성 명사를 이룰 때, 뒤 어근의 예사소리가 된소리로 바뀌거나 두 어근 사이에 'ㄴ'이 첨가되기도 합니다. 다음은 이와 관련된 표준발음법의 규정을 정리한 것입니다.

> ㉮ 'ㄱ, ㄷ, ㅂ, ㅅ, ㅈ'으로 시작하는 단어 앞에 사이시옷이 올 때는 이들 자음만을 된소리로 발음하는 것을 원칙으로 하되, 사이시옷을 [ㄷ]으로 발음하는 것도 허용한다.
> ㉯ 사이시옷 뒤에 'ㄴ, ㅁ'이 결합되는 경우에는 [ㄴ]으로, '이' 음이 결합되는 경우에는 [ㄴㄴ]으로 발음한다.

㉮는 앞 어근의 끝소리가 울림소리이고 뒤 어근의 첫소리가 안울림 예사소리이면 뒤의 예사소리가 된소리로 바뀌는 현상과 관련된 규정입니다. 그리고 ㉯는 앞 어근이 모음으로 끝나고 뒤 어근이 'ㄴ, ㅁ'으로 시작되면 앞 어근의 끝소리에 'ㄴ' 소리가 첨가되는 현상, 혹은 앞 어근이 모음으로 끝나고 뒤 어근이 모음 'ㅣ'나 반모음 'ㅣ'로 시작되면 앞 어근의 끝소리와 뒤 어근의 첫소리에 각각 'ㄴ'이 첨가되는 현상과 관련된 규정입니다.
그러면, 이를 바탕으로 다음 단어들에 대해 설명해 볼까요?

> 빨랫돌[빨래똘 / 빨랟똘], 옷깃[옫낃],
> 홑이불[혼니불], 뱃머리[밴머리], 깻잎[깬닙]

① '빨랫돌'은 합성 명사로, 앞 어근의 끝소리가 울림소리이고 뒤 어근의 첫소리가 된소리로 바뀌므로 ㉮의 예로 볼 수 있어요.

② '옷깃'은 합성 명사이고 예사소리가 된소리로 바뀌는 현상이 나타나므로 ㉮의 예로 볼 수 있어요.

③ '홑이불'은 'ㄴ'의 첨가가 나타나지만, '홑-'이 접사이므로 ㉯의 예로 볼 수 없어요.

④ '뱃머리'는 합성 명사로, 앞 어근이 모음으로 끝나고 뒤 어근이 'ㅁ'으로 시작하는 음운 환경에서 앞 어근의 끝소리에 'ㄴ'이 첨가되므로 ㉯의 예로 볼 수 있어요.

⑤ '깻잎'은 합성 명사로, 앞 어근이 모음으로 끝나고 뒤 어근이 'ㅣ'로 시작되는데 앞 어근의 끝소리와 뒤 어근의 첫소리에 각각 'ㄴ'이 첨가되므로 ㉯의 예로 볼 수 있어요.

2018년 9월 고2 전국연합학력평가

40 **〈보기〉의 ㉠~㉤을 활용하여 현대의 '구개음화'를 탐구한 것으로 적절하지 <u>않은</u> 것은?** [3점]

보기

㉠ 맏이[마지], 같이[가치]
㉡ 밭이[바치], 밭을[바틀]
㉢ 굳히다[구치다], 닫히다[다치다]
㉣ 밑이[미치], 끝인사[끄딘사]
㉤ 해돋이[해도지], 견디다[견디다]

① ㉠을 보니, 'ㄷ'이나 'ㅌ'이 끝소리일 때 구개음화가 일어나는군.
② ㉡을 보니, 'ㅌ'이 특정한 모음과 만날 때 구개음화가 일어나는군.
③ ㉢을 보니, 'ㄷ' 뒤에서 'ㅎ'이 탈락할 때 구개음화가 일어나는군.
④ ㉣을 보니, 'ㅌ' 뒤에 실질 형태소가 올 때는 구개음화가 일어나지 않는군.
⑤ ㉤을 보니, 하나의 형태소 내부에서는 구개음화가 일어나지 않는군.

2018년 11월 고2 전국연합학력평가

41 **〈보기〉의 ㉠ ~ ㉣에서 설명한 음운 변동이 일어난 예로 적절한 것은?**

보기

㉠ 원래 없던 음운이 새로 생긴다.
㉡ 한 음운이 다른 음운으로 바뀐다.
㉢ 두 개의 음운 중 한 음운이 없어진다.
㉣ 두 음운이 합쳐져 하나의 음운으로 바뀐다.

① ㉠: 설날[설ː랄], 한여름[한녀름]
② ㉢: 놓아[노아], 없을[업ː쓸]
③ ㉣: 앉히다[안치다], 끓이다[끄리다]
④ ㉠ + ㉡: 구급약[구ː금냑], 물엿[물렫]
⑤ ㉡ + ㉢: 읊조리다[읍쪼리다], 끗끗하다[끋꾸타다]

2019년 6월 고2 전국연합학력평가

42 **〈보기〉는 문법 수업의 일부이다. 선생님의 질문에 대한 대답으로 적절한 것은?** [3점]

보기

선생님: 음운의 변동은 발음 결과에 따라 한 음운이 다른 음운으로 바뀌는 ㉠**<u>교체</u>**, 원래 있던 음운이 없어지는 ㉡**<u>탈락</u>**, 없던 음운이 추가되는 ㉢**<u>첨가</u>**, 두 음운이 합쳐져서 하나의 음운으로 바뀌는 ㉣**<u>축약</u>**으로 나눌 수 있습니다.

[질문] 다음 밑줄 친 부분에서 일어나는 음운의 변동 양상을 설명해 볼까요?

나는 어제 사 온 책을 **<u>읽느라</u>** 밤을 꼬박 새웠다. 목차만 **<u>훑고서</u>** 사 온 책은 기대보다 훨씬 재미있었다. 장시간 책을 봐서인지 머리가 아팠다. 그러나 **<u>예삿일</u>**로 생각해 어머니께서 챙겨 주신 **<u>알약을</u>** 먹지 않고 있다가 결국 몸살을 **<u>앓았다</u>**.

① '읽느라[잉느라]'에서 ㉠과 ㉡이 일어납니다.
② '훑고서[훌꼬서]'에서 ㉠과 ㉢이 일어납니다.
③ '예삿일[예산닐]'에서 ㉠과 ㉣이 일어납니다.
④ '알약을[알랴글]'에서 ㉡과 ㉢이 일어납니다.
⑤ '앓았다[아랃따]'에서 ㉡과 ㉣이 일어납니다.

2019년 9월 고2 전국연합학력평가

43 **〈보기〉의 ㄱ~ㄹ에 대해 탐구한 것으로 적절하지 않은 것은?**

> **보기**
>
> ㄱ. 신라[실라]　　　ㄴ. 국물[궁물]
> ㄷ. 올여름[올려름]　ㄹ. 해돋이[해도지]

① ㄱ과 ㄴ은 모두 앞의 음운이 뒤의 음운의 성질을 닮아 변동된 것이군.
② ㄱ과 ㄷ은 모두 하나의 음운이 다른 음운으로 바뀌는 현상이 일어났군.
③ ㄱ과 ㄹ은 모두 음운의 변동이 일어나기 전과 후의 음운의 개수에 변화가 없군.
④ ㄴ과 ㄷ은 모두 두 형태소가 결합할 때 음운 변동이 일어났군.
⑤ ㄷ과 ㄹ은 모두 두 번 이상의 음운 변동이 일어났군.

2019년 11월 고2 전국연합학력평가

44 **〈보기1〉을 바탕으로 〈보기2〉의 ㉠과 ㉡에 대해 설명한 내용으로 가장 적절한 것은?**

> **보기1**
>
> 음운의 변동은 크게 네 가지로 나눌 수 있다. 어떤 음운이 다른 음운으로 바뀌는 '교체', 새로운 음운이 생기는 '첨가', 어떤 음운이 없어지는 '탈락', 두 음운이 하나의 음운으로 합쳐지는 '축약'이 그것이다.

> **보기2**
>
> [학생이 작성한 학습지]
>
> ※ 빈칸에 ⓐ ~ ⓓ의 표준 발음을 채우시오.

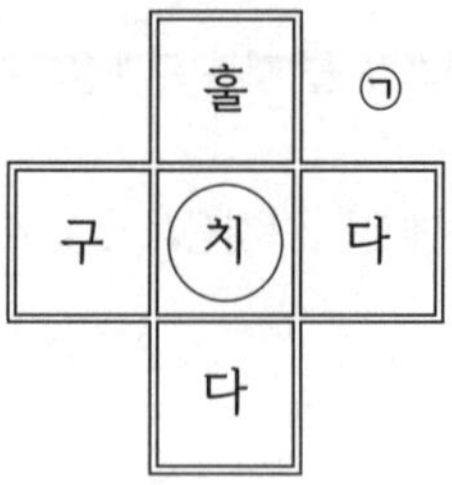

> ◦ 가로: ⓐ<u>굳히다</u>　　◦ 가로: ⓒ<u>꽃이슬</u>
> ◦ 세로: ⓑ<u>훑이다</u>　　◦ 세로: ⓓ<u>솜이불</u>

① ㉠은 ⓐ에서 '교체'가, ⓑ에서 '탈락'이 일어나 발음된 것이다.
② ㉡은 ⓒ에서 '첨가'가, ⓓ에서 '축약'이 일어나 발음된 것이다.
③ ㉠은 ⓐ와 ⓑ에서 공통적으로 '축약'이 일어나 발음된 것이다.
④ ㉡은 ⓒ와 ⓓ에서 공통적으로 '교체'가 일어나 발음된 것이다.
⑤ ㉡은 ⓒ와 ⓓ에서 공통적으로 '첨가'가 일어나 발음된 것이다.

2020년 3월 고2 전국연합학력평가

[45] 다음 글을 읽고 물음에 답하시오.

한 음운이 다른 음운의 속성을 닮아 가는 음운 현상을 '동화'라고 한다. 이때 동화를 일으키는 음운을 '동화음', 동화음을 닮아 가는 음운을 '피동화음'이라고 한다. 동화 현상의 하나인 구개음화는, 경구개가 아닌 위치에서 발음되는 자음이 단모음 'ㅣ'나 반모음 'ĭ' 앞에서 경구개음으로 바뀌는 음운 현상으로, 피동화음인 자음이 동화음 'ㅣ'나 반모음 'ĭ'가 경구개 부근에서 발음되는 속성을 닮아 가는 것이다.

구개음화는 피동화음의 종류에 따라 분류할 수 있는데 피동화음이 'ㄷ, ㅌ, ㄸ'인 경우는 'ㄷ-구개음화', 피동화음이 'ㄱ, ㅋ, ㄲ'인 경우는 'ㄱ-구개음화'로 부른다. 현대 국어에서 표준 발음으로 인정되는 구개음화는 'ㄷ-구개음화' 중 다음 두 가지이다. 우선 음절 끝소리가 'ㄷ, ㅌ'인 형태소가 단모음 'ㅣ'로 시작하는 조사나 접사 같은 형식 형태소와 결합하여 'ㅈ, ㅊ'으로 변하는 경우이다. 그리고 음절 끝소리가 'ㄷ'이고 뒤에 접사 '-히-'가 올 때 'ㄷ'과 'ㅎ'이 축약되어 'ㅌ'이 되고, 이것이 구개음 'ㅊ'으로 되는 경우이다.

과거에는 'ㄱ-구개음화'도 일어났다. 방언에서 '기름'이 '지름'으로 변화된 경우가 이에 해당한다. 이 사례에서 알 수 있듯이 과거에는 구개음화가 형태소 내부에서도 일어날 수 있었으며, 이는 근대 국어 시기에 활발하게 일어났다.

그런데 현대 국어에는 '마디', '견디다'와 같이 과거에 구개음화가 일어났을 법한데 그렇지 않은 단어들이 남아 있다. 이런 단어들은 'ㄷ' 뒤에 오는 모음이 원래 'ㅣ'가 아닌 다른 모음이었다는 공통점이 있다. 예를 들어 '마디'는 과거에 '마듸'였는데, 형태소 내부에서의 구개음화가 사라진 후에 'ㅢ'가 'ㅣ'로 바뀌었기 때문에 구개음화가 일어나지 않은 채로 남게 된 것이다.

과거에 일어났던 구개음화와 관련하여 잘못된 교정이 일어나기도 했다. 예를 들어 문헌상으로 '김치'의 과거 형태는 '딤ᄎᆡ'였는데 구개음화가 일어난 이후 '짐ᄎᆡ'로 나타난다. 그런데 언중이 구개음화가 일어난 형태를 원래 형태로 교정하고자 하는 과정에서 원래 형태를 잘못 생각하여 '김치'의 형태로 교정하게 되고 이것이 현재의 '김치'가 되었다.

45 **윗글을 바탕으로 현대 국어의 표준 발음에 대해 설명한 것으로 적절한 것은?**

① '같이'를 [가치]로 발음하는 이유는 피동화음이 'ㄱ'인 경우이기 때문이다.
② '많지만'을 [만치만]으로 발음하는 이유는 동화음이 반모음 'ĭ'인 경우이기 때문이다.
③ '맏이'를 [마디]로 발음하지 않는 이유는 구개음화를 일으키는 동화음이 없기 때문이다.
④ '곁으로'를 [겨츠로]로 발음하지 않는 이유는 두 형태소가 결합하는 경우가 아니기 때문이다.
⑤ '끝인사'를 [끄친사]로 발음하지 않는 이유는 뒤에 결합하는 형태소가 형식 형태소가 아니기 때문이다.

2020년 6월 고2 전국연합학력평가

46 **<보기>의 ㉠에 들어갈 내용으로 적절한 것은?** **[3점]**

보기

아래의 단어들을 음운 변동 양상에 따라 둘로 분류할 때, 어떤 질문이 적절한지 알아봅시다.

놓는[논는], 닮아[다라], 막일[망닐], 칼날[칼랄]

질문	㉠	
대답	예	아니요
	놓는[논는], 칼날[칼랄]	닮아[다라], 막일[망닐]

① 음운 변동 전후 음운의 수가 동일한가?
② 자음과 모음의 변동이 모두 일어났는가?
③ 음운 변동의 결과가 표기에 반영되었는가?
④ 음운 변동이 앞 음절에서만 발생하였는가?
⑤ 조음 방법이 같아지는 음운 변동이 일어났는가?

2020년 9월 고2 전국연합학력평가

47 <보기>의 ㉠~㉣에 들어갈 말로 적절한 것은?

보기

선생님: 음운 변동 중에는 한 음운이 앞이나 뒤의 음운의 영향을 받아 다른 음운으로 교체되는 현상이 있는데, 이때 조음 방법이나 조음 위치가 변하게 됩니다. 예를 들면 '밥물[밤물]'은 'ㅂ'이 뒤의 음운 'ㅁ'의 영향으로 비음인 'ㅁ'으로 바뀌어 조음 방법이 달라졌지요. 그럼 다음 단어들에서는 어떤 변화가 일어나는지 탐구해 봅시다.

달님[달림], 공론[공논], 논리[놀리]

학생: (㉠)은/는 한 음운이 (㉡)의 음운의 영향을 받아 (㉢)으로 바뀌어 (㉣)이/가 바뀐 사례입니다.

	㉠	㉡	㉢	㉣
①	달님	앞	유음	조음 방법
②	달님	뒤	비음	조음 위치
③	공론	앞	비음	조음 위치
④	공론	뒤	비음	조음 방법
⑤	논리	뒤	유음	조음 위치

2020년 11월 고2 전국연합학력평가

48 다음은 수업 장면의 일부이다. ㉠과 ㉡에 해당하는 예로 적절한 것은?

보기

선생님: 음운의 변동에는 인접한 두 음운 중 어느 한 쪽이 다른쪽 음운의 영향을 받아 이와 비슷하거나 같은 소리로 바뀌는 현상이 있습니다. 이때 바뀌게 되는 음운을 'A', 바뀌어 나타난 음운을 'B', 영향을 준 음운을 'C'라고 생각해 본다면 다음과 같이 도식화해 볼 수 있습니다.

	도식	설명
㉠	A→B/_C	A가 C의 영향을 받아 C 앞에서 B로 바뀌는 경우
㉡	A→B/C_	A가 C의 영향을 받아 C 뒤에서 B로 바뀌는 경우

	㉠	㉡
①	겹눈	맨입
②	실내	국물
③	작년	칼날
④	백마	잡히다
⑤	끓이다	물놀이

2021년 3월 고2 전국연합학력평가

49 <보기>의 ㉠이 일어나는 사례로 적절한 것은?

보기

음운 변동에는 ㉠교체, 탈락, 첨가 등이 있는데, 용언의 활용에서 단모음과 단모음이 만날 때에도 이러한 현상이 일어날 수 있다. 이러한 모음의 음운 변동을 이해하기 위해서는 아래의 모음 종류를 참고할 필요가 있다.

- 단모음 : ㅏ, ㅐ, ㅓ, ㅔ, ㅗ, ㅚ, ㅜ, ㅟ, ㅡ, ㅣ
- 반모음 : ǐ, ㅗ̌ / ㅜ̌
- 이중 모음(반모음 + 단모음) : ㅑ, ㅕ, ㅛ, ㅠ, ㅘ, ㅝ …

예를 들어 '오- + -아'가 [와]로 되는 음운 변동을 설명하면,

	(변동 전)	(변동 후)
오- + -아 → [와]	ㅗ + ㅏ	ㅘ

와 같이 교체되는 것을 알 수 있다.

	사 례	변동 전	변동 후
①	뛰- + -어 → [뛰여]	ㅟ + ㅓ	ㅟ + ㅕ
②	살피- + -어 → [살펴]	ㅣ + ㅓ	ㅕ
③	치르- + -어 → [치러]	ㅡ + ㅓ	ㅓ
④	끼- + -어 → [끼여]	ㅣ + ㅓ	ㅣ+ㅕ
⑤	자- + -아서 → [자서]	ㅏ + ㅏ	ㅏ

2021년 6월 고2 전국연합학력평가)

50 <보기>의 ⓐ와 ⓑ에 해당하는 음운 변동이 모두 일어나는 것은?

보기

'팥빵'은 ____ⓐ____ 이/가 일어나서 [팓빵]으로 발음되고, '많던'은 ____ⓑ____ 이/가 일어나서 [만턴]으로 발음된다.

① 낫설고 ② 놓더라 ③ 맞는지
④ 먹히는 ⑤ 애틋한

2021년 9월 고2 전국연합학력평가)

[51~52] 다음 글을 읽고 물음에 답하시오.

형태소는 일정한 뜻을 가진 가장 작은 단위를 말하며, 한 형태소는 다른 형태소와 결합하여 단어나 구, 문장과 같은 상위 단위를 이룬다. 이때 형태소는 항상 동일한 모습으로 나타나는 것은 아니고, 환경에 따라 형태가 달라질 수 있다. 이처럼 한 형태소가 환경에 따라 다른 모습으로 실현되는 것을 교체라고 한다. 특히 한국어는 문법적 관계를 나타내 주는 조사와 어미가 발달해 있어서 형태소끼리의 결합 과정에서 다양한 교체 현상이 나타난다.

빛: 빛이[비치], 빛도[빋또], 빛만[빈만], 쪽빛이[쪽삐치], 쪽빛도[쪽삗또], 쪽빛만[쪽삔만]

물: 물이[무리], 물도[물도], 물만[물만], 국물이[궁무리], 국물도[궁물도], 국물만[궁물만]

'빛'은 앞이나 뒤에 오는 형태소에 따라 6개의 서로 다른 형태로 실현된다. 이처럼 교체에 의해 달리 실현된 형태들을 이형태라고 한다. 교체가 일어난다는 것은 한 형태소가 최소한 둘 이상의 이형태를 가짐을 뜻한다. 이 형태들은 나타나는 조건이나 환경이 겹치지 않는 상보적 분포를 지닌다. 한편 '물'은 앞이나 뒤에 어떠한 형태소가 오든지 항상 '[물]'로만 실현된다. 즉 교체가 일어나지 않는 것이다.

교체를 통해 이행태가 복수로 존재할 경우에는 기본형을 정해 준다. 한 형태소가 여러 가지 다양한 이형태들로 실현되면 이형태들을 대표할 수 있는 형태를 하나 설정하게 되는데, 그것이 바로 기본형이다. 교체를 하지 않는 형태소의 경우 그 자체가 기본형이 되지만 교체를 하는 형태소는 기본형을 따로 정해야만 한다.

또한 형태소의 교체를 일어나는 동기에 따라 자동적 교체와 비자동적 교체로 나눌 수 있다. ㉠<u>자동적 교체</u>는 교체가 일어나지 않고 그대로 실현되면 안 되기 때문에 일어나는 교체를 말한다. 음절의 종성에 두 개의 자음이 발음되는 것을 허용하지 않는 음운론적 제약이나 비음 앞에 평파열음인 'ㄱ, ㄷ, ㅂ'이 올 수 없다는 음운론적 제약 등으로 일어나는 교체가 자동적 교체이다. 예를 들면 '먹물→[멍물]'에서 '먹'이 비음으로 시작하는 형태소인 '물'과 결합할 때 '멍'으로 교체를 보이는 경우이다.

다음으로 ㉡<u>비자동적 교체</u>는 반드시 일어나야 할 필연적 이유가 없는 교체를 말한다. 즉 '감다→[감:따]'는 비음으로 끝나는 어간 뒤에서 '-따'로 교체되는 경우로, 이는 비음 뒤에 'ㄱ, ㄷ,ㅈ'과 같은 자음이 오지 못하기 때문에 일어난 것은 아니다. 용언의 어간 말음이 비음으로 끝나고 뒤에 어미가 올 때에만 이 같은 현상이 일어날 뿐, '단검→[단:검]'과 같이 다른 환경에서는 얼마든지 비음과 'ㄱ, ㄷ, ㅈ' 등이 결합할 수 있기 때문이다.

51 ㉠, ㉡에 해당하는 예끼리 바르게 짝지어진 것은?

	㉠	㉡
①	믿는[민는]	안고[안:꼬]
②	삶도[삼:도]	김장[김장]
③	입은[이븐]	넘다[넘:따]
④	밥만[밤만]	앉는[안는]
⑤	닭이[달기]	삼고[삼:꼬]

52 윗글을 바탕으로 〈보기〉에 대해 이해한 내용으로 적절하지 <u>않은</u> 것은?

보기

ⓐ 닭: 닭이[달기], 닭도[닥또], 닭만[당만], 통닭은[통달근]
ⓑ 책: 책이[채기], 책도[책또], 책만[챙만], 공책은[공채근]
ⓒ 밥: 밥이[바비], 밥도[밥또], 밥만[밤만], 찬밥은[찬바븐]
ⓓ 달: 달이[다리], 달도[달도], 달만[달만], 반달은[반:다른]
ⓔ 잎: 잎이[이피], 잎도[입또], 잎만[임만], 솔잎은[솔리픈]

① ⓐ: '닭'의 이형태들은 상보적 분포를 보이는군.
② ⓑ: '책'은 기본형을 따로 정할 필요 없이 그 자체로 기본형이 되겠군.
③ ⓒ: '밥'이 이형태를 가지는 것으로 보아 교체가 일어났다고 볼 수 있겠군.
④ ⓓ: '달'은 앞이나 뒤에 어떠한 형태소가 오더라도 하나의 형태로만 나타나는군.
⑤ ⓔ: '잎'은 환경에 따라 다른 모습으로 나타나므로 이형태들을 대표할 수 있는 기본형을 설정하겠군.

2021년 11월 고2 전국연합학력평가

53 **<보기>의 선생님의 설명을 바탕으로 ㉠~㉢에 대해 학생이 발표한 내용으로 적절한 것은?**

보기

선생님: 음운의 변동은 한 음운이 다른 음운으로 바뀌는 교체, 한 음운이 없어지는 탈락, 새로운 음운이 생기는 첨가, 두 음운이 하나의 음운으로 합쳐지는 축약으로 구분됩니다. 음운의 변동이 일어날 때 음운의 개수가 늘어나기도 하고 줄어들기도 합니다. 다음 예시에 나타난 음운의 변동에 대해 발표해 봅시다.

㉠ 꽃잎 → [꼰닙]
㉡ 맑지 → [막찌]
㉢ 막힘없다 → [마키멉따]

① ㉠과 ㉡은 첨가 현상이 일어났습니다.
② ㉠과 ㉢은 탈락 현상이 일어났습니다.
③ ㉡과 ㉢은 축약 현상이 일어났습니다.
④ ㉠과 ㉡은 음운의 개수가 늘었습니다.
⑤ ㉡과 ㉢은 음운의 개수가 줄었습니다.

제2강
형태론(단어)

01 단어의 짜임

1 형태소

1) 형태소의 뜻

- 형태소란 뜻을 가진 가장 작은 말의 단위를 말한다.
- 일정한 뜻을 가지고 있으면서 더 이상 나눌 수 없는 말의 단위이다.

㉮ '그 꽃이 매우 예쁘다.'라는 문장은 '그', '꽃', '이', '매우', '예쁘-', '-다'와 같이 분석할 수 있는데 이때 '그', '꽃', '이', '매우', '예쁘-', '-다' 각각은 일정한 의미를 가지는 가장 작은 말의 단위로서 형태소에 해당한다.

그 꽃이 매우 예쁘다					
그	꽃	이	매우	예쁘-	-다
관형사	명사	조사	부사	형용사 어간	종결 어미

한자어의 형태소 구분

→ 한자어의 경우는 각각의 한자가 독립된 의미를 가지고 있으므로 이들을 하나의 형태소로 처리한다.

㉮ '동요(童謠)를 부르다.'라는 문장에서 '동요'는 한자어이므로 '동(童)'과 '요(謠)'가 각각 하나의 형태소이다.

형태소의 이형태

- 이형태 : 하나의 형태소이지만, 다른 형태를 가진 형태소

음운론적 이형태	형태론적 이형태
앞, 뒤의 음운 환경에 따라 그 이형태가 결정되는 유형 ㉮ 자음 + '이' / 모음 + '가' 자음 + '을' / 모음 + '를'	하나의 형태소가 다른 환경에서 다른 모습을 띠는 변이 형태 ㉮ 먹었다 / 하였다 먹어라 / 오너라

→ 형태론적 이형태는 음운론적으로 설명될 수 없는 것들이다.

2) 형태소의 종류

ⓐ 자립성의 유무에 따른 분류

① 자립 형태소

혼자 쓰일 수 있는 형태소를 말한다.

㉮ 그, 꽃, 매우

② 의존 형태소

혼자 쓰일 수 없는 형태소를 말한다.(반드시 다른 말에 기대어 쓰이는 형태소이다.)

㉮ 이, 예쁘-, -다

ⓑ 의미의 유형에 따른 분류

① 실질 형태소

구체적인 대상이나 상태를 나타내는 실질적인 의미를 지닌 형태소를 말한다.

㉮ 그, 꽃, 매우, 예쁘-

② 형식 형태소

형식적인 의미, 즉 문법적인 의미만을 나타내는 형태소를 말한다.

㉮ 이, -다

2 단어

자립할 수 있는 말이나 자립할 수 있는 형태소에 붙어서 쉽게 분리할 수 있는 말들.

- 최소 자립 단위로서 혼자서 쓰일 수 있는 말이다.
- 자립형태소는 그대로 하나의 단어가 된다.

  ㉮ 집(명사), 우리(대명사), 하나(수사), 어느(관형사), 아주(부사) 등
- 의존 형태소는 서로 어울려야 (비로소 자립할 수 있으므로) 하나의 단어가 된다.

  ㉮ '가- + -다 ⇨ 가다'에서 '가-'와 '-다'는 의존 형태소이므로 단어가 될 수 없고, 서로 어울린 형태인 '가다'가 하나의 단어가 된다.

3 단어의 형성

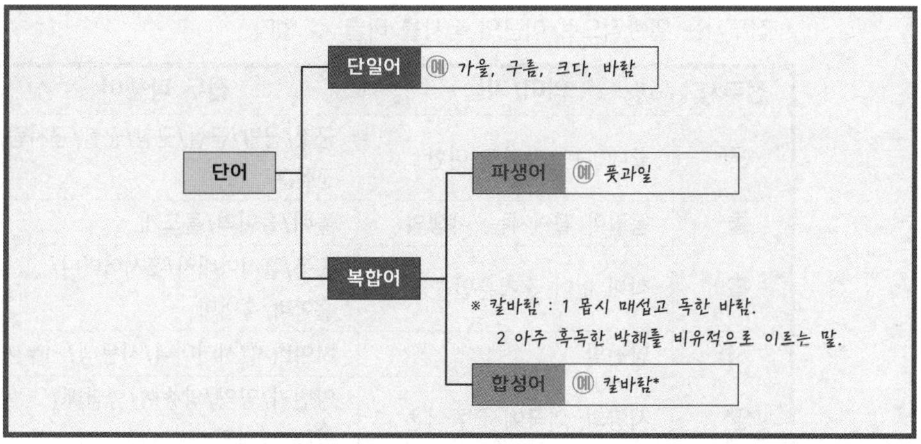

〈단어의 분류〉

1) 단일어

- 하나의 어근으로 된 단어를 말한다.
- 더 쪼개면 뜻을 알 수 없게 되거나 뜻이 달라진다.

㉠ '자국'은 '자'와 '국'으로 나누면 각각 원래의 뜻이 사라지게 된다.

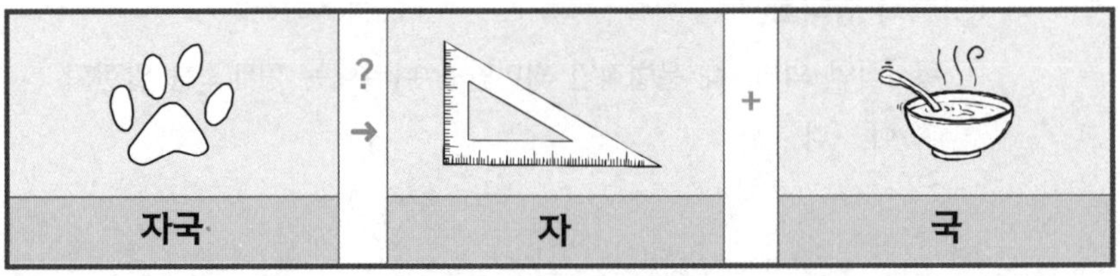

어근

단어에서 실질적인 의미를 나타내며 변하지 않는 부분을 말한다. '접사'와 짝을 이룬다. 조사를 제외한 모든 품사는 어근이 된다.

2) 복합어

- 둘 이상의 어근이나, 어근과 파생 접사로 이루어진 단어를 말한다.

ⓐ 파생어

어근의 앞이나 뒤에 파생 접사가 붙어서 만들어진 단어를 말한다.

① 접두 파생어

- 파생어 중에서 접사가 어근 '앞'에 붙어서 이루어진 단어이다.
- 접두사 : 어근의 앞에 붙는 파생 접사로 뜻을 한정하는 의미적 기능을 한다.
- 접두사는 일반적으로 어근의 품사를 바꿀 수 없다.

접두사	의미/기능	접두 파생어
군-	쓸데없는, 가외로 더한	군것/군말/군살/군침/군불/군사람/군식구
돌-	품질이 떨어지는, 야생의	돌배/돌미역/돌조개.
홀-	짝이 없이 혼자뿐인	홀몸/홀시아버지/홀시어머니/홀아비/홀어미
시-	남편의	시아버지/시어머니/시동생/시누이
양-	서양의, 외국에서 들어온	양변기/양약/양송이/양담배/양배추/양말
헛-	이유 없는, 보람 없는, 잘못	헛기침/헛수고/헛돌다/헛디디다
맨-	다른 것이 없는	맨발/맨손/맨땅/맨주먹/맨입
풋-	ⓐ '처음 나온' 또는 '덜익은 ⓑ 미숙한, 깊지 않은	풋감/풋고추/풋과실/풋김치/풋나물/풋콩/풋사람/풋잠/풋내기

② 접미 파생어

- 파생어 중에서 접사가 어근 '뒤'에 붙어서 이루어진 단어이다.
- **접미사** : 어근의 뒤에 붙는 파생 접사로 뜻을 더하는 의미적 기능을 한다.
- 접미사는 일반적으로 어근의 품사를 바꾸기도 한다.

접미사	의미/기능	접미 파생어
-(으)ㅁ	명사를 만드는 접미사	걸음/믿음/싸움/기쁨/슬픔/꿈/삶/앎/
-거리-	동작이 반복적으로 이루어짐	꿈틀거리다/머뭇거리다/반짝거리다/
-롭-	어근의 속성이 풍부한 상태	평화롭다/자유롭다/신비롭다/풍요롭다
-이	ⓐ 명사를 만드는 접미사 ⓑ '사람', '사물', '일'의 뜻을 더함	길이/높이/먹이/벌이/많이 때밀이/젖먹이/재떨이/옷걸이/목걸이
-기	명사를 만드는 접미사	굵기/달리기/모내기/줄넘기/크기
-개	ⓐ 그러한 행위를 하는 간단한 도구 ⓑ 그러한 행위를 특성으로 지닌 사람	날개/덮개/지우개 오줌싸개/코흘리개
-이	부사성 어근 + 명사화 접미사	개구리/매미/기러기/뜸부기/부엉이
-하다	ⓐ 동사를 만드는 접미사 ⓑ 형용사를 만드는 접미사	공부하다/생각하다/사랑하다/빨래하다 건강하다/순수하다/정직하다/행복하다

ⓑ 합성어

접사 없이 둘 이상의 어근이 결합하여 이루어진 단어를 말한다.

① 어근과 어근의 연결 방식에 따른 분류

㉠ **통사적 합성어** : 우리말의 일반적인 어순이나 단어 배열법과 일치하는 합성어이다.

- 두 어근 또는 단어가 연결된 방식이 문장에서의 구나 어절의 구성방식과 일치하는 합성어를 말한다.

예시	분석	구성
작은집	작은(용언의 관형사형) + 집(명사) → 작은집(명사)	관형어 + 체언
들어가다	들-(어간) + -어(어미) + 가-(어간) + -다(어미) → 들어가다(동사)	어간+어미(연결어미) +어간+어미
새해	새(관형사) + 해(명사) → 새해(명사)	관형사 + 체언
밤낮	밤(명사) + 낮(명사) → 밤낮(부사)	명사 + 명사
멍들다	멍(명사) + 들다(동사) → 멍들다(동사)	주어 + 서술어
힘쓰다	힘(명사) + 쓰다(동사) → 힘쓰다(동사)	목적어 + 서술어
잘되다	잘(부사) + 되다(동사) → 잘되다(동사)	부사 + 용언
배부르다	배(명사) + 부르다(형용사) → 배부르다(형용사)	주어 + 서술어
다시없다	다시(부사) + 없다(형용사) → 다시없다(형용사)	부사 + 용언
송이송이	송이(명사) + 송이(명사) → 송이송이(부사)	명사 + 명사
퐁당퐁당	퐁당(부사) + 퐁당(부사) → 퐁당퐁당(부사)	부사 + 부사
고서(古書)	고(형용사, 오래된) + 서(명사, 책) → 고서(명사)	수식어 + 피수식어

㉡ **비통사적 합성어** : 우리말의 일반적인 어순이나 단어 배열법에서 벗어난 합성어이다.

예시	분석	구성
늦더위	늦-(용언의 어간) + 더위(명사)	어간 + 체언
꺾쇠	꺾-(용언의 어간) + 쇠(명사)	어간 + 체언
검붉다	검-(어간)+붉-(어간) + -다(어미)	어간 + 어간 + 어미
높푸르다	높-(어간) + 푸르-(어간) + -다(어미)	어간 + 어간 + 어미
굶주리다	굶-(어간) + 주리-(어간) + -다(어미)	어간 + 어간 + 어미
산들바람	산들(부사) + 바람(명사) → 산들바람(명사)	부사 + 체언
독서(讀書)	독(동사, 읽다) + 서(명사, 책)	서술어 + 목적어
등산(登山)	등(동사, 오르다) + 산(명사, 산)	서술어 + 목적어

② 어근과 어근의 의미 관계에 따른 분류

㉠ **병렬 합성어** : 앞뒤 어근의 의미가 대등하게 결합한 합성어이다.

예 흑백, 남녀, 안팎, 화살, 여닫다

㉡ **종속 합성어** : 앞 어근의 의미가 뒤 어근에 종속되어 나타나는 합성어이다.

예 꽃병, 종이컵, 밤나무, 고무신

㉢ **융합 합성어** : 어근과 어근이 결합하여 제3의 의미를 생성하는 합성어이다.

예 춘추(연세), 돌아가다(죽다)

종류	결합 구조	결합 결과
병렬 합성어	A+B일때	A이고 B이다가 성립 (A와 B의 본래 뜻을 유지)
종속 합성어	A+B일때	A의 B가 성립 (A가 B를 수식)
융합 합성어	A+B일때	C(A,B의 의미와 다른 의미(C)를 가짐. A와 B의 본래 뜻 상실)

• 합성어와 구(句)의 구별

두 어근이 결합할 때 의미 변화의 유무	두 어근 사이에 다른 성분이 들어갈 수 있는지의 여부
• 의미 변화가 있으면 합성어 - 큰집(맏집, 종가를 이르는 말) → 붙여서 써야 함. • 의미 변화가 없으면 구(句) - 큰 집(크기가 큰 집) → 띄어서 써야 함.	• 들어갈 수 있으면 구(句) - 큰 우리 집(○) • 들어갈 수 없으면 합성어 - 큰 우리 집(×)

4 새말의 형성

• 새말 : 새로운 사물이나 개념을 표현하기 위해 새로 만들어 사용하는 말을 의미한다.

1) 새말의 형성 과정

ⓐ 새로운 사물이 들어오거나 새로운 개념이 생길 경우에 새말이 형성된다.

① 외국말을 그대로 빌려서 쓴다.

㉠ 텔레비전, 인터넷, 인터체인지 등

② 차용한 외국말과 기존 우리말의 단어를 결합한다.

㉠ 실버산업(silver産業, 노인을 상대로 노인을 위한 상품을 제조 · 판매하거나 의료 · 복지 시설을 세우는 따위의 산업)

③ 우리말의 기존 단어를 활용한다.

㉠ 외벌이

ⓑ 국어 순화의 결과로 만들어지는 경우에 새말이 형성된다.

① 기존에 사용되던 한자어를 고유어로 순화한 경우

㉠ 노견(路肩) → 갓길

② 차용된 외국말을 순화하여 같은 의미의 새말을 만든 경우

㉠ 홈페이지 → 누리집 / 이모티콘 → 그림말 / 이북 → 전자책
스타일리스트 → 맵시가꿈이

2) 새말의 형성 방식

ⓐ 둘 이상의 어근을 결합하는 방식

㉠ 꿀피부(꿀 + 피부), 꽃미남(꽃 + 미남)

ⓑ 어근과 파생 접사를 결합하는 방식

㉠ 대인배(대인 + -배), 몸치(몸 + -치)

ⓒ 단어들의 머리글자를 결합하는 방식

㉠ 심쿵(심장이 쿵), 강추(강력 추천), 개취(개인의 취향)

ⓓ 단어의 일부를 결합하는 방식

㉠ 네티켓(네트워크 + 에티켓), 쫄볶이(쫄면 + 떡볶이)

3) 어종에 따른 새말의 유형

ⓐ 고유어

㉠ 외벌이

ⓑ 한자어

㉠ 강추(强推)

ⓒ 외래어

㉠ 네티즌(netizen)

ⓓ 혼종어

㉠ 셀카족

02 품사

1 품사의 개념과 분류

1) 품사의 개념

- 단어들을 성질이 공통된 것끼리 모아 분류한 것을 의미한다.
- 성질이 비슷한 단어들을 모아서 형태, 기능, 의미 등의 기준에 따라 나눈 갈래이다.

2) 품사의 분류

ⓐ 형태에 따른 구분

① 불변어 : 활용을 하지 않아 형태가 변하지 않는 말이다.

② 가변어 : 활용을 하여 형태가 변하는 말이다.

조사는 불변어에 속하지만, 조사 중 예외적으로 서술격 조사 '이다'는 활용을 하므로 가변어에 속한다.

ⓑ 기능에 따른 구분

① 체언 : 문장에서 주어 따위의 기능을 하는 말이다.

② 용언 : 문장에서 서술어의 기능을 하는 말이다.

③ 수식언 : 뒤에 오는 말을 수식하거나 한정하기 위하여 첨가하는 말이다.

④ 관계언 : 문장에 쓰인 단어들의 관계를 나타내는 기능을 하는 말이다.

ⓔ 독립언 : 독립적으로 쓰이는 말이다.

ⓒ 의미에 따른 구분

- 명사, 대명사, 수사, 동사, 형용사, 관형사, 부사, 감탄사, 조사

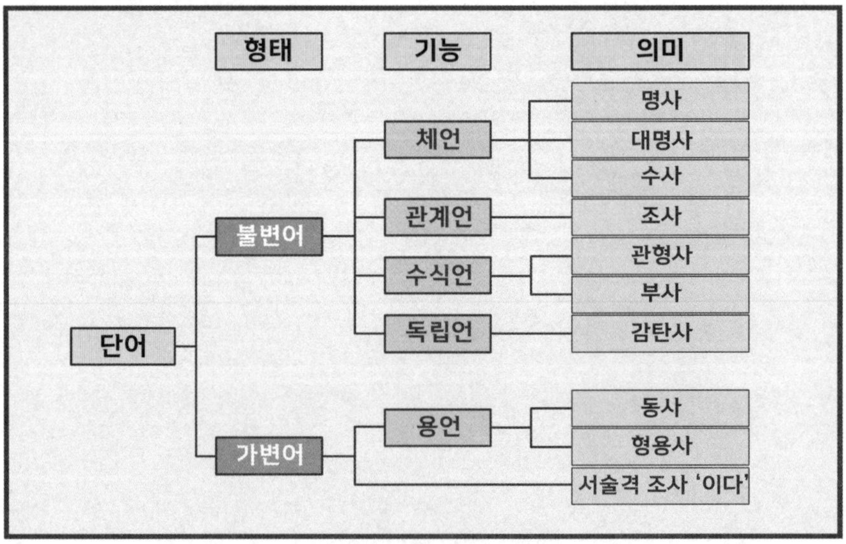

〈품사의 분류〉

2 품사의 종류와 특성

1) 체언 : 명사, 대명사, 수사

- 문장에서 사용될 때 그 형태가 변하지 않는 불변어이다.
- 문장에서 주로 주어가 되는 자리에 오며 목적어, 보어, 서술어 등의 자리에도 온다.
- 문장에서 동작이나 상태의 주체(누가/무엇이), 동작의 대상(누구를/무엇을)을 나타내거나, '되다/아니다' 앞에서 문장을 보충하는 역할을 한다.
- 주로 관형사의 꾸밈을 받는다.
- 조사와 결합할 수 있다.

ⓐ 명사

사람이나 사물의 이름을 나타내는 품사를 말한다.

① 명사의 특징

- 체언 중 가장 일반적인 부류이다.
- 구체적인 대상의 이름이라는 점에서 다른 체언과 구별된다.

② 명사의 종류

- 고유 명사 : 특정 대상을 다른 개체와 구별하여 붙인 이름이다.
  ㉠ 인명, 지명, 상호 등

- 보통 명사 : 공통된 특성을 지닌 대상들을 아울러 대표하는 이름이다.
  ㉠ 사람, 나라, 도시, 강, 지하철 등

- 자립 명사 : 다른 말의 도움을 받지 아니하고 단독으로 쓰일 수 있는 명사를 말한다.
  ㉠ 동네, 문방구, 공책 등

- 의존 명사 : 의미가 형식적이어서 다른 말(관형어) 아래에 기대어 쓰이는 명사를 말한다.
  ㉠ 것, 바, 줄, 수, 따름, 뿐, 데 등

ⓑ 대명사

사람, 사물, 장소 등의 이름을 대신 나타내는 품사를 말한다.

① **지시 대명사** : 어떤 사물이나 처소 따위를 이르는 대명사이다.

㉥ 그, 이것, 어디, 무엇 등

② **인칭 대명사** : 사람을 가리키는 대명사이다.

1인칭	2인칭	3인칭
나, 저, 우리, 저희, 소인, 짐(朕)	너, 자네, 그대, 당신, 너희, 여러분	이, 그, 저, 이분, 저분, 그분, 이이, 저이, 그이

미지칭	부정칭	재귀칭
대상의 이름이나 신분을 모를 때 사용하는 인칭 대명사. 주로 의문문에 쓰임.	특정 대상을 가리키지 않는 인칭 대명사	한 문장 안에서 앞에 나온 명사나 대명사를 다시 가리킬 때 쓰이는 인칭 대명사. 대개 3인칭 주어로 쓰인 명사나 명사구를 다시 가리키는 데에 쓰임.
누구	아무	저, 저희, 자기, 당신 ㉥ 돌아가신 아버님은 소나무를 좋아하셨어. 저 소나무도 당신께서 심으셨지.

ⓒ 수사

사물의 수량이나 순서를 나타내는 품사를 말한다.

① **양수사** : 수량을 나타내는 수사이다.

㉥ 하나, 둘, 셋, 일, 이, 삼 등

② **서수사** : 순서를 나타내는 수사이다.

㉥ 첫째, 둘째, 셋째, 제일, 제이, 제삼 등

2) **관계언** : 조사

- 체언이나 부사, 어미 따위에 붙어 그 말과 다른 말과의 문법적 관계를 표시하거나 그 말의 뜻을 도와주는 품사를 말한다.
- 자립성이 없어 대개 체언 뒤에 붙여 쓴다.
- 경우에 따라서는 부사나 조사, 용언 또는 문장 뒤에 붙기도 한다.
- 국어는 조사가 발달되어 있다.
- 그 기능과 의미에 따라 격조사, 보조사, 접속 조사로 분류한다.

ⓐ 격조사

체언이나 체언 구실을 하는 말 뒤에 붙어 앞에 오는 체언이 문장 안에서 일정한 자격을 갖도록 해주는 조사를 말한다.

주격 조사	목적격 조사	보격 조사
이/가, 께서, 에서	을/를	이/가
관형격 조사	**부사격 조사**	**호격 조사**
의	에, 에서, (으)로, 와/과, 보다	아/야
서술격 조사		
이다 ※ 서술격 조사는 '이고', '이니', '이면', '이지', '이어서', '이어라' 등과 같이 활용하며, 모음 아래에서는 어간 '이'가 생략되기도 함.		

'이다'를 서술격 조사로 부르는 이유

- 체언에 붙어서 문장 안에서의 관계를 나타낸다. - '격조사'
- 용언처럼 활용한다. - '서술'
  ➜ '서술격 조사'는 '이다'의 특성을 반영한 명칭이다.

ⓑ 보조사

앞말(체언, 부사, 활용 어미 따위)에 붙어 특별한 의미를 덧붙여 주는 조사를 말한다.

① **성분 보조사** : 문장 성분에 붙는 보조사이다.

㉠ 은/는(대조), 만/뿐(단독), 도(역시), 부터(시작, 먼저), 까지(미침), 조차(추종), 마다(균일), 마저(추종), 은커녕/는커녕(물론), 밖에(더없음), 을랑/랑(지적) 등

② **종결 보조사** : 문장 맨 끝에 붙는 보조사이다.

㉠ 마는(불만), 그려(강조), 그래(강조)

- 영화를 보고는 싶지<u>마는</u> 시간이 안 난다.
- 앞으로는 자주 만납시다<u>그려</u>.
- 그것참 신통하군<u>그래</u>.

③ 통용 보조사 : 문장의 맨 끝 및 모든 문장 성분에 붙는 보조사이다.

㉮ 요(높임) / 내가요 지금요 집에를요 가야만요 하거든요.

© 접속 조사

둘 이상의 단어나 구 따위를 같은 자격으로 이어 주는 구실을 하는 조사를 말한다.

㉮ 와/과, 하고, (이)나, (이)랑 등

3) 용언 : 동사, 형용사

- 문장에서 사용될 때 그 형태가 변하는 가변어로 활용한다.
- 문장에서 서술어의 기능을 한다.
- 문장에서 '(누가/무엇이) 어찌하다', '(누가/무엇이) 어떠하다'와 같이 주로 사물이나 사람의 움직임, 상태, 성질을 설명하는 역할을 한다.
- 형태가 변하지 않는 어간과 어간에 붙어서 형태가 변하는 어미로 이루어진다.
- 주로 부사의 꾸밈을 받는다.

서술어의 기능

- 서술어는 동사, 형용사, 서술격 조사의 종결형으로 나타난다.

㉮ "철수가 웃는다."에서 '웃는다', "철수는 점잖다."에서 '점잖다', "철수는 학생이다."에서 '학생이다' 따위.

어간과 어근

- 어간 : 활용어가 활용할 때에 변하지 않는 부분

㉮ '자다', '자니', '자고'에서 '자-'와 '보다', '보니', '보고'에서 '보-' 등

- 어근 : 단어를 분석할 때, 실질적 의미를 나타내는 중심이 되는 부분

㉮ '지우개'의 '지우-', '자랑스럽다'의 '자랑' 등

예시	먹다	먹이다
어간	먹-	먹이-
어근	먹-	먹-

용언의 구분

- 뜻과 쓰임에 따라
  - ▸ 본용언 : 문장의 주체를 주되게 서술하면서 보조 용언의 도움을 받는 용언으로 보조 용언의 앞에 위치한다.
  - ▸ 보조 용언 : 혼자는 쓰이지 못하고, 본용언과 연결되어 그것의 뜻을 보충하는 역할을 하는 용언
    - 보조 동사 : 본동사와 연결되어 그 풀이를 보조하는 동사
      - ㊞ '감상을 적어 두다.'의 '두다', '그는 학교에 가 보았다.'의 '보다' 따위
    - 보조 형용사 : 본용언과 연결되어 의미를 보충하는 역할을 하는 형용사
      - ㊞ '먹고 싶다'의 '싶다', '예쁘지 아니하다'의 '아니하다' 따위
    - → 보조적 연결 어미 : 본용언과 보조 용언이 결합할 때 본용언에 연결되는 어미
- 성질에 따라

동사	
자동사	타동사
형용사	
성상 형용사	지시 형용사

- 어미의 변화(활용) 여부에 따라

동사	
규칙 동사	불규칙 동사
형용사	
규칙 형용사	불규칙 형용사

ⓐ 동사

사물의 동작이나 작용을 나타내는 품사를 말한다.

① 자동사 : 동사가 나타내는 동작이나 작용이 주어에만 미치는 동사이다.

㊞ '꽃이 피다'의 '피다', '해가 솟다'의 '솟다'

② 타동사 : 동작의 대상인 목적어를 필요로 하는 동사이다.

㊞ '밥을 먹다'의 '먹다', '노래를 부르다'의 '부르다'

ⓑ 형용사

사물의 성질이나 상태를 나타내는 품사를 말한다.

① **성상 형용사** : 사물의 성질이나 상태를 나타내는 형용사이다.

㉥ '맛이 달다'의 '달다', '나뭇잎이 붉다'의 '붉다'

② **지시 형용사** : 사물의 성질, 시간, 수량 따위가 어떠하다는 것을 형식적으로 나타내는 형용사이다.

㉥ '사건의 전모는 이러하다'의 '이러하다', '인간적으로 그러하다'의 '그러하다'

ⓒ 동사와 형용사의 구분

- 첫째, 동사는 주어의 동작이나 작용(과정)을, 형용사는 성질이나 상태를 나타낸다.
- 둘째, 기본형에 현재 시제 선어말 어미 '-는-/-ㄴ-', 관형사형 어미 '-는'과 결합할 수 있으면 동사이고, 결합할 수 없으면 형용사이다.
- 셋째, '의도'를 뜻하는 '-려'나 '목적'을 뜻하는 어미 '-러'와 함께 쓰일 수 있으면 동사, 그렇지 못하면 형용사이다.
- 넷째, 동사는 명령형 어미 '-어라'와 청유형 어미 '-자'와 결합할 수 있는 데 반하여, 형용사는 이러한 어미와 결합할 수 없다.

→ 동사와 형용사를 구분하는 기준은 위와 같이 몇 가지 제시할 수는 있지만, 모든 용언을 이 규칙에 의거하여 동사와 형용사로 구분하려 해서는 안 된다. 용언의 문법적인 용법과 의미를 함께 고려하여 품사를 결정하도록 해야 한다.

ⓓ 용언의 활용

용언의 어간에 여러 어미가 번갈아 결합하는 현상을 말한다.

어간	• 활용할 때 형태가 변하지 않는 부분	㉥ 기본형 : 읽다 → 읽-(어간) + -고/-으면/-으니/-으면/-어서/-어라(어미)
어근	• 활용할 때 형태가 변하는 부분	

기본형

- 용언이 문장에서 여러 형태로 변화(활용)할 때, 그 다양한 활용형 중에서 어간에 어미 '-다'가 결합한 것을 기본형이라고 한다. 기본형은 모든 활용형을 대표하여 표제어로 사전에 오른다.

㉥ 가니, 가고, 가서, 가며 → 기본형 : 가다

① **규칙 활용** : 동사와 형용사가 활용을 할 때 어간과 어미의 형태가 규칙적인 활용을 말한다. 어간과 어미의 모습이 달라지는 것을 국어의 일반적인 음운 규칙으로 설명할 수 있다.

'ㅡ' 탈락	어말 어미 '-아/-어' 앞, 어미의 첫소리 '-아/-어' 앞, 선어말 어미 '-았-/-었-' 앞에서 'ㅡ'가 규칙적으로 탈락한다.
'ㄹ' 탈락	어미의 첫소리 'ㄴ, ㅂ, ㅅ' 및 '-(으)오, -(으)ㄹ' 앞에서 'ㄹ'이 규칙적으로 탈락한다.

② **불규칙 활용** : 용언이 활용할 때 어간이나 어미의 기본 형태가 달라지며, 어간, 어미의 형태가 변화하는 현상을 일정한 규칙으로 설명할 수 없는 활용형태이다.

- 어간이 바뀌는 경우

불규칙 활용			규칙 활용
구분	내용(조건)	예시	
'ㅅ' 불규칙	'ㅅ'이 모음 어미 앞에서 탈락함.	잇+어 → 이어, 짓+어 → 지어, 낫+아 → 나아	벗+어 → 벗어, 씻+어 → 씻어
'ㄷ' 불규칙	'ㄷ'이 모음 어미 앞에서 'ㄹ'로 변함.	듣+어 → 들어, 걷+어 → 걸어, 묻[問]+어 → 물어, 깨닫다, 싣다[載]	묻+어 → 묻[埋]어, 얻+어 → 얻어
'ㅂ' 불규칙	'ㅂ'이 모음 어미 앞에서 '오/우'로 변함.	눕+어 → 누워, 줍+어 → 주워, 돕+아 → 도와, 덥+어 → 더워	잡+아 → 잡아, 뽑+아 → 뽑아
'르' 불규칙	'르'가 모음 어미 앞에서 'ㄹㄹ' 형태로 변함.	이르+어 → 일러, 빠르+아 → 빨라, 나르+아 → 날라, 고르+아 → 골라	따르+아 → 따라, 치르+어 → 치러
'우' 불규칙	'우'가 모음 어미 앞에서 탈락함.	푸+어→퍼	주+어 → 주어, 누+어 → 누어

• 어미가 바뀌는 경우

불규칙 활용			규칙 활용
구분	내용(조건)	예시	
'여' 불규칙	'하-'뒤에 오는 어미 '-아/-어'가 '-여'로 변함.	공부하+어 → 공부하여, '하다'와 '-하다'가 붙는 모든 용언	파+아 → 파
'러' 불규칙	어간이 '르'로 끝나는 일부 용언에서, 어미 '-어'가 '러'로 변함.	이르+어 → 이르러, 누르+어 → 누르러	치르+어 → 치러
'너라' 불규칙	명령형 어미인 '-거라'가 '-너라'로 변함.	오+거라 → 오너라	가+거라 → 가거라, 있+거라 → 있거라
'오' 불규칙	'달-/다-'의 명령형 어미가 '오'로 변함.	다+아(라)→다오	주어라

• 어간과 어미가 바뀌는 경우

불규칙 활용			규칙 활용
구분	내용(조건)	예시	
'ㅎ' 불규칙	'ㅎ'으로 끝나는 어간에 '-아/-어'가 오면 어간의 일부인 'ㅎ'이 없어지고 어미도 변함.	하얗+아서 → 하얘서, 파랗+아 → 파래	좋+아서 → 좋아서

ⓔ 어미의 종류

① 어말 어미 : 활용 어미에 있어서 맨 뒤에 오는 어미. 선어말 어미와 대립되는 용어로서 보통은 어미라고 불리며, 반드시 있어야 한다.

종결 어미	• 한 문장을 종결되게 하는 어말 어미 • 동사에는 평서형 · 감탄형 · 의문형 · 명령형 · 청유형이 있고, 형용사에는 평서형 · 감탄형 · 의문형이 있다.
연결 어미	• 어간에 붙어 다음 말에 연결하는 구실을 하는 어미 ㉠ -게, -고, -(으)며, -(으)면, -(으)니, -아/어, -지 등 • 대등적 · 종속적 · 보조적 연결어미
전성 어미	• 용언의 어간에 붙어 다른 품사의 기능을 수행하게 하는 어미 ㉠ -기, -(으)ㅁ, -(으)ㄴ, -는, -(으)ㄹ, -아/어, -게, -지, -고 등 • 명사형 전성 어미, 관형사형 전성 어미, 부사형 전성 어미

② 선어말 어미 : 어말 어미 앞에 나타나는 어미를 말한다.

- 높임법에 관한 것 : -시-, -옵- 등
- 시상(時相)에 관한 것 : -았-, -는-, -더-, -겠- 등

어미의 발달

- 우리말은 어미의 쓰임이 발달되어 있으며, 헤아리는 방식에 따라 다르지만 최소한 500개 이상이 존재한다.

4) 수식언 : 관형사, 부사

ⓐ 관형사

체언 앞에 놓여서, 그 체언의 내용을 자세히 꾸며 주는 품사이다.

- 체언 중에서 주로 명사를 꾸미는데, 그 뜻을 '어떠한'의 방식으로 꾸며 준다.
- 활용하지 않는다.
- 조사가 붙지 않는다.

① 성상 관형사 : 사람이나 사물의 모양, 상태, 성질을 나타내는 관형사를 말한다.

㉮ 새 옷, 헌 구두, 순 살코기 등

② 지시 관형사 : 특정한 대상을 지시하여 가리키는 관형사를 말한다.

㉮ 이 사과, 저 아이, 그 책, 다른 생각 등

③ 수 관형사 : 사물의 수나 양을 나타내는 관형사를 말한다.

㉮ 두 사람, 세 근, 다섯째 사위, 제삼 한강교 등

ⓑ 부사

용언 또는 다른 말 앞에 놓여 그 뜻을 분명하게 하는 품사이다.

- 용언이나 문장을 수식하는 것을 본래의 기능으로 한다.
- 용언 앞에서 그 뜻을 '어떻게'의 방식으로 꾸며 준다.
- 부사 중에는 다른 부사, 관형사를 수식하거나 일부는 체언을 수식하기도 한다.
- 활용하지 않는다.

① 성분 부사 : 문장의 어느 한 성분만을 수식하는 부사이다.

종류	의미	예시
성상 부사	사람이나 사물의 모양, 상태, 성질을 한정하여 꾸미는 부사	잘, 매우, 모두, 다, 참, 많이, 겨우, 바로, 아주, 특히 등
지시 부사	처소(공간)나 시간을 가리켜 한정하거나 앞의 이야기에 나온 사실을 가리키는 부사	이리, 그리, 저리, 여기, 저기, 거기 / 언제, 아까, 문득, 장차, 매일, 내일 등
부정 부사	용언의 앞에 놓여 그 내용을 부정하는 부사	아니, 안, 못 등

② 문장 부사 : 문장 전체를 수식하는 부사

종류		의미	예시
양태 부사		화자(話者)의 태도를 나타내는 문장 부사	과연, 설마, 제발, 정말, 결코, 모름지기, 응당, 어찌 등
접속 부사	문장	앞 문장의 뜻을 뒤 문장에 이어 주면서 뒤의 말을 꾸며 주는 부사	그러나, 그런데, 그리고, 하지만, 더욱이, 게다가 등
	단어	앞 체언의 뜻을 뒤 체언에 이어 주면서 뒤의 말을 꾸며 주는 부사	곧, 즉, 또, 또한, 또는, 혹 등

5) 독립언 : 감탄사

ⓐ 감탄사

말하는 이의 본능적인 놀람이나 느낌, 부름, 응답 따위를 나타내는 품사이다.

예 <u>여보</u>, 우리 적게 먹어야 할 것 같아요. (부름)
<u>아</u>, 시간이 정말 빠르게 가는구나! (느낌)
<u>네</u>, 그렇게 하는 것이 좋겠습니다. (대답)

① 감정 감탄사 : 상대방을 의식하지 않고 감정을 표출하는 감탄사를 말한다.

㉥ 허허, 에끼, 아이고, 후유, 에구머니, 아뿔사 등

② **의지 감탄사** : 상대방을 의식하며 자기의 생각을 표시하는 감탄사 말한다.

- 상대방에게 어떻게 행동할 것을 요구하는 감탄사

  ㉑ 아서라, 자, 여보, 여보세요, 이봐 등

- 상대방의 이야기에 대해 긍정이나 부정 혹은 의혹을 표시하는 감탄사 말한다.

  ㉑ 응, 네, 그래, 천만에 등

③ **의미 없는 감탄사** : 입버릇이나 더듬거리는 의미 없는 소리의 감탄사 말한다.

㉑ 뭐, 말이지, 있지, 어디, 어, 아, 에, 에헴 등

ⓑ **감탄사의 특징**

① 문장 속의 다른 성분에 얽매이지 않고 독립성을 가진다.

② 형태가 변하지 않는다.

③ 조사가 붙지 않고, 언제나 독립어로만 쓰인다.

④ 문장 첫머리에 놓이는 경우가 가장 많지만 문장 속에 놓이기도 한다.

3 품사의 통용

하나의 단어가 두 가지 이상의 품사로 쓰이는 것을 의미한다.

- 명사, 대명사, 수사, 동사, 형용사, 관형사, 부사, 감탄사, 조사의 아홉 품사는 각 부류에 소속되는 단어들의 문법적 성질이 일정하다고 생각하고 분류한 것인데, 단어 가운데 하나 이상의 문법적 성질을 함께 가지고 있는 것을 '품사의 통용'이라고 한다.

종류	예시	예시
명사 / 조사	나도 참을 만큼 참았다.	나도 그 사람만큼 뛸 수 있다.
	들은 대로 다 적었다.	내 말대로 하여라.
명사 / 관형사	그는 이지적이다.	그는 이지적 인간이다.
명사 / 부사	그의 한 평생이 행복스러웠다.	그런 이야기는 평생 처음 듣는다.
명사 / 감탄사	천세나 만세를 누리소서!	만세! 대한독립 만세!
대명사 / 부사	거기가 어디예요?	나도 거기 갑니다.
수사 / 관형사	그 애는 하나를 배우면 열을 안다.	열 사람이 나란히 자전거를 탄다.
	둘에 다섯을 더하면 일곱이다.	여기에 사과 일곱 개가 있다.
형용사 / 동사	오늘은 달이 매우 밝다.	벌써 날이 밝는다.
	가구가 커서 방에 들어가지 않는다.	너는 커서 무엇이 되고 싶니?
부사 / 감탄사	바람이 아니 분다.	아니! 어디 가겠단 말이냐.
조사 / 부사	지영이가 예리보다 키가 크다.	보다 빠르게 뛰어라.

03 확인문제

01

<보기>의 문장을 형태소로 분석한 것으로 가장 적절한 것은?

보기
낮말은 새가 듣고 밤말은 쥐가 듣는다.

① 낮말은/새가/듣고/밤말은/쥐가/듣는다.
② 낮말/은/새/가/듣고/밤말/은/쥐/가/듣는다.
③ 낮말/은/새/가/듣/고/밤말/은/쥐/가/듣/는다.
④ 낮/말/은/새/가/듣/고/밤/말/은/쥐/가/듣/는다.
⑤ 낮/말/은/새/가/듣/고/밤/말/은/쥐/가/듣/는/다.

02

다음 문장을 형태소 분석하시오.

보기
나는 버스를 타고 학교에 간다.

03

'단어'에 대한 설명으로 적절하지 <u>않은</u> 것은?

① 자립하여 쓰일 수 있는 말의 최소 단위이다.
② 조사는 분리성이 인정되어 단어로 간주할 수 있다.
③ 실질 형태소는 그대로 하나의 단어가 될 수 있다.
④ 자립 형태소는 그대로 하나의 단어가 될 수 있다.
⑤ 의존 형태소는 자립할 수 없으므로 단어가 될 수 없다.

04

〈보기〉의 단어들 중 단일어로만 짝지어진 것은?

> **보기**
>
> 춘추, 나무, 양말, 하늘, 군밤, 공부

① 나무, 양말　② 나무, 하늘　③ 춘추, 군밤
④ 나무, 하늘, 공부　⑤ 양말, 하늘, 공부

05

〈보기〉는 연결 방식에 따른 합성어에 대한 설명이다. 종류가 다른 하나는?

> **보기**
>
> • 통사적 합성어: 우리말의 일반적인 어순이나 단어 배열법과 일치하는 합성어
> • 비통사적 합성어: 우리말의 일반적인 어순이나 단어 배열법에서 벗어난 합성어

① 검붉다　② 산들바람　③ 뛰놀다　④ 굶주리다　⑤ 본받다

06

〈보기〉는 품사에 대한 정의이다. 빈칸에 알맞은 말을 쓰시오.

> **보기**
>
> 단어들 가운데 공통된 (　　)을/를 가진 것들을 묶어서 분류해 놓은 갈래를 품사라고 한다.

07

품사를 형태에 따라 분류할 때 그 성격이 다른 하나는?

① 체언　② 관계언　③ 수식언　④ 독립언　⑤ 용언

08

'체언'에 대한 설명으로 적절하지 않은 것은?

① 활용을 하지 않는다.
② 주로 격조사와 결합한다.
③ 주로 관형사의 꾸밈을 받는다.
④ 명사, 대명사, 수사를 일컫는다.
⑤ 문장에서 다양한 문장 성분으로 쓰인다.

09

<보기>의 밑줄 친 단어의 품사를 순서대로 쓰시오.

보기

아래의 문장에 쓰인 '만큼'처럼 하나의 단어가 두 가지 이상의 품사로 쓰이는 것을 품사 통용이라고 한다.

- 노력한 **만큼** 대가를 얻다.
- 집을 대궐**만큼** 크게 짓다.

10

<보기>의 밑줄 친 단어의 품사를 순서대로 쓰시오.

보기

- 둘과 셋을 더하면 다섯이다.
- 돈만 있으면 제일이냐?
- 첫째가 벌써 5학년인가요?
- 삼 곱하기 삼은 구이다.

11

'용언'에 대한 설명으로 적절하지 않은 것은?

① 동사와 형용사를 일컫는다.
② 주로 부사의 꾸밈을 받는다.
③ 문장에서 서술어의 기능을 한다.
④ 문장에서 사용될 때 형태가 변한다.
⑤ 형태가 변하는 어간과 변하지 않는 어미로 이루어진다.

12

다음 <보기>에 사용된 용언 중, 활용이 잘못된 것을 찾아 바르게 고쳐 쓰시오.

보기

나는 2021년 11월 18일에 수능을 치뤘다. 그 날은 올 것 같지 않았지만 어느새 와있었다. 아침에 일어나서 '떨지말자 떨지말자 떨지말자'를 무한 반복하며 시험장으로 들어갔다.

13

다음 중, '어미'에 대한 설명으로 적절하지 않은 것은?

① 형용사에는 명령형과 청유형이 없다.
② 선어말 어미는 어말 어미 앞에 오는 어미이다.
③ 보조적 연결어미는 본용언과 보조용언을 연결해주는 어미이다.
④ '지금쯤이면 수업이 끝났겠다.'에는 선어말 어미가 두 개 쓰였다.
⑤ '어머니께서 어제 산 옷이 약간 크다고 하신다.'에는 선어말 어미가 없다.

14

다음 중, '관형사'에 대한 설명으로 적절하지 않은 것은?

① 형태가 변하지 않는다.
② 체언을 꾸며 주는 역할을 한다.
③ 일부 관형사에는 조사가 붙기도 한다.
④ '그가 내 앞으로 왔다.'에서 '그'는 관형사가 아니다.
⑤ '형은 사과 한 상자를 샀다.'에서 관형사는 '한'이다.

15

<보기>에서 '감탄사'만을 찾아 그 기호를 쓰시오.

보기

- ㉠아, 시간이 참 빨리 지나가는구나!
- ㉡네, 그럽시다.
- ㉢참말! 벌써 겨울이구나!
- ㉣참말만 하는구나!
- ㉤옳소, 결판을 냅시다.
- 당신 말이 ㉥옳소.

기출문제 04

2015년 3월 고1 전국연합학력평가

01 **<보기>를 참고할 때, '본받다'와 같은 유형에 해당하는 단어로 적절한 것은?**

보기

'본받다'는 '본'과 '받다'가 결합하여 만들어진 말로, 다음과 같이 목적어와 서술어의 관계를 나타내고 있는 것이 특징이다.

본(을)	받다
목적어	서술어

① 동생이 형에게 <u>혼나다.</u>
② 조명이 환하게 <u>빛나다.</u>
③ 오래 걸었더니 <u>힘들다.</u>
④ 발보다 행동이 <u>앞서다.</u>
⑤ 사자의 출현에 <u>겁먹다.</u>

2016년 6월 고1 전국연합학력평가

02 **<보기>를 바탕으로 단어 형성에 대해 이해한 내용으로 적절하지 <u>않은</u> 것은?** [3점]

보기

단어의 실질적인 의미를 나타내는 중심 부분을 어근이라 하고, 일부 어근에 붙어서 그 의미를 제한하며 어근과 달리 독립적으로 쓰이지 못하는 주변 부분을 접사라고 한다. 단어는 구성 방식에 따라 하나의 어근으로 이루어진 단일어, 어근과 어근이 결합한 합성어, 어근과 접사가 결합한 파생어로 구분할 수 있다.

① '새해'는 접사와 어근이 결합한 파생어이다.
② '밤낮'은 어근과 어근이 결합한 파생어이다.
③ '구경꾼'은 어근과 접사가 결합한 파생어이다.
④ '이슬비'는 어근과 어근이 결합한 합성어이다.
⑤ '민들레'는 하나의 어근으로 이루어진 단일어이다.

2015년 11월 고1 전국연합학력평가

03 **<보기1>을 바탕으로 <보기2>의 내용을 이해한 것으로 적절하지 <u>않은</u> 것은?**

보기1

학생 : 선생님, 지난 시간에 문장의 각 단어는 띄어 쓰는 것을 원칙으로 한다고 가르쳐 주셨잖아요. 그런데 막상 띄어쓰기를 하려고 하니 헷갈리는 게 너무 많아요.

선생님 : 많이 헷갈리지? 앞에 수식어가 없으면 쓸 수 없는 의존명사, 단위를 나타내는 명사, 그리고 두 말을 이어 주거나 열거할 때 쓰이는 말은 앞말과 띄어 써야 해. 그런데 조사는 단어이긴 하지만 예외적으로 앞말에 붙여 써야 한단다.

보기2

승윤이는 ㉠<u>**각종 토론**</u> 대회에 ㉡<u>**학교 및 지역**</u> 대표로 ㉢여러번참가해서 좋은 성적을 거둠으로써 학교뿐만 아니라 지역의 이름을 널리 ㉣<u>**알리는데**</u>에 ㉤<u>**기여할수**</u> 있었다.

	<u>기호</u>	<u>띄어쓰기의 적절성</u>	<u>판단 근거</u>
①	㉠	○	'각종'과 '토론'은 각각 별개의 단어이다.
②	㉡	○	'및'은 두 단어를 이어주는 말이다.
③	㉢	×	'번'은 단위를 나타내는 명사이다.
④	㉣	×	'데'는 의존 명사이다.
⑤	㉤	○	'수'는 조사이다.

2016년 3월 고1 전국연합학력평가

04 다음은 '윗-', '위-', '웃-'의 표기에 관한 탐구 과정이다. ㉠에 들어갈 조건으로 적절한 것은? [3점]

탐구 과제	'윗-', '위-', '웃-'을 어떻게 구분하여 표기할까?	
수집 자료	윗사람, 윗집, 위쪽, 위층, 웃어른	
자료 분석	자료에서 '윗-'과 '웃-'의 쓰임의 차이를 확인한다. **윗사람(○)**, 웃사람(×) ↔아랫사람(○) **윗어른(×)**, 웃어른(○) ↔아랫어른(×)	자료에서 '위-'와 '윗-'의 쓰임의 차이를 확인한다. 위집(×), 윗집(○) 위쪽(○), 윗쪽(×) 위층(○), 윗층(×)
탐구 결과	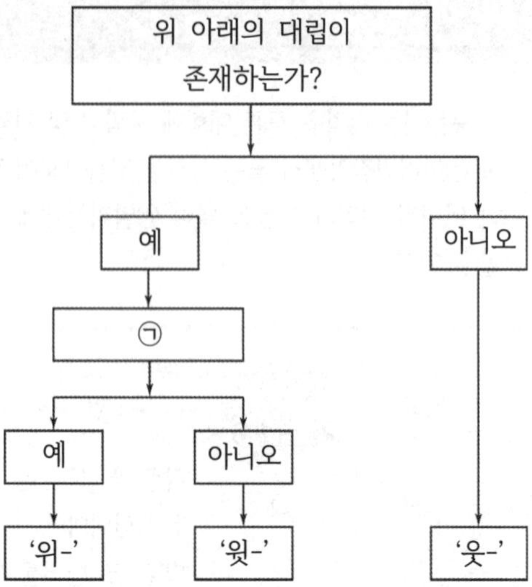	

① 합성어인가?
② 모음 앞에 위치하는가?
③ 울림소리 앞에 위치하는가?
④ 사물의 이름을 나타내는가?
⑤ 된소리나 거센소리 앞에 위치하는가?

2016년 3월 고1 전국연합학력평가

05 <보기>의 설명에 따라 '달리기'를 도식화한 것으로 적절한 것은? [3점]

보기

선생님 : 어근은 단어에서 실질적인 의미를 나타내는 중심이 되는 부분을, 접사는 어근이나 단어에 붙어 새로운 단어를 구성하는 부분을 말합니다. 어근과 접사의 결합 관계를 쉽게 구별해 보기 위해 어근을 [ ]로, 접사를 ( )로 나타내 보겠습니다. 예를 들어 '하늘'은 하나의 어근으로 이루어져 있고, '먹이'는 어근 '먹-'과 접사 '-이'로 이루어져 있으므로 다음과 같이 도식화할 수 있습니다.

○ 하늘 : [하늘] ○ 먹이 : [먹-](-이)

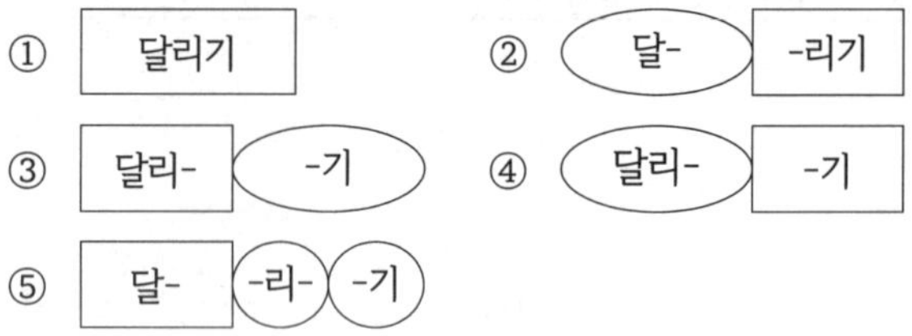

2016년 9월 고1 전국연합학력평가

06 <보기>의 과제를 해결한 내용으로 적절하지 <u>않은</u> 것은? [3점]

보기

※ 과제 : 다음 예문은 띄어쓰기가 올바른 문장입니다. 이를 통해 띄어쓰기 규정을 알아볼까요?

㉠ 너는 <u>**일밖에**</u> 모르니?
㉡ 연필 <u>**두 자루**</u>가 있습니다.
㉢ 나는 그저 <u>**웃고만 있었다.**</u>
㉣ 너무 <u>**아는 척**</u>을 하지 말아야 해.
㉤ <u>**청군 대 백군**</u>으로 나눠 경기를 했다.

① ㉠ : '일'과 '밖에'를 붙여 쓴 것을 보니, 조사는 붙여 쓰는군.
② ㉡ : '두'와 '자루'를 띄어 쓴 것을 보니, 단위를 나타내는 명사는 띄어 쓰는군.
③ ㉢ : '웃고만'과 '있었다'를 띄어 쓴 것을 보니, 본용언끼리는 띄어 쓰는군.
④ ㉣ : '아는'과 '척'을 띄어 쓴 것을 보니, 의존 명사는 띄어 쓰는군.
⑤ ㉤ : '청군', '대', '백군'을 각각 띄어 쓴 것을 보니, 두 말을 이어 줄 때에 쓰이는 말은 띄어 쓰는군.

2017년 6월 고1 전국연합학력평가

07 〈보기〉를 바탕으로 단어 형성법에 대해 탐구한 것으로 적절하지 않은 것은?

보기

단어에서 실질적 의미를 나타내는 중심 부분을 어근이라 하고, 어근에 붙어 그 뜻을 더하는 부분을 접사라고 한다. 단어는 형성 방법에 따라 단일어와 파생어, 합성어로 나누어진다. 단일어는 '바다', '놀다'와 같이 하나의 어근으로 이루어진 말이고, 파생어는 '군살'이나 '멋쟁이'처럼 어근과 접사의 결합으로 이루어진 말이다. 합성어는 어근과 어근이 결합한 말로 '달빛'이나 '뛰놀다'와 같은 말이 이에 해당한다.

① '치솟다'는 접사가 어근에 붙어 뜻을 더하고 있으므로 파생어이군.
② '밤하늘'은 실질적 의미를 지닌 어근끼리 결합하였으므로 합성어이군.
③ '지우개'는 어근에 접사가 결합한 파생어이고, '닭고기'는 어근끼리 결합한 합성어이군.
④ '나무꾼'과 '검붉다'는 모두 실질적인 뜻을 가진 어근끼리 결합하였으므로 합성어이군.
⑤ '개살구'와 '부채질'은 모두 어근에 접사가 결합하여 이루어진 단어이므로 파생어에 해당하는군.

2017년 3월 고1 전국연합학력평가

[08~09] 다음 글을 읽고 물음에 답하시오.

국어 문장에서 서술어로 쓰이는 것은 용언인 동사와 형용사, 그리고 체언에 '이다'가 붙어서 이루어지는 표현이다.

(1) 준영이가 책을 읽는다. / 읽느냐? / 읽는구나.
(2) 준영아, 책을 읽어라. / 읽자.

(1), (2)는 동사 '읽다'가 문장 안에서 그 형태가 변하는 예이다. 이때 변하지 않는 부분인 '읽-'은 어간이고, 변하는 부분인 '-는다, -느냐, -는구나, -어라, -자'는 어미이다. 이처럼 용언 어간에 여러 가지 어미가 붙는 일을 '활용'이라 한다.

(3) 꽃이 예쁘다. / 예쁘냐? / 예쁘구나.
(4) 꽃아, *예뻐라. / *예쁘자. (*표는 비문법적인 표현.)

(3), (4)는 형용사 '예쁘다'가 활용하는 예이다. (1), (2)와 비교해 보았을 때, 동사와 형용사는 활용의 방식에서 차이를 보인다. 먼저 (1)과 (3)에서 볼 수 있듯이, 동사 활용에는 '-는 / ㄴ다, -느냐, -는구나'가 쓰이지만 형용사 활용에는 '-다, -(으)냐, -구나'가 쓰인다. 다음으로 (2)와 (4)에서 볼 수 있듯이, 동사 어간과 달리 형용사 어간에는 명령형 어미 '-아라 / 어라', 청유형 어미 '-자'가 붙을 수 없다. '꽃이 참 예뻐라!'와 같이 '예뻐라'가 쓰이기도 하는데, 이때의 '-어라'는 명령형 어미가 아니라 감탄형 어미이다.

(5) 이것이 책이다.(*책이는다.) / 책이냐?(*책이느냐?) / 책이로구나.(*책이는구나.) / *책이어라. / *책이자.

(5)는 체언 '책'에 '이다'가 결합한 어절 전체가 문장에서 서술어로 쓰이는 예이다. (5)에서 볼 수 있듯이, '이

다'도 용언처럼 활용을 한다. 이때 '-는/ㄴ다, -느냐, -는구나', 그리고 명령형 어미 '-아라/어라', 청유형 어미 '-자' 등의 어미와는 결합하지 않는다. 이런 점을 고려하면 '이다'의 활용 양상은 대체로 (3), (4)에 나타난 형용사의 활용 양상과 유사하다는 것을 알 수 있다.

08 윗글에 대한 이해로 적절하지 <u>않은</u> 것은?

① 동사와 형용사는 문장에서 서술어로 쓰일 수 있다.
② 형용사는 활용할 때 감탄형 어미와 결합할 수 있다.
③ 용언이 활용할 때 어간에 붙는 부분을 어미라고 한다.
④ 동사는 형용사에 비해 '이다'와 활용 양상이 유사하다.
⑤ '이다'는 활용할 때 명령형 어미나 청유형 어미와는 결합하지 않는다.

09 윗글을 바탕으로 <보기>의 ⓐ~ⓔ를 이해한 내용으로 적절하지 <u>않은</u> 것은? [3점]

보기

ⓐ 나는 주로 저녁에 <u>씻는다</u>.
ⓑ 오늘 날씨가 정말 <u>춥구나</u>.
ⓒ 규연아, 지금 밥 <u>먹자</u>.
ⓓ 창문을 활짝 <u>열어라</u>.
ⓔ 그는 어떤 <u>사람이냐</u>?

① ⓐ의 '씻는다'는 어간이 '-는다'와 결합한 것으로 보아 동사이다.
② ⓑ의 '춥구나'는 어간이 '-구나'와 결합한 것으로 보아 형용사이다.
③ ⓒ의 '먹자'는 어간이 청유형 어미 '-자'와 결합한 것으로 보아 동사이다.
④ ⓓ의 '열어라'는 어간이 명령형 어미 '-어라'와 결합한 것으로 보아 형용사이다.
⑤ ⓔ의 '사람이냐'는 체언에 '이다'가 결합한 말이 활용한 것이다.

2017년 11월 고1 전국연합학력평가

10 다음은 문법 수업의 내용을 정리한 학생의 노트이다. 이를 바탕으로 <보기>를 탐구한 내용으로 적절하지 <u>않은</u> 것은?

단어의 분류 기준
- 형태 변화 여부
- 문장 안에서 수행하는 기능
- 단어가 지닌 의미

보기

○ 우리도 두 팔을 넓게 벌려 원 하나를 이루었다.
○ 동생이 나무로 된 탁자에 그린 꽃만 희미하다.

① '도'와 '만'은 형태가 변하지 않는 단어이다.
② '이루었다'와 '그린'은 형태가 변하는 단어이다.
③ '두'와 '하나'는 문장 안에서 수식의 기능을 하는 단어이다.
④ '나무'와 '꽃'은 사물의 이름을 나타내는 단어이다.
⑤ '넓게'와 '희미하다'는 대상의 상태를 나타내는 단어이다.

2018년 6월 고1 전국연합학력평가

11 <보기>의 설명을 참고할 때, ㉠을 분석한 내용으로 적절하지 <u>않은</u> 것은?

보기

'형태소'는 뜻을 가진 말의 가장 작은 단위이다. 형태소는 의미의 유무에 따라 구체적인 대상이나 동작, 상태를 표시하는 실질적인 의미를 지닌 실질 형태소와 문법적인 기능을 수행하는 형식 형태소로 나눌 수 있다. 그리고 자립성의 유무에 따라 다른 말에 기대어 쓰이지 않고 홀로 사용될 수 있는 자립 형태소와 다른 말에 기대어 사용되는 의존 형태소로 나눌 수 있다.

㉠ <u>하늘이 매우 높고 푸르다.</u>

① 자립 형태소는 모두 4개이다.
② 형식 형태소는 모두 3개이다.
③ 의존 형태소는 모두 5개이다.
④ 실질 형태소이면서 의존 형태소는 모두 2개이다.
⑤ 실질 형태소이면서 자립 형태소는 모두 2개이다.

2018년 6월 고1 전국연합학력평가

12 **<보기>는 '용언의 활용'에 대한 설명이다. ㉠의 예로 적절하지 않은 것은?** [3점]

보기

용언이 활용할 때 어간이나 어미의 기본 형태가 바뀌지 않거나 바뀌어도 일반적인 음운 규칙으로 설명할 수 있는 경우를 '규칙 활용'이라고 한다. 반면, 어간이나 어미의 기본 형태가 바뀌는 것을 일반적인 음운 규칙으로 설명할 수 없는 경우를 ㉠'불규칙 활용'이라고 한다.

(가) 그녀가 모자를 **벗는다**.
그녀가 모자를 **벗으며** 방으로 들어간다.
(나) 그는 시골에 집을 **짓고** 있다.
그는 시골에 집을 **지으며** 행복해 했다.

(가)는 어간 '벗-' 뒤에 어미 '-으며'가 붙었을 때 어간의 형태가 바뀌지 않는 규칙 활용을 하는 반면, (나)는 어간 '짓-' 뒤에 어미 '-으며'가 붙었을 때 어간의 형태가 '지-'로 바뀌는 불규칙 활용을 한다.

① 그는 우물에서 물을 퍼 먹었다.
② 그는 형의 말을 비밀로 묻어 두었다.
③ 그녀는 음악을 들으면서 공부를 한다.
④ 그녀는 어머니를 도와 집안일을 하였다.
⑤ 그녀는 옥상에 올라 하늘을 바라보았다.

2019년 3월 고1 전국연합학력평가

13 **다음은 학생들이 '-쟁이'와 '-장이'에 대해 탐구한 내용이다. ㄱ~ㅁ에 제시된 탐구 결과 중 적절하지 않은 것은?** [3점]

탐구 목표	어근의 뒤에 붙어 새로운 단어를 만드는 접미사 중 '-쟁이'와 '-장이'의 의미와 쓰임을 구분해 사용할 수 있다.
⬇	
탐구 자료	(1) 고집쟁이 : 고집이 센 사람. 거짓말쟁이 : 거짓말을 잘하는 사람. (2) 노래쟁이 : '가수(歌手)'를 낮잡아 이르는 말. 그림쟁이 : '화가(畫家)'를 낮잡아 이르는 말. (3) 땜장이 : 땜질을 직업으로 하는 사람. 옹기장이 : 옹기 만드는 일을 직업으로 하는 사람.
⬇	
탐구 결과	○ (1)의 '-쟁이'의 의미는 '어떤 속성을 많이 가진 사람'으로 볼 수 있다. ········ ㄱ ○ (2)와 (3)은 둘 다 직업과 관련된 말이지만, '기술자'를 의미할 때는 '-장이'를 쓴다. ·· ㄴ ○ (1)~(3)을 볼 때, '-쟁이'와 '-장이'는 모두 명사와 결합하여 새로운 단어를 만든다. ········ ㄷ ○ (1)~(3)을 볼 때, '-쟁이'와 '-장이'는 모두 어근의 품사를 변화시키지 않는 접미사이다. ㄹ ○ (1), (2), (3)의 예로 '욕심쟁이', '대장쟁이', '중매장이'를 각각 추가할 수 있다. ········ ㅁ

① ㄱ ② ㄴ ③ ㄷ ④ ㄹ ⑤ ㅁ

2019년 6월 고1 전국연합학력평가

14 **다음은 수업의 일부이다. 이를 참고할 때, 띄어쓰기가 바르게 된 문장은?**

보기

학생 : 선생님, '뿐'은 앞말에 붙여 쓰는 경우도 있고 띄어 쓰는 경우도 있던데 어떻게 띄어 써야 하나요?

선생님 : 품사에 따라 띄어쓰기가 달라져요. '나에게는 너뿐이야.'에서처럼 '너'라는 체언 뒤에 붙어서 한정의 뜻을 나타낼 때의 '뿐'은 조사이기 때문에 앞말에 붙여 써야 해요. 그런데 '그녀는 조용히 웃을 뿐이었다.'에서의 '뿐'은 체언을 수식하는 관형어 '웃을' 뒤에 붙어서 '따름'이라는 뜻을 나타내는 의존 명사이기 때문에 앞말과 띄어 써야 해요.

학생 : '뿐'과 같이 띄어쓰기가 달라지는 예가 더 있나요?

선생님 : 대표적인 예로 '대로, 만큼'이 있어요.

① 아는대로 모두 말하여라.
② 마음이 약해질대로 약해졌다.
③ 모든 것이 자기 생각 대로 되었다.
④ 손님들은 먹을 만큼 충분히 먹었다.
⑤ 그 사람은 말 만큼은 누구보다 앞선다.

2020년 3월 고1 전국연합학력평가

[15~16] 다음 글을 읽고 물음에 답하시오.

'높다'의 '높-'은 어간이기도 하고 어근이기도 하다. 그렇다면 어간일 때와 어근일 때 어떤 차이가 있을까? 이를 이해하기 위해서는 어간과 어근의 개념에 대해 살펴볼 필요가 있다.

어간은 용언 등이 활용될 때 사용하는 개념이다. 용언은 문장에서 다양한 형태로 바뀌면서 활용되는데, 형태가 변하지 않는 부분을 어간이라 하고 형태가 변하는 부분을 어미라고 한다. 예를 들어 '높다'가 '높고', '높지'와 같이 활용될 때, '높-'은 어간이고, '-고'나 '-지'는 어미이다.

이와 달리 어근은 단어를 구성할 때, 실질적 의미를 나타내는 부분을 가리키는 개념이다. 그리고 어근의 앞이나 뒤에 결합하여 특정한 의미나 기능을 더해 주는 부분을 접사라고 한다. 용언을 어근과 접사로 분석할 때 형태가 변하지 않는 어간만을 대상으로 한다. 가령, '드높다'의 경우 어간인 '드높-'에서 실질적 의미를 나타내는 '높-'은 어근이고, 그 앞에 붙어 '심하게'라는 의미를 덧붙여 주는 '드-'는 접사이다. 접사는 어근 뒤에 결합하기도 하는데, 어근 '높-'에 접사 '-이-'가 결합한 '높이다'가 이에 해당한다. 이를 정리하면 아래와 같다.

	어간			어미
	접사	어근	접사	
높다	•	높-	•	-다
드높다	드-	높-	•	-다
높이다	•	높-	-이-	-다

한편 단어는 '높다'와 같이 하나의 어근으로 구성된 경우나 '드높다'나 '높이다'와 같이 어근에 접사가 결합한 경우 이외에 두 개 이상의 어근이 결합하여 만들어지기도 한다. 예컨대 '높푸르다'의 경우 어근 '높-'과 어근 '푸르-'가 결합하여 만들어진 단어이다.

15 윗글을 바탕으로 할 때, 〈보기〉의 ㉠과 ㉡에 들어갈 내용으로 적절한 것은?

보기

'높다'에서 '높-'은, 단어가 활용될 때 ___㉠___는 점에서 '어간', 단어를 구성할 때 ___㉡___는 점에서 '어근'이라고 할 수 있다.

	㉠	㉡
①	형태가 변한다	실질적 의미를 나타낸다
②	형태가 변하지 않는다	실질적 의미를 나타낸다
③	형태가 변하지 않는다	의미를 덧붙여 준다
④	의미를 덧붙여 준다	형태가 변한다
⑤	실질적 의미를 나타낸다	형태가 변하지 않는다

16 〈보기〉의 '자료'에서 '활동'의 a~c에 들어갈 단어로 적절하지 <u>않은</u> 것은?

보기

[자료] 용언 : 검붉다, 먹히다, 자라다, 치솟다, 휘감다
[활동]
○ 어간과 어근이 일치하는 단어를 모아 봅시다.
- ___a___
○ 어간과 어근이 일치하지 않는 단어를 모아 봅시다.
- 어근의 앞이나 뒤에 접사가 결합한 단어 : ___b___
- 둘 이상의 어근이 결합한 단어 : ___c___

① a : 휘감다
② a : 자라다
③ b : 먹히다
④ b : 치솟다
⑤ c : 검붉다

2020년 6월 고1 전국연합학력평가

17 〈보기〉에서 선생님의 질문에 대한 학생의 대답으로 가장 적절한 것은?

보기

선생님 : 형태소는 뜻을 가진 가장 작은 말의 단위를 뜻하는 말입니다. 형태소는 다음의 두 기준에 따라 자립 형태소와 의존 형태소, 실질 형태소와 형식 형태소로 나눌 수 있습니다.

홀로 쓰일 수 있는가?		실질적 의미가 있는가?	
예 ↙	↘ 아니요	예 ↙	↘ 아니요
자립 형태소	의존 형태소	실질 형태소	형식 형태소

다음은 아래 '예문'을 형태소 단위로 나누고, 위 기준에 따라 분석한 결과입니다.

○ 예문 : 경찰이 도둑을 잡았다.
○ 형태소 분석 결과 :

구분 기준 \ 형태소	경찰	이	도둑	을	잡-	-았-	-다
홀로 쓰일 수 있는가?	예	아니요	예	㉡	아니요	아니요	아니요
실질적 의미가 있는가?	㉠	아니요	예	아니요	㉢	아니요	아니요

㉠~㉢에 들어갈 대답을 모두 바르게 짝지어 볼까요?

	㉠	㉡	㉢
①	예	예	예
②	예	아니요	예
③	예	아니요	아니요
④	아니요	예	예
⑤	아니요	아니요	아니요

2021년 6월 고1 전국연합학력평가

18 **<보기>를 바탕으로 ㉠~㉤을 이해한 내용으로 적절하지 않은 것은?** [3점]

보기

'동사'는 동작이나 작용을 나타내는 단어이고, '형용사'는 성질이나 상태를 나타내는 단어이다. 동사와 형용사는 활용하는 양상이 다른데, 일반적으로 동사 어간에는 현재 시제 선어말어미 '-ㄴ-/-는-', 현재 시제의 관형사형 어미 '-는', 명령형 어미 '-아라/-어라', 청유형 어미 '-자' 등이 붙지만, 형용사 어간에는 붙지 않는다.

㉠ 지훈이가 야구공을 멀리 **던졌다**.
㉡ 해가 떠오르며 점차 날이 **밝는다**.
㉢ 그 친구는 **아는** 게 참 많다.
㉣ 날씨가 더우니 하복을 **입어라**.
㉤ *올해도 우리 모두 **건강하자**.
※ '*'는 비문법적인 문장임을 나타냄.

① ㉠의 '던졌다'는 대상의 동작을 나타내므로 동사이다.
② ㉡의 '밝는다'는 대상의 상태를 나타내므로 형용사이다.
③ ㉢의 '아는'은 현재 시제의 관형사형 어미 '-는'이 결합하였으므로 동사이다.
④ ㉣의 '입어라'는 명령형 어미 '-어라'가 결합하였으므로 동사이다.
⑤ ㉤의 '건강하자'의 기본형 '건강하다'는 청유형 어미 '-자'가 결합할 수 없으므로 형용사이다.

2021년 11월 고1 전국연합학력평가

[19~20] 다음 글을 읽고 물음에 답하시오.

사이시옷이란 두 단어 또는 형태소가 결합하여 만들어진 합성어의 두 요소 사이에 표기하는 'ㅅ'을 말한다. '한글 맞춤법'에 따르면 다음과 같은 조건들이 만족되어야 사이시옷을 표기할 수 있다.

우선, 두 단어가 결합하는 형태가 고유어와 고유어의 결합, 고유어와 한자어의 결합, 한자어와 고유어의 결합으로 이루어진 합성어인 경우 사이시옷을 표기할 수 있다. 단일어이거나 접사가 결합하여 만들어진 단어인 파생어에는 사이시옷이 표기되지 않고, 외래어가 포함된 합성어나 한자어만으로 구성된 합성어의 경우에도 사이시옷은 표기되지 않는다. 단, '곳간(庫間), 셋방(貰房), 숫자(數字), 찻간(車間), 툇간(退間), 횟수(回數)'라는 한자어는 예외적으로 사이시옷을 표기한다.

다음으로 이러한 합성어의 앞말이 모음으로 끝나고 두 단어가 결합하여 발생하는 음운론적 현상이 다음 중 하나에 해당하여야 한다. 첫째, 뒷말의 첫소리가 된소리로 바뀌는 경우, 둘째, 뒷말의 첫소리 'ㄴ, ㅁ' 앞에서 'ㄴ' 소리가 덧나는 경우, 셋째, 뒷말의 첫소리 모음 앞에서 'ㄴㄴ' 소리가 덧나는 경우에 사이시옷을 표기할 수 있다.

19 **윗글을 바탕으로 사이시옷 표기에 대해 이해한 내용으로 적절하지 않은 것은?**

① '아래옷'과 달리 '아랫마을'은 앞말의 끝소리에 'ㄴ' 소리가 덧나기 때문에 사이시옷이 표기된 것이겠군.
② '고깃국'과 달리 '해장국'은 앞말이 모음으로 끝나지 않았기 때문에 사이시옷이 표기되지 않은 것이겠군.
③ '코마개'와 달리 '콧날'은 뒷말의 첫소리 모음 앞에서 'ㄴㄴ' 소리가 덧나기 때문에 사이시옷이 표기된 것이겠군.
④ '우윳빛'과 달리 '오렌지빛'은 합성어를 구성하는 단어의 결합 형태를 고려하여 사이시옷을 표기하지 않은 것이겠군.
⑤ '모래땅'과 달리 '모랫길'은 두 단어가 결합할 때 뒷말의 첫소리가 된소리로 바뀌었기에 사이시옷이 표기된 것이겠군.

20 **〈보기〉는 윗글을 이해하기 위한 탐구 학습지의 일부이다. ㉠~㉢에 들어갈 말로 적절한 것은?** [3점]

보기

[탐구 과제]

[탐구 자료]를 활용하여 제시된 단어들의 올바른 표기를 쓰고, 그 이유를 설명해 보자.

◦해 + 살 → ( )	◦해 + 님 → ( )

[탐구 자료]

살2 「명사」

(일부 명사 뒤에 붙어) 해, 볕, 불 또는 흐르는 물 따위의 내비치는 기운.

살-6 「접사」

온전하지 못함의 뜻을 더하는 접두사.

-님4 「접사」

(사람이 아닌 일부 명사 뒤에 붙어) '그 대상을 인격화하여 높임'의 뜻을 더하는 접미사.

님5 「명사」

(일부 속담에 쓰여) '임'을 이르는 말.

[탐구 결과]

'해'와 '살'이 결합한 단어의 표기는 (㉠)이고, '해'와 '님'이 결합한 단어의 표기는 (㉡)입니다. 사이시옷은 합성어의 두 요소 사이에 표기하는 것이기 때문에 (㉢)가 결합한 경우 사이시옷을 적지 않습니다.

	㉠	㉡	㉢
①	햇살	해님	접사
②	햇살	해님	명사
③	햇살	햇님	접사
④	해살	해님	명사
⑤	해살	햇님	명사

2015년 3월 고2 전국연합학력평가

21 **〈보기〉의 ㉠ ~ ㉤에 들어갈 어휘의 예로 적절하지 않은 것은?**

보기

합성어는 어근의 배열 양상에 따라 통사적 합성어와 비통사적 합성어로 나뉜다. 어근의 배열이 우리말의 일반적인 문장 구성 방식과 일치하는 것을 통사적 합성어라 하고, 그렇지 않은 것을 비통사적 합성어라 한다. 합성어에서 어근의 구체적 결합 양상은 다음과 같다.

〈 통사적 합성어의 유형과 예 〉

◦ 체언 + 체언 : 밤낮
◦ 체언 + 용언 : ㉠
◦ 관형사 + 체언 : ㉡
◦ 용언의 관형사형 + 체언 : ㉢

〈 비통사적 합성어의 유형과 예 〉

◦ 부사 + 체언 : 보슬비
◦ 용언의 어간 + 체언 : ㉣
◦ 용언의 어간 + 용언의 어간 : ㉤

① ㉠ : 낯설다
② ㉡ : 첫사랑
③ ㉢ : 뜬소문
④ ㉣ : 덮밥
⑤ ㉤ : 앞서다

2015년 6월 고2 전국연합학력평가

22 <보기>를 이해한 내용으로 적절하지 않은 것은?

보기

용언이 활용할 때 어간이나 어미의 기본 형태가 바뀌지 않거나 바뀌어도 일반적인 음운 규칙으로 설명할 수 있는 경우를 '규칙 활용'이라 하고, 어간이나 어미의 기본 형태가 바뀌는 것을 일반적인 음운 규칙으로 설명할 수 없는 경우를 '불규칙 활용'이라 한다. 불규칙 활용은 ㉠어간이 바뀌는 경우, ㉡어미가 바뀌는 경우, ㉢어간과 어미가 모두 바뀌는 경우로 나누어 살펴볼 수 있다.

① '솟다'가 '솟아'로 활용하는 것과 달리, '낫다'는 '나아'로 활용하므로 ㉠에 해당한다.
② '얻다'가 '얻어'로 활용하는 것과 달리, '엿듣다'는 '엿들어'로 활용하므로 ㉠에 해당한다.
③ '먹다'가 '먹어'로 활용하는 것과 달리, '하다'는 '하여'로 활용하므로 ㉡에 해당한다.
④ '치르다'가 '치러'로 활용하는 것과 달리, '흐르다'는 '흘러'로 활용하므로 ㉡에 해당한다.
⑤ '수놓다'가 '수놓아'로 활용하는 것과 달리, '파랗다'는 '파래'로 활용하므로 ㉢에 해당한다.

2016년 6월 고2 전국연합학력평가

23 <보기>의 [가]를 바탕으로 [나]를 분석한 내용으로 적절하지 않은 것은?

보기

[가] 품사는 단어를 '형태', '기능', '의미'를 기준으로 분류한 것이다. ㉠'형태'에 따라 불변어, 가변어로, ㉡'기능'에 따라 체언, 용언, 수식언, 관계언, 독립언으로 나뉜다. 그리고 ㉢'의미'에 따라 명사, 대명사, 수사, 동사, 형용사, 관형사, 부사, 조사, 감탄사로 나뉜다.

[나] 열에 아홉은 매우 착실한 학생이다.

① ㉠에 따라 나누면 '착실한'과 '이다'는 가변어이다.
② ㉡에 따라 나누면 '열'과 '학생'은 체언이다.
③ ㉡에 따라 나누면 '은'과 '이다'는 관계언이다.
④ ㉢에 따라 나누면 '아홉'과 '학생'은 같은 품사이다.
⑤ ㉢에 따라 나누면 '매우'와 '착실한'은 다른 품사이다.

2016년 9월 고2 전국연합학력평가

24 <보기>의 ㉠~㉢에 해당하는 것을 바르게 분류한 것은?

보기

㉠관형사, ㉡대명사, ㉢부사 중에는 '이, 그, 여기, 이리, 그리' 등과 같이 '지시성'을 지닌 단어들이 있다. 이들은 지시성이라는 공통점 때문에 구별이 쉽지 않으므로 문장 내에서의 기능을 통해 단어의 품사를 파악해야 한다.

ⓐ **이** 사과는 맛있게 생겼다.
ⓑ **그** 책 좀 나에게 빌려줄 수 있어?
ⓒ **여기**가 바로 우리의 고향입니다.
ⓓ **이리** 가까이 오게.
ⓔ **그리** 물건을 보내겠습니다.

	㉠	㉡	㉢
①	ⓐ	ⓑ, ⓒ	ⓓ, ⓔ
②	ⓐ, ⓑ	ⓒ	ⓓ, ⓔ
③	ⓑ, ⓒ	ⓓ, ⓔ	ⓐ
④	ⓑ, ⓓ	ⓔ	ⓐ, ⓒ
⑤	ⓒ, ⓓ	ⓐ	ⓑ, ⓔ

2016년 11월 고2 전국연합학력평가

[25] 다음은 형태소 및 단어에 관한 교과서 내용과 학습 활동이다. 물음에 답하시오.

(가) 교과서 내용

의미를 가지고 있는 가장 작은 말의 단위를 '형태소'라고 한다. 형태소는 자립성을 기준으로 명사처럼 문장에서 홀로 사용될 수 있는 '자립 형태소'와 용언의 어간이나 어미, 조사처럼 다른 형태소와 결합해야만 사용될 수 있는 '의존 형태소'로 나눌 수 있다. 그리고 의미를 기준으로 분류하면, 체언이나 용언의 어간처럼 실질적인 의미를 가진 '실질 형태소'와 조사, 어미, 접사처럼 문법적 의미를 가진 '형식 형태소'로 나눌 수 있다.

[A] 형태소가 의미를 가진 말의 최소 단위라면, '단어'는 의미를 가진 최소의 자립 형식이다. 그런데 '조사'는 자립성이 없는 형태소임에도 불구하고 홀로 쓰일 수 있는 말에 붙어 쉽게 분리되는 특성이 있기 때문에 단어로 인정하고 있다. 그리고 의존명사도 자립성은 없지만 명사와 마찬가지로 꾸미는 말의 꾸밈을 받을 수 있고, 꾸미는 말과 늘 띄어 쓰며 조사가 붙어 문장 안에서 주어, 목적어 등으로 쓰이기 때문에 단어로 인정하고 있다.

25 **[A]를 바탕으로 〈보기〉의 ㉠~㉤에 대해 탐구한 내용으로 가장 적절한 것은?**

보기

- 그는 너<u>보다</u>㉠ 열심히 공부했다.
- 나는 <u>꽃</u>㉡을 받고 어찌할 <u>바</u>㉢를 몰랐다.
- 네가 질문하고 싶은 <u>것</u>㉣이 무엇이니?
- 교실 안은 숨소리가 들릴 <u>만큼</u>㉤ 조용하다.

① ㉠과 ㉢은 꾸미는 말의 꾸밈을 받을 수 있는 특징이 있다.
② ㉠과 ㉣은 자립하여 쓰일 수 없으므로 단어로 인정되지 않는다.
③ ㉡과 ㉣은 조사가 붙어 문장 안에서 주어, 목적어 등으로 사용된다.
④ ㉡과 ㉤은 문장에서 홀로 사용될 수 있기 때문에 단어로 인정된다.
⑤ ㉢과 ㉤은 홀로 쓰일 수 있는 말에 붙어 쉽게 분리되는 특징이 있다.

2017년 3월 고2 전국연합학력평가

26 **제시된 탐구 과정을 고려할 때, [A], [B]에 들어갈 ㉠~㉣을 바르게 분류한 것은?** [3점]

탐구 주제	밑줄 친 말을 문장 성분과 품사를 기준으로 분류하시오. • 이것은 ㉠<u>**새로운**</u> 글이다. • 이것은 ㉡<u>**새**</u> 글이다. • 그는 ㉢<u>**빠르게**</u> 달린다. • 그는 ㉣<u>**빨리**</u> 달린다.	
탐구 관련 지식	• 관형어는 체언을, 부사어는 용언을 한정하는 기능을 함.	• 형용사는 관형사나 부사와 달리 활용을 함. • 관형사는 명사를, 부사는 동사를 수식함.
탐구 결과	문장 성분에 따라 [A]로 분류할 수 있다.	품사에 따라 [B]로 분류할 수 있다.

	[A]	[B]
①	㉠, ㉡ / ㉢, ㉣	㉠, ㉡ / ㉢ / ㉣
②	㉠, ㉡ / ㉢, ㉣	㉠, ㉢ / ㉡ / ㉣
③	㉠, ㉡ / ㉢, ㉣	㉠, ㉣ / ㉡ / ㉢
④	㉠, ㉢ / ㉡, ㉣	㉠, ㉡ / ㉢ / ㉣
⑤	㉠, ㉢ / ㉡, ㉣	㉠, ㉢ / ㉡ / ㉣

2017년 3월 고2 전국연합학력평가

27 **〈보기〉의 밑줄 친 부분에 해당하는 예로 적절하지 <u>않은</u> 것은?**

보기

어간에 관형사형 어미 '-ㄴ'을 결합하고자 할 때, 어간의 끝소리가 'ㄹ'인 경우에는 'ㄹ'을 탈락시키고 '-ㄴ'을 붙여야 한다. 그러나 실생활에서는 <u>**'ㄹ'을 탈락시키지 않고 '-은'을 잘못 붙여 사용하는 경우**</u>가 많다.

■ 녹슬- + -ㄴ → 녹슨(○)
→ 녹슬은(×)

① 언니는 <u>시들은</u> 꽃다발을 부여잡고 눈물을 흘렸다.
② 자신의 잘못임을 <u>깨달은</u> 형은 누나에게 사과했다.
③ <u>낯설은</u> 땅에 정착한 주민들은 모든 것이 새로웠다.
④ 나는 차창 밖으로 <u>내밀은</u> 어머니의 손을 붙잡았다.
⑤ 석양빛을 받아 붉게 <u>물들은</u> 구름이 꽤 아름다웠다.

2017년 6월 고2 전국연합학력평가

[28~29] 다음 글을 읽고 물음에 답하시오.

'형태소'는 단어를 분석한 단위이며 뜻을 가진 가장 작은 말의 단위이다. 형태소는 뜻의 성격에 따라 실질 형태소와 형식 형태소로 나눌 수 있고, 자립성의 여부에 따라서 자립 형태소와 의존 형태소로 나눌 수 있다.

(1) 사과를 먹었다.

(1)은 '사과, 를, 먹었다'의 세 단어로 이루어져 있다. 이 중 '사과'의 경우, 단어를 나누면 '사'와 '과'로 쪼개어지는데 각각은 뜻이 없다. 따라서 '사과'는 뜻을 가진 단위 중 가장 작은 단위이므로 하나의 형태소가 된다.

'먹었다'의 경우, '먹-'의 자리에 '꺾-'을 넣는다면 단어의 뜻이 달라진다. 그러므로 '먹었다'라는 단어가 '음식 등을 입을 거쳐 배 속으로 들여보내다.'라는 뜻을 나타낼 수 있는 것은 '먹-' 때문임을 알 수 있다. 다음으로, '-었-' 자리에 '-는-'을 넣으면 먹는 행위가 이루어진 때가 '현재'로 달라지므로 '-었-'이 '과거'를 나타내고 있음을 알 수 있다. 같은 방법으로 '-다' 자리에 '-고'를 넣으면 '먹었고'가 되어서 그 뒤에 문장이 이어짐을 나타내므로 '-다'가 '문장 종결'의 뜻을 나타내고 있음을 알 수 있다. 이러한 원리에 의해 단어 '먹었다'는 '먹-', '-었-', '-다'라는 세 개의 형태소로 분석할 수 있다.

이 때 '-었-'이나 '-다'는 '먹-'과 달리 문법적인 기능을 수행하는데, 이러한 문법적인 기능을 하는 형태소를 형식 형태소라고 한다. 형식 형태소에는 '-었-', '-다'와 같은 어미뿐만 아니라 '를'과 같은 조사, 어근의 앞뒤에 붙어 뜻을 더하거나 단어의 성질을 바꾸는 접사가 있다. 반면에 '사과', '먹-'처럼 구체적인 대상이나 상태를 나타내는 실질적인 뜻을 지닌 형태소를 실질 형태소라고 한다.

(1)의 형태소 중 '사과'는 다른 말에 기대지 않고 자립해서 쓰일 수 있지만, '를'은 '사과'에 붙어야 쓰일 수 있고, '먹-', '-었-', '-다'는 서로 기대어야 문장에서 쓰일 수 있다. '사과'처럼 자립하여 쓸 수 있는 형태소를 자립 형태소라고 하고, '를', '먹-', '-었-', '-다'처럼 다른 말에 기대어 사용되는 형태소를 의존 형태소라고 한다.

이상의 설명을 바탕으로 (1)의 형태소를 분석하면 (2)와 같이 나타낼 수 있다.

(2)	사과 /	를 /	먹 /	었 /	다
	실질	형식	실질	형식	형식
	자립	의존	의존	의존	의존

28 윗글을 통해 알 수 있는 내용으로 적절하지 않은 것은?

① 형태소를 더 작게 쪼개면 뜻이 사라진다.
② 의존 형태소만으로도 단어를 형성할 수 있다.
③ 형태소 하나가 단어 하나를 형성하는 경우도 있다.
④ 형태소 중에는 문법적인 기능만 수행하는 것도 있다.
⑤ 실질적인 뜻을 지닌 형ㅌ내소는 모두 자립적인 성격을 지닌다.

29 윗글을 참고하여 <보기>를 분석한 내용으로 적절하지 않은 것은? [3점]

보기

그가 풀밭을 맨발로 뛴다.

① '풀밭'은 '풀' 대신 '꽃'을 넣거나 '밭' 대신 '빛'을 넣으면 단어의 뜻이 달라지므로 '풀'과 '밭'으로 나눌 수 있다.
② '맨발'의 '맨-'은 '발'과 결합하여 뜻을 더하는 기능을 하므로 하나의 형태소로 볼 수 있다.
③ '뛴다'의 '-ㄴ-' 대신에 '-었-'을 넣으면 동작 시간이 현재에서 과거로 바뀌므로 '-ㄴ-'을 하나의 형태소로 보아야 한다.
④ 다른 말에 기대지 않고 홀로 쓰일 수 있는 형태소의 개수는 모두 4개이다.
⑤ 실질적인 뜻은 없고 문법적인 기능을 하는 형태소의 개수는 모두 5개이다.

2017년 11월 고2 전국연합학력평가

30 〈보기〉에 대한 설명으로 가장 적절한 것은?

보기

부사는 수식하는 범위에 따라 문장의 한 성분을 수식하는 성분 부사와 문장 전체를 수식하는 문장 부사로 나뉜다. 이 중 성분 부사는 주로 용언을 수식하지만 때로는 체언을 수식하거나 관형사, 부사를 수식하는 경우도 있다.

ㄱ. 그녀는 **매우** 빨리 달린다.
ㄴ. **설마** 나에게 맞는 옷이 없을까?
ㄷ. 우리 학교 **바로** 옆에 우체국이 있다.
ㄹ. 내 차는 얼마 전까지 **아주** 새 차였다.
ㅁ. **과연** 그 아이는 재능이 **정말** 뛰어나군.

① ㄱ에서 '매우'는 용언을 수식하고 있다.
② ㄴ에서 '설마'는 체언을 수식하고 있다.
③ ㄷ에서 '바로'는 부사를 수식하고 있다.
④ ㄹ에서 '아주'는 관형사를 수식하고 있다.
⑤ ㅁ에서 '과연'과 '정말'은 문장을 수식하고 있다.

2018년 3월 고2 전국연합학력평가

31 밑줄 친 말 중 ㉠의 예로 적절하지 않은 것은?

보기

조사는 주로 체언에 붙어서, 그 체언이 문장 중의 다른 단어와 맺는 관계를 나타내거나 특별한 뜻을 더해 주는 단어이다. 조사는 체언이 문장 속에서 다른 말과 맺는 관계를 표현하는 격조사, 둘 이상의 체언을 같은 자격으로 이어서 하나의 명사구를 형성하는 접속 조사, ㉠**앞말에 특별한 뜻을 더해 주는 보조사**로 구분된다.

① 오직 새소리만 들렸다.
② 시험까지 한 달도 안 남았다.
③ 나는 개와 고양이를 좋아한다.
④ 할아버지께서는 신문을 보셨다.
⑤ 그는 평생 가족밖에 모르고 살았다.

2019년 3월 고2 전국연합학력평가

32 <보기>의 탐구 활동을 수행한 결과로 적절한 것만 고른 것은?

보기

[탐구 과제]

다음을 참고하여 [탐구 자료] ㉠~㉣을 [A], [B]로 구분하고, 그렇게 구분한 근거를 적어 보자.

> 어근에 파생 접사가 결합하여 새로운 단어가 형성될 때 [A]**품사가 바뀌는 경우**도 있고, [B]**품사가 바뀌지 않는 경우**도 있다. 예를 들어, 명사 '마음'에 접사 '-씨'가 결합하여 '마음씨'가 될 때는 품사가 바뀌지 않지만, 형용사 '넓다'의 어근 '넓-'에 접사 '-이'가 결합하여 '넓이'가 될 때는 품사가 명사로 바뀐다.

[탐구 자료]

· 예술에 대한 안목을 ㉠**높이다**.
· 그는 모자를 ㉡**깊이** 눌러썼다.
· 오랫동안 ㉢**딸꾹질**이 멈추지 않았다.
· 그런 일은 ㉣**일찍이** 경험하지 못했던 일이다.

[탐구 결과]

탐구 자료	구분	근거	
㉠	[B]	형용사 '높다'의 어근 '높-'에 접사 '-이-'가 결합하여 형용사가 됨.	ⓐ
㉡	[A]	형용사 '깊다'의 어근 '깊-'에 접사 '-이'가 결합하여 명사가 됨.	ⓑ
㉢	[A]	부사 '딸꾹'에 접사 '-질'이 결합하여 명사가 됨.	ⓒ
㉣	[B]	부사 '일찍'에 접사 '-이'가 결합하여 부사가 됨.	ⓓ

① ⓐ, ⓑ ② ⓐ, ⓓ ③ ⓑ, ⓒ
④ ⓑ, ⓓ ⑤ ⓒ, ⓓ

2018년 9월 고2 전국연합학력평가

[33~34] 다음 글을 읽고 물음에 답하시오.

어근은 파생이나 합성 등 조어(造語) 과정에 참여하는 요소 중 의미상 중심이 되는 부분을 말하며, 어간은 용언이 활용을 할 때 중심이 되는 줄기 부분으로서 활용에서 어미에 선행하는 부분을 말한다. 예를 들어 '맡기다'에서 '맡-'은 어근이며 '맡기-'는 어간이다.

어근이나 어간에 결합하여 특정한 의미나 기능을 부여하는 형태소를 접사라고 한다. 접사는 일반적으로 어근이나 어간과 함께 나타나야 하기 때문에 문장에서 단독으로 쓰이지 않는다. 접사는 기능에 따라 단어 파생에 기여하는 ㉠**파생 접사**와 활용할 때 어간에 결합하여 문법적인 기능을 표시하는 굴절 접사로 나누기도 한다. 어근의 앞에 위치하는 접두사는 굴절 접사가 없어 모두 파생 접사이고, 어근의 뒤에 위치하는 접미사는 굴절 접사와 파생 접사가 모두 존재한다. 굴절 접사는 흔히 ㉡**어미**라고 하는데 접사라 하면 일반적으로 파생 접사만을 가리킨다. 결국 접사는 좁은 의미로는 파생 접사만을 의미하고 넓은 의미로는 굴절 접사와 파생 접사를 모두 포함한다.

파생 접사는 새로운 단어를 만들어 내지만, 굴절 접사인 어미는 그렇지 않다. 예를 들면 '구경꾼'은 파생 접사 '-꾼'이 어근 '구경'과 결합하여 만들어진 새로운 단어이고, 이렇게 만들어진 단어는 '구경'과는 별개의 단어로 사전에 표제어로 등재된다. 이에 비해 어간 '먹-'에 어미가 결합한 '먹지, 먹자, 먹어서' 등은 사전에 표제어로 등재되지 않고, 기본형인 '먹다'만 사전에 표제어로 등재된다.

특히 ㉮**파생 접사는 어근과 결합하여 새로운 단어를 만들 때 어근의 품사를 바꾸기도 하고** 바꾸지 않기도 한다. 예를 들어 '군소리'에서 접두사 '군-'은 '쓸데없는'이라는 뜻으로, 어근인 '소리'가 나타낼 수 있는 뜻을 일부 제한할 뿐 품사를 바꾸지 않는다. 하지만 '놀이'는 동사의 어간 '놀-'을 어근으로 하여 접미사 '-이'가 붙어 만들어진 명사이다. 즉 접미사 '-이'는 새로운 단어를 만들 때 품사를 바꾸는 역할을 한다. 이처럼 '군-'과 같이 어근의 품사를 바꾸지 않는 접사를 한정적 접사라 하고, '-이'와 같이 어근의 품사를 바꾸는 접사를 지배적 접사라 한다.

33 다음 문장에서 ㉠, ㉡에 해당하는 예를 찾아 이를 설명한 내용으로 적절하지 않은 것은?

> 말썽꾸러기였던 나는 시간이 흐르고 나서야 부모님의 드높은 사랑을 깊이 깨닫게 되었다.

① '드높은'의 '드-'는 ㉠에 해당하는 예로 단어 파생에 기여하는 기능을 하는군.
② '말썽꾸러기'의 '-꾸러기'는 ㉠에 해당하는 예이며, '말썽꾸러기'는 '말썽'과 별개의 단어이겠군.
③ '되었다'의 '-었-'은 ㉡에 해당하는 예로 어간에 결합하여 특정한 기능을 부여하는 형태소이군.
④ '깊이'의 '-이'는 ㉡에 해당하는 예로 문법적인 기능을 표시하는 역할을 하는군.
⑤ '흐르고'의 '-고'는 ㉡에 해당하는 예이며, '흐르다'는 사전에 표제어로 등재되었겠군.

34 밑줄 친 단어 중 ㉮의 예로 적절하지 않은 것은?

① 그의 친구는 행복하였다.
② 그녀의 머릿결이 찰랑거린다.
③ 나와 그녀의 견해차를 좁혔다.
④ 아름다운 가을 하늘이 높다랗다.
⑤ 열심히 공부한 내가 자랑스럽다.

2018년 11월 고2 전국연합학력평가

[35~36] 다음 글을 읽고 물음에 답하시오.

합성어는 일반적으로 두 개 이상의 어근이 결합되어 형성된 단어를 말하는데, 분류 기준에 따라 몇 가지로 나눌 수 있다.

첫째, 합성 명사, 합성 부사, 합성 동사 등과 같이 합성어의 품사를 기준으로 분류할 수 있다. 예를 들어 '불꽃'은 명사와 명사가 결합한 합성 명사이고, '곧잘'은 부사와 부사가 결합한 합성 부사, '힘쓰다'는 명사와 동사가 결합한 합성 동사이다.

둘째, 대등 합성어, 종속 합성어, 융합 합성어와 같이 결합하는 어근들의 의미 관계를 기준으로 분류할 수 있다. 대등 합성어는 결합하는 어근들의 의미가 대등한 관계를 이루는 것으로, '앞뒤, 오르내리다' 등이 여기에 해당한다. 종속 합성어는 선행 어근이 후행 어근을 수식하는 구조로, 선행 어근이 후행 어근에 의미상 종속되어 있는 합성어이다. '돌다리, 산길' 등이 여기에 해당한다. 한편, 융합 합성어는 어근들이 결합하면서 각 어근이 본래 갖고 있던 의미에서 벗어나 새로운 의미를 갖는 합성어를 말한다. 예를 들어 '나는 그분께 춘추(春秋)를 여쭈어 보았다.'에서 '춘추(春秋)'는 '봄'과 '가을'이라는 기존의 의미에서 벗어나 '어른의 나이를 높여 이르는 말'로 사용된 것이다.

[A] 셋째, 어근의 결합 방식이 국어의 일반적인 통사적 구성과 일치하는지를 기준으로 통사적 합성어와 비통사적 합성어로 분류할 수 있다. 통사적 합성어는 명사와 명사가 결합한 '산나물', 부사와 부사가 결합한 '실룩샐룩', 부사와 용언이 결합한 '그만두다', 연결어미에 의해 용언의 어간과 어간이 결합한 '뛰어가다' 등과 같이 국어의 일반적인 통사적 구성을 따른 합성어를 말한다. 반면 비통사적 합성어는 용언의 어간과 명사가 결합한 '접칼', 연결어미 없이 용언의 어간과 어간이 직접 결합한 '굶주리다', 부사와 명사가 결합한 '척척박사' 등과 같이 국어의 일반적인 통사적 구성과 일치하지 않는 합성어를 말한다.

35 윗글을 바탕으로 〈보기〉의 ㉠~㉣을 이해한 내용으로 적절하지 않은 것은? [3점]

보기

◦ 농부들이 ㉠피땀으로 일군 ㉡논밭에 가을이 왔다.
◦ 이 ㉢봄비가 그치고 여름이 오면, 포도가 ㉣송이송이 영글어 갈 것이다.

① ㉠은 두 어근의 본래 의미에서 벗어나 '노력과 수고'라는 새로운 의미로 사용되었으므로 융합 합성어이다.
② ㉢은 합성 명사로, 선행 어근이 후행 어근에 의미상 종속되어 있다.
③ ㉠과 ㉣은 모두 명사와 명사가 결합한 합성어이며, 두 합성어의 품사는 동일하다.
④ ㉡과 ㉢은 결합하는 어근들의 의미 관계가 다른 합성어이지만, 두 합성의 품사는 동일하다.
⑤ ㉡과 ㉣은 모두 결합한 어근들의 의미가 대등한 관계를 이루는 합성어이지만, 두 합성어의 품사는 다르다.

36 다음은 [A]와 관련된 학습지의 일부이다. ㉠~㉤에 들어갈 내용을 탐구한 것으로 적절하지 않은 것은?

보기

단어	결합 방식	구분	다른 예
또다시 → 또+다시	㉠	통사적 합성어	㉡
첫사랑 → 첫+사랑	관형사와 명사의 결합	㉢	왼쪽
붙잡다 → 붙-+잡다	용언의 어간과 어간이 직접 결합	㉣	㉤

① ㉠에는 '부사와 부사의 결합'이 들어가겠군.
② ㉡에는 '하루빨리'를 넣을 수 있겠군.
③ ㉢에는 '통사적 합성어'가 들어가겠군,
④ ㉣에는 '비통사적 합성어'가 들어가겠군.
⑤ ㉤에는 '굳세다'를 넣을 수 있겠군.

2019년 11월 고2 전국연합학력평가

[37~38] 다음 글을 읽고 물음에 답하시오.

문장의 주체를 서술하는 기능을 하는 용언은 홀로 쓰이는 본용언과 홀로 쓰이지 않고 본용언 뒤에서 본용언에 특수한 의미를 더해 주는 보조 용언으로 나눌 수 있다. 예를 들어 '불이 꺼져 간다.'라는 문장이 있을 때, '꺼져'는 '불이 꺼진다.'라는 문장의 서술어로 홀로 쓰일 수 있으므로 본용언이다. 그러나 '간다'는 진행의 의미만 더해 주고 있어, '불이 간다.'라는 문장의 서술어로 홀로 쓰일 수 없으므로 보조 용언이다.

보조 용언은 다시 보조 동사와 보조 형용사로 구분될 수 있다. 일반적으로 보조 용언의 품사는 앞에 오는 본용언의 품사에 따른다. 예를 들어 보조 용언 '않다'는 앞에 오는 본용언의 품사가 동사이면 보조 동사, 형용사이면 보조 형용사로 쓰인다. 한편 보조 용언의 품사가 보조 용언의 의미에 따라 구분되는 경우도 있다. 예를 들어 보조 용언 '하다'가 앞말의 행동이나 상태에 대한 바람이라는 의미를 나타내는 경우에는 보조 동사이다. 또한 보조 용언 '보다'가 어떤 일을 경험한다는 의미를 나타내는 경우에는 보조 동사이고, 앞말이 뜻하는 행동이나 상태에 대한 걱정이라는 의미를 나타내는 경우에는 보조 형용사이다.

본용언은 주로 본용언의 어간에 보조적 연결어미가 결합되어 보조 용언과 연결된다. 예를 들어 '나는 일을 하고 나서 집에 갔다.'라는 문장은 본용언의 어간 '하-'에 보조적 연결어미 '-고'가 결합된 '하고'가 보조 용언 '나서'와 연결된 문장이다. 그리고 본용언과 보조 용언이 연결되는 경우들을 살펴보면, 보통 두 용언이 연결되는 경우가 많지만 의미의 추가를 위해 세 용언이 연결되는 경우도 있다. 여기에는 용언들이 ㉠**본용언, 본용언, 보조 용언의 순서로 연결된 경우**, ㉡**본용언, 보조 용언, 본용언의 순서로 연결된 경우**, ㉢**본용언, 보조 용언, 보조 용언의 순서로 연결된 경우**가 있다.

37 〈보기〉의 ⓐ~ⓔ를 보조 동사와 보조 형용사로 분류한 것으로 적절한 것은?

보기

- 내일 해야 할 업무가 생각만큼 쉽지는 ⓐ**않겠다**.
- 나는 부모님께 야단맞을까 ⓑ**봐** 얘기도 못 꺼냈다.
- 일을 마무리했음에도 사람들은 집에 가지 ⓒ**않았다**.
- 새로 일할 사람이 업무 처리에 항상 성실했으면 ⓓ**한다**.
- 이런 일을 당해 ⓔ**보지** 않은 사람은 내 심정을 모를 것이다.

	보조 동사	보조 형용사
①	ⓐ, ⓑ, ⓓ	ⓒ, ⓔ
②	ⓐ, ⓒ	ⓑ, ⓓ, ⓔ
③	ⓐ, ⓓ, ⓔ	ⓑ, ⓒ
④	ⓑ, ⓒ	ⓐ, ⓓ, ⓔ
⑤	ⓒ, ⓓ, ⓔ	ⓐ, ⓑ

38 윗글의 ㉠~㉢과 관련하여 〈보기〉의 Ⓐ~Ⓔ의 밑줄 친 부분을 분석한 내용으로 적절하지 않은 것은? [3점]

보기

Ⓐ 그는 순식간에 사과를 **던져서 베어 버렸다**.

Ⓑ 그는 식당에서 고기를 **먹어 치우고 일어났다**.

Ⓒ 그에게 전화를 했을 때 그가 **깨어 있어 행복했다**.

Ⓓ 나는 경기에 출전하지 못하고 의자에 **앉아 있게 생겼다**.

Ⓔ 나는 평소 밥을 좋아하는데 오늘은 갑자기 빵을 **먹고 싶게 되었다**.

① Ⓐ : '베어'는 어간 '베-'에 보조적 연결어미 '-어'가 결합되어 '버렸다'와 연결된 형태이고 ㉠에 해당한다.
② Ⓑ : '치우고'는 어간 '치우-'에 보조적 연결어미 '-고'가 결합되어 '일어났다'와 연결된 형태이고 ㉠에 해당한다.
③ Ⓒ : '깨어'는 어간 '깨-'에 보조적 연결어미 '-어'가 결합되어 '있어'와 연결된 형태이고 ㉡에 해당한다.
④ Ⓓ : '앉아'는 어간 '앉-'에 보조적 연결어미 '-아'가 결합되어 '있게'와 연결된 형태이고 ㉢에 해당한다.
⑤ Ⓔ : '먹고'는 어간 '먹-'에 보조적 연결어미 '-고'가 결합되어 '싶게'와 연결된 형태이고 ㉢에 해당한다.

2019년 6월 고2 전국연합학력평가

39 <보기>의 ㉠~㉣에 대한 이해로 적절하지 않은 것은? [3점]

보기

접두사는 단어의 앞에 붙어 특정한 뜻을 더하거나 강조하면서 새로운 단어를 만들어 낸다. ㉠**접두사가 명사에 결합하여 생성된 단어도 있고**, ㉡**접두사가 용언에 결합하여 생성된 단어도 있다**. ㉢**특정한 접두사는 둘 이상의 품사에 결합하여 새로운 단어를 만들어 내기도 한다**. 대개의 접두사는 형태가 고정되어 있지만, '찰-/차-'가 붙어 만들어진 '찰옥수수', '차조'처럼 ㉣**주위 환경에 따라 형태가 다른 접두사가 붙어 만들어진 단어도 있다**.

① ㉠에 해당하는 사례로는 '군기침, 군살'이 있다.
② ㉡에 해당하는 사례로는 '빗나가다, 빗맞다'가 있다.
③ ㉢에 해당하는 사례로는 '헛디디다, 헛수고'가 있다.
④ ㉡, ㉣에 모두 해당하는 사례로는 '새빨갛다, 샛노랗다'가 있다.
⑤ ㉢, ㉣에 모두 해당하는 사례로는 '수꿩, 숫양'이 있다.

2020년 3월 고2 전국연합학력평가

40 <보기>에 대한 이해로 적절하지 않은 것은?

보기

-음¹ 「 어미 」 ('ㄹ'을 제외한 받침 있는 용언의 어간이나 어미 '-었-', '-겠-' 뒤에 붙어) 그 말이 명사 구실을 하게 하는 어미.
- ○ 그는 그 말을 믿었음이 분명하다.
- ○ 나는 그의 판단이 옳음을 믿는다.

-음² 「 접사 」 ('ㄹ'을 제외한 받침 있는 용언의 어간 뒤에 붙어) 명사를 만드는 접미사.
- ○ 그는 나의 믿음을 저버렸다.
- ○ 그는 서랍에서 종이 한 묶음을 꺼냈다.

① '-음¹'은 선어말 어미와 결합할 수 있군.
② '-음¹'이 붙은 말은 본래의 품사를 유지하는군.
③ '-음²'가 붙은 말은 관형어의 수식을 받을 수 있군.
④ '-음¹'은 '-음²'와 달리 뒤에 격조사가 올 수 있군.
⑤ '-음²'는 '-음¹'과 달리 명사절을 만들 수 없군.

2020년 3월 고2 전국연합학력평가

41 **<보기>의 ㉠에 해당하는 예로 적절한 것만을 ⓐ~ⓓ에서 고른 것은?**

보기

선생님 : 합성어 중에는 어근의 배열이 우리말의 일반적인 문장 구성 방식에 맞는 것도 있고, 그렇지 않은 것도 있어요. 일반적으로 '체언+체언', '용언의 관형사형+체언', '용언의 연결형+용언' 등의 형태는 통사적 합성어라 하고, '용언의 어간+체언', '부사+체언', '용언의 어간+용언의 어간' 등의 형태는 우리말의 일반적인 문장 구성 방식에 맞지 않으므로 ㉠비통사적 합성어라고 하지요. 외국어나 외래어를 대체하는 순화어에서도 통사적 합성어와 비통사적 합성어가 발견됩니다. 그럼 몇 가지 사례를 살펴볼까요?

- 핫 플레이스 ⇨ 뜨는곳 ⋯⋯⋯ ⓐ
- 카메오 ⇨ 깜짝출연 ⋯⋯⋯ ⓑ
- 마인드맵 ⇨ 생각그물 ⋯⋯⋯ ⓒ
- 캐노피 ⇨ 덮지붕 ⋯⋯⋯ ⓓ

① ⓐ, ⓑ ② ⓐ, ⓓ ③ ⓑ, ⓒ
④ ⓑ, ⓓ ⑤ ⓒ, ⓓ

2020년 6월 고2 전국연합학력평가

[42~42] 다음 글을 읽고 물음에 답하시오.

국어에는 체언이나 부사, 어미 따위에 붙어 그 말과 다른 말과의 문법적 관계를 표시하기나 그 말의 뜻을 도와주는 품사가 있는데, 이를 조사라고 한다. 조사는 그 기능과 의미에 따라 격 조사, 보조사, 접속 조사로 분류한다.

격 조사는 앞에 오는 체언이 문장 안에서 일정한 자격을 가지도록 해 준다. '이/가'와 같이 문장 안에서 체언이나 체언 구실을 하는 말 뒤에 붙어 주어의 자격을 가지게 하는 주격 조사도 있고, '을/를'과 같이 목적어가 되게 하는 목적격 조사도 있다. 또 '의'와 같이 관형어가 되게 하는 관형격 조사도 있고, '이/가'와 같이 '되다', '아니다'와 함께 쓰여 보어가 되게 하는 보격 조사도 있다. 그밖에 '에', '에서', '(으)로', '와/과', '보다'처럼 체언이나 체언 구실을 하는 말 뒤에 붙어 부사어의 자격을 가지게 하는 부사격 조사와 '아/야'와 같이 독립어 가운데 부름말이 되게 하는 호격 조사 등도 격 조사에 속한다. 특히 체언에 붙어 서술어의 자격을 가지게 하는 '이다'는 서술격 조사라고 하는데, 마치 동사나 형용사처럼 활용하는 특징이 있다.

보조사는 체언, 부사, 활용 어미 따위에 붙어서 어떤 특별한 의미를 더해 주는 구실을 한다. 보조사에는 '은/는', '도', '만', '까지', '마저', '조차', '부터' 따위가 있다. '인생은 짧고 예술은 길다.'에 쓰인 '은'은 체언에 붙어서 어떤 대상이 다른 것과 대조됨을 나타내는 보조사이다. 또 '고구마는 구워도 먹고 삶아도 먹는다.'에 쓰인 '도'는 활용 어미 뒤에 붙어서 둘 이상의 대상이나 사태를 똑같이 아우름을 나타내는 보조사이다.

접속 조사는 둘 이상의 단어나 구 따위를 같은 자격으로 이어주는 구실을 한다. 접속 조사에는 '와/과', '하고', '(이)나', '(이)랑' 등이 있다. '배하고 사과하고 감을 가져오너라.'에 쓰인 '하고'는 둘 이상의 사물을 같은 자격으로 이어 주는 접속 조사이다.

그런데 ⓐ<u>동일한 형태의 조사가 문장에서 서로 다른 기능을 하기도 한다</u>. 예를 들어 조사 '가'는 앞말이 주어임을 나타내는 격 조사로 쓰일 때도 있고, 앞말을 강조하는 뜻을 나타내는 보조사로 쓰일 때도 있다. '를'은 앞말이 목적어임을 나타내는 격 조사로 쓰일 때도 있고, 앞말을 강조하는 뜻을 나타내는 보조사로 쓰일 때도 있다. 또 '에'는 앞말이 부사어임을 나타내는 격 조사로 쓰일 때도 있고, 둘 이상의 사물을 같은 자격으로 이어 주는 접속 조사로 쓰일 때도 있다. '과'는 앞말이 부사어임을 나타내는 격 조사로 쓰일 때도 있고, 두 단어나 문장 따위를 이어 주는 접속 조사로 쓰일 때도 있다. 또 '에서'는 앞말이 부사어임을 나타내는 격 조사로 쓰일 때도 있고, 단체를 나타내는 명사 뒤에 붙어 앞말이 주어임을 나타내는 격 조사로 쓰일 때도 있다.

42 윗글을 바탕으로 〈보기〉의 ㉠~㉤을 탐구한 내용으로 적절하지 않은 것은?

보기

㉠ 그는 보통 인물**이** 아니다.
㉡ 철수야, 내일이 무슨 날**이니**?
㉢ 이번에 성적이 많이**도** 올랐구나!
㉣ 언니가 동생**의** 간식을 만들고 있다.
㉤ 백화점에 가서 구두**랑** 모자**랑** 샀어요.

① ㉠의 '이'는 체언인 '인물'에 붙어 주어의 자격을 갖게 한다.
② ㉡의 '이니'는 체언인 '날'에 붙어 서술어의 자격을 갖게 한다.
③ ㉢의 '도'는 부사인 '많이'에 붙어 특별한 의미를 더해 주는 구실을 한다.
④ ㉣의 '의'는 체언인 '동생'에 붙어 관형어의 자격을 갖게 한다.
⑤ ㉤의 '랑'은 '구두'와 '모자'를 같은 자격으로 이어주는 역할을 한다.

43 밑줄 친 조사 중 ⓐ의 사례로 적절한 것은?

① 방이 깨끗하지가 않다. / 친구마저 미덥지가 못하다.
② 그녀는 장미를 좋아한다. / 그는 도서관에서 잡지를 읽었다.
③ 그는 요란한 소리에 잠을 깼다. / 그까짓 일에 너무 마음 상하지 마라.
④ 친구들과 어울려 늦게까지 놀았다. / 그는 다섯 살 아래의 여성과 결혼했다.
⑤ 너는 부산에서 몇 시에 출발할 예정이냐? / 우리 학교에서 올해도 우승을 차지했다.

2021년 3월 고2 전국연합학력평가

[44~45] 다음 글을 읽고 물음에 답하시오.

명사는 자립성의 유무에 따라 자립 명사와 의존 명사로 나눌 수 있다. 가령 '새 물건이 있다.'에서 '물건'은 관형어인 '새'가 없이 단독으로 쓰일 수 있기 때문에 자립 명사이다. 이와 달리 '헌 것이 있다.'에서 '것'은 관형어인 '헌'이 생략되면 '것이 있다.'와 같이 문법에 맞지 않는 문장이 되므로 의존 명사이다. 이처럼 의존 명사는 관형어의 수식 없이 단독으로 쓰일 수 없으며 조사와 결합한다는 특징이 있다.

의존 명사는 특정한 형태의 관형어를 요구하는 선행어 제약과, 특정 서술어나 격 조사와만 결합하는 후행어 제약이 있다. 다음 예문에서 (ㄱ)은 선행어 제약을, (ㄴ)은 후행어 제약을 보여 준다.

(ㄱ) 여기 (온 / *오는 / *올 / *오던) 지가 오래되었다.

(ㄴ) 나는 공부를 할 수가 있다.
그는 좋아서 어쩔 줄을 몰랐다.
일어난 김에 일을 마무리하자.
우리는 네게 그저 고마울 따름이다.

(ㄱ)에서 '지'를 수식하는 관형어는 관형사형 어미 '-(으)ㄴ'과만 결합하므로 선행어가 제약된다. (ㄴ)에서 '수'는 주격 조사 '가'와, '줄'은 목적격 조사 '을'과, '김'은 부사격 조사 '에'와, '따름'은 서술격 조사 '이다'와만 결합하므로 후행어가 제약된다. 이와 달리 '것'은 결합할 수 있는 격 조사의 제약이 없이 두루 사용된다. 의존 명사가 선행어 제약이나 후행어 제약이 있는지를 판단할 때는 의존 명사가 쓰일 수 있는 다양한 예를 고려해야 한다.

[A] 한편 의존 명사 중에는 '만큼'과 같이 동일한 형태가 조사로도 쓰이는 경우가 있는데, 이처럼 하나의 형태가 여러 개의 품사로 쓰이는 것을 품사 통용이라 한다. 예를 들어 '먹을 만큼 먹었다.'의 '만큼'은 관형어 '먹을'의 수식을 받는 의존 명사이지만, '너만큼 나도 할 수 있다.'의 '만큼'은 체언 '너' 뒤에 붙는 조사이다. 이때 의존 명사는 앞말과 띄어 쓰고, 조사는 앞말과 붙여 써야 한다.

44 [A]를 참고할 때, 밑줄 친 단어의 띄어쓰기가 옳은지 판단한 결과로 적절하지 않은 것은?

	예문	판단 결과
①	노력한 만큼 대가를 얻는다.	×
②	나도 형 만큼 운동을 잘 할 수 있다.	×
③	그 사실을 몰랐던 만큼 충격도 컸다.	○
④	시간이 멈추기를 바랄 만큼 즐거웠다.	○
⑤	그곳은 내 고향만큼 아름답지는 않다.	○

45 윗글을 바탕으로 〈보기〉의 밑줄 친 단어를 이해한 내용으로 적절한 것은?

보기

ㄱ. 우리는 어찌할 바를 모르겠다.
ㄴ. 그들은 칭찬을 받을 만도 하다.
ㄷ. 그를 만난 것은 해 질 무렵이다.
ㄹ. 동생이 그런 일을 할 리가 없다.
ㅁ. 포수는 호랑이를 산 채로 잡았다.

① ㄱ의 '바'는 목적격 조사와만 결합할 수 있으므로 후행어 제약이 있군.
② ㄴ의 '만'은 관형사형 어미 '-(으)ㄹ'만 올 수 있으므로 선행어 제약이 있군.
③ ㄷ의 '무렵'은 서술격 조사 '이다'와만 결합할 수 있으므로 후행어 제약이 있군.
④ ㄹ의 '리'는 격 조사의 제약이 없이 두루 결합할 수 있으므로 후행어 제약이 없군.
⑤ ㅁ의 '채'는 '-(으)ㄴ' 외에 다른 관형사형 어미도 올 수 있으므로 선행어 제약이 없군.

2021년 11월 고2 전국연합학력평가

46 〈보기〉에 따라 탐구한 내용으로 적절한 것은?

보기

직접 구성 요소란 어떤 말을 둘로 나누었을 때 나누어진 두 구성 요소 각각을 일컫는다. '먹이통'과 같이 세 개의 구성 요소로 이루어진 단어의 직접 구성 요소 분석은 아래의 그림과 같이 두 단계를 통해 이루어진다. 첫 번째 단계에서는 어근 '먹이'와 어근 '통'으로 나눌 수 있고, 두 번째 단계에서는 '먹이'를 어근 '먹-'과 접사 '-이'로 나눌 수 있다. 이를 통해 복잡하게 이루어진 단어의 짜임을 보다 쉽게 이해할 수 있다.

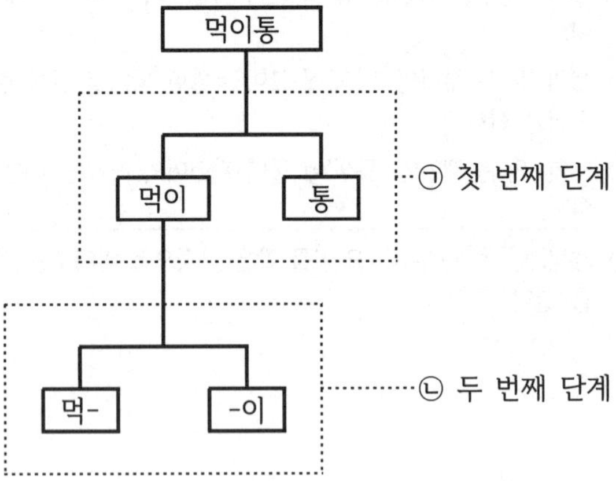

① '울음보'는 ㉠에서 어근과 접사로 분석되고, ㉡에서 어근과 접사로 분석된다.
② '헛웃음'은 ㉠에서 어근과 어근으로 분석되고, ㉡에서 어근과 접사로 분석된다.
③ '손목뼈'는 ㉠에서 어근과 접사로 분석되고, ㉡에서 어근과 어근으로 분석된다.
④ '얼음길'은 ㉠에서 어근과 접사로 분석되고, ㉡에서 어근과 어근으로 분석된다.
⑤ '물놀이'는 ㉠에서 어근과 어근으로 분석되고, ㉡에서 어근과 어근으로 분석된다.

제3강
문장론(문장)

01 문장론의 문법 단위

02 문장성분의 종류와 특성

03 문법 요소의 기능과 의미

04 확인문제

05 기출문제

01 문장론의 문법 단위

1 어절, 구, 절, 문장

1) 어절(語節)

어절은 문장을 구성하고 있는 각각의 마디를 말한다.

- 어절은 문장 성분의 최소 단위로서 띄어쓰기 단위와 일치한다.
- 조사나 어미와 같이 문법적 기능을 하는 요소들은 앞말에 붙어서 한 어절을 이룬다.

2) 구(句)

구(句)는 둘 이상의 단어가 모여 절이나 문장의 일부분을 이루는 토막을 말한다.

- 구(句)는 두 개 이상의 어절이 모여서 하나의 단어와 동등한 기능을 한다.
- 구(句)는 자체 내에 주어와 서술어 관계를 가지지 못한다.

3) 절(節)

절(節)은 주어와 서술어를 갖추고 있으나 독립하여 쓰이지는 못하고 한 문장 속에 속여 그 문장의 한 성분으로 쓰이는 단위를 말한다.

- 절(節)은 문장을 구성하는 기본적인 문법 단위이다.
- 절(節)은 두 개 이상의 어절이 모여 하나의 의미 단위를 이룬다.
- 절(節)은 주어와 서술어의 관계를 갖는 단위를 설정할 수 있다.
- 절(節)은 겹문장 안에서 존재할 뿐이며 하나의 문장 성분이 될 수 있다.

4) 문장

문장은 생각이나 감정을 말과 글로 표현할 때 완결된 내용을 나타내는 최소의 단위이다.

- 문장에서는 주어와 서술어를 갖추고 있는 것이 원칙이나 때로 이런 것이 생략될 수도 있다.
- 문장의 끝에 '.', '?', '!' 따위의 문장 부호를 찍어 문장이 끝났음을 드러낸다.

문장	=	형식상
		문장이 끝났음을 나타내는 표지가 있는 것
		+
		의미상
		완결된 내용을 갖추고 있는 것

<table>
<tr><th colspan="4">문장</th></tr>
<tr><td colspan="4">소녀의 눈동자가 초롱초롱 빛났다.</td></tr>
<tr><th colspan="4">구</th></tr>
<tr><td colspan="2">소녀의 눈동자가(주어부)</td><td colspan="2">초롱초롱 빛났다(서술부)</td></tr>
<tr><th colspan="4">어절</th></tr>
<tr><td>소녀의</td><td>눈동자가</td><td>초롱초롱</td><td>빛났다</td></tr>
</table>

구(句), 절(節), 그리고 문장의 공통점과 차이점

<table>
<tr><th>구(句)</th><td rowspan="2">• 두 개 이상의 어절이 모여 하나의 의미 단위를 이룸.
• 독립적으로 사용되지 못함.
• 하나의 문장 성분이 될 수 있음.</td><td>• 주어와 서술어를 갖고 있지 않음.</td></tr>
<tr><th>절(節)</th><td rowspan="2">• 주어와 서술어를 갖고 있음.
• 절은 주어와 서술어를 갖고 있지만, 더 큰 문장 속에 들어 있다는 점에서 문장과 구별됨.</td></tr>
<tr><th>문장</th><td>• 독립적으로 사용됨.</td></tr>
</table>

2 문장의 종류

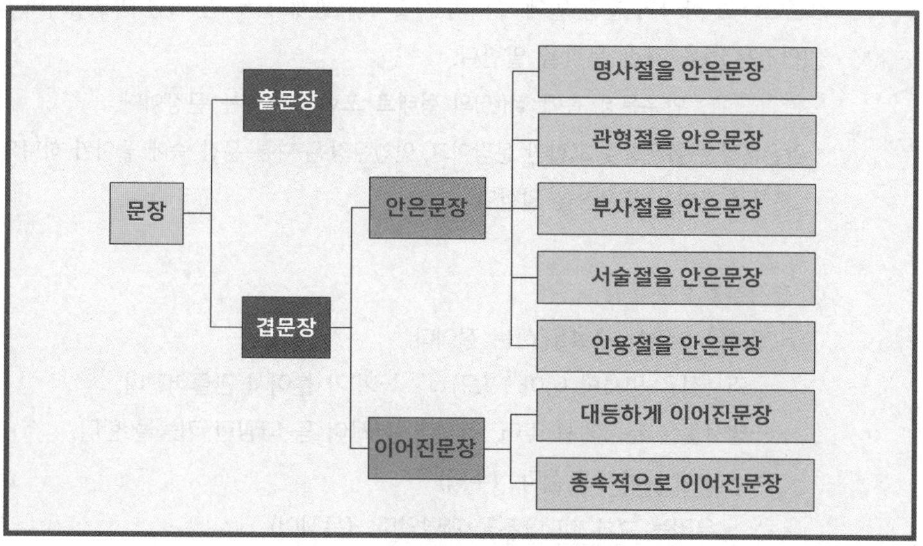

〈문장의 분류〉

1) 홑문장

홑문장은 주어와 서술어가 각각 하나씩 있어서 둘 사이의 관계가 한 번만 이루어지는 문장을 말한다.

- 절이 아닌 관형어나 부사어는 아무리 많이 나타난다 하더라도 그 문장은 홑문장이다.
  - 예 • 하늘이(주어) 맑다(서술어).
  - • 그는(주어) 아주 새사람이 되었다(서술어).
  - • 우리 동네 뒷산에는 아직도 고라니가(주어) 산다(서술어).

2) 겹문장

겹문장은 한 문장의 성분 속에 두 개 이상의 절이 종속적인 관계로 겹쳐진 문장을 말한다.

- 겹문장에는 한 개의 홑문장이 다른 문장 속에 한 성분으로 들어가 있는 '안은문장'과 홑문장이 서로 이어져 있는 '이어진문장'이 있다.
- 홑문장들이 모여 하나의 겹문장이 되는 과정을 문장의 확대라고 한다.
  - 예 • 인생은(주어) 짧고(서술어), 예술은(주어) 길다(서술어).
  - • 사공이(주어) 많으면(서술어) 배가(주어) 산으로 간다(서술어).
  - • 향기가(주어) 좋다(서술어) + 꽃이(주어) 예쁘다(서술어) → 향기가 좋은 꽃이 예쁘다.

ⓐ 안은문장

안은문장은 하나의 문장 안에 주어와 서술어의 관계가 두 번 이상 이루어지며 성분절(안긴문장)을 가진 문장을 말한다.

- **안긴문장** : 안은문장 속에 절(節)의 형태로 포함되어 있는 문장이다.
- 안은문장은 홑문장을 포함한 문장이고, 안긴문장은 다른 문장 속에 들어가 하나의 성분처럼 쓰이는 홑문장을 말한다.

① 명사질을 안은문장

- **명사절** : 명사 구실을 하는 절이다.
  - 명사절은 명사형 어미 '-(으)ㅁ', '-기'가 붙어서 만들어진다.
  - 명사절은 문장에서 주어, 목적어, 부사어 등 다양한 기능을 한다.
  - 예 • 밖에 나가기가 싫다. (주어)
  - • 우리는 그가 정당했음을 깨달았다. (목적어)
  - • 지금은 학교에 가기에 이른 시간이다. (부사어)

② 관형절을 안은문장

- **관형절** : 관형사형 어미와 결합하여 관형어의 구실을 하는 절이다.
  - 관형절은 관형사형 전성 어미 '-(으)ㄴ', '-는', '-(으)ㄹ', '-던'이 붙어서 만들어진다.
  - 관형절은 문장에서 무조건 관형어의 기능만 한다.
- 관형절의 유형

유형	• 종결형 어미로 끝난 문장에 '-는' 같은 관형사형 전성 어미가 결합하는 경우	• 종결형 어미가 올 자리에 '-(으)ㄹ, -(으)ㄴ' 같은 관형사형 전성 어미가 결합하여 뒤의 체언을 꾸미는 경우
예시	• 그는 철수가 온다는 소식을 들었다.	• 네가 좋아할 일이 생겼다.

관형사형 진성 어미

- 관형사형 전성 어미 '-(으)ㄴ', '-는', '-(으)ㄹ', '-던'은 과거, 현재, 미래, 회상의 시간을 표현하는 데에 사용된다.

  ㉮ 이 책은 내가 {읽은/읽는/읽을/읽던} 책이다.

③ 부사절을 안은문장

- **부사절** : 절 전체가 부사어의 구실을 하는 절을 말한다.
  - 부사절은 부사형 어미 '-아서/-어서', '-도록', '-게', '-이' 등이 붙어서 만들어진다.
  - 부사절은 서술어를 수식하는 기능을 한다.

  ㉮ • 길이 비가 와서 질다.
  • 나는 발에 땀이 나도록 뛰었다.
  • 그곳은 그림이 아름답게 장식되었다.
  • 바람이 소리도 없이 분다.

④ 서술절을 안은문장

- **서술절** : 문장에서 서술어 구실을 하는 절을 말한다.
  - 서술절을 안은문장은 한 문장에 주어가 두 개 있는 것처럼 보이는데, 앞에 나오는 주어를 제외한 나머지 부분이 서술절에 해당한다.
  - 서술절은 **절 표지가 따로 없다**는 점에서 다른 안긴문장과 차이를 보인다.

  ㉮ • 영수가 마음이 넓다.
  • 코끼리는 코가 길다.

⑤ 인용절을 안은문장

- **인용절** : 남의 말이나 글에서 직접 또는 간접으로 따온 절을 말한다.
  - 인용절은 주어진 문장에 인용 부사격 조사 '라고'와 '고'가 붙어서 만들어진다.

직접 인용절	• 문장을 직접 인용할 때 • '라고'가 붙음.	㉮ 수지는 "집이 참 예뻐요."라고 말했다.
간접 인용절	• 문장을 간접 인용할 때 • '고'가 붙음.	㉮ 수지는 집이 참 예쁘다고 말했다.

- 서술격 조사 '이다'로 끝난 간접 인용절에서는 '이다고'가 아니라 '이라고'로 나타난다.

예 • 그 학생은 자기가 성인이라고 말했다.
• 그 학생은 자기가 성인이다*고 말했다.

ⓑ 이어진문장

둘 이상의 절이 연결 어미에 의하여 결합된 문장을 말한다.

- 이어진문장에서 중복되는 성분은 생략될 수 있다.

연결어미

- 개념
  - 앞 절과 뒤 절을 연결하는 어미
- 종류
  - 대등적 연결 어미 : '-고', '-(으)며', '-(으)나', '-든지', '-지만' 등
  - 종속적 연결 어미 : '-아서/-어서', '-(으)면', '-(으)려고', '-는데', '-(으)ㄹ지라도' 등
  - 보조적 연결 어미 : '-아/-어', '-게', '-지', '-고' 등
- 기능
  - 대등적 연결 어미와 종속적 연결 어미는 절을 연결하여 겹문장을 이루고, 보조적 연결 어미는 본용언과 보조용언을 연결하여 홑문장을 이룬다.

① 대등하게 이어진문장

- **대등하게 이어진문장** : 앞 절과 뒤 절의 의미 관계가 대등하게 연결된 문장이다.
  - 대등하게 이어진문장에서 앞 절은 뒤 절과 '나열, 대조, 선택' 등의 의미 관계를 가진다.

㉮ • 인생은 짧고, 예술은 길다. (나열)
• 눈이 내리지만, 날씨가 춥지 않다. (대조)
• 비가 오거나, 눈이 온다. (선택)

② 종속적으로 이어진문장

- **종속적으로 이어진문장** : 앞 절과 뒤 절의 의미 관계가 독립적이지 못하고 종속적인 관계에 있는 문장이다.
  - 종속적으로 이어진문장에서 앞 절은 뒤 절과 '원인, 조건, 의도, 배경, 양보' 등의 의미 관계를 가진다.

  ㉔ • 비가 와서, 길이 질다. (원인)
  • 봄이 오면, 꽃이 핀다. (조건)
  • 집을 마련하려고, 나는 저축을 한다. (의도)
  • 내가 텔레비전을 보고 있는데, 전화벨이 울렸다. (배경)
  • 경기에 질지라도, 우리는 정당하게 싸워야 한다. (양보)

  - 종속적으로 이어진문장에서는 앞 절이 뒤 절 속으로 이동하기도 하고, 앞 절과 뒤 절에 같은 말이 있으면 그 말이 다른 말로 교체되거나 생략될 수도 있다.

  ㉔ • 비가 와서, 길이 질다. → 길이 <u>비가 와서</u> 질다. (앞 절이 뒤 절 속으로 이동)
  • 나는 철수를 자주 만나서, (그를) 격려하곤 한다. ('그'로 대치하거나 생략)

02 문장 성분의 종류와 특성

- 문장 성분 : 문장을 구성하는 기능적 단위
- 문장은 문장 안에서 일정한 문법적 기능을 하는 부분들, 즉 '문장 성분'으로 이루어진다.
- 문장 성분은 문장을 이루는 데 골격이 되는 성분인 주성분, 주로 주성분의 내용을 수식하는 성분인 부속 성분, 그리고 다른 문장 성분과는 직접적인 관련이 없는 성분인 독립 성분으로 나뉜다.

1 주성분

1) 서술어

한 문장에서 주어의 움직임, 상태, 성질 따위를 서술하는 말을 의미한다.

ⓐ 서술어의 양상

- 서술어는 주로 동사, 형용사, 서술격 조사의 종결형으로 나타난다.

국어의 문장	무엇이 어찌한다. (지수가 웃는다.)	무엇이 어떠하다. (지수는 점잖다.)	무엇이 무엇이다. (지수는 학생이다.)
	⇩	⇩	⇩
서술어	어찌한다 (웃는다)	어떠하다 (점잖다)	무엇이다 (학생이다)

ⓑ 서술어의 자릿수

서술어가 그 성격에 따라서 필요로 하는 문장 성분들의 개수를 말한다.

종류	필요한 문장 성분	예문
한 자리 서술어	주어	예쁘구나 : 걸음걸이가 참 <u>예쁘구나.</u>
두 자리 서술어	주어+목적어 주어+부사어 주어+보어	보았다 : 그는 영화를 <u>보았다.</u> 같다 : 사랑은 눈물과 <u>같다.</u> 되었다 : 물이 얼음이 <u>되었다.</u>
세 자리 서술어	주어+부사어+목적어	주셨다 : 아버지께서 우리들에게 용돈을 <u>주셨다.</u>

① 국어를 서술어 중심 언어라고 말할 정도로 서술어를 중요하게 여기는 이유는 서술어의 자릿수에 따라서 나머지 필수 성분들이 결정되기 때문이다.

② 물론 부속 성분이긴 하지만 소위 필수적인 부사어도 서술어 자릿수에 영향을 끼친다.

③ 그뿐만 아니라 관형어도 의존 명사 앞에서와 같이 반드시 필요한 경우가 있으므로 항상 수의적이라고 말하기도 어렵다.

2) 주어

서술어가 나타내는 동작 또는 상태나 성질의 주체가 되는 말을 의미한다.

ⓐ 개념

- "무엇이 어찌한다.", "무엇이 어떠하다.", "무엇이 무엇이다."의 문장에서 '무엇이'에 해당하는 말이다.
  - ㉠ '철수가 운동을 한다.'에서 '한다'의 주체가 되는 '철수가'가 이 문장의 주어이다.

ⓑ 실현 방법

① 체언+주격 조사 '이/가', '께서'
  - ㉠ 누가 이 시를 썼느냐? / 아버님께서 신문을 보신다.

② 체언+보조사
  - ㉠ 나는 거칠 것 없는 바다의 사나이다.

③ 체언+단체 무정명사
  - ㉠ 이번 대회는 우리 학교에서 우승을 차지했다.

④ 단어(체언) 하나 또는 구나 절
  - ㉠ 이 사람들이 왔다.(구)
    비가 오기가 무슨 별이 한꺼번에 떨어지는 것 같다.(절)

3) 목적어

타동사가 쓰인 문장에서 동작의 대상이 되는 말을 의미한다.

ⓐ 개념

- 타동사는 목적어를 요구하는 서술어를 뜻한다.
- 구체적으로 목적격 조사 '을/를'을 요구하는 서술어가 타동사이다.
- 문장에서 '무엇을', '누구를'에 해당하는 말이다.
  - ㉠ '지우가 영희를 좋아한다.'에서 '좋아한다'의 대상이 되는 '영희를'이 이 문장의 목적어이다.

ⓑ 실현 방법

① 체언에 목적격 조사 '을/를'이 붙는 경우
  - ㉠ 나는 과일을 먹는다.

② 체언에 보조사가 붙는 경우
  - ㉠ 나는 과일도 먹는다. 나는 과일도을 먹는다.(×)

③ 체언 다음에 보조사가 나오고 그 뒤에 목적격 조사가 나오는 경우
  - ㉠ 동생은 과일만을 좋아한다. 동생은 과일을만/과일을만을 좋아한다.(×)

④ 목적격 조사 없이 체언 혼자만 나타나는 경우
  - ㉠ 난 과일 좋아해.

⑤ 구나 절로 실현되는 경우
  - ㉠ 나는 그 과일을(구) 좋아한다. 나는 그녀가 착함을(절) 안다.

ⓒ 목적어와 목적격 조사 '을/를'의 특성

(가) 나는 학교에 갔다.
나는 학교를 갔다.
(나) 예진이는 편지를 하민이에게 주었다.
예진이는 편지를 하민이를 주었다.

⇨ 밑줄 친 '학교를, 하민이를'은 목적어이고, '학교에, 하민이에게'는 부사어이다. 그리고 이 때 '을/를'은 보조사적 성격을 띠는 목적격 조사라고 말할 수 있다.

4) 보어

주어와 서술어만으로는 뜻이 완전하지 못한 문장에서, 그 불완전한 곳을 보충하여 뜻을 완전하게 하는 수식어를 의미한다.

ⓐ 개념

- '되다', '아니다' 앞에 조사 '이', '가'를 취하여 나타나는 문장 성분을 말한다.
  ㉰ '철수가 지도자가 되었다'의 '지도자가'가 이 문장의 보어이다.

ⓑ 보어와 보격 조사의 특성

- 물이 얼음이 되었다.
- 물이 얼음으로 되었다.

⇨ 서술어 '되다, 아니다' 앞에 오면서, 보격 조사 '이/가'를 갖고 있는 성분이 보어이기 때문에 '얼음이'는 보어이고, '얼음으로'는 필수적 부사어가 된다. 이 둘의 공통점은 모두 서술어 자릿수를 채워 주는 기능을 한다는 것이며, 차이점은 각각 '이,(으)로'라는 조사가 쓰인다는 것이다. 만약 이 둘을 모두 보어로 보고, '이/가, (으)로'를 모두 보격 조사로 본다면, '집으로 가다'의 '(으)로'와 동일한 형태를 갖게 되어 혼란을 초래할 수 있을 것이다.

2 부속 성분

1) 관형어

체언 앞에서 체언의 뜻을 꾸며 주는 구실을 하는 문장 성분을 말한다.

ⓐ 관형어의 특징

- 체언 없이 단독으로 쓰일 수 없다.
- 반드시 체언 앞에 놓여 다음의 체언을 꾸민다. (관형어+체언)
- 체언이 의존 명사이면 관형어가 필수적으로 나타난다.

  예 노력한 만큼 대가를 얻다.
  (관형어) (의존 명사)

- 관형어가 겹칠 때에는 지시 → 수 → 성상의 순서를 취한다.

  예 저 두 젊은 사람

- 관형사형은 시제를 동반한다. (상대적 시제)

ⓑ 관형어의 실현 방법

① 관형사가 그대로 관형어가 되는 경우

예 새 기분으로 일을 시작하다.

② 체언에 관형격 조사 '의'가 결합되어 실현되는 경우

예 여러분, 그들에게 우리의 각오를 행동으로 보여줍시다.

③ 관형격 조사 '의' 없이 '체언+체언'의 구성으로 된 경우

예 여러분, 그들에게 우리 각오를 행동으로 보여줍시다.

④ 용언 어간에 관형사형 전성 어미(-(으)ㄴ/-는/-던/-(으)ㄹ)가 결합되어 실현되는 경우

예 나는 이번에 그녀에게 청혼할 생각이다.

2) 부사어

용언의 내용을 한정하는 문장 성분을 말한다.

ⓐ 부사어의 특징

- 보조사와 비교적 자유롭게 결합한다.
  - ㉮ 너는 참 빨리도 왔구나.
- 자리 이동이 비교적 자유롭다. 특히, 문장 부사어가 성분 부사어보다 자리 이동이 더 자유롭다.
  - ㉮ 과연 그 실력으로 취직 시험에 합격할 수 있을까?
    그 실력으로 과연 취직 시험에 합격할 수 있을까?
    그 실력으로 취직 시험에 과연 합격할 수 있을까?
- 부사가 다른 부사어나 관형어, 체언을 꾸밀 때와 부정 부사는 자리 이동이 불가능하다.
- 부사어는 관형어와 달리 단독으로 쓰일 때가 있다.
  - ㉮ 혜빈아, 숙제 얼마나 했어? 조금.

ⓑ 부사어의 종류

① 수식하는 범위에 따라

성분 부사어
• 특정한 문장 성분을 수식하는 부사어 ㉮ 가을 하늘이 참 높아 보인다. 연이 매우 높이 날았다. 그는 아주 새 사람이 되었다. 우리들은 오후에 여행에서 돌아왔다. 그 놈 예쁘게 생겼네. 비가 소리도 없이 내린다.
문장 부사어
• 문장 전체를 꾸며 주는 부사어 ㉮ 과연 그 아이는 똑똑하구나. 확실히 오늘 경기는 신나는 한 판이었어. 만일 네가 계속 이런 식으로 나온다면 더 이상은 참을 수 없어. 모름지기 젊은이는 커다란 포부를 가져야 한다. • 문장 부사어는 대개 말하는 사람의 심리적 태도를 나타내는 부사들이 주류를 이루며 특별한 말들과 호응 관계를 이루는 경우가 많다.

② 기능에 따라

접속 부사어
• 문장을 이어주거나 단어를 이어주는 기능을 하는 부사어 ㉥ 그러나 희망이 아주 사라진 것은 아니다. 정치, 경제, 및 문화가 발달하여야 선진국이다. 그 사실을 아는 것은 철수 그리고 영희뿐이다.

③ 필수적인지의 여부에 따라

필수적 부사어
• 문장을 구성하는 데 꼭 필요한 부사어 ㉥ 나는 나, 너와는 다르다. ('다르다'는 두 자리 서술어) 그녀는 아버지와 닮았다. ('닮았다'는 두 자리 서술어) 아버지는 그 아이를 수양딸로 삼으셨다. ('삼으셨다'는 세 자리 서술어)
수의적 부사어
• 문장에 쓰이지 않아도 상관없는 부사어 ㉥ 나는 나, 너와는 많이 다르다. ('다르다'는 두 자리 서술어) 그녀는 아버지와 꼭 닮았다. ('닮았다'는 두 자리 서술어) 아버지는 일찍이 그 아이를 수양딸로 삼으셨다. ('삼으셨다'는 세 자리 서술어)

ⓒ 부사어의 실현 방법

① 부사가 그대로 부사어가 되는 경우

㉥ 바쁘신데 이렇게 많이 모여 주셔서 참 감사합니다.

② 체언에 부사격 조사 '에, 에서, 에게, (으)로'가 결합되어 나타나는 경우

㉥ 나는 그의 의견에 찬성한다.

③ 용언의 어간에 부사형 어미 '-이, -게, -(아)서, -도록'이 결합하여 나타나는 경우

㉥ 날이 추우니까 옷을 따뜻하게 입어.

④ 부사에 보조사가 결합되어 나타나는 경우

㉥ 세월이 빨리도 흐르는구나.

3 독립 성분

1) 독립어

문장의 다른 성분과 밀접한 관계없이 독립적으로 쓰는 말을 의미한다.

ⓐ 독립어의 특징

- 독립어를 생략해도 문장은 완전히 성립한다.
  - ㊎ (여보게), 이게 얼마 만인가?
- 독립어는 그것을 뒤따르는 문장의 한 성분이 되지 못한다. 하지만 문장 부사어는 뒷부분을 수식하므로 문장의 한 성분으로 될 수 있다.
  - ㊎ 불행하게 사고를 당했다. ⇨ 사고를 당한 것은 불행하다.

ⓑ 독립어의 실현 방법

① 감탄사가 그대로 독립어가 되는 경우

㊎ <u>아아</u>, 드디어 우리가 기다리던 소풍날이 왔다.
<u>쯧쯧</u>, 젊은이가 시간을 낭비하면 되는가?
<u>글쎄</u>, 철수가 게임을 너무 많이 해요.

② 체 조사 '아(야)'가 결합하여 나타나는 경우

㊎ <u>영수야</u>, 지각하겠다언에 호격. 빨리 가자.
<u>신이시여</u>, 우리에게 은혜를 내려 주소서.

③ 제시어 또는 단어 하나로 나타나는 경우

㊎ <u>청춘</u>, 이것은 듣기만 해도 가슴이 설레는 말이다. (제시어)
<u>조용히!</u>, <u>어서!</u>, <u>싫어!</u>(단어 하나로 이루어진 문장)

문법 요소의 기능과 의미 03

1 종결 표현

1) 개념

- 국어의 문장에서 제일 마지막에 오는 표현이다.
- 국어의 문장은 종결 표현에 따라 전체 문장의 의미가 좌우된다.
- 종결 표현을 구체적으로 결정하는 것은 '종결 어미'이다.

종결 어미

- 개념
  - 한 문장을 종결되게 하는 어말 어미
- 종류
  - 평서형 종결 어미 : '-다', '-오' 따위의 예사로운 종결 어미가 붙어, 있는 사실을 그대로 진술하는 문장 형태
  - 의문형 종결 어미 : 의문을 나타내는 종결 어미 '-느냐', '-ㄴ가' 따위가 붙은 꼴
  - 감탄형 종결 어미 : 감탄을 나타내는 종결 어미 '-구나', '-도다' 따위가 붙은 꼴
  - 명령형 종결 어미 : 명령이나 요구를 나타내는 종결 어미 '-아라(어라)', '-게', '-오', '-ㅂ시오' 따위가 붙은 꼴
  - 청유형 종결 어미 : 화자가 청자에게 같이 행동할 것을 요청하는 뜻을 나타내는 종결 어미 '-자', '-자꾸나', '-세', '-읍시다' 따위가 붙는 꼴

※ 동사에는 평서형, 의문형, 감탄형, 명령형, 청유형이 있고, 형용사에는 평서형, 의문형, 감탄형이 있음.

2) 종결 표현의 종류

ⓐ 평서문

화자가 청자에게 특별히 요구하는 바 없이 하고 싶은 말을 단순하게 진술하는 문장을 말한다.

㉮ 사람은 생각하는 동물이다.
건강은 건강할 때 지키는 것이 중요하오.

ⓑ 의문문

화자가 청자에게 질문하여 그 대답을 요구하면서 언어 내용을 전달하는 문장을 말한다.

설명 의문문
• 상대의 구체적인 설명을 요구하는 의문문. '어디', '언제', '누구', '무엇', '어떻게', '왜' 따위의 의문사를 쓴 문장 ㉠ 최종 회의는 언제, 어디에서 열리나요?
판정 의문문
• 상대편에게 '예', '아니요'의 대답을 요구하는 의문문 ㉠ 내일 가니? / 숙제는 했니?
수사 의문문(반어 의문문)
• 문장의 형식은 물음을 나타내나 답변을 요구하지 아니하고 강한 긍정 진술을 내포하고 있는 의문문 ㉠ 철수한테 책 한 권 못 사 줄까?

ⓒ 감탄문

화자가 청자를 별로 의식하지 않거나 거의 독백 상태에서 자기의 느낌을 표현하는 문장. 감탄문은 본질적으로 청자를 비롯한 다른 사람과 관계없이 화자 자신만의 감정을 표현한다.

㉠ 경치가 참 아름답구나! / 네가 벌써 대학생이구나!

ⓓ 명령문

화자가 청자에게 무엇을 시키거나 행동을 요구하는 문장을 말한다.

① **직접 명령문** : 직접 청자를 보고 명령하는 문장

㉠ (의사가 환자에게) 건강한 생활을 위해 골고루 먹어라.
(수업 시간에) 알맞은 답을 골라라.

② **간접 명령문** : 담화 현장에는 없는 누군가에게 명령하는 문장

㉠ (신문 칼럼에서) 건강한 생활을 위해 골고루 먹으라.
(시험지에서) 알맞은 답을 고르라.

ⓔ 청유문

화자가 청자에게 어떤 행동을 함께하도록 요청하는 문장을 말한다.

㉠ 귀중한 문화재 빠짐없이 등록하자. / 철수야, 학교 가자.

문장의 종류가 실제 언어생활에서의 기능과 반드시 일치하는 것은 아니다. 예를 들어, "교실로 갈까?"의 경우, 문장의 형식은 의문문이지만, 실제로는 학생들에게 교실로 가자는 청유 혹은 교실로 가라는 명령의 기능을 수행한다. 따라서 문장이 실제 사용되는 맥락에서 어떤 기능을 하는지 파악할 필요가 있다.

명령문과 청유문의 문법적 제약

명령문
• 주어는 항상 청자가 되어야 함. • 서술어로는 동사만 올 수 있음. • 시간 표현의 '-었-, -더-, -겠-'과 함께 나타나는 일이 없음.
청유문
• 주어는 화자와 청자가 함께 포함되어야 함. • 서술어로는 동사만 올 수 있음. • 시간 표현인 '-었-, -더-, -겠-'과 함께 사용되지 못함.

2 높임 표현

1) 개념

- 화자가 어떤 대상이나 상대에 대하여 그의 높고 낮은 정도에 따라 언어적으로 구별하는 표현을 말한다.
- 높임법은 우리말의 특징 가운데 하나로 모든 언어 가운데 우리말의 높임법이 가장 잘 발달되어 있다고 알려져 있다.
- 높임법을 실현시키는 방법으로는 선어말 어미 '-시-'를 통한 방법, 다양한 종결 표현을 통한 방법, '께, 께서'와 같은 조사를 통한 방법, '계시다, 드리다'와 같은 어휘를 통한 방법 등이 있다.
- 높임법은 누구를 높이느냐에 따라 상대 높임법, 주체 높임법, 객체 높임법으로 나뉜다.

2) 높임 표현의 종류

ⓐ 상대 높임법

화자가 청자인 상대방에 대하여 높이거나 낮추어 말하는 방법이다.

- 국어의 높임법 가운데 가장 발달되어 있다.
- 상대 높임법은 주로 종결 표현에 의하여 실현된다.
- 상대 높임법은 크게 격식체와 비격식체로 나뉜다.
  - **격식체** : 의례적 용법으로 청자와의 심리적인 거리감을 나타낸다.
  - **비격식체** : 격식을 덜 차리는 상황에서 사용하여 청자와의 심리적 거리가 가까운 것을 나타낸다.(친근감을 나타낸다.)

	격식체				비격식체	
	하십시오체 (아주 높임)	하오체 (예사 높임)	하게체 (예사 낮춤)	해라체 (아주 낮춤)	해요체 (두루 높임)	해체 (두루 낮춤)
평서형	가십니다	가(시)오	가네, 감세	간다	가요	가, 가지
의문형	가십니까?	가(시)오?	가는가?, 가나?	가냐?, 가니?	가요?	가?, 가지?
명령형	가십시오	가(시)오, 가구려	가게	가(거라), 가렴, 가려무나	가(세/셔)요	가, 가지
청유형	(가시지요)	갑시다	가세	가자	가(세/셔)요	가, 가지
감탄형		가는구려	가는구먼	가는구나	가(세/셔)요	가, 가지

'하오체'와 '하게체'

- '하오체'와 '하게체'는 지위가 더 낮은 사람을 존중하여 대우하는 의미로 쓰이는 경우가 있다.

  ㉥ 어서 <u>오시오</u>. / <u>자네</u>가 먼저 <u>가게</u>.

보조사 '요'의 쓰임

- '((주로 '해'할 자리에 쓰이는 종결 어미나 일부 '하게'할 자리에 쓰이는 종결 어미 뒤에 붙어)) **청자에게 존대의 뜻을 나타내는 보조사**. 격식을 갖추어야 하는 상대에게는 잘 쓰지 않는다.
  ㉎ 돈이 없어요. / 기차가 참 빨리 가지요. / 잠이 안 오는걸요.
- '((체언이나 부사어, 연결 어미 따위의 뒤에 붙어)) **청자에게 존대의 뜻을 나타내는 보조사**.
  ㉎ 마음은요 더없이 좋아요. / 어서요 읽어 보세요. / 그렇게 해 주시기만 하면요 정말 감사하겠어요.

ⓑ 주체 높임법

서술의 주체를 높이는 방법이다.

- 서술의 주체가 화자보다 나이나 사회적 지위 등이 높을 때 사용한다.
- 주체 높임법은 기본적으로 서술어에 선어말 어미 '-(으)시-'가 붙어 실현된다.
- 부수적으로 주격 조사 '께서'가 쓰이기도 하고 주어 명사에 '-님'이 덧붙기도 한다.
- '계시다, 주무시다' 등 일부 특수 어휘를 통해 실현되기도 한다.
- 주체 높임법에는 직접 높임과 간접 높임이 있다.

직접 높임
• 말하는 이가 주체를 직접 높일 때에 사용 ㉎ 아버지께서 집에 (계시다, 있으시다*)
간접 높임
• 주체와 밀접한 관련이 있는 대상(신체 부분, 성품, 심리, 소유물 등)을 높임으로써 주체를 간접적으로 높일 때에 사용 ㉎ 아버지께서는 걱정거리가 (있으시다, 계시다*) 회장님의 말씀이 (있으시겠습니다, 계시겠습니다*)

⇨ 주체 높임법에서 '주체'를 '주어'라고 하는 것은 옳지 않다.

ⓒ 객체 높임법

목적어나 부사어가 지시하는 대상, 즉 서술의 객체를 높이는 방법이다.

- 객체 높임법은 국어의 높임법 가운데 제일 발달되지 않은 방법이다.
- 객체 높임법에는 주로 특수 어휘, 그 중에서도 특수한 동사를 사용한다.
- 객체 높임법에는 사용되는 특수 어휘로는 '모시다, 드리다, 여쭈다, 뵈다' 등이 있다.
- 객체 높임법에서는 조사 '에게' 대신 '께'를 사용하기도 한다.

3 시간 표현

1) 개념

- 시간을 나타내기 위한 언어 표현
- **시제** : 어떤 일이 과거에 일어난 일인지, 현재 일어나고 있는 일인지, 앞으로 일어날 일인지를 나타내는 언어적 표현을 시제라고 한다. 화자가 발화시를 기준으로 하여 사건시의 앞뒤를 제한하는 문법 기능이다.
- **발화시** : 말하는 이가 말하는 시점
  ⇨ 과거니 미래니 할 때는 기준이 되는 시점이 필요하다. '어제'는 '오늘'을 기준으로 하면 과거지만, '그저께'를 기준으로 하면 미래이기 때문이다. 대개 시제는 말을 하고 있는 시점인 "발화시"를 기준으로 삼는다.
- **사건시** : 동작이나 상태가 일어나는 시점

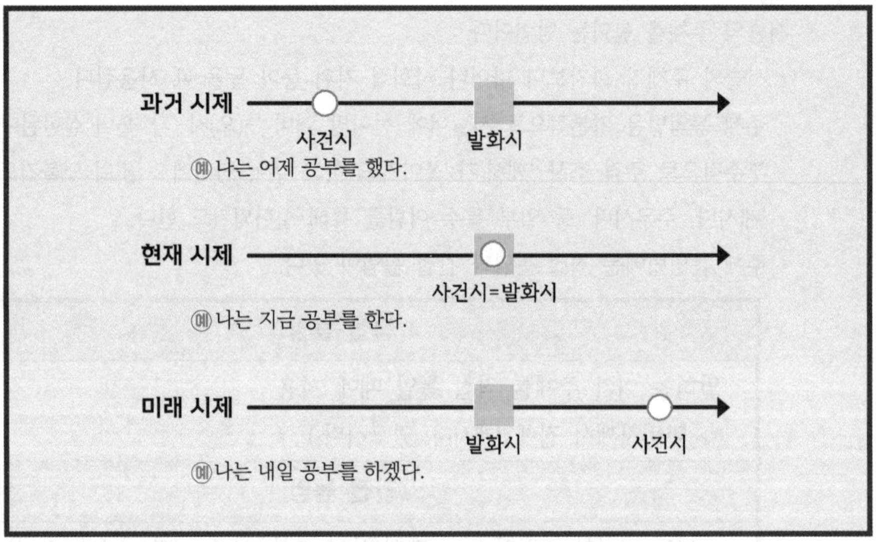

〈절대적 시제〉

2) 시간 표현의 종류

ⓐ 과거 시제

① **개념** : 사건시가 발화시보다 앞서 있는 시제

② 실현 방법

- 과거 시제 선어말 어미 '-았-/-었-'과 '-더-'를 통해
  ⇨ '-았었-/-었었-'도 과거를 나타내는 표현인데, 발화시보다 훨씬 전에 발생하여 현재와 단절된 사건을 표현하는 데 쓰여 '-았-/-었-'과 의미 차이를 보인다. 선어말 어미 '-더-'는 과거 어느 때의 일이나 경험을 회상할 때 쓰인다.
- 동사 어간에 붙는 관형사형 어미 '-(으)ㄴ'을 통해
- 용언의 어간이나 서술격 조사에 붙는 '-던'을 통해
- 시간을 나타내는 부사어 '어제, 엊그제' 등을 통해

③ 예시

- 나는 어제 책을 읽었다.
- 네 동생이 도서관에서 공부하더라.
- 아까 네가 먹은 우유는 동생이 사 온 거야.
- 당시 학생이던 사람들이 이제는 성인이 되었다.
- 작년만 해도 이 저수지에는 물고기가 많았었는데 이제는 볼 수가 없다.

'-았-/-었-'의 의미

- '-았-/-었-'은 일반적으로 과거 시제를 나타내지만, 완결된 상황이 지속되거나 미래 실현에 대한 확신이 있을 때에도 사용된다.

  ㉮ 저는 엄마를 닮았어요.

  숙제를 안 했으니 넌 내일 학교에 가면 혼났다.

ⓑ 현재 시제

① **개념** : 발화시와 사건시가 일치하는 시제

② 실현 방법

- 동사에서는 선어말 어미 '-는-/-ㄴ-' 및 관형사형 어미 '-는'을 통해서
- 형용사나 서술격 조사에서는 관형사형 어미 '-(으)ㄴ'이 쓰이거나 또는 선어말 어미 없이 현재 의미를 나타낸다.
- 시간을 나타내는 부사어 '지금, 현재' 등을 통해

③ 예시

- 학생들은 지금 도서관에서 공부를 한다. / 공부를 하는 학생들
- 우리 아기 잘도 자는구나. / 잠을 자는 아기
- 꽃이 참 예쁘다. / 예쁜 꽃
- 동생은 중학생이다. / 중학생인 동생

ⓒ 미래 시제

① **개념** : 사건시가 발화시보다 나중인 시제

② 실현 방법

- 선어말 어미 '-겠-'을 통해 실현되는 것이 일반적이다.
- 관형사형 어미 '-(으)ㄹ'을 통해
- 관형사형 어미 '-(으)ㄹ'과 의존 명사 '것'이 결합된 '-(으)ㄹ 것'을 통해
- 시간을 나타내는 부사어 '내일'을 통해

③ 예시

- 내일 오겠습니다.
- 갈 사람은 빨리 가세요.
- 제가 있을 것입니다.

'-겠-'의 다양한 의미

- 미래의 일이나 추측을 나타냄.
  예 지금 떠나면 새벽에 도착하겠구나
- 주체의 의지를 나타냄.
  예 이번 달까지 목표치를 달성하겠다
- 가능성이나 능력을 나타냄.
  예 이걸 어떻게 혼자 다 하겠니?
- 완곡하게 말하는 태도를 나타냄.
  예 네가 말해도 되겠니?
- 헤아리거나 따져 보면 그렇게 된다는 뜻을 나타냄.(상대에게 의아스럽거나 불만스러운 상태임을 나타냄)
  예 별사람을 다 보겠다.

선어마 어미 '-(으)리-'

- '-(으)리-'는 '-(으)리다, -(으)리라, -(으)리까, -(으)리니' 등과 같이 한정된 표현에서 미래 시제를 나타내는 데에 사용되며, 예스러운 표현으로 쓰인다.
  예 내일은 비가 오리다. / 내일 다시 전화하리다.

ⓓ 동작상

① 개념 : 발화시를 기준으로 동작이 일어나는 모습을 나타낸다. 시간의 흐름 속에서 그 동작이 진행되고 있는지 완결된 것이지 등 동작이 일어나는 모습을 표현한다.

② 실현 방법

- 주로 보조 용언을 사용하여 동작상을 표현한다.
- 진행상 : 동작의 진행을 나타낸다. 대체로 현재 시제와 일치한다.
- 완료상 : 동작의 완료를 나타낸다. 대체로 과거 시제와 일치한다.
- 예정상 : 동작의 예정을 나타낸다. 대체로 미래 시제와 일치한다.

③ 예시

- 바람이 세게 불고 있다. / 빨래가 다 말라 간다. (진행상)
- 밥을 다 먹어 버렸다. / 주미는 지금 의자에 앉아 있다. (완료상)
- 나도 거기에 다니게 되었다. / 저도 거기에 가려고 계획을 세우고 있습니다. (예정상)

4 피동 표현

1) 개념

- 주어가 다른 대상에 의해 동작이나 행위를 당하는 것을 나타내는 표현을 말한다.
- 문장은 동작이나 행위를 누가 하느냐에 따라 능동문과 피동문으로 나뉜다.
- 피동 : 주어가 다른 대상에 의해서 동작을 당하게 되는 것을 의미한다.
- 능동 : 주어가 제힘으로 동작을 하는 것을 의미한다.

2) 특징

- 피동 표현은 동작의 대상을 강조하고 싶을 때, 동작의 주체가 분명하지 않거나 밝힐 필요가 없을 때, 또는 동작의 주체를 밝히지 않으려 할 때 사용한다.
- 국어에서는 피동사가 있는 능동사보다 피동사가 없는 능동사가 훨씬 많다.
- 피동사는 하나의 단어로 인정하여 사전에 등재한다.

3) 피동문의 종류

ⓐ 파생적 피동문(단형 피동)

- 능동사의 어근에 피동 접미사 '-이-, -히-, -리-, -기-'가 붙어서 만들어진 피동문

능동문 : 고양이가 쥐를 잡았다.

피동문 : 쥐가 고양이에게 잡혔다.

- 능동문이 피동문으로 바뀔 때
  - 능동문의 주어('고양이가')는 피동문의 부사어('고양이에게')가 되고, 능동문의 목적어('쥐를')는 피동문의 주어('쥐가')가 된다.
  - 능동사 '잡다'에 피동 접미사 '-히-'가 붙어 피동사 '잡히다'가 만들어진다.
  - 피동문의 부사어는 '에게, 한테, 에, -에 의해서'가 붙어서 이루어진다.

ⓑ 통사적 피동문(장형 피동)

- 용언 어간에 '-어지다', '-게 되다'가 붙어서 만들어진 피동문

㉥ 기분이 풀어졌다. / 사건의 진실이 곧 드러나게 된다.

5 사동 표현

1) 개념

- 주어가 남에게 동작을 하도록 시키는 것을 나타내는 표현을 말한다.
- 문장은 주어가 동작이나 행위를 직접 하느냐, 아니면 다른 사람에게 하도록 하느냐에 따라 주동문과 사동문으로 나뉜다.
- 주동 : 주어가 동작을 직접 하는 것을 의미한다.
- 사동 : 주어가 동작을 남에게 시키는 것을 의미한다.

2) 특징

- 피동사와 마찬가지로 주동사에 대응하는 사동사도 아주 제한적으로 존재한다.
- 사동사도 피동사와 마찬가지로 하나의 단어로 인정하여 사전에 등재한다.
- 일부 자동사는 두 개의 사동 접미사가 붙어서 사동사가 되기도 한다.
  ㉠ 자다 : 자-+-이-+-우-+-다 → 재우다

3) 사동문의 종류

ⓐ 파생적 사동문(단형 사동)

- 주동사의 어근에 사동 접미사 '-이-, -히-, -리-, -기-, -우-, -구-, -추-'가 붙어서 만들어진 사동문

㉮ 얼음이 녹는다.

㉯ (난로불이) 얼음을 녹인다.

㉰ 담이 높다.

㉱ (아저씨가) 담을 높였다.

㉲ 혜빈이가 책을 읽는다.

㉳ (선생님이) 혜빈이에게 책을 읽힌다.

- 주동문이 사동문으로 바뀔 때
  - 사동문이 주동문에서 변화하는 방법은 ㉮~㉳에서처럼 여러 가지로 나뉜다.
  - ㉯, ㉱, ㉳에서처럼 주동문에 없던 새로운 주어가 사동문에 등장한다.(괄호로 묶인 부분들) 이 현상은 주동문의 용언 종류에 관계없이 모두 동일하다.

- ㉮, ㉰와 같이 **주동문의 용언이 자동사나 형용사이면** 주동문의 주어는 ㉯와 ㉱에서처럼 사동문의 목적어가 된다.
- ㉲와 같이 **주동문의 용언이 타동사이면** 주동문의 주어가 사동문에서는 '에게'가 붙은 부사어로 변함. 물론 '에게'는 '한테, -로 하여금' 등으로 바뀔 수가 있다.
- 주동사 '녹다, 높다, 읽다'에 사동 접미사 '-이-'나 '-히-'가 붙어 사동사 '녹이다, 높이다, 읽히다'가 만들어진다.

ⓑ 통사적 사동문(장형 사동)
- '-게 하다'에 의해서 만들어진 사동문
- **-게 하다** : 연결 어미(-게) + 보조 용언(하다)

예 아버지가 아이에게 밥을 먹게 한다.

6 부정 표현

1) 개념
- 부정의 뜻을 나타내는 표현을 의미한다.
- 부정의 요소가 결합되어 어떤 언어적 대상을 부정하는 표현이다.
- '안'이나 '못'이 결합되어 문장의 내용, 의미를 부정하는 문법 기능이다.
- 긍정문에 부정을 나타내는 말을 써서 내용 전체 또는 일부를 부정하는 문장을 부정문이라고 한다.

2) 특징
- 부정문은 종결 표현에 따라 그리고 서술어의 종류에 따라 일정한 제약을 받는 경우가 있다.
- 능력 부정이든 의지 부정이든 간에 형용사와 서술격 조사문에서는 사용되지 않는다.

예 영희는 미인이다.
영희는 *안/*못 미인이다.
영희는 미인이지 *않다/*못하다.
미인이지 *마라/*말자.
영희는 미인이 아니다. (상태 부정)

예 영희는 예쁘다.
영희는 안/*못 예쁘다. (상태 부정)
영희는 예쁘지 않다/*못하다. (상태 부정)
예쁘지 *마라/*말자.

- 부정 표현이지만 실제 의미로는 부정을 나타내지 않는 경우도 있다. 상위 서술어가 '걱정되다, 두렵다, 의심스럽다, 무섭다' 등과 같은 경우는 부정 표현이 쓰였다고 하더라도 결국 수사 의문문으로 사용된 것이기 때문에 부정 의미가 없다. 또한 '않다'가 수사 의문문으로 쓰인 것도 부정의 의미가 없다.
  - ㉠ 철수가 가지 않았을까 걱정된다. (수사 의문문)
    철수가 갔지 않을까 걱정된다. (수사 의문문)
    영희가 갔지 않니? (수사 의문문)
    영희가 가지 않았니? (부정 의문문)

3) 부정문의 종류

ⓐ 형태에 따른 분류

종류	방식	예시
짧은 부정(문)	부정 부사 '안'과 '못'을 사용	• 나는 그를 안 만났다. • 나는 그를 못 만났다.
긴 부정(문)	부정 용언 '아니하다'와 '못하다'를 사용 ※ 명령문, 청유문에서는 '마/마라, 말자'를 사용	• 나는 그를 만나지 않았다. • 나는 그를 만나지 못했다. • 그를 만나지 마라./*못해라/*아니해라 (명령문) • 그를 만나지 말자./*못하자/*아니하자 (청유문)

ⓑ 의미에 따른 분류

의지 부정	부정 부사	부정 용언
	안, 아니	-지 아니하다, 않다, 안하다
능력 부정	부정 부사	부정 용언
	못	-지 못하다

4) 부정문에서 부정의 범위

- 부정문에서는 부정의 범위가 어디까지인지 쉽게 확정하기 어렵다. 아래 ㉠에서 '안, 아니하다'가 부정하는 내용은 '동생'이 될 수도 있고, '책'이 될 수도 있으며, '읽다'가 될 수도 있다.
  - ㉠ 동생이 책을 안 읽었다. / 동생이 책을 읽지 않았다.
  - ⇨ 위의 ㉠에서 중의성은 '동생, 책, 읽다'의 어느 하나에 강세를 주어 구별하거나, 보조사 '는, 도, 만'을 넣어서 해소할 수 있다.

7 인용 표현

1) 개념

- 남의 말이나 글을 자신의 말이나 글 속에 직접 혹은 간접으로 끌어 쓴 표현을 말한다.

2) 특징

- 인용 표현을 할 때에는 원작자의 의도를 손상하거나 내용의 일부만 뽑아서 자기가 전달하고 싶은 뜻에 끼워 맞추는 행위 등을 하지 않도록 유의해야 한다.
- 인용한 내용의 출처를 반드시 밝혀 원작자의 저작권을 침해하지 않아야 한다.

3) 인용 표현의 종류

ⓐ **직접 인용 표현** : 다른 사람의 말이나 글을 원래의 형식과 내용 그대로 유지한 채 인용하는 것을 말한다.

㉠ 미애는 지우에게 "나도 내일 당신을 따라 갈래요."라고 어제 말했다.

⇨ 직접 인용 표현을 할 때에는 인용절에 큰따옴표를 하여 표시하고, 조사 '라고'를 쓴다.

ⓑ **간접 인용 표현** : 다른 사람의 말이나 글을 인용할 때 그 형식은 유지하지 않고 내용만 끌어다 쓰는 것을 말한다.

㉠ 미애는 지우에게 자기도 오늘 그를 따라 가겠다고 말했다.

⇨ 간접 인용 표현을 할 때에는 조사 '고'를 쓴다. 직접 인용 표현을 간접 인용 표현으로 바꾸어 서술할 때에는 인용 조사뿐 아니라 인칭 표현, 지시 표현, 시간 표현, 높임 표현, 종결 표현 등을 상황에 맞게 적절히 바꾸어야 한다.

8 기본 문형

1) 개념

- 기본문형이란 홑문장 가운데서 가장 기본이 되는 문형을 말한다.
- 다양한 홑문장은 이 기본 문형을 통해서 확대된다.
- 다양하고 복잡한 겹문장 역시 기본 문형을 기본으로 하여 확대된다.

2) 국어의 기본 문형

유형	1유형	2유형	3유형	4유형
어순	주어+서술어	주어+목적어+서술어	주어+보어+서술어	주어+목적어+부사어+서술어
예시	새가 날아간다.	나는 그를 좋아한다.	물이 얼음이 되었다.	나는 선물을 그녀에게 주었다.

04 확인문제

01

다음 설명 중, 적절하지 않은 것은?

① 어절은 띄어쓰기 단위와 일치한다.

② 조사나 어미는 어절에 포함되지 않는다.

③ 구는 문장의 기본적인 문법 단위가 아니다.

④ 절은 다른 문장의 한 성분으로 쓰인다.

⑤ 문장에서 주어는 때로 생략될 수도 있다.

02

<보기> 문장의 어절 개수로 가장 적절한 것은?

보기
강원 평창군 발왕산의 단풍은 오는 10월 13일께 절정에 이를 것으로 전망된다.

① 9 ② 10 ③ 11 ④ 12 ⑤ 13

03

<보기>의 문장에서 밑줄 친 부분이 문장 속에서 하는 기능으로 가장 적절한 것은?

보기
<u>선영이가 그 선행의 주인공임</u>이 밝혀졌다.

① 주어 ② 목적어 ③ 보어 ④ 부사어 ⑤ 관형어

04

〈보기〉의 직접 인용절을 안은 문장을 간접 인용절을 안은 문장으로 바꿔 쓰시오.

보기
진희는 나에게 "나 동철이 좋아해."라고 말했다.

05

〈보기〉의 문장을 이어진 문장으로 바꿔 쓰시오.

보기
길이 비가 와서 질다.

06

다음 중, 홑문장에 해당하는 것은?

① 형은 밤늦도록 안 들어왔다.
② 우리는 비가 그치기를 기도했다.
③ 그 친구에게 좀 더 관심을 가져라.
④ 어제 간 전시회에서 첫사랑을 만났다.
⑤ 오늘은 폭우가 오고 강풍이 불겠습니다.

07

'서술어'에 대한 설명으로 적절하지 않은 것은?

① 주어의 동작이나 작용, 성질이나 상태 등을 나타낸다.
② 서술어는 보통 하나의 용언으로 이루어진다.
③ '무엇이 무엇이다.'에서처럼 '체언+이다'로 이루어진다.
④ 두 개 이상의 용언으로 이루어지기도 한다.
⑤ 보조 용언은 문법적 의미를 나타내므로 단독으로 서술어가 될 수 있다.

08

㉠~㉤ 중, 주어가 아닌 것은?

보기

- ㉠올챙이가 개구리가 되었다.
- 오래간만이라 ㉡반가움이 더했다.
- 동네에 남은 ㉢사람은 거의가 노인이다.
- 철수는 ㉣김치가 먹고 싶었다.
- 이번 대회는 우리 ㉤학교에서 우승을 차지했다.

① ㉠ ② ㉡ ③ ㉢ ④ ㉣ ⑤ ㉤

09

'관형어'에 대한 설명으로 적절하지 않은 것은?

① 체언을 꾸며 주는 역할을 한다.
② 체언 없이 홀로 쓰이지 않는다.
③ 의존 명사 앞에는 반드시 관형어가 온다.
④ 드물게 용언을 꾸며 주기도 한다.
⑤ 일반적으로 다른 문장 성분 속에 포함되어 나타난다.

10

〈보기〉에서 밑줄 친 말이 꼭 필요로 하는 문장 성분을 모두 찾아 쓰시오.

보기

나는 점수가 나빠서 떨어질지도 모른다는 두려움은 있었지만, 원하는 대학에 과감하게 원서를 넣었다.

11

다음 문장 중, '부사어'가 포함되지 않은 것은?

① 그는 노래를 아주 잘 부른다.

② 이에서 어찌 더 나쁠 수가 있겠어요?

③ 나는 광화문으로 발길을 돌렸다.

④ 우리 학교에서 우승을 차지했다.

⑤ 날이 추우니까 옷을 따뜻하게 입어라.

12

높임 표현에 대한 설명으로 적절하지 않은 것은?

① 국어의 특징 중 하나는 높임법의 발달이다.

② 높임법은 높이는 대상이 누구냐에 따라 나뉜다.

③ 국어의 높임법 중 가장 발달되어 있는 것은 상대높임법이다.

④ 서술의 주체를 높이는 주체높임법은 주로 종결 표현에 의해 실현된다.

⑤ 객체높임법에서 서술의 객체가 되는 대상은 목적어나 부사어의 구실을 한다.

13

다음 중 주체를 높이는 표현이 포함된 문장으로 적절하지 않은 것은?

① 교장 선생님의 말씀이 있으시겠습니다.

② 할머니께서는 지금 주무십니다.

③ 선생님께서 너 지금 교무실로 오라고 하셨어.

④ 주말에 집안 어른들을 뵙고 인사를 드릴 예정입니다.

⑤ 회장님은 몇 시에 공항에 오시죠?

14

다음 중 객체를 높이는 표현이 포함된 문장으로 적절하지 않은 것은?

① 임금님은 탕춘정에서 저녁 수라를 잡수셨다.

② 부모님을 전철역까지 모셔다 드리고 왔다.

③ 모르는 것이 있으면 선생님께 여쭈어라.

④ 그분을 뵈면 돌아가신 아버님이 생각난다.

⑤ 엄마는 매일 밤 장독대에다 정화수를 떠 놓고 신령님께 치성을 드렸다.

15

다음 문장 속에 나타난 시제가 다른 하나는?

① 복스럽게도 먹는구나!
② 우리 형은 대학생이다.
③ 가을 산이 정말 아름답다.
④ 한수는 지금 방에서 게임을 한다.
⑤ 아홉 시에 떠날 기차인데 벌써 타니?

16

<보기>의 문장을 파생적 사동문으로 바꿔 쓰시오.

보기

• 아이가 옷을 입는다.

17

<보기>의 문장을 '-게 하다'에 의한 사동문으로 바꿔 쓰시오.

보기

• 진영이가 노래를 부른다.

18

다음 중 부정 표현의 쓰임이 적절하지 않은 것은?

① 휴지를 함부로 버리지 마라.
② 배가 아파서 밥을 먹지 못했다.
③ 이곳에서는 수영을 하지 마시오.
④ 제가 잠을 못 잔 데에는 이유가 있습니다.
⑤ 섬사람들은 태풍 때문에 배를 안 탔다.

기출문제 05

2015년 3월 고1 전국연합학력평가

01 **〈보기〉의 ㄱ~ㄷ을 통해 부정 표현에 대해 탐구한 내용으로 적절하지 <u>않은</u> 것은?**

보기

ㄱ. 나팔꽃이 **안** 예쁘다.

ㄴ. 그는 다리를 다쳐 축구를 **못 한다.**

ㄷ. 고래는 어류가 **아니다.**

① ㄱ에서 '안'을 '못'으로 바꾸면 어색한 문장이 된다.

② ㄱ에서 '안'은 '예쁘다'라는 상태를 부정하기 위해 사용되었다.

③ ㄴ에서 '못'은 축구를 하고자 하는 '그'의 의지를 부정하고 있다.

④ ㄴ에서 '못 한다'는 '하지 못한다'로 바꾸어도 어법상 문제가 없다.

⑤ ㄷ에서 '아니다'는 '고래'가 '어류'라는 것을 부정하기 위해 사용되었다.

2015년 6월 고1 전국연합학력평가

02 **〈보기〉를 바탕으로 관형어에 대해 탐구한 내용으로 적절하지 <u>않은</u> 것은?**

보기

㉠ 그녀는 <u>**파란**</u> 옷을 입었다.

㉡ 이 우산은 <u>**새**</u> 것이다.

㉢ <u>**시골**</u> 풍경은 마음을 편안하게 해.

㉣ 영희는 <u>**내가 읽은**</u> 책을 <u>**읽을**</u> 계획이다.

① ㉠을 보니 관형어는 체언의 의미 범위를 축소하고 있음을 알 수 있군.

② ㉡을 보니 관형어가 없으면 올바른 문장이 되지 않을 수도 있군.

③ ㉢을 보니 관형격 조사가 붙지 않은 체언은 관형어가 될 수 없군.

④ ㉣을 보니 관형사형 어미를 통해 시제를 표현할 수 있군.

⑤ ㉣을 보니 하나의 문장이 다른 문장 안에서 관형어의 기능을 할 수 있군.

2016년 3월 고1 전국연합학력평가

03 **〈보기1〉을 바탕으로 〈보기2〉를 탐구한 결과로 적절하지 <u>않은</u> 것은?**

보기1

이어진문장

둘 이상의 홑문장이 이어져 있는 문장으로, 주어가 같은 홑문장이 이어질 때는 주어를 하나만 사용할 수도 있음.

○ **대등하게 이어진 문장**

둘 이상의 홑문장이 동등한 자격으로 이어진 문장으로, 앞 절과 뒤 절이 '나열, 대조, 선택' 등의 의미 관계를 가짐.

○ **종속적으로 이어진 문장**

앞 홑문장과 뒤 홑문장의 의미가 독립적이지 못하고 종속적으로 이어진 문장으로, 앞 절과 뒤 절이 '원인, 조건, 의도' 등의 의미 관계를 가짐.

보기2

ㄱ. 암벽 등반은 힘들고 재미있다.

ㄴ. 암벽 등반은 힘들어서 재미있다.

ㄷ. 암벽 등반은 힘들지만 재미있다.

① ㄱ, ㄴ, ㄷ은 '암벽 등반은 힘들다.'와 '암벽 등반은 재미있다.' 라는 두 홑문장이 이어진 문장이군.

② ㄱ, ㄴ, ㄷ은 앞 절과 뒤 절의 순서를 바꾸어도 의미에 변화가 생기지 않는 이어진문장이군.

③ ㄱ, ㄴ, ㄷ에서 뒤 절의 주어가 없는 것은 앞 절과 주어가 같기 때문이군.

④ ㄱ, ㄷ은 두 홑문장이 각각 나열, 대조의 의미를 갖는 어미 '-고'와 '-지만'으로 연결된 대등하게 이어진 문장이군.

⑤ ㄴ은 두 홑문장이 원인의 의미를 갖는 어미 '-어서'로 연결된 종속적으로 이어진 문장이군.

2016년 6월 고1 전국연합학력평가

04 **〈보기〉의 ㉠에 해당하는 예로 적절한 것은?**

보기

◦ 재희는 봉사활동에 **아무도 모르게** 참여한다.

위 문장에서 '아무도 모르게'는 단어가 아니라 주어인 '아무도'와 서술어인 '모르다'로 이루어진 문장이다. 이 문장은 '재희는 봉사활동에 참여한다.'라는 문장에서 서술어 '참여한다'를 수식하여 '어떻게'라는 의미를 더해 주면서 수식하고 있다. 이런 역할을 하면서 안겨 있는 문장을 ㉠**부사절**이라 한다.

① 이 일은 하기가 쉽지 않다.
② 빙수는 이가 시리도록 차가웠다.
③ 은기는 꼭 꿈을 이루겠다고 말했다.
④ 승희는 마음이 따뜻한 사람을 좋아한다.
⑤ 민우는 우리가 어제 돌아온 사실을 모른다.

2016년 11월 고1 전국연합학력평가

05 **〈보기〉는 문장 성분을 이해하기 위한 학습활동의 일부이다. [A]에 들어갈 내용으로 적절하지 않은 것은?**

보기

[탐구 방법]
1. 특정 문장 성분을 생략할 경우 문장이 성립하는가를 확인하고 그 성분이 문장 구성에 필수적인지를 판단한다.
2. 특정 문장 성분이 어떤 기능을 하는가를 문장 내 다른 성분과의 관계를 고려해서 판단한다.

[탐구 대상]
ㄱ. 꼼꼼한 소윤이가 가위로 색종이를 잘랐다.
ㄴ. 경민이는 옆집의 효빈이를 동생으로 삼았다.

[탐구 결과]

[A]

① ㄱ의 '색종이를'은 필수적인 성분으로, '잘랐다'라는 행위의 대상으로 기능한다.
② ㄱ의 '꼼꼼한'과 ㄴ의 '옆집의'는 필수적이지 않은 성분으로, 문장 내에서 동일한 기능을 한다.
③ ㄱ의 '소윤이가'와 ㄴ의 '경민이는'은 필수적인 성분으로, 문장 안에서 행위의 주체로 기능을 한다.
④ ㄱ의 '잘랐다'와 ㄴ의 '삼았다'는 필수적인 성분으로, 문장 안에서 주체의 행위를 표현하는 기능을 한다.
⑤ ㄱ의 '가위로'와 ㄴ의 '동생으로'는 필수적이지 않은 성분으로, 문장 내의 특정 단어를 수식하는 기능을 한다.

2017년 3월 고1 전국연합학력평가

06 ⓐ~ⓔ 중 <보기>의 ㉠에 해당하지 않는 것은?

보기

높임 표현에는 말하는 이가 듣는 이에 대하여 높이거나 낮추어 말하는 상대 높임, 서술의 주체를 높이는 주체 높임, 목적어나 부사어가 나타내는 대상, 즉 서술의 객체를 높이는 ㉠**객체 높임**이 있다.

질문

선생님 : 지은아, 방학은 잘 보냈니?
지은 : 네. 제 용돈으로 할머니께 ⓐ**드릴** 선물을 사서 할머니 댁에 다녀왔어요.
선생님 : 기특하다. 할머니를 ⓑ**뵙고** 왔구나. 가서 무엇을 했니?
지은 : 아버지께서 할머니를 ⓒ**모시고** 병원에 가신 사이에 저는 ⓓ**큰아버지**께 인사를 드리고 왔어요.
선생님 : 저런, 할머니께서 ⓔ**편찮으셨나** 보다.

① ⓐ　② ⓑ　③ ⓒ　④ ⓓ　⑤ ⓔ

2017년 6월 고1 전국연합학력평가

07 <보기>의 ⓐ에 해당하는 예로 적절한 것은?

보기

미래 시제를 나타내는 선어말 어미 '-겠-'은 용언의 어간에 붙어 화자의 추측이나 ⓐ**의지**, 가능성의 의미로 쓰인다.

① 나는 이번 시험에 합격하고야 말겠다.
② 그렇게 쉬운 것은 삼척동자도 알겠다.
③ 이 많은 일을 어떻게 혼자 다 하겠니?
④ 오늘 눈이 많이 와서 길이 미끄럽겠다.
⑤ 지금 떠나면 내일 새벽에 도착하겠구나.

2016년 9월 고1 전국연합학력평가

08 <보기>의 ㉠에 해당하는 예로 적절한 것은?

보기

부사어는 문장 내에서 다른 성분을 꾸며 주는 부속 성분이므로 생략할 수 있다. 그러나 부사어 중에는 문장을 구성하는 데 꼭 필요한 부사어도 있는데 이를 ㉠**'필수 부사어'**라고 한다. 예를 들어 '그는 **비겁하게** 굴었다.'에서 '비겁하게'는 부사어이지만 이 말이 빠지면 문법적으로 완전한 문장을 이루지 못하므로 '비겁하게'는 필수 부사어이다.

① 철수가 매우 빨리 달렸다.
② 나는 철수에게 선물을 주었다.
③ 그녀는 마침내 꿈을 이루었다.
④ 정원에 장미가 예쁘게 피었다.
⑤ 나는 오후에 할머니 댁을 방문했다.

2018년 3월 고1 전국연합학력평가

09 <보기>의 [자료]를 근거로 할 때, [활동]에 대한 답으로 적절한 것은? [3점]

질문

[자료]

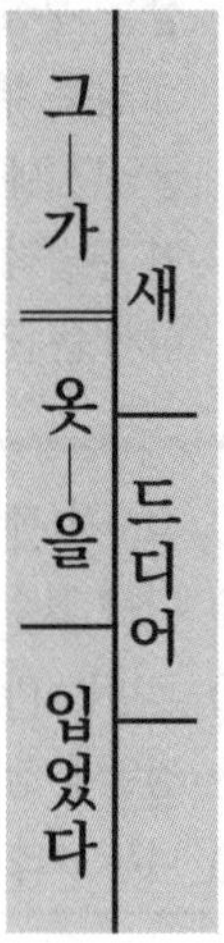

'구문 도해'는 문장의 짜임을 그림으로 풀이한 것이다. 국어학자 최현배는 아래 그림과 같이 문장의 구문 도해를 나타내었다.

이 구문 도해는 '그가 새 옷을 드디어 입었다.'라는 문장을 나타낸 것이다. 중간에 내리그은 세로줄 왼편에는 주성분인 주어(그가), 목적어(옷을), 서술어(입었다)를, 오른편에는 부속 성분인 관형어(새), 부사어(드디어)를 배치하였다. 그리고 서로 다른 두 성분 사이에는 가로로 외줄을 그었는데, 특히 주어 부분과 그 외의 부분을 구분할 때에는 가로로 쌍줄을 그었다. 또한 조사는 앞말과의 사이에 짧은 세로줄을 그어 표시하였다.

[활동]

다음 문장의 구문 도해를 나타내시오.

나는 그 책도 샀다.

① ② ③ ④ ⑤

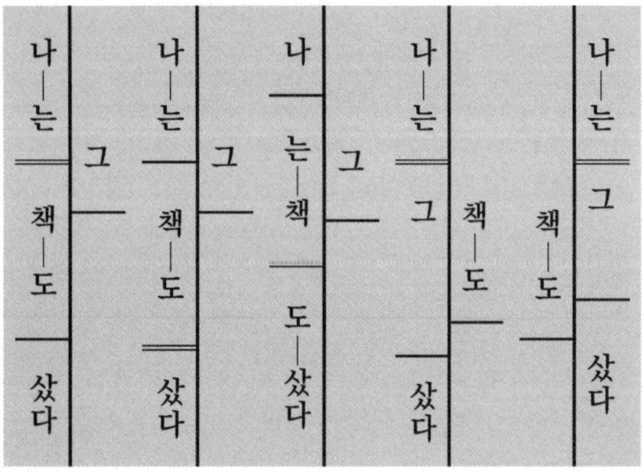

2017년 11월 고1 전국연합학력평가

[10] 다음 글을 읽고 물음에 답하시오.

올바른 문장이란 문장 성분이 잘 갖추어진 문장이다. 문장 성분이란 문장 안에서 일정한 문법적 기능을 하는 각 부분들을 일컫는다. 문장 성분은 문장을 이루는 데 골격이 되는 주성분, 주로 주성분의 내용을 수식하는 부속 성분, 다른 문장 성분과는 직접적인 관련이 없는 독립 성분으로 나뉜다.

주성분에는 주어, 서술어, 목적어, 보어가 있다. 주어는 문장에서 동작의 주체, 혹은 상태나 성질의 주체를 나타내는 성분이다. 서술어는 주어의 동작, 상태, 성질 따위를 풀이하는 기능을 하는 성분이다. 목적어는 서술어의 동작 대상이 되는 성분이고, 보어는 '되다, 아니다'와 같은 서술어가 필요로 하는 문장 성분 중에서 주어를 제외한 성분이다. 부속 성분에는 관형어와 부사어가 있다. 관형어는 주로 체언*을 수식하고, 부사어는 주로 용언*을 수식하는 성분이다. 독립 성분에 해당하는 독립어는 문장의 어느 성분과도 직접적인 관련이 없는 성분이다.

이러한 문장 성분들이 제대로 갖추어지지 않아서 문장이 올바르지 않은 경우는 주로 다음과 같다. 첫째, 문장 성분 간의 호응이 이루어지지 않은 경우이다. 여기에는 주어와 서술어의 호응, 목적어와 서술어의 호응, 부사어와 서술어의 호응이 이루어지지 않은 경우 등이 있다. 가령 "내가 가장 원하는 것은 자전거를 가지고 싶다."는 주어 '내가 가장 원하는 것은'과 서술어 '가지고 싶다'가 어울리지 않아 잘못된 문장이다. "지수는 시간이 나면 음악과 책을 듣는다."는 목적어 '책을'과 서술어 '듣는다'가 어울리지 않아서, "다들 시험 치느라 여간 힘들다."는 부사어 '여간'과 서술어 '힘들다'가 어울리지 않아서 잘못된 문장이다. 둘째, 반드시 필요로 하는 문장 성분이 생략된 경우이다. 여기에는 문장 안에서 목적어나 부사어가 반드시 필요함에도 불구하고 생략된 경우 등이 있다. 예컨대 "나도 읽었다."는 서술어 '읽었다'가 반드시 필요로 하는 목적어가 생략되어서, "아이가 편지를 넣었다."는 서술어 '넣었다'가 반드시 필요로 하는 부사어가 생략되어서 잘못된 문장이다.

* 체언: 문장에서 주로 주어, 목적어, 보어가 되는 자리에 오는 단어들.
* 용언: 문장의 주어를 서술하는 기능을 가진 단어들.

10 윗글을 바탕으로 다음 문장을 분석한 내용으로 적절한 것은?

질문

야호! 우리가 드디어 힘든 관문을 통과했어.

	주성분	부속 성분	독립 성분
①	우리가, 통과했어	힘든, 관문을	야호, 드디어
②	우리가, 힘든, 관문을	통과했어	야호, 드디어
③	우리가, 드디어, 통과했어	힘든, 관문을	야호
④	우리가, 관문을, 통과했어	드디어, 힘든	야호
⑤	관문을, 통과했어	우리가, 힘든	야호, 드디어

2018년 6월 고1 전국연합학력평가

11 <보기>의 밑줄 친 부분에 해당하는 예로 적절한 것은?

보기

객체 높임은 문장의 목적어나 부사어가 지시하는 대상, 곧 객체에 대한 높임의 태도를 나타내는 표현이다. 객체 높임은 주로 '모시다, 여쭙다' 등 높임의 의미가 있는 특수 어휘에 의해 실현되거나 부사격 조사 '께'를 통해 실현되기도 한다.

① 선생님께서는 댁에 계십니다.
② 형은 어머니께 그 책을 드렸다.
③ 할아버지께서는 눈이 밝으십니다.
④ 할머니, 아버지가 지금 막 도착했어요.
⑤ 윤우야, 선생님께서 빨리 교무실로 오라고 하셔.

2019년 6월 고1 전국연합학력평가

12 <보기>는 국어사전의 일부이다. 윗글을 바탕으로 ⓐ~ⓓ를 이해한 것으로 적절한 것은?

보기

듣다01 [-따] 〔들어, 들으니, 듣는[든-]〕
「동사」
[1]【…을】
사람이나 동물이 소리를 감각 기관을 통해 알아차리다.
¶ 나는 숲에서 새소리를 ⓐ듣는다.

[2]【…에게 …을】
주로 윗사람에게 꾸지람을 맞거나 칭찬을 듣다.
¶ 그 아이는 누나에게 칭찬을 자주 ⓑ듣는다.

[3]【…을 …으로】
어떤 것을 무엇으로 이해하거나 받아들이다.
¶ 그들은 고지식해서 농담을 진담으로 ⓒ듣는다.

듣다02 [-따] 〔들어, 들으니, 듣는[든-]〕
「동사」
【…에】
눈물, 빗물 따위의 액체가 방울져 떨어지다.
¶ 차가운 빗방울이 지붕에 ⓓ듣는다.

① ⓐ는 세 자리 서술어이다.
② ⓑ는 주어와 목적어만을 필수적으로 요구하는 서술어이다.
③ ⓒ는 주어 외에 두 개의 문장 성분을 더 필요로 한다.
④ ⓐ와 ⓓ는 필요로 하는 문장 성분이 서로 같다.
⑤ ⓑ와 ⓓ는 의미에 차이가 있지만 서술어 자릿수는 같다.

2018년 9월 고1 전국연합학력평가

[13~14] 다음 글을 읽고 물음에 답하시오.

'I like you.'를 번역할 때, 듣는 이가 친구라면 '난 널 좋아해.'라고 하겠지만, 할머니라면 '저는 할머니를 좋아해요.'라고 할 것이다. 왜냐하면 우리말은 상대에 따라 높임 표현이 달리 실현되기 때문이다.

'높임 표현'이란 말하는 이가 어떤 대상을 높이거나 낮추는 정도를 구별하여 표현하는 방법을 말한다. 국어에서 높임 표현은 높임의 대상에 따라 주체 높임, 상대 높임, 객체 높임으로 나누어진다.

주체 높임은 서술의 주체를 높이는 방법이다. 주체 높임을 실현하기 위해 선어말 어미 '-(으)시-'를 사용하며, 주격 조사 '이/가' 대신에 '께서'를 쓰기도 한다. 그 밖에 '계시다', '주무시다' 등과 같은 특수 어휘를 사용하여 높임을 드러내기도 한다. 그리고 주체 높임에는 직접 높임과 간접 높임이 있다. 직접 높임은 높임의 대상인 주체를 직접 높이는 것이고, ㉠**간접 높임**은 높임의 대상인 주체의 신체 일부, 소유물, 가족 등을 높임으로써 주체를 간접적으로 높이는 것이다.

상대 높임은 말하는 이가 듣는 이를 높이거나 낮추어 말하는 방법이다. 상대 높임은 주로 종결 표현을 통해 실현되는데, 아래와 같이 크게 격식체와 비격식체로 나뉜다.

격식체	하십시오체	예 합니다, 합니까? 등
	하오체	예 하오, 하오? 등
	하게체	예 하네, 하는가? 등
	해라체	예 한다, 하냐? 등
비격식체	해요체	예 해요, 해요? 등
	해체	예 해, 해? 등

격식체는 격식을 차리는 자리나 공식적인 상황에서 주로 사용하며, 비격식체는 격식을 덜 차리는 자리나 사적인 상황에서 주로 사용한다. 그렇기 때문에 같은 대상이라도 공식적인 자리인지 사적인 자리인지에 따라 높임 표현이 달리 실현되기도 한다.

객체 높임은 목적어나 부사어가 지시하는 대상, 즉 서술의 객체를 높이는 방법이다. 객체 높임은 '모시다', '여쭈다' 등과 같은 특수 어휘를 통해 실현되며, 부사격 조사 '에게' 대신 '께'를 사용하기도 한다.

13 다음 문장 중 ㉠의 예로 적절한 것은?

① 아버지께서 요리를 하셨다.
② 교수님께서는 책이 많으시다.
③ 어머니께서 음악회에 가셨다.
④ 선생님께서 우리의 이름을 부르신다.
⑤ 할아버지께서는 마을 이장이 되셨다.

14 윗글을 바탕으로 〈보기〉의 ⓐ~ⓔ를 탐구한 내용으로 적절하지 않은 것은? [3점]

보기

(복도에서 친구와 만난 상황)
성호 : 지수야, ⓐ**선생님께서 발표 자료 가져오라고 하셨어**.
지수 : 지금 바빠서 ⓑ**선생님께 자료 드리기 어려운데**, 네가 가져다 드리면 안 될까?
성호 : ⓒ**네가 선생님을 직접 뵙고**, 자료를 드리는 게 좋을 것 같아.
지수 : 알았어.
(교무실로 선생님을 찾아간 상황)
선생님 : 지수야, 이번 수업 시간에 발표해야지? 발표 자료 가져왔니?
지수 : 여기 있어요. ⓓ**열심히 준비했어요.**
선생님 : 그래, 준비한 대로 발표 잘 하렴.
(수업 중 발표 상황)
지수 : ⓔ**이상으로 발표를 마치겠습니다**.
성호 : 궁금한 점이 있는데, 질문해도 되겠습니까?

① ⓐ : 조사 '께서'와 선어말 어미 '-시-'를 사용하여 서술의 주체인 선생님을 높이고 있군.
② ⓑ : 조사 '께'와 특수 어휘 '드리다'를 사용하여 서술의 객체인 선생님을 높이고 있군.
③ ⓒ : 특수 어휘 '뵙다'를 사용하여 서술의 주체인 선생님을 높이고 있군.
④ ⓓ : 듣는 사람인 선생님을 높이기 위해 '준비했어요'라는 종결 표현을 사용하고 있군.
⑤ ⓔ : 수업 중 발표하는 공식적인 상황이므로 '마치겠습니다'라고 격식체를 사용하고 있군.

2018년 11월 고1 전국연합학력평가

[15~16] 다음 글을 읽고 물음에 답하시오.

담화 상황에서 화자가 자신의 의도를 명확하게 전달하고 청자와 원활하게 의사소통을 하기 위해서는 대상과 상황에 맞게 문법 요소를 활용해야 한다. 이러한 문법 요소에는 높임 표현, 피동 표현 등이 있다.

높임 표현은 화자가 대상의 높고 낮은 정도를 언어적으로 구별하는 것이다. 이는 화자가 높이려는 대상이 누구인지에 따라 주체 높임, 객체 높임, 상대 높임으로 구분된다. 주체 높임은 서술어의 주체를 높이는 방식이다. 이는 일반적으로 서술어에 선어말어미 '-(으)시-'가 붙어서 실현되며, '주무시다, 잡수시다'와 같은 특수한 어휘나 조사 '께서'로 실현되기도 한다. 주체 높임에는 높임의 대상을 직접적으로 높이는 방식과 높이려는 대상의 신체 일부분, 소유물, 생각 등과 관련된 서술어에 '-(으)시-'를 사용해 높임의 대상을 간접적으로 높이는 방식이 있다. 객체 높임은 목적어나 부사어가 지시하는 대상, 즉 서술어의 객체를 높이는 방식이다. 이는 보통 '드리다, 모시다'와 같은 특수한 어휘나 조사 '께'로 실현된다. 상대 높임은 청자를 높이거나 낮추는 방식이다. 상대 높임은 종결 어미를 통해 실현되는데 하십시오체, 하오체, 하게체, 해라체와 같은 격식체와 해요체, 해체와 같은 비격식체로 나뉜다. 보통 공적인 상황에서 예의를 갖추며 상대를 높일 때에는 격식체의 하십시오체를 사용하고, 사적인 상황에서 친밀감을 드러내며 높일 때에는 비격식체의 해요체를 사용한다.

[A] 한편 피동 표현은 주어가 다른 주체에 의해 동작이나 행위를 당하는 것을 표현하는 것이다. 이와 반대로 주어가 동작이나 행위를 제힘으로 함을 표현하는 것은 능동 표현이라고 한다. 그런데 능동 표현을 피동 표현으로 바꾸거나 피동 표현을 능동 표현으로 바꾸면 문장 성분에 변화가 일어난다. 피동 표현은 능동의 동사에 피동 접미사 '-이-', '-히-', '-리-', '-기-'가 붙거나, 동사의 어간에 '-어/아지다', '-게 되다' 등이 붙어서 실현된다. 그리고 일부 명사 뒤에 '-되다'가 결합하여 실현되기도 한다. 피동 표현이 실현되면 동작이나 행위를 당하는 대상이 주어로 나타나므로 동작이나 행위를 당한 대상이 강조되는 효과가 있다. 그런데 간혹 피동 표현을 만드는 요소를 중복으로 결합하여 이중 피동 표현을 사용하는 일이 발생한다. 이러한 경우 잘못된 표현이 되어 화자의 의도를 효과적으로 드러내기 어렵고 상대방과의 원활한 의사소통을 방해할 수 있다. 그러므로 피동 표현의 쓰임새를 정확하게 이해하여 피동 표현을 사용하는 일은 중요하다.

15 윗글을 바탕으로 <보기>를 탐구한 내용으로 적절하지 않은 것은?

보기

ㄱ. (회장이 학급 친구들에게) 지금부터 학급 회의를 시작하겠습니다.
ㄴ. (언니가 동생에게) 나는 지난주에 할머니를 뵙고 왔어.
ㄷ. (형이 동생에게) 할아버지께서는 지금 어디 계시니?
ㄹ. (학생이 선생님에게) 선생님의 옷이 멋지십니다.
ㅁ. (아들이 어머니에게) 아버지께 다녀왔어요.

① ㄱ : '회장'은 공적인 상황에서 종결 어미를 사용하여 상대인 '학급 친구들'을 높이고 있다.
② ㄴ : '언니'는 특수한 어휘를 사용하여 객체인 '할머니'를 높이고 있다.
③ ㄷ : '형'은 조사와 선어말 어미를 사용하여 주체인 '할아버지'를 높이고 있다.
④ ㄹ : '학생'은 선어말 어미를 사용하여 '선생님'을 간접적으로 높이고 있다.
⑤ ㅁ : '아들'은 조사를 사용하여 객체인 '아버지'를 높이고 있다.

16 [A]를 바탕으로 <보기>의 ㉠~㉤에 대해 설명한 것으로 적절하지 <u>않은</u> 것은? [3점]

보기

학생 1 : 어제 유기견 보호 센터에서 한 봉사활동은 어땠어?

학생 2 : 응, 좋았어. 강아지들과 놀아 주고 산책도 했어. 그리고 친구들의 마음이 ㉠ **<u>담긴</u>** 성금도 전달했지.

학생 1 : ㉡ **<u>버려지</u>**는 강아지들이 ㉢ **<u>구조되는</u>** 데 성금이 ㉣ **<u>쓰인다고</u>** 해서 나도 모금에 동참했어.

학생 2 : 아, 그래? 유기견 보호 행사가 다음 주에 ㉤ **<u>열린다는데</u>** 너도 같이 갈래?

학생 1 : 응. 좋아.

① ㉠은 능동의 동사에 피동 접미사 '-기-'가 결합하여 실현된 피동 표현이다.

② ㉡은 피동 접미사 '-리-'가 쓰인 동사의 어간에 '-어지다'가 중복해서 결합한 이중 피동 표현이다.

③ ㉢은 명사 뒤에 '-되다'가 결합하여 주어가 행위를 당하는 것을 표현하고 있다.

④ ㉣은 '쓴다고'와 같이 능동 표현으로 바뀔 경우 ㉣의 주어가 목적어로 바뀐다.

⑤ ㉤은 행사를 여는 주체보다 '유기견 보호 행사'가 강조되는 효과가 드러나는 피동 표현이다.

2019년 3월 고1 전국연합학력평가

17 <보기>의 [A]~[C]에 들어갈 예를 바르게 짝지은 것은?

보기

○ ㄱ ~ ㄷ은 높임 표현이 사용된 문장들이다. 아래의 순서도에 따라 ㄱ ~ ㄷ을 분류해 보자.

ㄱ. 나는 할아버지께 선물을 드렸다.
ㄴ. 할아버지께서 지금 우리 집에 계신다.
ㄷ. 어머니께서는 할아버지를 모시고 집에 가셨다.

⇩

주어가 나타내는 대상인 주체를 높이는가? — 아니오 → [A]

↓ 예

문장의 목적어나 부사어가 나타내는 대상인 객체를 높이는가? — 아니오 → [B]

↓ 예

[C]

	[A]	[B]	[C]
①	ㄱ	ㄴ	ㄷ
②	ㄱ	ㄷ	ㄴ
③	ㄴ	ㄱ	ㄷ
④	ㄴ	ㄷ	ㄱ
⑤	ㄷ	ㄴ	ㄱ

2019년 3월 고1 전국연합학력평가

[18~19] 다음 글을 읽고 물음에 답하시오.

〈대화 1〉

〈자료〉

관형어는 문장을 구성하는 성분 중 하나로, 품사 가운데 명사나 대명사와 같은 체언 앞에서 그 뜻을 꾸며 주는 기능을 한다. 예를 들어 ‘모든 책’의 ‘모든’은 뒤에 오는 명사 ‘책’에 ‘빠짐이나 남김이 없이 전부의.’라는 의미를 더해 주는 관형어이다.

다음 문장들의 밑줄 친 부분은 모두 관형어이다.

ㄱ. <u>선생님</u>의 목소리가 들린다.

ㄴ. <u>마실</u> 물이 있다.
<u>맑은</u> 물이 있다.

ㄷ. <u>온갖</u> 꽃이 활짝 피어 있다.

ㄱ은 체언에 관형격 조사 ‘의’가 결합하여 관형어가 된 경우이다. ‘선생님의’는 명사 ‘선생님’에 관형격 조사 ‘의’가 결합하여 ‘목소리’를 꾸며 주고 있다. 이 경우 ‘선생님 목소리’와 같이 관형격 조사 없이 명사만으로도 관형어가 될 수 있다. 하지만 관형격 조사 ‘의’를 반드시 써야 하는 경우가 있고, ‘의’가 생략되면 의미가 달라지는 경우도 있다.

ㄴ은 동사나 형용사와 같은 용언의 어간에 관형사형 어미 ‘-(으)ㄴ’, ‘-(으)ㄹ’ 등이 결합하여 관형어가 된 경우이다. ‘마실’은 동사의 어간 ‘마시-’에 관형사형 어미 ‘-ㄹ’이 결합하여 ‘물’을 꾸며 주고 있고, ‘맑은’은 형용사의 어간 ‘맑-’에 관형사형 어미 ‘-은’이 결합하여 ‘물’을 꾸며 주고 있다.

ㄷ은 관형사가 관형어가 된 경우이다. 관형사는 체언 앞에서 체언의 뜻을 꾸며 주는 품사이다. 관형사 ‘온갖’은 명사 ‘꽃’을 꾸며 주며 ‘이런저런 여러 가지의.’라는 의미를 더해 주고 있다. 관형사는 체언과 달리 조사와 결합할 수 없으며, 용언과 달리 활용이 불가능하다는 특성이 있다.

〈대화 2〉

18 <보기>를 참고하여 음운 변동 사례에 대해 이해한 것으로 적절하지 <u>않은</u> 것은?

	[A]	[B]
①	품사가 무엇인가	의미가 무엇인가
②	품사가 무엇인가	문장 성분이 무엇인가
③	문장 성분이 무엇인가	문장의 종류가 무엇인가
④	문장의 종류가 무엇인가	의미가 무엇인가
⑤	문장의 종류가 무엇인가	문장 성분이 무엇인가

19 다음은 사전 활용 수업 장면의 일부이다. 선생님의 설명을 참고하여 <보기>의 학습지를 탐구한 내용으로 적절하지 <u>않은</u> 것은?

보기

a. 고향
b. 예쁜
c. 남자의
d. 옛

\+ 친구가 여기 있다.

① a~d는 모두 체언 '친구'를 꾸며 주는 역할을 한다.
② a는 조사가 없이 체언만으로 관형어가 된 경우이다.
③ b는 용언의 어간 '예쁘-'에 관형사형 어미 '-ㄴ'이 결합된 것이다.
④ c에서 관형격 조사 '의'가 생략되어도 문장의 원래 의미가 달라지지 않는다.
⑤ d는 조사가 결합할 수 없으며 활용이 불가능하다.

2019년 6월 고1 전국연합학력평가

20 다음은 높임 표현에 대한 탐구 학습지이다. ㉮에 들어갈 내용으로 적절하지 <u>않은</u> 것은? [3점]

▶ 높임 표현의 종류와 실현 방식에 대해 이해하고 <보기> 문장에 나타난 높임 표현을 설명해 보자.

종류	실현 방식
상대 높임	• 대화의 상대, 즉 듣는 이를 높이거나 낮춤 • 종결어미 '-습니다', '-다', '-(으)십시오', '-(아/어)라' 등을 사용
주체 높임	• 서술의 주체, 즉 문장의 주어를 높임 • 선어말 어미 '-(으)시-' 결합 • 주격 조사 '께서' 사용 • 특수 어휘 '계시다', '주무시다' 등 사용
객체 높임	• 서술의 객체, 즉 문장의 목적어나 부사어를 높임 • 부사격 조사 '께' 사용 • 특수 어휘 '드리다', '뵙다' 등 사용

보기

㉠ 채윤아, 할아버지께 물 좀 갖다 드려라.
㉡ 선생님, 어제 부모님께서 할머니를 모시고 여행을 가자고 말씀을 하셨습니다.

㉮ ______________________

① ㉠은 종결어미 '-어라'를 사용하여 대화 상대인 '채윤'을 낮추고 있다.
② ㉠은 부사격 조사 '께'를 사용하여 서술의 객체인 '할아버지'를 높이고 있다.
③ ㉡은 특수 어휘 '말씀'을 사용하여 서술의 객체인 '할머니'를 높이고 있다.
④ ㉡은 종결어미 '-습니다'를 사용하여 대화 상대인 '선생님'을 높이고 있다.
⑤ ㉡은 주격 조사 '께서'와 선어말 어미 '-시-'를 사용하여 서술의 주체인 '부모님'을 높이고 있다.

2019년 9월 고1 전국연합학력평가

21 **<보기>를 참고할 때, ㉠~㉢을 이해한 내용으로 적절하지 <u>않은</u> 것은?** [3점]

보기

다른 사람의 말이나 생각 등을 원래의 내용과 형식 그대로 옮겨 표현하는 것을 '직접 인용', 원래의 내용을 전달하되 말하는 사람의 관점에서 표현하는 것을 '간접 인용'이라 한다.

직접 인용은 큰따옴표와 종결 표현에 따른 문장 부호를 사용하고, 조사 '라고'를 붙여 표현한다. 간접 인용은 문장 부호 없이, 앞말의 종결 어미에 조사 '고'를 붙여 표현한다. 간접 인용문은 화자의 관점에서 표현하기 때문에 직접 인용문과 비교할 때 인칭, 지시 표현, 높임 표현, 시간 표현, 종결 표현 등에서 변화가 나타나기도 한다.

㉠ 어제 진우는 "내일 떠나고 싶다."라고 했다.
➜ 어제 진우는 오늘 떠나고 싶다고 했다.
㉡ 아들이 나에게 "잠시만 집에 계세요."라고 했다.
➜ 아들이 나에게 잠시만 집에 있으라고 했다.
㉢ 그 바다에서 아영이는 "나는 이곳이 마음에 들어."라고 했다.
➜ 그 바다에서 아영이는 자기는 그곳이 마음에 든다고 했다.

① ㉠ : 직접 인용문에서 쓰인 조사 '라고'가 간접 인용문에서 '고'로 달라졌다.
② ㉠ : 직접 인용문에서 쓰인 시간 표현 '내일'이 간접 인용문에서 '오늘'로 달라졌다.
③ ㉡ : 직접 인용문에서 실현된 주체 높임 표현이 간접 인용문에서 객체 높임 표현으로 바뀌었다.
④ ㉢ : 직접 인용문에서 쓰인 1인칭이 간접 인용문에서 3인칭으로 바뀌었다.
⑤ ㉢ : 직접 인용문에서 쓰인 지시 표현 '이곳'이 간접 인용문에서 '그곳'으로 달라졌다.

2019년 11월 고1 전국연합학력평가

22 **<보기1>을 바탕으로 <보기2>에서 사용된 높임의 양상을 바르게 분석한 것은?**

보기1

주체 높임법은 서술의 주체에 해당하는 문장의 주어를 높이는 방법이고, 객체 높임법은 서술의 객체에 해당하는 목적어나 부사어가 지시하는 대상을 높이는 방법이다. 이러한 높임을 실현하기 위해서는 선어말 어미, 조사, 특수 어휘를 사용한다.

보기2

어머니께서는 할머니를 모시고 공원에 가셨다.

	주체 높임법			객체 높임법	
	선어말 어미	조사	특수 어휘	조사	특수 어휘
①	○	×	○	○	○
②	○	○	×	○	×
③	○	○	×	×	○
④	×	×	○	×	○
⑤	×	○	×	○	×

2019년 11월 고1 전국연합학력평가

23 **<보기>는 수업 장면의 일부이다. ㉠에 해당하는 예로 적절한 것은?**

보기

선생님: 주어가 스스로 행동하지 않고 다른 주체에 의해 어떤 동작을 당하거나 영향을 받는 것을 피동이라고 합니다. 피동문을 만들 때는 능동사의 어근에 피동 접미사 '-이-, -히-, -리-, -기-'를 붙여서 짧은 피동을 만들거나, '-아/-어지다'와 같은 표현을 사용하여 긴 피동을 만듭니다. 그런데 ㉠**일부 능동사의 어근에는 피동 접미사가 결합하지 못하여 짧은 피동을 만들 수 없는 경우**도 있습니다.

① 물고기가 낚싯줄을 끊었다.
② 경민이가 아기의 볼을 만졌다.
③ 민수가 동생의 이름을 불렀다.
④ 다람쥐가 도토리를 땅에 묻었다.
⑤ 요리사가 음식을 접시에 담았다.

2020년 3월 고1 전국연합학력평가

24 **<보기>의 ㉠과 ㉡이 모두 적용된 예로 적절한 것은?**

보기

부정 표현이란 부정의 뜻을 나타내는 표현을 말한다. 부정 표현은 부사인 '안'과 '못'을 사용해서 짧게 표현할 수도 있고, ㉠**'-지 아니하다'와 '-지 못하다' 등을 사용해서 길게 표현**할 수도 있다. 부정 표현은 능력을 부정하거나 의지를 부정하는 것 이외에 ㉡**단순히 사실이나 상태를 부정하는 의미로도 해석**된다.

① 우리가 묵은 방은 두 평이 채 못 된다.
② 나는 저녁을 먹으려고 간식을 안 먹었다.
③ 그는 용기가 없어서 발표를 잘하지 못했다.
④ 다행히 소풍을 가는 날 비가 내리지 않았다.
⑤ 동생은 숙제를 한다며 놀이터에 나가지 않았다.

2020년 3월 고1 전국연합학력평가

25 **<보기>에 있는 '자료'의 밑줄 친 부분에 ㄱ~ㄷ에 해당하는 예를 찾아 넣으려고 할 때, 적절하지 않은 것은?**

보기

목적어는 문장에서 주로 서술어가 나타내는 동작의 대상이 되는 문장 성분이다. 문장에서 목적어는 다음과 같은 형태로 나타난다.

○ 체언 + 목적격 조사 '을/를'
○ 체언 + 특정한 의미를 더해 주는 보조사 …… ㄱ
○ 체언 단독 …… ㄴ
○ 체언 + 보조사 + 목적격 조사 …… ㄷ

[자료]
그는 ________________ 갔어.

① ㄱ의 예로 '산책을'을 넣을 수 있다.
② ㄱ의 예로 '이사도'를 넣을 수 있다.
③ ㄴ의 예로 '꽃구경'을 넣을 수 있다.
④ ㄴ의 예로 '배낭여행'을 넣을 수 있다.
⑤ ㄷ의 예로 '한길만을'을 넣을 수 있다.

2020년 6월 고1 전국연합학력평가

[26~27] 다음 글을 읽고 물음에 답하시오.

국어의 시제는 과거, 현재, 미래가 있는데, 이는 발화시와 사건시라는 시점을 기준으로 나눈 것이다. 발화시는 말하는 이가 말하는 시점을 뜻하고, 사건시는 동작이나 상태가 나타나는 시점을 가리킨다. 발화시보다 사건시가 앞서면 '과거 시제', 발화시와 사건시가 일치하면 '현재 시제', 발화시보다 사건시가 나중이면 '미래 시제'라고 한다.

시제는 다음과 같이 어미나 시간 부사를 통해 실현된다.

시제의 종류 / 문법 요소	과거 시제	현재 시제	미래 시제
선어말 어미	-았-/-었-, -았었-/-었었-, -더-	· 동사: -는-, -ㄴ- · 형용사: 없음	-겠-, -(으)리-
관형사형 어미	· 동사:-(으)ㄴ, -던 · 형용사: -던	· 동사: -는 · 형용사: -(으)ㄴ	-(으)ㄹ
시간 부사	어제, 옛날	오늘, 지금	내일, 곧

시간을 표현하는 문법 요소는 항상 특정한 시제만 표현하는 것은 아니다. 예를 들어 '-았-/-었-'은 주로 과거 시제를 표현하지만, 과거에 이루어진 어떤 상태가 현재까지 지속되는 경우에 쓰이기도 하고, ㉠<u>**미래의 상황을 표현하는 경우에 쓰이기도 한다**</u>.

> ㉮ 찬호는 어려서부터 아빠를 닮았다.
> ㉯ 네가 지금처럼 공부하면 틀림없이 대학에 붙었다.

㉮는 '찬호와 아빠의 닮음'이라는 과거의 상태가 현재까지도 지속되고 있음을 보여준다. 한편 ㉯의 '붙었다'에서 과거 시제 선어말 어미 '-었-'이 쓰였지만, 발화시에서 볼 때 '대학에 붙는 일'은 앞으로 벌어질 미래의 사건이다.

26 **윗글을 읽고 〈보기〉의 ⓐ~ⓒ를 탐구한 내용으로 가장 적절한 것은?** [3점]

보기

> ⓐ 아기가 새근새근 잘 잔다.
> ⓑ 영주는 어제 영화를 한 편 봤다.
> ⓒ 전국적으로 비가 곧 내리겠습니다.

① ⓐ : 발화시보다 사건시가 나중인 시간 표현이 사용되었다.
② ⓐ : 관형사형 어미와 선어말 어미를 활용한 시간 표현이 나타난다.
③ ⓑ : 발화시와 사건시가 일치하는 시간 표현이 사용되었다.
④ ⓑ : 시간 부사와 선어말 어미를 활용한 시간 표현이 나타난다.
⑤ ⓒ : 발화시보다 사건시가 앞선 시간 표현이 사용되었다.

27 **㉠의 사례로 가장 적절한 것은?**

① 그는 여행을 떠나기로 결심했다.
② 1919년 3월 1일, 만세운동이 일어났다.
③ 봄날 거리에 개나리가 흐드러지게 피었다.
④ 학생들이 운동장에서 축구공을 차고 있었다.
⑤ 어린 동생과 싸웠으니 난 이제 어머니께 혼났다.

2020년 6월 고1 전국연합학력평가

28 <보기>의 (가)에 들어갈 말로 적절한 것은?

> **보기**
>
> [학습 활동]
>
> 다음 담화 상황에 등장하는 ㉠, ㉡이 달라질 때, 언어 예절에 적합한 높임 표현을 사용해 보자.
>
> [담화 상황]
>
> (내가 철수에게)
>
> "어제 ㉠**영희**가 ㉡**경희**에게 선물을 주는 것을 보았어."
>
> ※ 말하는 사람인 '나'와 철수, 영희, 경희는 서로 대등한 관계임.

① ㉠이 높임의 대상인 '선생님'으로 바뀌면 조사 '가'를 '께서'로 고쳐 말해야 한다.
② ㉠이 높임의 대상인 '선생님'으로 바뀌면 조사 '에게'를 '께'로 고쳐 말해야 한다.
③ ㉡이 높임의 대상인 '선생님'으로 바뀌면 '주는'을 '주시는'으로 고쳐 말해야 한다.
④ ㉡이 높임의 대상인 '선생님'으로 바뀌면 '보았어'를 '보셨어'로 고쳐 말해야 한다.
⑤ ㉡이 높임의 대상인 '선생님'으로 바뀌면 '보았어'를 '보았습니다'로 고쳐 말해야 한다.

2020년 9월 고1 전국연합학력평가

29 밑줄 친 부분에 주목하여 <보기>의 ㄱ~ㅁ을 탐구한 내용으로 적절하지 <u>않은</u> 것은?

> **보기**
>
> ㄱ. 그는 <u>어제</u> 고향을 떠났다.
> ㄴ. 지난겨울에는 정말 <u>춥더라</u>.
> ㄷ. 친구와 함께 <u>본</u> 영화는 재미있었다.
> ㄹ. 작년만 해도 이곳에는 나무가 <u>적었었다</u>.
> ㅁ. 축제 준비를 하려면 오늘 밤 잠은 다 <u>잤네</u>.

⑥ ㄱ을 보니, 시간 부사어를 사용하여 과거를 나타내고 있군.
⑦ ㄴ을 보니, 선어말 어미 '-더-'를 사용하여 과거의 경험을 회상하고 있군.
⑧ ㄷ을 보니, 동사는 관형사형 어미 '-(으)ㄴ'을 사용하여 과거에 일어난 일을 나타내는군.
⑨ ㄹ을 보니, 선어말 어미 '-었었-'을 사용하여 현재까지 지속되는 과거의 상황을 나타내는군.
⑩ ㅁ을 보니, 선어말 어미 '-았-'이 과거에 일어난 일을 나타내지 않기도 하는군.

2020년 11월 고1 전국연합학력평가

30 <보기>의 학습 과제를 수행한 결과로 적절하지 <u>않은</u> 것은?

> **보기1**
>
> [학습 내용] 주어가 자기 힘으로 동작하는 것을 능동이라고 하고, 주어가 다른 주체에 의해 동작을 당하는 것을 피동이라고 한다. 피동 표현은 주로 어근에 접사 '-이-', '-히-', '-리-', '-기-', '-되다' 등이 결합하여 실현된다.
>
> [학습 과제] 다음의 어근 목록을 활용하여 피동문을 만드시오.

풀-	읽-	안-	깎-	이용

⑪ 이번 시험 문제는 지난번보다 잘 풀렸다.
⑫ 그의 글은 오직 나에게만 아름답게 읽혔다.
⑬ 친구는 버스에서 자기 짐까지 나에게 안겼다.
⑭ 날카로운 칼날에 무성하던 잔디가 모두 깎였다.
⑮ 우리 학교 운동장은 가끔 주차장으로도 이용되었다.

2021년 3월 고1 전국연합학력평가

31 ㉠~㉤에 대한 설명으로 적절하지 않은 것은?

보기

㉠ 그는 우리와 함께 일하기를 거부했다.
㉡ 개는 사람보다 후각이 훨씬 예민하다.
㉢ 나는 그가 우리를 도와 준 일을 잊지 않았다.
㉣ 날이 추워지면 방한 용품이 필요하다.
㉤ 수만 명의 관객들이 공연장을 가득 메웠다.

⑯ ㉠ : '우리와 함께 일하기를'이 안은문장에서 목적어의 역할을 하고 있군.
⑰ ㉡ : '후각이 훨씬 예민하다'가 안은문장에서 서술어의 역할을 하고 있군.
⑱ ㉢ : '그가 우리를 도와 준'이 안은문장에서 관형어의 역할을 하고 있군.
⑲ ㉣ : '날이 추워지다.'와 '방한 용품이 필요하다.'가 대등하게 이어진 문장이군.
⑳ ㉤ : '관객들이'가 주어이고 '메웠다'가 서술어인 홑문장이군.

2021년 6월 고1 전국연합학력평가

[32~33] 다음 글을 읽고 물음에 답하시오.

일반적으로 문장은 주어와 서술어의 관계에 따라 홑문장과 겹문장으로 나눌 수 있다. 홑문장은 '주어-서술어'의 관계가 한 번만 나타나는 문장이고, 겹문장은 '주어-서술어'의 관계가 두 번 이상 나타나는 문장이다. 겹문장은 문장의 짜임새에 따라 다시 안은문장과 이어진 문장으로 나뉜다.

다른 문장 속에 들어가 하나의 성분처럼 쓰이는 문장을 안긴 문장이라고 하며, 이 문장을 포함한 문장을 안은 문장이라고 한다. 안긴문장은 문법 단위로는 '절'에 해당하며, 이는 크게 명사절, 관형절, 부사절, 서술절, 인용절의 다섯 가지로 나뉜다.

명사절은 '우리는 **그가 돌아오기**를 기다린다.'의 밑줄 친 부분과 같이 절 전체가 명사처럼 쓰이는 것으로, 문장에서 주어, 목적어, 보어, 부사어 등의 역할을 한다. 관형절은 절 전체가 관형어의 기능을 하는 것으로, '**아이들이 들어오는** 소리를 들었다.'의 밑줄 친 부분과 같이 체언 앞에 위치하여 체언을 수식하는 역할을 한다. 부사절은 절 전체가 부사어의 기능을 하는 것으로, '하늘이 **눈이 시리도록** 푸르다.'의 밑줄 친 부분과 같이 서술어를 수식하는 역할을 한다. 서술절은 '나는 **국어가 좋아**.'의 밑줄 친 부분과 같이 절 전체가 서술어의 기능을 하는 것이다. 인용절은 '담당자가 "**서류는 내일까지 제출하세요.**"라고 말했다.'의 밑줄 친부분과 같이 화자의 생각 혹은 느낌이나 다른 사람의 말을 인용한 것이 절의 형식으로 안기는 경우로, '고', '라고'와 결합하여 나타난다.

이어진문장은 둘 이상의 절이 연결 어미에 의해 결합된 문장을 말한다. 절이 이어지는 방법에 따라 대등하게 이어진문장과 종속적으로 이어진문장으로 나뉜다. 대등하게 이어진문장은 앞 절과 뒤 절이 '-고', '-지만' 등의 연결 어미에 의해 이어지며, 각각 '나열', '대조' 등의 대등한 의미 관계로 해석된다. 종속적으로 이어진문장은 앞 절과 뒤 절이 '-아서/-어서', '-(으)면', '-(으)러' 등의 연결 어미에 의해 이어지며, 앞 절이 뒤 절에 대해 각각 '원인', '조건', '목적' 등의 종속적인 의미 관계로 해석된다.

32 윗글을 바탕으로 <보기>를 탐구한 내용으로 적절하지 않은 것은?

> **보기**
>
> ㉠**오랫동안 여행을 떠났던** 친구가 ㉡**자신이 돌아왔음**을 알리며 ㉢**곧장 나를 만나러 오겠다**고 ㉣**기분 좋게** 약속해서 나는 ㉤**마음이 설렜다**.

① ㉠은 뒤에 오는 명사 '친구'를 수식하므로 관형절로 안긴문장으로 볼 수 있군.
② ㉡은 서술어 '알리며'의 부사어 역할을 하므로 명사절로 안긴 문장으로 볼 수 있군.
③ ㉢은 '고'를 사용하여 친구의 말을 인용하고 있으므로 인용절로 안긴문장으로 볼 수 있군.
④ ㉣은 서술어 '약속해서'를 수식하고 있으므로 부사절로 안긴 문장으로 볼 수 있군.
⑤ ㉤은 주어 '나'의 상태를 서술하는 역할을 하므로 서술절로 안긴문장으로 볼 수 있군.

33 윗글을 바탕으로 이어진문장을 구분한 내용으로 적절한 것은?

	예문	종류	의미 관계
⑥	무쇠도 갈면 바늘이 된다.	종속	목적
⑦	하늘도 맑고, 바람도 잠잠하다.	대등	대조
⑧	나는 시험공부를 하러 학교에 간다.	종속	조건
⑨	함박눈이 내렸지만 날씨가 따뜻하다.	대등	나열
⑩	갑자기 문이 열려서 사람들이 놀랐다.	종속	원인

2021년 9월 고1 전국연합학력평가

[34~35] 다음 글을 읽고 물음에 답하시오.

어떤 행위, 사건, 상태의 시간적 위치를 언어적으로 나타내주는 문법 범주를 시제라고 한다. 시제는 사건이 발생한 시점인 사건시와 그 사건을 언어로 표현하는 시점이 발화시의 선후 관계에 따라 결정된다.

과거 시제는 사건시가 발화시보다 앞서는 시제로, 주로 선어말 어미 '-았-/-었-'을 통해 실현된다. 또 동사 어간에 붙는 관형사형 어미 '-(으)ㄴ'과 용언의 어간이나 서술격 조사에 붙는 '-던'을 통해 실현된다. 현재 시제는 사건시와 발화시가 일치하는 시제로, 동사에서는 선어말 어미 '-ㄴ-/-는-' 및 관형사형 어미 '-는'을 통해서 실현되고, 형용사나 서술격 조사에서는 관형사형 어미 '-(으)ㄴ'을 통해 실현되거나 선어말 어미 없이 기본형을 사용하여 현재의 의미를 나타낸다. 미래 시제는 사건시가 발화시보다 나중인 시제로, 선어말 어미 '-겠-'을 통해 실현되는 것이 일반적이나 관형사형 어미 '-(으)ㄹ', 관형사형 어미 '-(으)ㄹ'과 의존 명사 '것'이 결합된 '-(으)ㄹ 것'을 통해서도 실현된다. 이러한 방법 외에도 '어제, 지금, 내일' 등과 같은 부사어를 사용하여 시제를 드러내기도 한다.

그런데 시간을 표현하는 데 사용되는 문법 요소가 언제나 특정한 시제를 나타내는 것은 아니다. 예를 들어 선어말 어미 '-ㄴ-/-는-'은 주로 현재 시제를 나타내는 데 사용되지만 ⓐ**미래를 나타내는 경우**에 쓰이기도 하고, 선어말 어미 '-겠-'은 주로 미래 시제를 표현하는 데 사용되지만 ⓑ**추측을 나타내는 경우**에 쓰이기도 한다.

34 **윗글을 바탕으로 <보기>의 ㉠~㉢을 이해한 내용으로 적절하지 않은 것은?**

보기

㉠ 비가 지금 내린다.
㉡ 비가 내일 내릴 것이다.
㉢ 내가 찾아간 곳에 비가 많이 내렸다.

① ㉠에는 사건시와 발화시가 일치하는 시제가 나타난다.
② ㉡에는 선어말 어미를 활용한 시간 표현이 나타난다.
③ ㉢에는 관형사형 어미를 활용한 시간 표현이 나타난다.
④ ㉠과 ㉡에는 부사어를 활용한 시간 표현이 나타난다.
⑤ ㉡에는 사건시가 발화시보다 나중인, ㉢에는 사건시가 발화시보다 앞서는 시제가 나타난다.

35 **윗글을 참고할 때 ⓐ, ⓑ에 해당하는 예끼리 묶은 것으로 적절한 것은?**

① ⓐ : 잠시 후 결과가 발표된다.
ⓑ : 일찍 출발하느라 고생했겠다.
② ⓐ : 삼촌은 곧 여기를 떠난다.
ⓑ : 잠시만 비켜주시겠습니까?
③ ⓐ : 사람은 누구나 꿈을 꾼다.
ⓑ : 제가 먼저 발표하겠습니다.
④ ⓐ : 지구는 태양의 주위를 돈다.
ⓑ : 이제 늦지 않도록 하겠습니다.
⑤ ⓐ : 그가 내 의도를 알아채고 웃는다.
ⓑ : 우리 고향은 이미 추수가 다 끝났겠다.

2021년 11월 고1 전국연합학력평가

36 **<보기1>을 바탕으로 <보기2>에 대해 설명한 내용으로 적절하지 않은 것은?**

보기1

주체 높임법은 문장의 주어인 서술의 주체에 대하여 높임의 태도를 나타내는 방법이다. 객체 높임법은 문장의 목적어나 부사어가 지시하는 대상, 곧 서술의 객체에 대하여 높임의 태도를 나타내는 방법이다. 주체 높임과 객체 높임의 대상은 문장에서 표면적으로 드러나기도 하고 생략되기도 한다. 한편, 상대 높임법은 화자가 청자인 상대방에 대하여 높이거나 낮추는 태도를 나타내는 방법이다. 한 문장 안에서도 다양한 높임법이 쓰일 수 있다.

보기2

<아들과 아버지의 통화>
아들: ⓐ아버지, 집에 언제 도착하시나요?
아버지: 무슨 일 있니?
아들: ⓑ할머니께서 아버지께 전화해 보라고 하셨어요. ⓒ아버지께 드릴 말씀도 있어서요.
아버지: 그래, 거의 다 왔으니 집에 가서 얘기하자. 그런데 할머니 아직 안 주무시니?
아들: ⓓ아직 안 주무셔요. ⓔ방금 어머니께서 할머니 모시고 나가셨어요.

① ⓐ는 주체 높임과 상대 높임의 대상이 같다.
② ⓑ는 객체 높임과 상대 높임의 대상이 다르다.
③ ⓒ는 객체 높임과 상대 높임의 대상이 같다.
④ ⓓ는 주체 높임과 상대 높임의 대상이 다르다.
⑤ ⓔ는 주체 높임, 객체 높임, 상대 높임의 대상이 모두 다르다.

2015년 3월 고2 전국연합학력평가

37 **<보기1>을 바탕으로 <보기2>에 쓰인 높임의 양상을 바르게 표시한 것은?**

보기1

국어의 높임법은 높임의 대상이 무엇이냐에 따라 크게 셋으로 나뉜다. 주체 높임법에서는 문장의 주어가 가리키는 인물, 객체 높임법에서는 문장의 목적어나 부사어가 지시하는 대상, 상대 높임법에서는 말을 듣는 상대, 즉 청자가 높임의 대상이 된다. 그런데 실제로는 대개 두세 가지의 높임법이 동시에 사용된다. 존대를 [+]로 비존대를 [-]로 나타낸다면, '철수야, 할아버지 오셨어.'와 같은 문장은 [주체 높임 +], [상대 높임 -]로 표시할 수 있다.

보기2

영희가 할머니를 모시고 공원에 갔어요.

① [주체 높임 -], [객체 높임 +], [상대 높임 +]
② [주체 높임 -], [객체 높임 +], [상대 높임 -]
③ [주체 높임 -], [객체 높임 -], [상대 높임 -]
④ [주체 높임 +], [객체 높임 +], [상대 높임 +]
⑤ [주체 높임 +], [객체 높임 -], [상대 높임 -]

2015년 6월 고2 전국연합학력평가

38 **<보기>의 ㉠~㉤에 대한 설명으로 적절하지 적절하지 않은 것은?** [3점]

보기

'안긴문장'은 다른 문장 속에 들어가 하나의 성분처럼 쓰이는 문장을 말하며, '안은문장'은 안긴문장을 포함하고 있는 문장을 말한다. 안긴문장은 기능에 따라 명사절, 관형절, 부사절, 서술절, 인용절로 나뉜다.

㉠ 영수는 키가 매우 크다.
㉡ 영수는 꽃이 핀 사실을 몰랐다.
㉢ 영수는 말도 없이 학교로 가 버렸다.
㉣ 영수는 공원을 산책하기를 좋아한다.
㉤ 영수는 영희에게 빨리 오라고 외쳤다.

① ㉠의 안긴문장은 안은문장의 서술어 기능을 한다.
② ㉡의 안긴문장은 체언의 뜻을 제한하는 기능을 한다.
③ ㉢의 안긴문장은 안은문장의 부사어를 수식한다.
④ ㉣의 안긴문장의 주어는 안은문장의 주어와 동일하다.
⑤ ㉤의 안긴문장은 안은문장의 주어가 한 말을 인용한 것이다.

2015년 6월 고2 전국연합학력평가

39 **<보기>의 [가]에 들어갈 문장으로 적절한 것은?**

보기

선생님 : 우리말의 높임 표현에는 다음과 같이 세 종류가 있습니다.

○ 상대 높임법: 화자가 청자, 즉 상대를 높이거나 낮추는 방법(종결 어미에 의해 실현)
○ 주체 높임법: 문장에서 서술의 주체를 높이는 방법(조사, 선어말 어미, 특수 어휘에 의해 실현)
○ 객체 높임법: 문장에서 목적어나 부사어가 지시하는 대상, 즉 객체를 높이는 방법(조사, 특수 어휘에 의해 실현)

그런데 실제 언어생활에서 '높임 표현'이 실현되는 양상은 복합적입니다.

예문을 볼까요? '영희야, 선생님께서 찾으셔.'는 상대는 낮추고 주체는 높여서 표현한 것입니다. 그리고 ____[가]____는 상대를 높이고 객체도 높여서 표현한 것입니다.

① 내일 우리 같이 밥 먹어요.
② 제가 할머니를 모시고 왔습니다.
③ 이 손수건 좀 할아버지께 갖다 드려.
④ 요즘 여러 가지 일로 많이 바쁘시죠?
⑤ 어머니께서 아버지의 바지를 만드셨어.

2016년 3월 고2 전국연합학력평가

40 **<보기>의 사례를 통해 '의도'의 의미를 나타내는 연결 어미 '-(으)려고'의 쓰임에 대해 탐구한 내용으로 적절하지 <u>않은</u> 것은?** [3점]

보기

ㄱ. 도서관에 가려고 철호가 집을 나섰다.
　*영희가 도서관에 가려고 철호가 집을 나섰다.
ㄴ. 철호가 도서관에 가려고 집을 나섰다.
　도서관에 가려고 철호가 집을 나섰다.
　철호가 집을 나섰다, 도서관에 가려고.
ㄷ. 철호야, 공부하려고 도서관에 가니?/*가라./*가자.
ㄹ. 할머니께서는 병원에 가시려고/*가셨으려고/*가시겠으려고 버스를 타셨다.
ㅁ. 할머니께서는 운동을 하려고 공원에 가셨다.
　할머니께서는 *건강하려고 공원에 가셨다.

(*는 문법적으로 잘못된 것.)

① ㄱ을 보니, '-(으)려고'로 연결된 문장은 앞 절과 뒤 절의 주어가 다르면 문법적으로 잘못된 문장이 되는 경우가 있군.
② ㄴ을 보니, '-(으)려고'가 포함된 절은 문장에서의 위치 이동이 가능하군.
③ ㄷ을 보니, '-(으)려고'는 명령형이나 청유형이 이어지면 문법적으로 잘못된 문장이 될 수 있군.
④ ㄹ을 보니, '-(으)려고'는 선어말 어미와 결합하지 못하는군.
⑤ ㅁ을 보니, '-(으)려고'는 동사 어간과는 결합하지만 형용사 어간과는 결합하지 않는군.

2019년 6월 고2 전국연합학력평가

41 **<보기>의 ㉠에 해당하는 문장으로 적절한 것은?**

보기

'종속적으로 이어진 문장'은 두 개 이상의 문장이 연결 어미로 이어져 있다. 이때 앞의 절과 뒤의 절은 인과, ㉠<u>**조건**</u>, 의도, 양보, 배경 등의 의미 관계를 나타낸다.

⑥ 책을 많이 읽으면 생각이 깊어진다.
⑦ 책을 읽으려고 학교 도서관으로 갔다.
⑧ 책을 아무리 읽어도 이해가 되지 않는다.
⑨ 책을 읽고 있는데 친구가 나를 자꾸 불렀다.
⑩ 책을 다양하게 읽어서 그는 지식이 풍부하다.

2016년 11월 고2 전국연합학력평가

42 **<보기>의 ㄱ ~ ㄹ을 활용하여 만든 겹문장을 이해한 내용으로 적절하지 <u>않은</u> 것은?**

보기

ㄱ. 바람이 분다.
ㄴ. 바람이 차갑다.
ㄷ. 단풍잎이 빨갛다.
ㄹ. 단풍잎이 흔들린다.

① '바람이 불어서 단풍잎이 흔들린다.'는 ㄱ과 ㄹ이 종속적으로 이어진 문장이다.
② '차가운 바람이 분다.'는 ㄴ이 ㄱ에 안기면서 ㄴ의 주어가 생략된 문장이다.
③ '바람이 차갑고 단풍잎이 빨갛다.'는 ㄴ과 ㄷ이 대등적으로 이어진 문장이다.
④ '단풍잎이 바람이 불면 흔들린다.'는 ㄹ이 관형절로 바뀐 ㄱ을 안고 있는 문장이다.
⑤ '흔들리는 단풍잎이 빨갛다.'는 ㄹ이 관형절의 형태로 ㄷ에 안겨 있는 문장이다.

2016년 9월 고2 전국연합학력평가

43 **다음과 같이 서술어의 자릿수를 파악하는 활동을 해 보았다. 이를 이해한 내용으로 적절하지 <u>않은</u> 것은?** [3점]

보기

문장에서 서술어는 그 성격에 따라 필요로 하는 문장 성분의 개수가 다른데 이를 서술어의 자릿수라고 한다. 그런데 같은 형태의 서술어라도 필요로 하는 문장 성분의 개수가 다른 경우가 있는데, 문장 성분을 생략해 봄으로써 이를 파악할 수 있다.

탐구자료 [A]	◦ 콩쥐가 옷을 예쁘게 <u>만들었다</u>. ◦ 어머니는 아들을 의사로 <u>만들었다</u>.
탐구활동	문장 성분을 생략해 보며, 문법적으로 올바른 문장인지를 파악한다.

◦ 콩쥐가 옷을 예쁘게 <u>만들었다</u>.
☞ '콩쥐가', '옷을', '예쁘게'를 각각 생략해 본다.
◦ 어머니는 아들을 의사로 <u>만들었다</u>.
☞ '어머니는', '아들을', '의사로'를 각각 생략해 본다.

⇩

탐구결과	서술어 '만들었다'는 필수적으로 요구하는 문장 성분의 수에 따라 두 자리 서술어가 되기도 하고, 세 자리 서술어가 되기도 한다.

⇩

적용자료 [B]	◦ 친구는 내 손을 살며시 <u>잡았다</u>. ◦ 철수가 물고기를 많이 <u>잡았다</u>.

① [A]에서 '콩쥐가'와 '어머니는'은 서술어의 주체가 되는 말이므로 꼭 필요한 성분이겠군.
② [A]에서 '옷을'과 '아들을'은 서술어가 필수적으로 요구하는 문장 성분이므로 생략할 수 없겠군.
③ [A]에서 '예쁘게'는 '의사로'와 달리 서술어가 필수적으로 요구하는 문장 성분이 아니기 때문에 생략할 수 있겠군.
④ [B]에서 '친구는'과 '손을'을 생략했을 때 문장이 성립되지 않으므로 '잡았다'는 두 자리 서술어이겠군.
⑤ [B]에서 '많이'는 생략할 수 없는 문장 성분이므로 '잡았다'는 세 자리 서술어이겠군.

2017년 6월 고2 전국연합학력평가

44 **<보기>의 수업 상황에서, 밑줄 친 물음에 대한 학생의 대답으로 적절하지 <u>않은</u> 것은?**

> **보기**
>
> 이번 시간에는 문장을 구성할 때 반드시 있어야 하는 성분인 주성분에 대해 살펴보겠습니다. 주성분에는 주어, 서술어, 목적어, 보어가 있습니다. 주어는 문장에서 동작 또는 상태나 성질의 주체를 나타내는 것입니다. 서술어는 주어의 동작, 상태, 성질 따위를 풀이하는 기능을 하는 성분입니다. 서술어의 동작 대상이 되는 문장 성분을 목적어라고 하고, 서술어 '되다, 아니다'가 필요로 하는 문장 성분 중에서 주어를 제외하고 조사 '이/가'가 붙은 것을 보어라고 합니다.
>
> <u>**자, 그럼 다음 문장의 주성분에 대해 알아볼까요**</u>?
>
> ㄱ. 철수의 동생이 사진을 찍었다.
>
> ㄴ. 언니는 올해 대학생이 되었다.

① ㄱ의 '찍었다'는 '동생'의 동작을 풀이하는 서술어입니다.

② ㄴ의 '올해'는 '되었다'가 꼭 필요로 하므로 주성분입니다.

③ ㄱ에는 목적어가 있지만, ㄴ에는 목적어가 없습니다.

④ ㄱ과 ㄴ에는 주어가 하나씩 있습니다.

⑤ ㄱ과 ㄴ에는 주성분의 종류가 세 가지씩 있습니다.

2017년 9월 고2 전국연합학력평가

[45~46] 다음 글을 읽고 물음에 답하시오.

서술어는 그 성격에 따라 필요로 하는 문장 성분의 개수가 다른데, 이를 '서술어의 자릿수'라고 한다. 이러한 서술어의 자릿수에 의한 서술어의 종류에는 주어만을 요구하는 한 자리 서술어, 주어 이외에도 목적어, 보어, 부사어 중에서 한 성분을 필수적으로 요구하는 두 자리 서술어, 주어, 목적어, 부사어 세 가지 성분을 모두 요구하는 ㉠<u>**세 자리 서술어**</u>가 있다.

한편 문장은 주어와 서술어의 관계에 따라 홑문장과 겹문장으로 나뉜다. 홑문장은 '주어-서술어'의 관계가 한 번, 겹문장은 '주어-서술어'의 관계가 두 번 이상 나타나는 문장이다.

겹문장은 다시 이어진문장과 안은문장으로 나뉜다. 이어진문장은 둘 이상의 절이 연결 어미에 의하여 결합된 문장으로, '대등하게 이어진 문장'과 '종속적으로 이어진 문장'이 있다. 대등하게 이어진 문장은 앞 절과 뒤 절의 의미가 대등하게 이어진 문장으로, 앞 절과 뒤 절은 '나열', '대조', '선택' 등의 대등한 의미 관계를 갖는다. 그리고 종속적으로 이어진 문장은 앞 절과 뒤 절의 의미가 독립적이지 못하고 종속적인 관계에 있는 문장으로, 앞 절이 뒤 절에 대해 '배경', '원인', '조건', '결과', '목적' 등의 종속적인 의미 관계를 나타낸다.

문장 속에 안겨 하나의 문장 성분처럼 기능하는 절을 '안긴문장'이라고 하며 이러한 절을 포함한 문장을 '안은문장'이라고 한다. 안긴문장은 문장 속에서 주어, 목적어 등의 기능을 하는 '명사절', 관형어의 기능을 하는 '관형절', 부사어의 기능을 하는 '부사절', 서술어의 기능을 하는 '서술절', 그리고 인용한 내용이 절의 형식으로 안기는 '인용절' 등이 있다. 안은문장에서는 안긴문장의 어떤 성분이 그것을 안고 있는 안은문장의 한 성분과 동일하게 되면 그 안긴문장의 성분이 생략될 수 있다.

45 ㉠에 해당하는 예로 가장 적절한 것은?

① 계절이 어느덧 가을이 되었다.
② 오빠는 아빠와 정말 많이 닮았다.
③ 장미꽃이 우리 집 뜰에도 피었다.
④ 아버지께서 헌 집을 정성껏 고치셨다.
⑤ 그는 자신의 직업을 천직으로 여겼다.

46 윗글을 바탕으로 <보기>의 ㄱ~ㅁ에 대해 탐구한 것으로 적절하지 않은 것은?

보기

ㄱ. 누나는 마음이 넓다.
ㄴ. 그 배는 섬으로 갔다.
ㄷ. 나는 형이 준 책을 읽었다.
ㄹ. 우리는 그가 학생임을 알았다.
ㅁ. 바람도 잠잠하고, 하늘도 푸르다.

① ㄱ에서 안은문장의 주어와 안긴문장의 주어는 동일하다.
② ㄴ은 주어와 서술어의 관계가 한 번 나타나므로 홑문장이다.
③ ㄷ에서 안긴문장의 목적어는 안은문장의 목적어와 중복되므로 생략되었다.
④ ㄷ에는 관형어의 기능을 하는 안긴문장이 있고, ㄹ에는 목적어의 기능을 하는 안긴문장이 있다.
⑤ ㅁ은 앞 절과 뒤 절이 '나열'의 의미 관계를 가지는, 대등하게 이어진 문장이다.

2016년 11월 고2 전국연합학력평가

47 다음은 수업 장면의 일부이다. ㉠과 ㉡에 해당하는 예로 적절한 것은?

보기

㉠ 언니가 동생을 안았다. → ⓐ 동생이 언니에게 안겼다.
㉠ 언니가 동생을 안았다. → ⓑ 엄마가 언니에게 동생을
㉡ 나는 그림을 보았다. → ⓒ 그림이 나에게 보였다.
㉡ 나는 그림을 보았다. → ⓓ 형이 나에게 그림을 보게

① ㉠과 ⓐ를 보니 능동문의 주어는 피동문에서 부사어가 되는군.
② ㉡과 ⓒ를 보니 능동문의 목적어는 피동문에서도 목적어가 되는군.
③ ㉡과 ⓓ를 보니 주동문이 사동문으로 바뀌면 새로운 주어가 나타나는군.
④ ⓐ와 ⓑ를 보니 피동사와 사동사의 형태가 같을 수 있군.
⑤ ⓑ와 ⓓ를 보니 사동사나 '-게 하다'를 활용하여 사동문을 만들 수 있군.

2017년 11월 고2 전국연합학력평가

[48] 다음 글을 읽고 물음에 답하시오.

시제란 발화시를 기준으로 사건시의 선후 관계에 따라 과거, 현재, 미래를 구분하는 문법 범주를 가리킨다.

이때 발화시는 말하는 시점을, 사건시는 사건이 일어나는 시점을 말한다.

과거 시제는 일반적으로 사건시가 발화시에 선행하는 시간 표현으로 규정되는데, 선어말 어미 '-았-/-었-'과 관형사형 어미 '-(으)ㄴ' 등을 통해 실현된다. 그리고 '어제', '옛날'과 같은 시간 부사어와 결합하여 그 의미가 구체화되기도 한다. 현재와 단절된 상황이나 먼 과거는 '-았었-/-었었-'을 통해 표현되기도 한다. 과거 시제 선어말 어미 중 '-더-'는 발화자가 과거에 경험한 일을 회상할 때 쓰이는데, 주어가 1인칭인 경우 쓰임에 제약이 따르기도 한다. '-았-/-었-'이 사용되었다고 해도 경우에 따라 사건시가 발화시와 일치하는 현재의 일이나 사건시가 발화시 이후인 미래의 일을 표시하는 데에도 쓰일 수 있다.

현재 시제는 일반적으로 사건시와 발화시가 일치하는 시간 표현이다. 동사의 경우 선어말 어미 '-는-/-ㄴ-'을 통해, 형용사와 서술격 조사의 경우에는 선어말 어미 없이 현재 시제를 표현한다. 또한 관형사형 어미 '-는', '-(으)ㄴ'을 통해서도 현재 시제를 표현할 수 있으며, '지금'과 같은 시간 부사어와 결합하여 그 의미가 구체화되기도 한다. 현재 시제가 사용된 표현은 보편적인 사실과 미래에 예정된 일을 나타낼 때에도 사용된다.

미래 시제는 사건시가 발화시 이후인 시간 표현이다. 이를 표현하는 선어말 어미로는 보편적으로 '-겠-'이 사용되며, '-(으)리-'가 사용되어 예스러운 의미를 나타내기도 한다. 그리고 관형사형 어미로는 '-(으)ㄹ'이 사용된다. 미래 시제는 '내일'과 같은 시간 부사어와 결합하여 의미가 구체화되기도 한다.

중세 국어도 과거, 현재, 미래의 삼분 체계를 가진다는 점에서 현대 국어와 동일하다. 다만 이를 표현하는 방식에 있어서는 차이가 있었다. 중세 국어에서 동사의 경우, 과거 시제는 선어말 어미 없이 표현하거나 선어말 어미 '-더-'를 사용하여 표현하였다. 중세에는 '-더-'가 현대 국어와는 달리 모든 인칭에 두루 쓰였으며, 1인칭 주어와 함께 쓰이는 경우에는 '-다-'로 나타났다. 현재 시제는 선어말 어미 '-ᄂᆞ-/-ㄴ-'을 써서 표현하였으며, 이는 보편적인 사실을 나타내기도 한다. 미래 시제는 '-리-'를 써서 표현하였다.

48 **다음은 현대 국어의 시제에 대한 탐구 활동지의 일부이다. 윗글을 바탕으로 할 때 ㉮에 들어갈 내용으로 적절하지 않은 것은?** [3점]

※ 다음의 장면들로 문장을 만들어 현대 국어의 시제를 탐구해 보자. 이때 발화자는 '나'이며 ⓐ, ⓑ, ⓒ 장면의 인물도 발화자와 동일하다.

탐구내용: ㉮

① ⓐ에서 발화시와 사건시가 동일하다면, 선어말 어미 '-는-'을 사용하여 '나는 묘목을 심는다.'와 같이 표현할 수 있다.

② ⓐ에서 사건시가 발화시 이후인 ⓑ를 나타내고자 한다면, 선어말 어미 '-겠-'을 사용하여 '묘목이 자라면 나무 아래에서 잘 수 있겠지.'와 같이 표현할 수 있다.

③ ⓐ를 시간적으로 거리가 먼 ⓒ에서 발화한다면, 선어말 어미 '-었었-'을 사용하여 '나는 묘목을 심었었지.'와 같이 표현할 수 있다.

④ ⓒ에서 ⓑ를 회상하여 발화할 때 '나는 나무 아래에서 자더라.'와 같은 표현이 어색한 것은 선어말 어미 '-더-'의 사용에 제약이 따르기 때문이다.

⑤ ⓒ에서 발화시보다 사건시가 선행할 때 선어말 어미 '-았-'을 사용하여 '이제 나무 아래에서 낮잠은 다 잤다.'와 같이 표현할 수 있다.

2018년 3월 고2 전국연합학력평가

[49] 다음 글을 읽고 물음에 답하시오.

다른 문장 속에 들어가 하나의 문장 성분처럼 쓰이는 문장을 안긴문장이라고 하며, 이 안긴문장을 포함한 문장을 안은문장이라고 한다. 안긴문장에는 명사절, 관형절, 부사절, 서술절, 인용절이 있는데, 이 가운데 명사절은 서술어로 쓰인 용언의 어간에 명사형 어미 '-(으)ㅁ', '-기'가 붙어 만들어진다. 명사형 어미는 안긴문장에서 서술어로 쓰이는 용언이 서술 기능을 그대로 유지하면서 명사처럼 기능하도록 용언의 문법적인 기능을 바꾼다.

ㄱ. **그것이 사실임**이 틀림없다.
ㄴ. 나는 **그것이 사실이기**를 바란다.

명사절은 문장에서 주어, 목적어, 부사어 등 다양한 문장 성분으로 쓰이는데, 위의 예문에서 ㄱ의 명사절은 주어의 기능을 하고, ㄴ의 명사절은 목적어의 기능을 한다.

한편 중세 국어에서도 다양한 명사형 어미가 사용되어 만들어진 명사절이 문장에서 여러 가지 문장 성분으로 쓰였다. 중세에 사용된 명사형 어미로는 '-옴 / 움'과 '-기', '-디' 등이 있었다. 이 가운데 '-옴'과 '-움'은 모음 조화에 따라 양성 모음 뒤에서는 '-옴'이, 음성 모음 뒤에서는 '-움'이 쓰였다.

49 윗글을 참고할 때, ㉠~㉣ 중 명사절이 동일한 문장 성분으로 사용된 것끼리 묶인 것은?

보기

㉠ 농부들은 비가 오기를 기다린다.
㉡ 지금은 집에 가기에 이른 시간이다.
㉢ 그는 1년 후에 돌아가기로 결심했다.
㉣ 어린 아이들은 병원에 가기 싫어한다.

① ㉠, ㉡ / ㉢, ㉣
② ㉠, ㉢ / ㉡, ㉣
③ ㉠, ㉣ / ㉡, ㉢
④ ㉠ / ㉡, ㉢, ㉣
⑤ ㉠ / ㉡, ㉢ / ㉣

2018년 3월 고2 전국연합학력평가

50 <보기>의 ㉠과 ㉡에 해당하는 예로 적절한 것은?

보기

피동문은 서술어가 형성되는 방법에 따라서, '파생적 피동문'과 '통사적 피동문'으로 나뉜다. 파생적 피동문은 능동사 어간을 어근으로 하여 파생 접사 '-이-, -히-, -리-, -기-'가 붙어 만들어진 피동사를 서술어로 하는 문장이다. 한편 통사적 피동문은 서술어로 쓰이는 타동사의 어간에 '-아 / 어지다' 등이 결합되어 만들어진다.

그런데 동사의 성격에 따라서는 ㉠**피동사로 파생되지 않는 동사**도 있다. 또 ㉡**능동문의 서술어로 쓰인 동사의 피동사가 존재함에도 불구하고 파생적 피동문으로 바꿀 수 없는 문장**도 있다.

	㉠	㉡
①	주다	고양이가 쥐를 잡았다.
②	먹다	사람들이 열심히 풀을 뽑았다.
③	돕다	동생이 부모님께 칭찬을 들었다.
④	만나다	학생들이 벽화를 멋지게 그렸다.
⑤	나누다	누나가 일부러 문을 세게 닫았다.

2018년 6월 고2 전국연합학력평가

51 <보기>의 (가)~(다)에 대한 설명으로 적절하지 않은 것은?

보기
겹문장 속에서 하나의 '주어+서술어' 관계가 이루어진 부분을 '절'이라고 한다. '절'은 전체 문장의 한 성분으로 안기거나 서로 이어지거나 한다. (가) **봄이 오면**(㉠) **꽃이 핀다**(㉡). (나) **눈이 내린**(㉢) **마을은 고요했다**(㉣). (다) 나는 **그가 왔음**(㉤)을 몰랐다.

① (가)에서 ㉠과 ㉡의 위치를 바꾸면 의미가 달라진다.
② (나)에서 ㉢은 ㉣의 주어를 꾸며 주는 역할을 한다.
③ (다)의 ㉤을 생략하면 전체 문장의 의미가 불완전해진다.
④ (나)와 달리 (다)는 절이 전체 문장의 한 성분으로 안겨 있다.
⑤ (가), (나), (다)는 모두 '주어+서술어' 관계가 두 번 나타난다.

2018년 9월 고2 전국연합학력평가

52 다음은 '문장의 짜임'에 대해 활동한 것이다. ㉠에 들어갈 내용으로 적절한 것은?

목표	안긴문장의 특징을 이해한 후 주어진 자료를 바탕으로 겹문장을 만들 수 있다.
내용	※ 다음의 [자료]를 안긴문장으로 활용하여 <조건>을 충족하는 문장을 만드시오. [자료] ◦ 꽃이 봄에 활짝 피다. ◦ 봄이 오다. 〈조건〉 ◦ 명사절과 관형절이 있는 겹문장을 만들 것.
결과	㉠

① 봄이 오면 꽃이 활짝 핀다.
② 꽃이 활짝 피는 봄이 온다.
③ 나는 봄이 오고 꽃이 활짝 피기를 바란다.
④ 나는 꽃이 활짝 핀 봄이 오기를 기다린다.
⑤ 나는 봄이 와서 꽃이 활짝 피기를 소망한다.

2018년 11월 고2 전국연합학력평가

53 다음 ㉠~㉢에 대한 설명으로 적절하지 않은 것은?

	주동문	사동문
㉠	철수가 집에 가다.	내가 철수를 집에 가게 하다.
㉡	동생이 밥을 먹다.	누나가 동생에게 밥을 먹이다.
㉢	*이삿짐이 방으로 옮다. ('*'는 비문임을 나타냄.)	인부들이 이삿짐을 방으로 옮기다.

① ㉠의 주동문은 ㉡과 달리 사동 접미사를 활용하여 사동문을 만들 수 없다.

② ㉢의 사동문에서 사동 접미사 대신 '-게 하다'를 활용할 경우 어색한 문장이 된다.

③ ㉠과 ㉡은 모두 주동문의 주어가 사동문의 목적어로 바뀐 경우이다.

④ ㉠과 ㉡은 모두 주동문이 사동문이 될 때, 사동문에는 새로운 주어가 생겼다.

⑤ ㉠, ㉡과 달리 ㉢은 사동문에 대응하는 주동문이 없는 경우이다.

2019년 3월 고2 전국연합학력평가

54 <보기>의 ㉠에 해당하는 예로 적절하지 않은 것은?

보기

학생 : 한 문장 안에 주어와 서술어의 관계가 한 번 나타나는 문장을 홑문장, 두 번 이상 나타나는 문장을 겹문장이라고 하잖아요. 그런데 '나는 따뜻한 차를 마셨다.'라는 문장의 경우 주어 '나는'과 서술어 '마셨다'의 관계가 한 번만 나타나는 것 같은데 왜 겹문장인가요?

선생님 : '나는 따뜻한 차를 마셨다.'라는 문장은 겹문장으로, 관형절을 안은 문장이야. 관형절 '따뜻한'의 주어가 관형절이 수식하는 명사 '차'와 중복되어 생략된 것이지. 이처럼 ㉠**한 문장이 다른 문장 속에 관형절로 안길 때 두 문장에 중복된 단어가 있으면, 관형절에서 그 단어가 포함된 문장 성분이 생략**되기도 한단다.

① 그녀는 그가 여행을 간 사실을 몰랐다.

② 내가 사는 마을은 무척이나 아름답다.

③ 그는 책장에 있던 소설책을 꺼냈다.

④ 나는 동생이 먹을 딸기를 씻었다.

⑤ 골짜기에 흐르는 물이 깨끗하다.

2020년 3월 고2 전국연합학력평가

55 **〈보기〉의 주동문 ㉠~㉢을 탐구 과정에 따라 분류하고자 한다. A~C에 해당하는 사례를 바르게 짝지은 것은?**

보기

사동문은 주어가 다른 대상을 동작하게 하거나 특정한 상태에 이르도록 하는 문장을 가리킨다. 파생적 사동문은 주동문의 서술어로 쓰인 용언의 어간을 어근으로 삼아 사동 접미사가 붙어 이루어진 문장이며, 통사적 사동문은 주동문의 서술어로 쓰인 용언의 어간에 '-게 하다'가 붙어서 이루어진 문장이다.

[주동문]

㉠ 물통에 물이 가득 찼다.

㉡ 그는 한여름에 더위를 먹었다.

㉢ 아이가 방바닥에 흩어진 구슬을 모았다.

[탐구 과정]

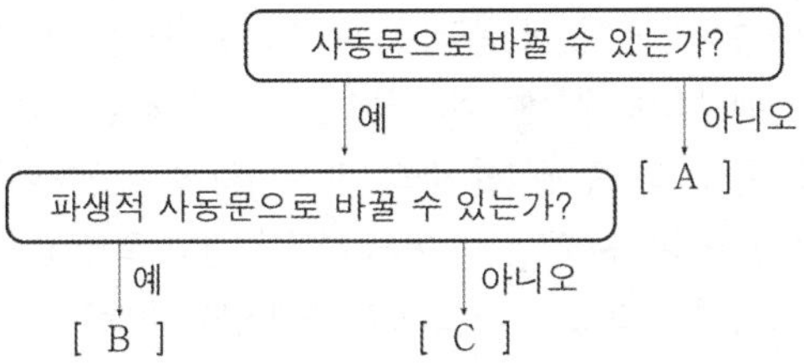

	A	B	C
①	㉠	㉡	㉢
②	㉡	㉠	㉢
③	㉡	㉢	㉠
④	㉢	㉠	㉡
⑤	㉢	㉡	㉠

2020년 6월 고2 전국연합학력평가

56 **〈보기1〉을 바탕으로 〈보기2〉의 높임 표현을 바르게 분석한 것은?**

보기1

우리말의 높임법은 주어가 나타내는 대상을 높이는 주체 높임, 목적어나 부사어가 나타내는 대상을 높이는 객체 높임, 청자를 높이거나 낮추는 상대 높임으로 구분할 수 있다. 이러한 높임법은 조사, 특수 어휘, 선어말 어미, 종결 어미 등에 의해 실현된다.

보기2

영희야, 아버지께서는 할머니를 모시고 먼저 나가셨어.

	주체 높임	객체 높임	상대 높임
①	○	○	높임
②	○	○	낮춤
③	○	×	높임
④	×	○	낮춤
⑤	×	×	높임

2020년 9월 고2 전국연합학력평가

57 〈학습 활동〉을 수행한 결과로 적절한 것은?

보기

다른 문장에 들어가 하나의 성분처럼 쓰이는 문장을 안긴 문장이라고 하고, 이 문장을 포함한 문장을 안은문장이라고 한다. 안긴문장을 절이라고 하는데 그 종류로는 명사절, 관형절, 부사절, 서술절, 인용절이 있다. 예를 들어 관형절은 안은문장 안에서 절 전체가 관형어의 기능을 한다.

다음 자료에서 안긴문장의 종류와 기능을 파악해 보자.

[자료]

㉠ 누나가 주인임이 밝혀졌다.

㉡ 삼촌은 농담을 던짐으로써 분위기를 풀었다.

㉢ 형은 동생이 고향으로 돌아오기만 기다렸다.

① ㉠~㉢에서 안긴문장의 종류가 모두 동일하고 ㉠에서 안긴문장은 안은문장 안에서 목적어의 기능을 하는군.

② ㉠~㉢에서 안긴문장의 종류가 모두 동일하고 ㉡에서 안긴문장은 안은문장 안에서 부사어의 기능을 하는군.

③ ㉠~㉢에서 안긴문장의 종류가 모두 동일하고 ㉢에서 안긴문장은 안은문장 안에서 주어의 기능을 하는군.

④ ㉠~㉢에서 안긴문장의 종류가 모두 다르고 ㉠에서 안긴문장은 안은문장 안에서 주어의 기능을 하는군.

⑤ ㉠~㉢에서 안긴문장의 종류가 모두 다르고 ㉡에서 안긴문장은 안은문장 안에서 부사어의 기능을 하는군.

2020년 11월 고2 전국연합학력평가

[58] 다음 글을 읽고 물음에 답하시오.

국어에서는 시간을 언어적으로 표현한 것을 시간 표현이라고 한다. 시간 표현에는 시제와 동작상이 있는데, 시제는 말하는 시점인 발화시를 기준으로 어떤 동작이나 상태가 일어난 시점인 사건시와의 관계를 과거, 현재, 미래와 같은 시간으로 나타내는 문법 요소이다.

동작상은 시간의 흐름 속에서 동작이 일어나는 양상을 표현하는 문법 요소이다. 일반적으로 동작상은 '-고 있다', '-아/어 있다' 등과 같이 보조적 연결 어미와 보조 용언의 결합으로 실현된다. 또한 '-(으)면서', '-고서' 등과 같은 연결 어미를 통해서 실현되기도 한다. 동작상은 어떤 사건이 특정 시간의 흐름 속에서 계속 이어지고 있음을 나타내는 진행상과, 어떤 사건이 끝났거나 끝난 후의 결과가 지속되고 있음을 나타내는 완료상으로 구분할 수 있다.

그런데 '그가 넥타이를 매고 있다.'라는 문장에서처럼 진행상을 나타내는 대표적인 표현이 완료상으로도 해석되는 경우가 있다. 이 문장은 그가 넥타이를 매는 중이라는 진행상으로 해석할 수도 있지만, 넥타이를 맨 채로 있다는 완료상으로 해석할 수도 있다. 이와 같이 신체에 무언가를 접촉하는 행위 중 어느 정도 시간의 폭을 요구하는 동사에, '-고 있다'가 쓰이면 중의적인 의미를 가지게 된다.

중세 국어에서도 '-아/어 잇다' 등과 같이 보조적 연결 어미와 보조 용언의 결합이나, '-(으)며서', '-고셔' 등과 같은 연결 어미를 통해 동작상이 실현되었음을 확인할 수 있다. 한편 중세 국어의 '-아/어 잇다'는 현대 국어의 '아/어 있다'와 달리 진행상을 실현할 때와 완료상을 실현할 때 모두 사용되었다. 그리고 어간과 결합하는 보조적 연결 어미 '-아'는 'ᄒᆞ-' 뒤에서 '-야'의 형태로 바뀌어 나타났다.

58 윗글을 바탕으로 <보기>를 탐구한 내용으로 적절하지 않은 것은? [3점]

> **보기**
>
> ㄱ. 동생이 책을 읽고 있다.
> ㄴ. 꽃이 아름답게 피어 있다.
> ㄷ. 나는 노래를 부르면서 걸었다.
> ㄹ. 그는 빨간 티셔츠를 입고 있다.
> ㅁ. 나는 밥을 먹고서 집을 나섰다.

① ㄱ은 사건시와 발화시가 일치하는 시제가 나타나며, '-고 있다'를 통해 사건이 계속 이어지고 있음을 표현하고 있다.
② ㄴ은 어떤 사건이 끝난 후의 결과가 지속되고 있음을 나타내는 완료상이 실현되어 있다.
③ ㄷ은 연결 어미를 통해 시간의 흐름 속에서 사건이 완료되었음을 표현하고 있다.
④ ㄹ은 진행상으로 해석할 수도 있지만, 완료상으로도 해석할 수 있다.
⑤ ㅁ은 사건시가 발화시보다 앞서는 시제가 나타나며, '-고서'를 통해 사건이 끝났음을 나타내는 동작상을 표현하고 있다.

2020년 11월 고2 전국연합학력평가

59 <보기>를 이해한 내용으로 적절하지 않은 것은?

보기

피동문	사동문
ㄱ. 아기가 엄마에게 안겼다.	ㄴ. 이모가 엄마에게 아기를 안겼다.
ㄷ. 하늘이 건물 사이로 보였다.	ㄹ. 선생님이 학생들에게 사진첩을 보였다.

① ㄱ을 능동문으로 바꾸면, 바뀐 문장의 서술어가 필요로 하는 문장 성분의 개수는 2개이다.
② ㄴ을 주동문으로 바꾸면, 바뀐 문장의 서술어가 필요로 하는 문장 성분의 개수는 2개이다.
③ ㄱ과 ㄷ은 서술어가 필요로 하는 문장 성분의 개수가 서로 같다.
④ ㄴ과 ㄹ을 각각 주동문으로 바꾸면, 바뀐 문장의 서술어가 필요로 하는 문장 성분의 개수는 서로 같다.
⑤ ㄷ과 ㄹ은 서술어가 필요로 하는 문장 성분의 개수가 서로 다르다.

2020년 11월 고2 전국연합학력평가

60 **〈보기〉를 이해한 내용으로 적절하지 <u>않은</u> 것은?**

보기

선생님 : 문장에서 체언을 수식하는 관형어로 쓰이는 절을 관형절이라고 합니다. 오늘은 관형절을 안은 문장의 두 유형에 대해 배워 봅시다.

안긴문장	+	안은문장
내가 책을 읽는다.		형이 책을 가져갔다.

⇓

Ⓐ	관형절을 안은 문장
	형이 [내가 책을 읽는] 책을 가져갔다.

안긴문장	+	안은문장
지구가 둥글다.		나는 사실을 안다.

⇓

Ⓑ	관형절을 안은 문장
	나는 [지구가 둥글다는] 사실을 안다.

위에서 보듯이, Ⓐ의 유형처럼 안은문장과 공통된 체언이 생략된 관형절을 안은 문장이 있고, Ⓑ의 유형처럼 생략된 성분 없이 문장의 필수 성분을 완전하게 갖춘 관형절을 안은 문장이 있습니다.

[탐구 과제]

○ 음의 관형절을 안은 문장들을 탐구해 보자.

ㄱ. 그가 지은 시는 감동적이었다.
ㄴ. 나는 벽에 걸려 있던 사진을 떠올렸다.
ㄷ. 나는 그가 한국에 돌아왔다는 소문을 들었다.
ㄹ. 그 사람이 나를 속일 가능성은 매우 낮다.
ㅁ. 나는 수건으로 이마에 흐르는 땀을 닦았다.

① ㄱ은 안긴문장의 체언을 생략하여 관형절을 만들었다는 점에서 Ⓐ와 같은 유형이다.
② ㄴ은 안긴문장과 안은문장의 공통된 체언이 생략되지 않고 관형절이 만들어졌다는 점에서 Ⓑ와 같은 유형이다.
③ ㄷ은 '그가 한국에 돌아왔다.'라는 안긴문장이 생략된 성분 없이 관형어로 쓰이고 있다는 점에서 Ⓑ와 같은 유형이다.
④ ㄹ은 관형절이 문장의 필수 성분을 모두 갖추고 있다는 점에서 Ⓑ와 같은 유형이다.
⑤ ㅁ은 안긴문장과 안은문장의 공통된 체언인 '땀'이 관형절에서 생략되어 있다는 점에서 Ⓐ와 같은 유형이다.

2021년 3월 고2 전국연합학력평가

61 **〈보기〉의 '선생님'의 질문에 대한 답으로 적절한 것은?**

보기

선생님 : 서술어의 자릿수란 서술어가 필요로 하는 성분의 개수를 의미합니다. 그런데 다의어의 경우 의미에 따라 서술어의 자릿수가 달라질 수 있습니다. 가령 '밝다'의 경우, '달이 밝다.'에서는 한 자리 서술어, '그는 지리에 밝다.'에서는 두 자리 서술어입니다. 그럼, 학습지에 제시된 다의어 '가다'와 '생각하다'의 의미와 예문을 보고, ㉠~㉤중에서 두 자리 서술어로 쓰인 경우를 모두 골라 볼까요?

가다
1. 한 곳에서 다른 곳으로 장소를 이동하다.
 ¶ 친구가 내일 서울로 간다. …………………… ㉠
2. 금, 줄, 주름살, 흠집 따위가 생기다.
 ¶ 바지에 구김이 너무 간다. …………………… ㉡
3. 기계 따위가 제대로 작동하다.
 ¶ 낡은 괘종시계가 잘 간다. …………………… ㉢

생각하다
1. 사물을 헤아리고 판단하다.
 ¶ 학생이 진로를 생각한다. …………………… ㉣
2. 어떤 일에 대한 의견이나 느낌을 가지다.
 ¶ 우리가 투표를 의무로 생각한다. ……… ㉤

① ㉠, ㉣
② ㉡, ㉢
③ ㉠, ㉡, ㉣
④ ㉠, ㉢, ㉤
⑤ ㉡, ㉢, ㉤

2021년 6월 고2 전국연합학력평가

[62] 다음 글을 읽고 물음에 답하시오.

의문문은 일반적으로 화자가 청자에게 질문하여 대답을 요구하는 문장이다. 의문문은 상대 높임에 따라 다양한 의문형 종결 어미로 표현되며, 의문사가 함께 나타내기도 한다. 의문문의 가장 대표적인 유형이 판정 의문문과 설명 의문문이다.

판정 의문문은 화자의 질문에 대하여 긍정이나 부정의 대답을 요구하는 의문문이다. 판정 의문문이 부정문일 때는 질문하는 사람에 긍정적이면 '응/예/네'로, 부정적이면 '아니(요)'로 대답한다. 판정 의문문 중 화자가 이미 알고 있거나 믿고 있는 사실에 대하여 청자의 동의를 구하거나 확인을 할 때는 어미 '-지' 또는 '-지 않-'을 활용한다. 예를 들어, 청자가 밥을 먹은 것을 확인하기 위해, "밥은 먹었지?" 또는 "밥은 먹었지 않니?"라는 의문문을 쓸 수 있다. 한편 "너는 학교에 갔니 안 갔니?"처럼 선택을 요구하는 의문문도 가부의 답변을 요구한다는 점에서 판정 의문문에 포함한다.

설명 의문문은 주로 의문사가 사용되어 그 의문사가 가리키는 내용에 대하여 청자가 구체적으로 설명해 주기를 요구하는 의문문이다. 의문사에는 '누구, 무엇, 어디, 언제' 등의 의문 대명사, '몇, 어떤'과 같은 의문 관형사, '왜, 어찌'와 같은 의문 부사, '어떠하다, 어찌하다'와 같은 의문 용언 등이 있다. 예를 들어, "어디 가니?"의 경우, "학교 가요."와 같은 대답을 요구하면 설명 의문문이다. 의문 대명사가 포함된 의문문의 경우, 상황에 따라 판정 의문문으로 사용되기도 한다. 이때의 의문 대명사는 정해지지 아니한 사람, 물건, 방향, 장소 따위를 가리키는 부정칭 대명사로 볼 수 있다. 앞의 "어디 가니?"의 경우, "예." 또는 "아니요."의 대답을 요구하면 판정 의문문이 되며, 이때의 '어디'는 부정칭 대명사로 사용된 것이다.

한편, 중세 국어에서는 현대 국어에서와 달리 보조사를 사용해서도 의문문을 만들 수 있었다. 즉, 의문사나 '-녀', '-뇨'와 같은 종결 어미 외에도 '가'와 '고'와 같은 보조사를 이용하여 의문문을 만들었다.

62 **윗글을 바탕으로 〈보기〉를 탐구한 내용으로 적절하지 않은 것은?**

> **보기**
>
> ○ 일찍 등교한 친구끼리 교실에서
>
> A: 왜 이리 힘이 없어. ㉠<u>아침 못 먹었어?</u>
>
> B: 응, ㉡<u>너도 못 먹었지?</u> 매점 가서 해결하자.
>
> ○ 함께 하교하는 친구끼리 버스 안에서
>
> A: ㉢<u>너 오늘 저녁에 무엇을 하니?</u>
>
> B: 아니, ㉣<u>넌 무엇을 하니?</u>
>
> ○ 친구끼리 길을 걸으면서
>
> A: ㉤<u>아까부터 왜 자꾸 웃기만 하는 거야?</u>
>
> B: 어제 본 영화가 자꾸 생각이 나서.

① ㉠ : 청자의 반응으로 보아 청자에게 긍정이나 부정의 대답을 요구하는 것으로 볼 수 있다.
② ㉡ : 자신이 믿고 있는 사실을 청자에게 확인하려는 것으로 볼 수 있다.
③ ㉢ : 이어지는 대답에 따르면 의문사가 가리키는 내용을 설명해 달라는 의도를 드러낸 것으로 볼 수 있다.
④ ㉣ : 청자가 긍정이나 부정의 대답을 하면 의문사를 부정칭 대명사로 사용한 것으로 볼 수 있다.
⑤ ㉤ : 청자의 반응으로 보아 화자는 의문의 초점에 대해 구체적인 설명을 요청하는 것으로 볼 수 있다.

2021년 9월 고2 전국연합학력평가

63 **<보기>의 ㄱ~ㄹ을 탐구한 내용으로 적절하지 않은 것은?** [3점]

보기

ㄱ. 나는 키가 크다.
ㄴ. 나는 여름만 좋아한다.
ㄷ. 그녀는 시인이자 선생님이다.
ㄹ. 그녀가 사과를 먹고 나는 배를 먹는다.

① ㄱ과 ㄷ을 구성하는 문장 성분의 종류는 동일하군.
② ㄱ과 ㄹ은 모두 주어와 서술어의 관계가 두 번 나타나는군.
③ ㄴ과 ㄷ의 서술어의 개수는 동일하군.
④ ㄴ과 ㄹ은 모두 주어와 목적어를 포함하고 있군.
⑤ ㄷ과 ㄹ은 모두 연결 어미를 포함하고 있군.

2021년 9월 고2 전국연합학력평가

64 **<보기>의 [A]에 들어갈 말로 적절하지 않은 것은?**

보기

학생 : 선생님, 피동 표현은 어떤 경우에 사용하나요?
선생님 : 피동 표현은 행위의 주체보다 대상을 부각하고 싶을 때, 행위의 주체를 분명하게 밝히지 않고자 할 때, 행위의 주체가 중요하지 않거나 누구나 아는 사람이어서 말할 필요가 없을 때 사용해요. 또한 행위의 주체를 분명히 설정하기 어려운 경우에 사용하기도 해요. 이제 아래 자료를 보고 피동 표현에 대해 탐구해 봅시다.

㉠ ┌ 벌이 그를 쏘았다.
　 └ 그가 벌에 쏘였다.
㉡ ┌ 내가 편지를 찢었다.
　 └ 편지가 찢어졌다.
㉢ ┌ 기자가 내 이야기를 신문에 실었다.
　 └ 내 이야기가 신문에 실렸다.
㉣ ┌ 국민들이 대통령을 뽑았다.
　 └ 대통령이 뽑혔다.
㉤ ┌ *A가 추웠던 날씨를 풀었다.
　 └ 추웠던 날씨가 풀렸다.

※ '*'는 문법에 맞지 않음을 나타냄.

학생 : [A]
선생님 : 네, 맞아요.

① ㉠을 보니, 피동 표현을 통해 행위의 대상인 '그'를 부각할 수 있겠군요.
② ㉡을 보니, 피동 표현을 통해 '편지'를 찢은 주체를 분명하게 밝히지 않을 수 있겠군요.
③ ㉢을 보니, 행위의 주체인 '기자'가 중요하지 않을 대 피동 표현을 사용할 수 있겠군요.
④ ㉣을 보니, 행위의 주체인 '대통령'이 누구나 아는 사람일 때 피동 표현을 사용할 수 있겠군요.
⑤ ㉤을 보니, 행위의 주체를 분명히 설정하기 어려워 피동 표현을 사용했겠군요.

2021년 11월 고2 전국연합학력평가

[65] 다음 글을 읽고 물음에 답하시오.

부사어는 문장 구성에 부속적인 성분으로 주로 용언을 꾸며 주는 말이다. 부사어는 수식 범위에 따라서 성분 부사어와 문장 부사어로 나눌 수 있다. 성분 부사어는 문장의 특정한 성분을 수식하는 부사어이다. 이때 문장의 특정한 성분이란 서술어나 관형어, 부사어 등을 일컫는다. 문장 부사어는 문장 전체를 수식하는 부사어인데 이들 중 일부는 특정 표현과 호응 관계를 이루기도 한다. 부사어 중에는 문장과 문장을 이어 주는 기능을 하는 접속 부사어도 있는데, 일반적으로 문장 부사어에 포함된다.

부사어는 수의적 성분이지만 간혹 서술어가 필수적으로 요구하는 성분이 되기도 한다. '동생이 귀엽게 군다.'와 '민들레는 씀바귀와 비슷하다.'에서 '귀엽게'와 '씀바귀와'가 없으면 각각의 문장은 불완전한 문장이 된다.

부사어는 주로 세 가지 방식으로 형성된다. 첫 번째는 부사가 그대로 부사어가 되는 것이다. 두 번째는 용언의 어간에 부사형 어미가 붙어 부사어가 되는 것이다. 세 번째는 체언에 부사격 조사가 붙어 부사어가 되는 것이다. 이때 부사격 조사는 종류가 매우 다양하며, 같은 형태의 부사격 조사라고 해도 문맥에 따라 다양한 의미로 사용되기도 한다. '바람에 꽃이 지다.'에서 '에'는 '원인'을 의미하지만, '오후에 운동을 한다.'에서 '에'는 '시간'을 의미하는 것이 이와 같은 예이다.

중세 국어의 부사격 조사는 현대 국어와 유사한 방식으로 나타나는 경우가 많았지만, 일부 부사격 조사에서는 현대 국어와 다른 양상을 보이기도 한다. 그중 대표적인 것으로는 '애/에/예, 이/의', 'ᄋᆞ로/으로', '라와', '이' 등이 있다. 첫 번째로 '장소'의 의미를 나타내는 부사격 조사인 '애/에/예'는 결합한 체언의 끝음절 모음이 양성 모음이면 '애', 음성 모음이면 '에', 'ㅣ'나 반모음 'ㅣ'이면 '예'가 쓰였는데, 특정 체언들 뒤에서는 '이/의'로 쓰이기도 했다. 두 번째로 'ᄋᆞ로/으로'는 '출발점'의 의미를 나타내는 부사격 조사로 쓰였는데, 현대 국어에서는 '으로'가 '출발점'을 나타내는 의미로 쓰이지 않는다. 세 번째로 '비교'의 의미를 가지고 있는 부사격 조사인 '라와'는 현대 국어에는 나타나지 않으며, 마찬가지로 '비교'의 의미를 가지고 있는 부사격 조사인 '이'는 현대 국어에서는 사용되지 않는다.

65 윗글을 바탕으로 <보기>를 이해한 내용으로 적절하지 <u>않은</u> 것은?

보기

엄마 : 민수야, ㉠<u>아침에</u> ㉡<u>친구와</u> 싸웠다며?
민수 : 엄마, ㉢<u>설마</u> 제가 잘못했다고 생각하시는 거예요?
엄마 : 아니야. ㉣<u>결코</u> 그렇지 않아. 민수가 무엇 ㉤<u>때문에</u> 그랬는지 알고 싶어서 그래.
민수 : 죄송해요. 제가 오해했어요. ㉥<u>그런데</u> 생각해 보니 제가 친구를 너무 ㉦<u>편하게</u> 대했던 것 같아요.

① ㉠과 ㉤은 같은 형태의 부사격 조사가 서로 다른 의미로 사용되었군.
② ㉡과 ㉢은 서술어가 필수적으로 요구하는 성분이겠군.
③ ㉣은 문장 전체를 수식하며 특정 표현과 호응 관계를 이루고 있군.
④ ㉥은 문장과 문장을 이어 주는 기능을 하고 있군.
⑤ ㉦은 용언의 어간에 부사형 어미가 붙어 특정한 성분을 꾸며 주고 있군.

2021년 11월 고2 전국연합학력평가

67 **〈보기〉의 ㉠~㉤을 수정하고자 할 때, 적절하지 않은 것은?**

보기

㉠ (아들이 아버지에게) 아버지, 무슨 고민이 계신가요?

㉡ (형이 동생에게) 삼촌께서 할머니를 데리고 식당으로 가셨어.

㉢ (사원이 다른 사원에게) 부장님이 이제 회의실로 온다고 하셨어.

㉣ (손녀가 할아버지에게) 언니가 할아버지한테 안경을 갖다주라고 했어요.

㉤ (학생이 다른 학생에게)문제를 풀다가 어려운 것이 있으면 선생님한테 물어봐.

① ㉠ : '아버지'를 간접적으로 높이도록 '아버지, 무슨 고민이 있으신가요?'로 수정한다.

② ㉡ : '삼촌'을 간접적으로 높이도록 '삼촌께서 할머니를 모시고 식당으로 가셨어.'로 수정한다.

③ ㉢ : '부장님'을 직접적으로 높이도록 '부장님께서 이제 회의실로 오신다고 하셨어.'로 수정한다.

④ ㉣ : '할아버지'를 직접적으로 높이도록 '언니가 할아버지께 안경을 갖다 드리라고 했어요.'로 수정한다.

⑤ ㉤ : '선생님'을 직접적으로 높이도록 '문제를 풀다가 어려운 것이 있으면 선생님께 여쭤봐.'로 수정한다.

제4강
의미론(의미)

01 어휘 의미론

02 문장 의미론

03 의미 변화의 원인과 유형

04 확인문제

05 기출문제

01 어휘 의미론

1 언어와 의미

1) 언어의 의미

ⓐ 언어

언어는 말소리와 의미로 이루어진다.

말소리
언어의 형식
+
의미(意味)
언어의 내용

ⓑ 의미

- 의미는 실체를 가지고 있는 것이 아니기 때문에 학자마다 설명하는 방식이 다르다.
- 표현과 그 표현이 지시하는 대상 사이의 관계가 반드시 일대일 관계인 것은 아니다.
- 한 표현이 지시하는 대상의 의미 영역은 그 경계선이 분명하지 않은 경우가 있을 뿐 아니라, 그 의미의 속성이 고정되어 있지 않고 변하는 경우도 있다.
- 어떤 표현은 관습, 상황, 그리고 말하는 이의 의도나 심리적 태도에 따라 기본 의미와 전혀 다른 것을 의미하는 경우도 있다.

2) 언어의 의미를 보는 관점

ⓐ 지시설

지시 대상(指示對象)이 언어의 의미라고 보는 관점이다.

지시 대상이 존재하는 것
이순신, 세종 대왕, 물, 돌, 바람 등
지시 대상이 존재하지 않는 것
· 현실 속에서 사물이 존재하지 않는 것 : 춘향, 별주부, 용, 도깨비, 견우와 직녀 등 · 문법적 허사 : 는, 에, 에게, 을/를, 부디 등
추상적인 것
향수(鄕愁), 추억, 사랑, 평화, 의지, 관계, 아름다움 등

⇨ 지시 대상이 존재하지 않는 경우나 문법적 기능만 가진 말도 있고, 구체적인 지시 대상을 생각하기 어려운 경우도 있기 때문에 언어의 의미를 포괄하기 어려운 관점이다.

ⓑ 개념설

개념을 언어의 의미라고 보는 관점이다.

- '개념(槪念)'이란 '어떤 사물 현상에 대한 일반적인 지식. 우리의 머릿속에서 만들어지고 저장된 생각'을 의미한다.
- **개념** : 모든 사람들이 가지고 있는 공통 의미. 추상화된 특성

3) 의미의 종류

ⓐ 중심적 의미와 주변적 의미

① 중심적 의미

가장 기본적이며 핵심적인 의미를 말한다.

② 주변적 의미

중심적 의미를 제외한 여러 가지의 다른 의미를 말한다.

손	
중심적 의미	**주변적 의미**
손에 땀이 나다.(手, 신체의 일부)	손이 모자란다.(노동력) 그 사람과 손을 끊겠다.(관계) 그 사람은 손이 크다.(씀씀이) 손윗사람(기준)

ⓑ 사전적 의미와 함축적 의미

① 사전적 의미

어떤 낱말이 지니고 있는 가장 기본적이고 객관적인 의미. 외연적 의미, 개념적 의미, 인지적 의미라고도 한다.

- 정보 전달이 주가 되는 설명문 같은 경우에는 주로 이러한 사전적 의미로 의사소통이 이루어진다.
- 사전적 의미는 보편성을 띠기 때문에 사전에 등재될 수 있다.

  ㉮ 여성 : 사람, 남성과 대립되는 말

② 함축적 의미

사전적 의미에 덧붙어서 연상이나 관습 등에 의하여 형성되는 의미. 내포적 의미, 연상적 의미라고도 한다.

- 시 같은 문예문의 경우, 주로 이러한 함축적 의미에 의지하여 작품을 창작하고 이해하며 감상한다.
- 함축적 의미는 개별성과 특수성을 띠기 때문에 사전에 등재될 수 없다.
  ㉰ 여성 : 모성 본능이 있다, 꼼꼼하다, 자상하다, 섬세하다, 부드럽다 등

ⓒ 사회적 의미와 정서적 의미

① 사회적 의미

말을 사용하는 사람의 사회적 환경과 관련되는 의미를 지칭한다.

⇨ 말하는 사람의 출신 지역, 사회적 지위, 교양 수준 등을 알 수 있다.

- 사회적 의미를 드러내주는 요소 : 연령, 직업, 친숙성, 장소, 말씨 등

② 정서적 의미

언어 표현을 통해서 드러나는 화자나 청자의 개인적인 태도나 감정 등과 관련된 의미를 지칭한다.

⇨ 말을 할 때 심리적 상태나 상대에 대한 공손함 등을 표현하기 위하여 다른 어조를 선택하는 경우에 해당한다.

- 정서적 의미를 드러내주는 요소 : 어조, 세기, 부사나 감탄사 등이 있다.

ⓓ 주제적 의미와 반사적 의미

① 주제적 의미

같은 표현이라 하더라도 특별히 말하는 사람이나 글 쓴 사람의 의도가 드러날 때가 있는데 이를 주제적 의미라고 한다.

⇨ 흔히 어순을 바꾸거나 특정 부분을 강조하여 발음함으로써 드러난다.

② 반사적 의미

어떤 말을 사용할 때 그 말의 원래의 뜻과는 아무런 관계없이 특정한 반응을 불러일으키게 되는 경우에 이를 반사적 의미라고 한다.

⇨ 말소리만 듣고 다른 의미를 불러일으키는 이름 같은 것이 있다. ㉰ 임신중(林信重)

2 동음이의어와 다의어

1) 동음이의어(同音異議語)

소리는 같지만 의미가 서로 다른 단어를 말한다.

> ① 허겁지겁 뛰었더니 땀에 흠뻑 젖었다.
> ② 바느질을 한 땀 한 땀 정성 들여 했다.

⇨ ①와 ②의 '땀'은 소리는 같지만 서로 뜻의 관련성이 없기 때문에 동음이의어이다.

2) 다의어(多義語)

하나의 단어가 두 가지 이상의 여러 가지 의미를 가진 단어를 말한다.

> ① 현우는 손이 커서 큰 장갑을 사야 한다.
> ② 그 일은 손이 많이 간다.
> ③ 요즘은 일이 바빠서 손이 많이 필요하다.

⇨ 다의어의 의미는 중심적 의미와 주변적 의미로 나뉜다. ①의 '손'은 단어의 가장 보편적이고 핵심적인 의미에 해당하므로 중심적 의미라고 한다. 반면 ②와 ③의 '손'은 중심적인 의미에서 확장된 의미에 해당하므로 주변적 의미라고 한다.

손01「명사」	손02「명사」
「1」 사람의 팔목 끝에 달린 부분. 손등, 손바닥, 손목으로 나뉘며 그 끝에 다섯 개의 손가락이 있어, 무엇을 만지거나 잡거나 한다. ㉡ 손으로 잡다. / 손으로 가리키다.	「1」 다른 곳에서 찾아온 사람. ㉡ 손을 맞다. / 우리 집에는 늘 자고 가는 손이 많아.
「2」 손끝의 다섯 개로 갈라진 부분. 또는 그것 하나하나.=손가락. ㉡ 손에 반지를 끼다.	「2」 여관이나 음식점 따위의 영업하는 장소에 찾아온 사람. ㉡ 그 가게는 손이 많다.
「3」 일을 하는 사람.=일손 ㉡ 손이 부족하다. / 손이 달리다.	「3」 나가다가 잠시 들른 사람 ㉡ 주인은 상이 하나밖에 더 없어서 외상으로 대접 못한다고 발명하여 말하고 황천왕동이는 일시 지나가는 손을 너무도 정숙하게 대접한다고 치사하여 말하였다. 《홍명희, 임꺽정》
「4」 어떤 일을 하는데 드는 사람의 힘이나 노력, 기술. ㉡ 그 일은 손이 많이 간다.	「4」 '천연두'를 일상적으로 이르는 말. = 손님마마.
「5」 어떤 사람의 영향력이나 권한이 미치는 범위. ㉡ 범인은 경찰의 손이 미치지 않는 곳으로 도망갔다.	
「6」 사람의 수완이나 꾀. ㉡ 장사꾼의 손에 놀아나다.	

동음이의어 (손01 ↔ 손02)

다의어 (손01 「1」~「6」, 손02 「1」~「4」)

2 단어의 의미 관계

1) 유의 관계

ⓐ 개념

- 유의어(類義語) : 말소리는 다르지만 의미가 서로 비슷한 말을 뜻한다.
- 유의 관계 : 의미가 같거나 비슷한 둘 이상의 단어가 맺는 의미 관계를 뜻한다.

  ㉠ 가끔 - 더러 - 이따금 - 드문드문 - 때로 - 간혹 - 자주
- 유의 관계의 대부분은 개념적 의미의 동일성을 전제로 한다.
- 유의 관계를 이루는 단어들을 어느 경우에나 서로 바꾸어 쓸 수 있는 것은 아니다.

ⓑ 유의어의 특징

- 기본 의미는 비슷하다.
- 가리키는 대상의 범위가 다르다.
- 미묘한 느낌의 차이를 보이기도 한다.

ⓒ 유의어를 파악하는 방법

ⓐ 계열 관계(수직 관계)를 이용하는 방법 : 대치가 가능한 단어들을 유의어로 파악하는 방법. 유의어인지 아닌지를 판별하는 방법

㉠ '그가 죽었다 ; 그가 숨졌다 ; 그가 사망했다'에서 '죽다, 숨지다, 사망하다'는 계열 관계 차원에서 유의어가 된다.

ⓑ 결합 관계(수평 관계)를 이용하는 방법 : 유의어들의 미묘한 의미 차이를 파악하는 방법

단어 / 결합할 수 있는 말	잡다	쥐다
공을	○	○
손끝으로	○	×
도둑을	○	×
자리를	○	×

※ '잡다'와 '쥐다'는 유의 관계에 놓여 있지만 옆에서 보는 바와 같이 미묘한 의미의 차이가 있어 쓰임이 다르다.

2) 반의 관계

ⓐ 개념

- **반의어(反意語)** : 그 뜻이 서로 정반대되는 관계에 있는 말이다. 한 쌍의 말 사이에 서로 공통되는 의미 요소가 있으면서 동시에 서로 다른 한 개의 의미 요소가 있어야 한다.
  - 예 '남자'와 '여자', '위'와 '아래', '작다'와 '크다' 따위가 있다.

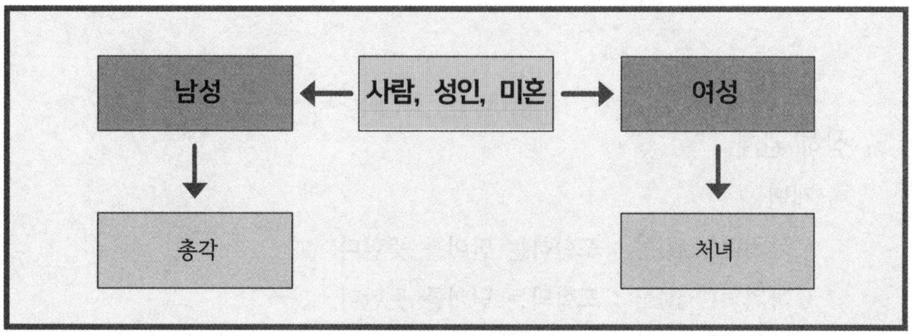

<공통되는 의미요소>

- **반의 관계** : 둘 이상의 단어에서 의미가 서로 짝을 이루어 대립하는 관계를 말한다.

ⓑ 특성

- 반의 관계가 성립되려면 한 쌍의 반의어 사이에 하나의 의미 자질만 다르고 나머지 의미 자질들은 공통적이어야 한다.

의미 자질

- 의미 자질은 단어의 의미를 구성하는 최소 성분으로, 해당 자질을 가지고 있으면 '+'로, 가지고 있지 않으면 '-'로 표시한다.
  - 예 숙녀[+사람][+여성][+성숙] / 신사[+사람][-여성][+성숙]

- 반의 관계는 두 단어의 비교 기준이 한 개일 경우에만 성립하므로 비교 기준이 분명해야 한다.
  - 예 '개체 발생'과 '개체 소멸'은 '발생'과 '소멸'의 의미 요소만 반의 관계를 이루고 있다.
- 반의어는 반드시 한 쌍으로만 존재하는 것이 아니라, 한 단어에 여러 개의 단어가 대립하는 경우도 있다.
  - 예 '고유어'는 '외래어, 한자어'와, '개체'는 '군체, 전체, 집단'과, '개체주의'는 '전체주의, 보편주의'와 대립한다.
- 어떤 단어가 다의어(多義語)이면 그에 따라 반의어가 달라질 수 있다.

ⓒ 반의어의 기능

• 반의어는 사람들이 세상에서 일어나는 현상이나 사물을 대립되는 짝으로 나누어 파악하려는 경향에 영향을 받아 생겨난다.

⇨ 그러므로 반의어는 원 단어의 의미를 좀 더 명확히 파악할 수 있도록 도와주는 기능뿐만 아니라, 사고(思考)를 명확하게 하고 어휘력을 발달시키는 도구가 되기도 한다.

3) 상하 관계

ⓐ 개념

• **상의어(上義語)** : 포함하는 단어를 뜻한다.

• **하의어(下義語)** : 포함되는 단어를 뜻한다.

• **상하 관계** : 한쪽이 의미상 다른 쪽을 포함하거나 다른 쪽에 포함되는 의미 관계를 말한다.

ⓑ 특성

• 상하 관계를 형성하는 단어들은 상의어일수록 일반적이고 포괄적인 의미를 지니며, 하의어일수록 개별적이고 한정적인 의미를 지닌다.

• 따라서 하의어는 상의어를 의미적으로 함의(含意)하게 된다. 즉 상의어가 가지고 있는 의미 특성을 하의어가 자동적으로 가지게 된다. 또한 하의어는 그 의미가 개별적, 구체적이기 때문에 상의어에 비해 자세하다.

예술							
문학				미술			
시가	소설	수필	희곡	회화	조각	공예	서예
서정시, 산문시, 서사시, 극시, 시조	장편 소설, 단편 소설, 중편 소설	경수필, 중수필, 부(賦), 설(說)	비극, 희극, 희비극	동양화, 민화, 서양화, 인물화, 산수화, 삽화	목조, 석조, 환조, 부조	수공예, 목공예, 금속 공예, 도예	전서, 예서, 해서, 행시, 초서

⇨ 가장 상위에 있는 '예술'이라는 상의어는 하위에 있는 모든 단어들의 상의어이다. 즉 '문학'은 '시가', '소설', '수필', '희곡'의 상의어이면서 동시에 '예술'의 하의어가 된다. 도식에서 '예술'쪽으로 갈수록 포괄하는 의미 범위가 넓고, 그 반대쪽으로 갈수록 의미가 개별적이고 구체적이다.

문장 의미론 02

1 문장 의미의 성격

- 문장의 의미는 독립적으로 나타나 있는 단어의 의미로만은 정확히 확인할 수 없다. 다시 말하면, 단어 하나만이 아니라, 단어와 단어가 이어지는 원리를 알아야 진정한 문장 의미를 알게 된다.

> ㈎ 철수가 영희를 때렸다.
> ㈏ 영희가 철수를 때렸다.
> ㈐ 철수가 영희와 순이를 좋아한다.
> ㈑ [철수가 영희와] 순이를 좋아한다.
> ㈒ 철수가 [영희와 순이를] 좋아한다.

- 문장의 의미는 단어 의미를 단순히 더해 놓은 것은 아니다. ㈎와 ㈏의 의미가 다른 것은 단어의 배열 순서가 문장의 의미에 어떤 영향을 끼치고 있음을 보여준다. 따라서 ㈎와 ㈏의 의미 차는 **배열의 차이**에 의한 것이다.
- ㈐는 겉으로는 하나의 문장이지만, ㈑와 ㈒ 각각으로 다르게 해석될 수 있다. ㈑에서는 주체가 '철수, 영희' 둘이고 대상이 '순이' 하나이지만, ㈒에서는 주체가 '철수' 하나이고 대상이 '영희, 순이' 둘이다. 따라서 ㈑와 ㈒의 의미 차는 **묶음의 차이**에 의한 것이다.
- 문장의 의미는 단순히 단어 의미의 합이라고 말할 수 없다. 낱낱의 단어 의미는 물론이고, 거기에 배열이나 묶음의 원리를 덧붙여서 완전한 문장의 의미가 형성되는 것이다

2 문장 간의 의미 관계

1) 문장의 유의성

ⓐ 개념

- **유의문(類義文)** : 문장에서 뜻이 비슷한 것. 단어에서 뜻이 비슷한 말을 유의어라고 하는 것과 마찬가지이다.

ⓑ 특성

- 단어에서와 마찬가지로 완전히 똑같은 의미를 가지는 동의문은 존재하지 않는다.
- 능동문과 피동문은 각각 표현에 따라서 강조하고자 하는 의미가 다르다.
- 풀어쓰기 문장도 그냥 단어를 표현한 문장과 의미가 똑같다고는 할 수 없다.

ⓒ 유형

(가) 나는 엄마를 좋아한다.
(나) 나는 아빠의 아내를 좋아한다.
(다) 나는 할아버지의 아들의 아내를 좋아한다.

(라) 영수는 빵을 먹었다.
(마) 빵이 영수에게 먹혔다.
(바) 빵이 영수에게 먹어졌다.

(사) 어서 집에 가거라.
(아) 집에 어서 가거라.

(자) 그는 불쌍하게 죽었다.
(차) 불쌍하게 그는 죽었다.

(카) 해인이는 음악회에서 희정이를 만나지 못했다.
(타) 해인이는 음악회에서 희정이를 못 만났다.

(파) 해인이는 음악회에서 희정이를 만나지 않았다.
(하) 해인이는 음악회에서 희정이를 안 만났다.

- 단어를 동의 표현으로 풀어 쓰는 것 : (가) ⇨ (나), (다)
- 능동문과 피동문의 경우(수량 표현의 경우는 제외) : (라) ⇨ (마), (바)
- 부사어 이동으로 인한 문장들(성분 부사어일 경우는 유의문을 이루나, 문장 부사어일 경우는 그러지 못할 경우도 있다.) : (사), (아) / (자), (차)
- 부정 표현에서 장형과 단형 : (카), (타) / (파), (하)
  ⇨ (카)와 (타), (파)와 (하)는 서로 유의문이지만, (카)와 (파), (타)와 (하)는 의미 차이(의지, 능력)로 인해 서로 유의문을 구성하지 못한다.

② 문장의 반의성

㉠ 개념
- **반의문(反義文)** : 문장에서 서로 반대되는 의미를 가진 문장을 뜻한다.

㉡ 특성
- 반의문은 유의문과 달리 반드시 한 문장에 하나의 반의문만 존재한다.
- 이는 하나의 문장이 어떤 한 가지 기준에 의해서 하나의 반대 의미를 지닌 문장을 가진다는 것을 뜻한다.

ⓒ 유형

ⓐ 반의어를 통해서 반의문이 이루어지는 경우

> ㈎ 철수가 영희를 좋아한다.
> ㈏ 철수가 영희를 싫어한다.
>
> ㈐ 그가 남쪽에 있는 학교로 천천히 갔다.
> ㈑ 그가 북쪽에 있는 학교로 천천히 갔다.
>
> ㈒ 그가 남쪽에 있는 학교로 빨리 갔다.
> ㈓ 그가 북쪽에 있는 학교로 빨리 갔다.

ⓑ 부정 표현을 통해서 반의문이 이루어지는 경우

> ㈎ 그가 학교에 간다.
>
> ㈏ 그가 학교에 안 간다.
> ㈐ 그가 학교에 가지 않는다.
>
> ㈑ 그가 학교에 못 간다.
> ㈒ 그가 학교에 가지 못한다.

ⓒ 보조사를 통해서 반의문이 이루어지는 경우

> ㈎ 그가 키가 크다.
> ㈏ 그가 키도 크다.
> ㈐ 그가 키만 크다.

⇨ ㈏는 긍정의 의미를, ㈐는 부정의 뜻을 나타낸다. 따라서 ㈏와 ㈐는 반의문이라고 할 수 있다.

3) 문장의 중의성

ⓐ 개념

• 중의문(重義文) : 의미가 여러 개로 해석될 수 있는 문장을 말한다.

ⓑ 특성

• 문장의 유의성이 여러 개 문장이 동일한 의미를 나타내는 특성이라고 한다면, 문장의 중의성은 반대로 하나의 문장이 여러 개의 의미를 나타내는 특성이다.
• 형식은 하나인데 의미는 여러 개라는 말이다.

ⓒ 유형

① 단어의 중의성으로 인하여 문장의 중의성이 생기는 경우

(개) 그녀는 손이 크다. (내) 그가 가는 길이 험하다.

⇨ (개)의 '손'은 신체의 일부를 뜻할 수도 있고, '힘, 역량, 능력'의 의미로도 파악될 수 있다. (내)의 '길'은 사람들이 걸어 다니는 길일 수도 있고, 인생 여정을 뜻할 수도 있다.

② 문장의 구조 차이로 인한 통사적 중의성이 생기는 경우

(개) 철수는 영수와 순이를 좋아한다. (내) [철수는 영수와] 순이를 좋아한다. (대) 철수는 [영수와 순이를] 좋아한다. (라) 아빠는 엄마보다 나를 더 좋아한다. (마) [아빠는 엄마보다] 나를 더 좋아한다. (바) 아빠는 [엄마보다 나를] 더 좋아한다. (사) 아름다운 그녀의 목소리를 듣고 싶다. (아) [아름다운 그녀의] 목소리를 듣고 싶다. (자) [아름다운 [그녀의 목소리]를 듣고 싶다.

⇨ (개)는 (내)와 (내)의 의미로 해석될 수 있다. (내)는 순이를 좋아하는 주체가 철수와 영수 두 사람임을 뜻하고, (대)는 철수 혼자서 영수와 순이 두 사람을 좋아한다는 것을 뜻한다. (라)도 두 가지 뜻으로 해석되는데, (마)는 엄마가 나를 좋아하는 것보다 아빠가 나를 더 좋아한다는 뜻이고, (바)는 아빠가 엄마를 좋아하기는 하지만 나를 더 좋아한다는 뜻이다. (사)는 수식하는 것이 무엇이냐에 따라서 의미가 달라지는 현상을 보여주는데, (아)는 '아름다운'이 '그녀'를 수식하고 있고, (자)는 '아름다운'이 '목소리'를 수식하고 있다.

③ 국어의 특이한 현상으로 부정 표현으로 인한 문장의 중의성이 생기는 경우

(가) 나는 어제 공원에서 그녀를 만나지 않았다. (나) 학생들이 다 오지 않았다.

⇨ (가)에서 '않았다'라는 부정어가 부정하는 것은 '나, 어제, 공원, 그녀, 만나다' 각각의 단어가 모두 해당한다. 무엇을 부정한 것인지는 문맥에 따라 확인할 수 있을 뿐이다. (나)에서는 부정되는 것이 '학생들, 다, 오다' 각각인 것은 당연한데, 특이하게 양화사(수량사) '다'가 쓰여 독특한 특성을 띤다. '다'만 관심을 갖고 살펴보면, 학생이 아무도 안 왔다는 뜻도 되고, 학생들이 많이 오긴 왔는데 몇 명 오지 않은 사람도 있다는 뜻이다.

④ 상황에 따른 중의성

(가) 그는 구두를 신고 있다. (나) 그는 구두를 신고 있는 중이다. (다) 그는 구두를 신고서 (신은 채로) 있다.

⇨ (가)는 (나)와 (다)의 두 가지로 해석될 수 있다. 이 경우는 문장 안에서의 의미 해석의 중의성을 유발하는 유형으로 설정해야 할 것이다. 물론 정확한 의미의 파악은 상황이 어떠하냐에 따라 이루어질 수 있을 것이다.

03 의미 변화의 원인과 유형

1 의미 변화의 원인

1) 언어적 원인

하나의 단어가 다른 단어와 자주 인접하여 나타남으로써 그 의미까지 변화된 경우를 지칭한다.

㉠-1. **전혀** … 하지 않다. / **별로** … 아니다. // (제) **나름대로**

㉠-2. 주책없다(주책이다), 엉터리없다(엉터리다), 우연치않게(우연하게), 티브이(텔레비전), 아파트(아파트먼트), 버스(옴니버스(omnibus))

2) 역사적 원인

단어가 가리키는 대상은 변모하였음에도 불구하고 단어는 그대로 남아 있는 경우 필연적으로 그 단어에 의미 변화가 일어나는 것을 지칭한다. 다시 말하면, 과거에는 존재했었으나 지금은 없는 실체를 지칭하는 단어가 지금에도 사용될 때 나타나는 것을 뜻한다.

㉠-1. 바가지('박' 속을 비워 만든 물 뜨는 용기) ⇨ 현대의 '바가지'는 플라스틱으로 된 용기로 대용하지만 여전히 '바가지'라는 단어는 사용한다.

㉠-2. 배(과거에는 나무로 만든 배만을 뜻함) ⇨ 현대의 '배'는 쇠로 만든 배는 물론이고 우주선도 가리킨다.

㉠-3. '신발, 역, 화랑, 집현전' 등

3) 사회적 원인

일반적인 단어가 특수 사회 집단에서 사용되거나 반대로 특수 집단에서 사용되던 단어가 일반 사회에서 사용됨으로써 의미에 변화가 일어나는 경우를 말한다. 즉 단어 의미가 특수화하거나 일반화하는 것을 뜻한다.

㉠-1. 단어의 의미가 특수화한 것 : 얼굴(형상(形象), 형체(形體) ⇨ 안(顔)), 영감(나이든 남편이나 남자 노인 ⇨ 판사나 검사), 성경(종교상 신앙의 최고 법전이 되는 책 ⇨ 기독교에서는 '신구약')

㉠-2. 단어의 의미가 일반화한 것 : 안타(야구 용어), 공양(供養)(불교 용어)

4) 심리적 원인

비유적 용법이나 완곡어법 등에 자주 사용되는 동안 해당 단어의 의미에 대한 인식이 변화하면서 단어의 의미까지 변화하게 된 경우를 뜻한다.

㉠ '곰, 형광등'(둔한 사람을 지칭할 때), '컴퓨터'(똑똑한 사람을 지칭할 때), '똥, 오줌' ⇨ '대변, 소변', 사(死) ⇨ 숫자에서 '사(4)'를 피함, '죽다' ⇨ '돌아가시다', '동무, 인민, 빨갱이, 노랭이'

2 의미 변화의 유형

1) 의미의 확대

단어의 의미 영역이 넓어지는 일반화 현상으로, 대개 해당 단어의 사용 영역이 넓어지는 현상을 말한다.

• 놀부(구체적 인물)	⇨	• 놀부(욕심과 심술이 많은 사람)
• 입(식구(食口))		• 입(가족, 사람)
• 손(수(手), 신체의 일부)		• 손(손이 모자란다, 노동력)
• 길		• 도로, 방법, 도리
• 십자가		• 희생
• 약주		• 술 전체

2) 의미의 축소

단어의 의미 영역이 좁아지는 특수화 현상으로, 대개 해당 단어의 사용 영역이 좁아지는 현상을 말한다.

• 얼굴(형체(形體))	⇨	• 얼굴(안(顔))
• 미인(남자나 여자 공통)		• 미인(예쁜 여자에게만)
• 음료수(마시는 물)		• 음료수(제품화되어 나온 마실 물)

3) 의미의 이동(전이)

단어의 의미 영역이 넓어지거나 좁아지는 일 없이 단어의 의미가 변화하는 현상을 말한다.

• 두꺼비집(두꺼비의 집)	⇨	• 두꺼비집(전기개폐기)
• 감투(벼슬아치가 머리에 쓰는 모자)		• 감투(벼슬)

04 확인문제

01

다음 중, '언어의 의미'에 대한 설명으로 가장 적절한 것은?

① 말소리는 언어의 내용에 해당한다.

② 언어의 의미는 언어의 형식에 해당한다.

③ 표현과 그 지시 대상의 관계는 늘 일대일의 관계를 이룬다.

④ 의미의 속성은 정해져 있기 때문에 그 영역 또한 경계가 뚜렷하다.

⑤ 표현은 맥락에 따라 기본 의미와 전혀 다른 것을 뜻하는 경우도 있다.

02

다음 중, 지시 대상이 존재하는 것은?

① 귀신 ② 고독 ③ 별 ④ 신데렐라 ⑤ 그리움

03

다음 중, 밑줄 친 말이 '주변적 의미'로 쓰이지 <u>않은</u> 것은?

① 몸이 약한 누나는 보약을 몇 차례나 <u>먹었다</u>.

② 우리편은 상대편에게 먼저 한 골을 <u>먹었다</u>.

③ 그녀는 마음을 독하게 <u>먹고</u> 그를 외면하려 했다.

④ 우리도 내년이면 이십을 <u>먹는구나</u>!

⑤ 하루종일 욕만 되게 <u>먹었네</u>.

04

다음 중, 밑줄 친 말이 '함축적 의미'에 해당하는 것은?

① 그는 외국 <u>물</u> 좀 먹더니 말씨가 달라졌다.

② 그놈이면 꽁무니에 <u>불</u> 단 듯 쫓아가겠지요.

③ <u>바람</u>에 종이가 날려 갔다.

④ 내 남자 친구의 마음은 <u>바다</u>같이 넓다.

⑤ 그녀는 밤낮 <u>거울</u>을 들여다본다.

05

다음 단어들의 관계가 유의 관계에 있지 않은 것은?

① 뛰어가다/달려가다
② 멈추다/서다
③ 소리치다/외치다
④ 부끄럽다/창피하다
⑤ 오르다/내리다

06

〈보기〉의 빈칸에 적절한 말을 쓰시오.

보기

- 할아버지는 돼지, 소 등 가축을 많이 ㉠키우신다.
- 그녀는 취미로 화초를 ㉡기르고 있다.

※ ㉠은 ㉡의 (   )이다.

07

다음 중, 단어의 관계가 '상하 관계'가 아닌 것은?

① 동물/고양이
② 식물/나무
③ 과일/사과
④ 김치/깍두기
⑤ 북극/남극

08

다음 중, '문장의 의미'에 대한 설명으로 가장 적절한 것은?

① 단어의 의미만으로도 확인할 수 있다.
② 단어와 단어가 이어지는 원리를 알아야 한다.
③ 단어의 의미를 단순하게 더해 놓은 것이다.
④ 배열 순서는 의미에 영향을 끼치지 않는다.
⑤ 묶음의 차이는 의미에 영향을 미치지 않는다.

09

<보기>의 문장을 반의문으로 바꿔 쓰시오.

보기

㉠ 나는 학교 정문의 오른쪽에 있었다.
㉡ 정수가 그 물건을 훔쳤어요.

10

<보기>의 문장은 중의성을 갖고 있는 문장이다. 중의성이 해소될 수 있도록 문장을 바꿔 쓰시오.

보기

제가 그것을 모두 먹지 않았어요.

11

<보기>의 문장은 중의성을 내포하고 있는 문장이다. 어떤 의미를 갖고 있는지 서술하시오.

보기
그녀는 귀여운 모자를 쓰고 있다.

12

다음 중 의미 변화의 원인이 올바르게 짝지어진 것은?

① 언어적 원인: 과거의 '배'(나무로 만든 것) → 현대의 '배'(쇠로 만든 것도 포함)
② 역사적 원인: 영감(나이든 남편이나 남자 노인 → 판사나 검사)
③ 사회적 원인: '똥, 오줌' → '대변, 소변'
④ 심리적 원인: 주책없다(주책이다)
⑤ 역사적 원인: 바가지('박' 속을 비워 만든 물 뜨는 용기 → 현대의 플라스틱으로 된 용기도 '바가지'라고 함)

13

다음 중 의미 변화의 유형이 올바르게 짝지어진 것은?

① 의미의 확대-얼굴
② 의미의 확대-감투
③ 의미의 축소-십자가
④ 의미의 축소-미인
⑤ 의미의 이동-약주

05 기출문제

2015년 3월 고1 전국연합학력평가

01 **<보기>에 제시된 국어사전 정보를 탐구한 내용으로 적절하지 않은 것은?** [3점]

보기

맞다 [맏따] 동
(1) 【 …에게 …을 】외부로부터 어떤 힘이 가해져 몸에 해를 입다. ¶ 훈장에게 종아리를 맞다.
(2) 【 …에 …을 】침, 주사 따위로 치료를 받다. ¶ 팔에 예방 주사를 맞다.

맡다 [맏따] 동 【 …을 】
(1) 코로 냄새를 느끼다. ¶ 흙냄새를 맡다.
(2) 어떤 일의 낌새를 눈치채다. ¶ 그의 말투와 행동에서 그가 범인이라는 냄새를 맡았다.

① '맞다'와 '맡다'는 표기 형태는 다르지만 발음은 동일하군.
② '맞다'와 '맡다'는 모두 동작이나 작용을 나타내는 품사로 분류되는군.
③ '맞다'와 '맡다'는 모두 두 가지 이상의 의미를 지니고 있는 다의어이군.
④ '맞다'는 '맡다'와 다르게 문장을 구성할 때 부사어를 필요로 하는군.
⑤ '맡다'는 '맞다'와 다르게 피동의 의미가 포함되어 있는 단어이군.

2015년 6월 고1 전국연합학력평가

02 **<보기>는 단어 학습을 위해 활용한 사전의 일부분이다. 이에 대한 이해로 가장 적절한 것은?**

보기

비다[1] 동
㉠ 일정한 공간에 사람, 사물 따위가 들어 있지 아니하게 되다. ¶조금 있으면 자리 하나가 빈다.
㉡ 할 일이 없거나 할 일을 끝내서 시간이 남다. ¶내 일은 시간이 빈다.

차다[1] 동
㉠ (…에, …으로) 일정한 공간에 사람, 사물, 냄새 따위가 더 들어갈 수 없이 가득하게 되다. ¶버스에 사람이 차다.
㉡ (…에) 감정이나 기운 따위가 가득하게 되다. ¶실의에 차다.
㉢ (…에) 어떤 대상이 흡족하게 마음에 들다. ¶선을 본 사람이 마음에 차지 않는다.

① '비다[1]'의 ㉠과 ㉡은 동음이의어이다.
② 속담 '빈 수레가 요란하다.'의 '빈'은 '차다[1]' ㉢의 반의어를 이용한 것이다.
③ '비다[1]'과 '차다[1]'은 모두 목적어를 필요로 한다.
④ '차다[1]' ㉠의 예로 '물이 가득 차다.'를 추가할 수 있다.
⑤ '차다[1]' ㉡의 반의어는 '비다[1]' ㉡이 된다.

2015년 9월 고1 전국연합학력평가

03 **(가)~(다)에 대한 설명으로 적절하지 <u>않은</u> 것은?**

(가)	(나)	(다)
고치다	제도를 고치다	개혁(改革)하다
	병을 고치다	치료(治療)하다
	습관을 고치다	교정(矯正)하다
	내용을 고치다	수정(修正)하다
	옷을 고치다	수선(修繕)하다

① (가)는 상황에 따라 여러 가지 의미로 사용된다.
② (나)의 의미는 목적어에 의해서 제한적으로 해석된다.
③ (다)의 어휘들끼리는 문장에서 서로 바꿔 쓸 수 있다.
④ (다)는 문장에서 (가)로 바꿔 쓸 수 있다.
⑤ (다)는 (가)에 비해 세분화된 의미를 지닌다.

2015년 9월 고1 전국연합학력평가

04 **(가)에서 (나)로 명칭이 변한 이유로 가장 적절한 것은?**

(가)		(나)
복덕방장이 보험모집인 간호원	→	공인중개사 생활설계사 간호사

① 언어를 간결하게 사용하고자 했기 때문이다.
② 특정 집단의 비밀을 유지할 수 있기 때문이다.
③ 대상에 대한 친밀감을 표현할 수 있기 때문이다.
④ 직업의 전문성에 대한 의식이 강화되었기 때문이다.
⑤ 새로운 표현을 좋아하는 심리가 반영되었기 때문이다.

2016년 3월 고1 전국연합학력평가

05 **<보기>의 국어사전 정보를 탐구한 것으로 적절하지 <u>않은</u> 것은?**

보기

되다[1] 동
[1]【 …이 】
「 1 」 새로운 신분이나 지위를 가지다.
¶ 커서 선생님이 되고 싶다.
「 2 」【 …으로 】다른 것으로 바뀌거나 변하다.
¶ 물이 얼음이 되다. 물이 얼음으로 되다.
[2]【 …으로 】어떤 재료나 성분으로 이루어지다.
¶ 나무로 된 책상
되다[2] 형
[1] 반죽이나 밥 따위가 물기가 적어 빡빡하다.
¶ 밥이 너무 되다.
[2] 일이 힘에 벅차다.
¶ 일이 되면 쉬어 가면서 해라.

① 되다[1]과 되다[2]는 형태가 같지만 의미는 다르다.
② 되다[1]은 되다[2]와 달리 주어 이외의 문장성분을 필요로 한다.
③ 되다[2]는 되다[1]과 달리 성질이나 상태를 나타내는 품사이다.
④ 되다[1] [1]-「 2 」의 용례로 '국토가 산으로 되어 있다.'를 추가할 수 있다.
⑤ 되다[2] [2]의 유의어로 '힘들다'를 쓸 수 있다.

2016년 6월 고1 전국연합학력평가

06 다음은 '사전 활용하기' 학습 활동을 위한 자료이다. 이에 대한 이해로 적절하지 않은 것은?

사전

들다[01] 동

㉠【…에】【…으로】밖에서 속이나 안으로 향해 가거나 오거나 하다.

¶ 숲 속에 들자 시원한 바람이 불어왔다.

㉡【…에】안에 담기거나 그 일부를 이루다.

¶ 어머니의 약이 노란 봉지에 들어 있다.

㉢ 어떤 때, 철이 되거나 돌아오다.

¶ 가을이 들면서 각종 문화 행사가 많이 열리고 있다.

들다[04] 동

㉠【…을 …에】손에 가지다.

¶ 그녀는 차표를 손에 들었다.

㉡【 ⓐ 】아래에 있는 것을 위로 올리다.

¶ 강아지가 앞발을 들었다.

① '들다[01]'과 '들다[04]'는 각각 다의어이다.
② '들다[01]㉠'의 예문으로 '그가 방으로 들자 잠자던 아이가 깨어났다'를 추가할 수 있다.
③ '들다[01]㉡'과 '들다[04]㉠'은 필요로 하는 문장성분의 수가 다르다.
④ '들다[01]㉢'과 '들다[04]㉠'은 각각 그 표제어의 중심적 의미이다.
⑤ '들다[04]㉡'의 ⓐ에 해당하는 것은 '…을'이다.

2016년 9월 고1 전국연합학력평가

07 다음은 단어 학습을 위해 활용한 사전의 일부분이다. 탐구 결과로 적절하지 않은 것은?

사전

끌다 [끌ː-] 동

1【…을】

㉠ 바닥에 댄 채로 잡아당기다.

¶ 의자를 끄는 소리가 시끄럽다.

㉡ 시간이나 일을 늦추거나 미루다.

¶ 시간을 끌지 말고 하렴.

2【…에서 …을】

어느 곳에서 원하는 곳에 이르도록 전선 따위를 늘리다.

¶ 옆집에서 전기를 끌어 쓴다.

① '끌다'의 첫음절은 장음으로 발음되는군.
② '끌다'는 여러 가지 의미를 지니고 있는 다의어이군.
③ '끌다1-㉡'의 유의어로는 '지연하다'가 가능하겠군.
④ '끌다2'의 용례로 '주방에서 수도를 끌어 물을 받았다.'를 추가할 수 있겠군.
⑤ '끌다1'은 '끌다2'와 달리 문장 구조상 부사어를 필요로 하는군.

2017년 3월 고1 전국연합학력평가

08 <보기>의 (가), (나)에 들어갈 내용으로 적절한 것은?

보기

단어는 문맥에 따라 여러 가지 뜻을 가진다. 그래서 반의어도 여럿이 될 수 있다. 예를 들어 '시계가 서다.'에서 '서다'의 반의어는 '가다'인데, '기강이 서다.'에서 '서다'의 반의어는 '무너지다'가 된다. '벗다'도 문맥에 따라 여러 가지 뜻을 가지기 때문에 반의어가 여럿이다.

단어	예문	반의어
벗다	외투를 벗다.	입다
	(가)	쓰다
	배낭을 벗다.	(나)

	(가)	(나)
①	누명을 벗다.	메다
②	안경을 벗다.	끼다
③	장갑을 벗다.	차다
④	모자를 벗다.	걸다
⑤	허물을 벗다.	들다

2017년 6월 고1 전국연합학력평가

09 <보기>는 단어를 학습하기 위해 활용한 사전 자료이다. 이에 대한 탐구 내용으로 옳지 않은 것은?

보기

어리다[1] 동

㉠ 【 …에 】눈에 눈물이 조금 괴다.

¶ 갑순이의 두 눈에 어느덧 눈물이 어리고 있었다.

㉡ 【 …에 】어떤 현상, 기운, 추억 따위가 배어 있거나 은근히 드러나다.

¶ 밤을 새우고 난 그의 얼굴에 피로한 기색이 어렸다.

어리다[2] 형

㉠ 나이가 적다. 10대 전반을 넘지 않은 나이를 이른다.

¶ 나는 어린 시절을 시골에서 보냈다.

㉡ 생각이 모자라거나 경험이 적거나 수준이 낮다.

¶ ____________________

① '어리다[1]'과 '어리다[2]'는 모두 다의어이다.

② '어리다[1]'은 목적어가 필요한 동사이다.

③ '어리다[1]'과 '어리다[2]'는 동음이의 관계에 있다.

④ '어리다[1]'의 ㉡에 해당하는 또 다른 용례로, '입가에 미소가 어리다.'를 추가할 수 있다.

⑤ '어리다[2]'의 ㉡에 들어갈 예로, '저의 어린 소견을 경청해 주셔서 고맙습니다.'와 같은 문장을 들 수 있다.

2018년 3월 고1 전국연합학력평가

10 **〈보기〉에 제시된 국어사전의 정보를 탐구한 내용으로 적절하지 않은 것은?**

보기

없다 [업ː따]〔없어, 없으니, 없는〕

형 사람, 동물, 물체 따위가 실제로 존재하지 않는 상태이다. ¶ 각이 진 원은 없다.

있다 [읻따]〔있어, 있으니, 있는〕

(1) 동【…에】사람이나 동물이 어느 곳에서 떠나거나 벗어나지 아니하고 머물다. ¶ 그는 학교에 있다.

(2) 형 사람, 동물, 물체 따위가 실제로 존재하는 상태이다. ¶ 날지 못하는 새도 있다.

① '없다'는 장음 부호(ː)를 표시하여 어간이 긴소리로 발음된다는 것을 나타내고 있군.

② '있다'는 하나의 표제어 아래에 두 가지의 뜻을 제시한 것으로 보아 다의어라고 할 수 있군.

③ '있다 (1)'은 주어 외에 필수적으로 갖추어야 하는 문장 성분에 대한 정보를 나타내고 있군.

④ '없다'와 '있다 (2)'는 품사가 서로 같고, 의미상 반의 관계에 있음을 알 수 있군.

⑤ '없다'와 '있다'는 모두 활용할 때 어간의 형태가 불규칙적으로 변하는 단어에 해당하는군.

2018년 6월 고1 전국연합학력평가

11 **다음은 단어 학습을 위해 활용한 사전의 일부분이다. 탐구 결과로 적절하지 않은 것은?**

사전

무르다2 동

1【…을】

㉠ 사거나 바꾼 물건을 원래 임자에게 도로 주고 돈이나 물건을 되찾다.
¶ 흠 있는 책을 돈으로 물렀다.

㉡ 이미 행한 일을 그 전의 상태로 돌리다.
¶ 한 수만 물러 주게.

2【…으로】있던 자리에서 뒤로 옮기다.
¶ 가운데 앉지 말고 뒤로 물러 벽 쪽으로 붙어 앉으렴.

무르다3 형

㉠ 여리고 단단하지 않다.
¶ 무른 살

㉡ 마음이 여리거나 힘이 약하다.
¶ 성질이 무르다.

① 선생님께서는 댁에 계십니다.

② 형은 어머니께 그 책을 드렸다,

③ 할아버지께서는 눈이 밝으십니다,

④ 할머니, 아버지가 지금 막 도착했어요.

⑤ 윤우야, 선생님께서 빨리 교무실로 오라고 하셔.

2019년 9월 고1 전국연합학력평가

12 **<보기>는 단어 학습을 위해 활용한 사전의 일부이다. 탐구 결과로 적절하지 <u>않은</u> 것은?**

사전

개다¹ 동
「1」 흐리거나 궂은 날씨가 맑아지다.
¶ 비가 개다.
「2」 (비유적으로) 언짢거나 우울한 마음이 개운하고 홀가분해지다.
¶ 마음이 활짝 개다.

개다² 동 【…을】 【…을 …에】
가루나 덩이진 것에 물이나 기름 따위를 쳐서 서로 섞이거나 풀어지도록 으깨거나 이기다.

개다³ 동 【…을】
옷이나 이부자리 따위를 겹치거나 접어서 단정하게 포개다.
¶ 이부자리를 개고 방을 청소하다.

① '개다¹', '개다²', '개다³'은 동음이의어이다.
② '개다¹' 「1」의 용례로 '기분이 개다.'를 추가할 수 있다.
③ '개다²'의 용례로 '가루약을 찬물에 개어 먹다.'를 들 수 있다.
④ '개다³'의 반의어로 '펴다'를 들 수 있다.
⑤ '개다³'은 '개다¹'과 달리 목적어를 필요로 한다.

2020년 9월 고1 전국연합학력평가

13 **<보기>는 '사전 활용하기' 학습 활동을 위한 자료이다. 이에 대한 이해로 적절하지 <u>않은</u> 것은?**

보기

재다¹ 동
【…을】 【 -ㄴ지를】
1 자, 저울 따위의 계기를 이용하여 길이, 너비, 높이, 깊이, 무게, 온도, 속도 따위의 정도를 알아보다.
¶ 온도계로 기온을 재다.
2 여러모로 따져 보고 헤아리다.
¶ 일을 너무 재다가는 아무것도 못한다.

재다² 형
1 동작이 재빠르다.
¶ ______________________
2 참을성이 모자라 입놀림이 가볍다.
¶ 입이 재다.

① 재다¹과 재다²는 모두 다의어이다.
② 재다¹과 재다²는 서로 동음이의 관계이다.
③ 재다¹은 재다²와 달리 문장 구조상 목적어를 필요로 한다.
④ 재다¹-2의 용례로 '길이가 얼마나 되는지를 재어 보아라.'를 추리할 수 있다.
⑤ 재다²-1의 용례로 '발걸음이 재다.'를 들 수 있다.

2021년 3월 고1 전국연합학력평가

14 **<보기1>은 국어사전의 일부이고, <보기2>는 원고지에 쓴 글을 고친 것이다. <보기1>을 바탕으로 <보기2>의 ㉠~㉢을 이해한 내용으로 적절하지 <u>않은</u> 것은?**

보기1

드리다 [드리다] 동 〔드리어(드려), 드리니〕
【…에 / 에게 …을】
[1] '주다'의 높임말.
[2] 윗사람에게 그 사람을 높여 말이나, 인사, 부탁, 약속, 축하 따위를 하다.

들이다 [드리다] 동 〔들이어(들여), 들이니〕
[1] 【…을 …에】밖에서 속이나 안으로 향해 가게 하거나 오게 하다.
[2] 【…에 / 에게 …을】어떤 일에 돈, 시간, 노력, 물자 따위를 쓰다.

보기2

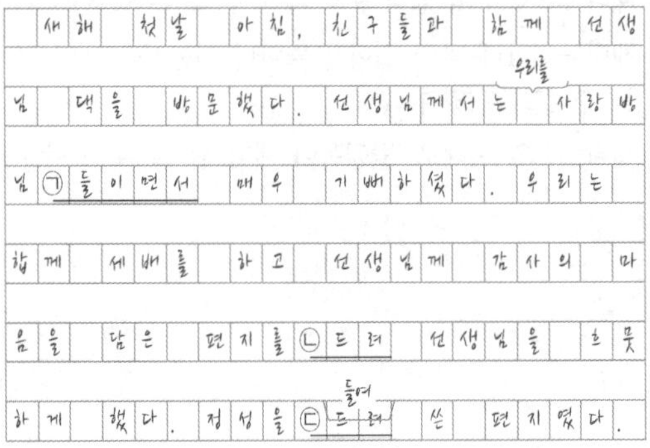

① ㉠은 '들이다'[1]의 의미로 사용되었군.
② ㉠을 포함한 문장에 '우리를'을 넣어야 하는 이유는 필요한 문장 성분이 빠졌기 때문이군.
③ ㉡과 '할머니께 말씀을 드리다.'의 '드리다'는 모두 '드리다'[1]의 의미로 사용되었군.
④ ㉢은 '들이다'[2]의 의미로 사용되었기 때문에 '들여'라고 고쳐 써야 하는군.
⑤ ㉠과 ㉡은 사전에서 각각의 표제어 아래 제시된 여러 의미 중 하나로 풀이되는군.

2021년 6월 고1 전국연합학력평가

15 **<보기>를 바탕으로 단어의 의미를 이해하려 할 때, ㉠과 ㉡의 예로 바르게 짝지어진 것은?**

보기

다의어는 두 가지 이상의 뜻을 가진 단어를 가리킨다. 다의어는 단어가 원래 뜻하는 ㉠**<u>중심적 의미</u>**와 중심적 의미에서 파생된 ㉡**<u>주변적 의미</u>**를 갖는다. '날아가는 새를 보다'에서 '보다'는 '눈으로 대상의 존재, 형태를 알다'라는 중심적 의미로 사용되었다. 그러나 '의사가 환자를 보다'에서 '보다'는 '진찰하다'라는 주변적 의미로 사용되었다.

	㉠	㉡
①	창문을 <u>열어</u> 환기를 하자.	회의를 <u>열어</u> 그를 회장으로 추천하자.
②	마음을 굳게 <u>먹고</u> 열심히 연습했다.	국이 매워서 많이 <u>먹지</u> 못하겠다.
③	미리 숙소를 <u>잡고</u> 여행지로 출발했다.	오디션에 참가할 기회를 <u>잡았다</u>.
④	그는 이번 인사발령으로 총무과로 <u>갔다</u>.	그는 아침 일찍 일터로 <u>갔다</u>.
⑤	창밖을 내다보니 동이 트려면 아직도 <u>멀었다</u>.	학교에서 버스정류장까지가 매우 <u>멀었다</u>.

2021년 9월 고1 전국연합학력평가

16 **<보기>는 '사전 활용하기' 학습 활동을 위한 자료이다. 이에 대한 이해로 적절하지 <u>않은</u> 것은?**

보기

차다^1 동

Ⅰ. 【…에】 【…으로】

1. 일정한 공간에 사람, 사물, 냄새 따위가 더 들어갈 수 없이 가득하게 되다.
   ¶ 독에 물이 가득 차다. / 버스가 승객으로 가득 차다.

Ⅱ. 【…에】

1. 감정이나 기운 따위가 가득하게 되다.
   ¶ 기쁨에 찬 얼굴.

차다^2 형

1. 몸에 닿은 물체나 대기의 온도가 낮다.
   ¶ 겨울 날씨가 매우 차다.
2. 인정이 없고 쌀쌀하다.
   ¶ 그는 성격이 차고 매섭다.

① '차다^1-Ⅱ-1'의 용례로 '목소리가 확신에 차다.'를 추가할 수 있다.
② '차다^1'과 '차다^2'는 사전에 각각 다른 표제어로 등재되는 동음이의어이다.
③ '차다^1'은 동작이나 작용을 나타내는 말이고, '차다^2'는 성질이나 상태를 나타내는 말이다.
④ '차다^1'과 '차다^2'는 모두 하나의 단어가 여러 개의 의미를 지니고 있는 다의어이다.
⑤ '차다^1'과 '차다^2'는 모두 문장을 만들 때 주어 이외의 다른 문장 성분이 반드시 필요하다.

2015년 9월 고2 전국연합학력평가

17 **<보기1>은 '마음'의 유의어를 나타낸 것이다. 이를 참고하여 <보기2>의 '마음'을 유의어로 바꿀 때 적절하지 <u>않은</u> 것은?**

보기1

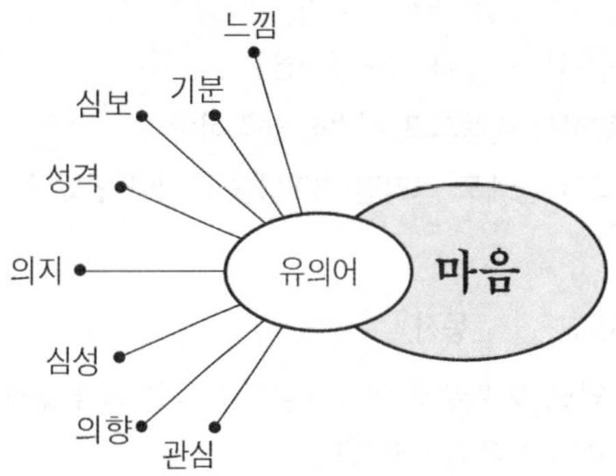

보기2

○ 그는 ㉠<u>**마음**</u>이 곱고 바르다.
○ 아이가 공부에는 ㉡<u>**마음**</u>이 없고 노는 데만 정신이 팔렸다.
○ 그는 이번 일을 성사시키려는 ㉢<u>**마음**</u>을 보였다.
○ 그는 친구의 냉담한 태도에 ㉣<u>**마음**</u>이 상했다.
○ 나를 만날 ㉤<u>**마음**</u>이 있으면 여기로 와.

① ㉠은 '타고난 마음씨'를 의미하므로 '심성'으로 바꿀 수 있다.
② ㉡은 '어떤 것에 마음이 끌려 주의를 기울임'을 의미하므로 '관심'으로 바꿀 수 있다.
③ ㉢은 '마음을 쓰는 속 바탕'을 의미하므로 '심보'로 바꿀 수 있다.
④ ㉣은 '대상 · 환경 따위에 따라 마음에 절로 생기며 한동안 지속되는 감정'을 의미하므로 '기분'으로 바꿀 수 있다.
⑤ ㉤은 '마음이 향하는 바. 또는 무엇을 하려는 생각'을 의미하므로 '의향'으로 바꿀 수 있다.

2015년 9월 고1 전국연합학력평가

18 **<보기>에 제시된 국어사전의 정보를 완성한다고 할 때, ㉠~㉤에 대한 설명으로 적절하지 <u>않은</u> 것은?**

보기

그리다[1] [㉠] 【…을】

사랑하는 마음으로 간절히 생각하다.

¶ 그가 꿈에도 그리던 어머님을 드디어 만났다.

그리다[2] [동사] 【 ㉡ 】

① 연필, 붓 따위로 어떤 사물의 모양을 그와 닮게 선이나 색으로 나타내다.

¶ 그가 약도를 그렸다. / ___㉢___

② ___㉣___

¶ 이순신 장군의 일대기를 그린 영화 / 이 소설은 서민 생활의 애환을 그리고 있다.

그립다 [형용사]

① 【…이】보고 싶거나 만나고 싶은 마음이 간절하다.

¶ 고향에 계신 부모님이 그립다.

② 어떤 것이 매우 필요하거나 아쉽다.

¶ ___㉤___

① ㉠에 들어갈 말은 '동사'이다.
② ㉡에 들어갈 말은 '…을'이다.
③ ㉢에 '화살이 포물선을 그리며 날아간다.'를 넣을 수 있다.
④ ㉣에 '생각, 현상 따위를 말, 글, 음악 등으로 나타내다.'를 넣을 수 있다.
⑤ ㉤에 '한동안 쉬었더니 돈 몇 푼이 그립다.'를 넣을 수 있다.

2015년 11월 고2 전국연합학력평가

19 **<보기>에 제시된 국어사전의 정보를 완성한다고 할 때, ㉠~㉤에 대한 설명으로 적절하지 <u>않은</u> 것은?**

보기

늦다

[Ⅰ] 동사

[㉠] 정해진 때보다 지나다.

¶ 그는 약속 시간에 항상 늦는다. / 그는 버스 시간에 늦어 고향에 가지 못했다.

[Ⅱ] [㉡]

[1] 기준이 되는 때보다 뒤져 있다.

¶ 시계가 오 분 늦게 간다.

[2] 시간이 알맞을 때를 지나 있다. 또는 시기가 한창인 때를 지나 있다.

¶ 우리 일행은 예정보다 늦게 도착했다. / ___㉢___

[3] 곡조, 동작 따위의 속도가 느리다.

¶ 박자가 늦다. / ___㉣___

이르다 형용사

【…보다】【-기에】대중이나 기준을 잡은 때보다 앞서거나 빠르다.

¶ 그는 여느 때보다 이르게 학교에 도착했다./아직 포기하기엔 이르다.

[반의어] ___㉤___

① ㉠에 들어갈 말은 '【 …에】'이다.
② ㉡에 들어갈 말은 '형용사'이다.
③ ㉢에는 '발걸음이 늦다.'를 넣을 수 있다.
④ ㉣에는 '그는 다른 사람보다 서류 작성이 늦다.'를 넣을 수 있다.
⑤ ㉤에 들어갈 말은 '늦다[Ⅱ][1]'이다.

2016년 3월 고2 전국연합학력평가

20 〈보기〉의 선생님 물음에 대한 답으로 가장 적절한 것은?

보기

학생 : 선생님, '젊음'은 사전의 표제어인데, 왜 '늙음'은 사전의 표제어가 아닌가요?

선생님 : 사전의 표제어인 '젊음'은 파생 명사입니다. 반면에 '늙음'은 파생 명사가 아니라 동사 '늙다'의 명사형입니다. '늙음'은 '늙다'의 활용형이기 때문에 표제어가 아닙니다.

학생 : 둘 다 '-음'으로 끝나는데, 무엇이 다른가요?

선생님 : 사전의 표제어 '젊음'은 어근 '젊-'에 명사를 만드는 접미사 '-음'이 결합하여 만들어진 말로 관형어의 꾸밈을 받을 수 있어요. 그런데 '늙음'은 어간 '늙-'에 명사형 어미 '-음'이 결합한 말로 문장에 쓰이면 서술하는 기능이 있고 부사어의 꾸밈을 받을 수 있어요. **다음 문장의 밑줄 친 말들 중에서 사전의 표제어가 되는 것은 무엇일까요?**

① 그녀의 수줍음은 늘 티가 났다.
② 나는 가진 돈이 전혀 없음을 깨달았다.
③ 그녀가 많이 먹음은 새삼스러운 일이 아니다.
④ 그는 경력이 남들보다 많음을 자랑스러워했다.
⑤ 내가 늘 빨리 걸음은 건강을 유지하기 위해서이다.

2016년 3월 고2 전국연합학력평가

21 다음은 '사전 활용하기' 학습 활동을 위한 자료이다. 이에 대한 이해로 적절하지 않은 것은?

보기

우연 명 아무런 인과 관계가 없이 뜻하지 아니하게 일어난 일.
¶우연의 일치
「반」 필연01.

우연-적 관 명 아무런 인과 관계 없이 뜻하지 아니하게 일어나는. 또는 그런 것.
¶ 우연적 만남/우연적 사건 ‖ 우연적으로 일어난 일

우연-하다 형 어떤 일이 뜻하지 아니하게 저절로 이루어져 공교롭다.
¶친구를 우연하게 만났다.

우연-히 부 어떤 일이 뜻하지 아니하게 저절로 이루어져 공교롭게.
¶동생의 비상금을 우연히 발견하였다.

① '우연'의 뜻풀이와 반의어를 보니, '우연적'의 반의어로 '필연적'이 존재할 수 있겠군.
② '우연적'의 품사 정보와 뜻풀이를 보니, '그들의 만남은 우연적이었다.'의 '우연적'은 관형사에 해당하겠군.
③ '우연하다'의 품사 정보와 뜻풀이를 보니, '우연하다'의 용례로 '우연한 계기'를 추가할 수 있겠군.
④ '우연'과 '우연하다'의 표제어 및 뜻풀이를 보니, '우연하다'는 '우연'에 '하다'가 결합한 복합어로군.
⑤ '우연하다'와 '우연히'의 뜻풀이 및 용례를 보니, '친구를 우연하게 만났다.'의 '우연하게'는 '우연히'로 교체하여 쓸 수 있겠군.

2016년 6월 고2 전국연합학력평가

22 **<보기>에 제시된 국어사전 정보를 완성한다고 할 때, ㉠~㉤에 대한 설명으로 적절하지 않은 것은?**

보기

그르다01

[Ⅰ]「 ㉠ 」

어떤 일이 사리에 맞지 아니한 면이 있다.

¶ 행실이 그르다. / 그른 일은 하지 말아야 한다.

[Ⅱ]「동사」

「1」(㉡) 어떤 일이나 형편이 잘못되다.

¶ 대세는 벌써 그른 지 오래다. / 이번 일도 이미 글렀다.

「2」 어떤 상태나 조건이 좋지 아니하게 되다.

¶ 이 환자는 회생하기에 그른 것으로 보인다.

바르다03 「형용사」

「1」 겉으로 보기에 비뚤어지거나 굽은 데가 없다.

[반] 굽다

¶ 선을 바르게 긋다.

「2」 말이나 행동 따위가 사회적인 규범이나 사리에 어긋나지 아니하고 들어맞다.

¶ 그는 생각이 바른 사람이다.

「3」 ㉢ ¶ 묻는 말에 바르게 대답해라.

「4」 그늘이 지지 아니하고 햇볕이 잘 들다.

¶ 양지 바른 곳

옳다01 [올타] 「형용사」

「1」 사리에 맞고 바르다. ¶ 옳은 판단 [반] ㉣

「2」 격식에 맞아 탓하거나 흠잡을 데가 없다. ¶ 옳은 상차림

「3」 차라리 더 낫다. ¶ ㉤

① ㉠에 들어갈 말은 '형용사'이다.

② ㉡에 들어갈 문형 정보는 '흔히 현재 시제에 쓰여'이다.

③ ㉢에는 '사실과 어긋남이 없다.'를 넣을 수 있다.

④ ㉣에 들어갈 말은 '그르다01 [Ⅰ]'이다.

⑤ ㉤에는 '변명하느니 말을 않는 게 옳다.'를 넣을 수 있다.

2017년 3월 고2 전국연합학력평가

23 **<보기>는 '뿐'에 대한 남북한의 사전 풀이이다. 이를 탐구한 내용으로 적절하지 않은 것은?**

보기

(가) 표준국어대사전(남한)

뿐01「 의존 명사 」

(1) (어미 '-을' 뒤에 쓰여) 다만 어떠하거나 어찌할 따름이라는 뜻을 나타내는 말.

¶ 소문으로만 들었을 뿐이네.

(2) ('-다 뿐이지' 구성으로 쓰여) 오직 그렇게 하거나 그러하다는 것을 나타내는 말.

¶ 시간만 보냈다 뿐이지 한 일은 없다.

뿐02「 조사 」 (체언이나 부사어 뒤에 붙어) '그것만이고 더는 없음' 또는 '오직 그렇게 하거나 그러하다는 것'을 나타내는 보조사.

¶ 이제 믿을 것은 오직 실력뿐이다.

(나) 조선말대사전(북한)

뿐「 불완전명사* 」

(1) (체언아래에 쓰이여) 그것만이고 더는 없다는 뜻.

| 소식을 듣고 기뻐한것은 나뿐이 아니였다.

(2) (용언아래에 쓰이여) 다만 어떠하거나 어찌할따름이라는 뜻.

| 우리는 감격의 눈물을 삼켰을뿐이였다.

* 불완전명사 : 북한에서 '의존 명사'를 가리키는 말.

① (가)의 '뿐01'은 (나)의 '뿐'과 달리 앞에 오는 말과 띄어서 쓰이는군.

② (가)의 '뿐01'과 (나)의 '뿐'은 모두 두 가지의 뜻을 가진 단어이군.

③ '내가 가진 것은 이것뿐이다.'에서 '뿐'은 (가)의 '뿐02', (나)의 '뿐' (1)의 뜻에 해당하는군.

④ (가)에서는 (나)에서와 달리 체언 뒤의 '뿐'과 용언 뒤의 '뿐'을 서로 다른 표제어로 등재하고 있군.

⑤ (나)에서는 (가)에서와 달리 '뿐'을 다른 말에 기대어 쓰이지 않고 자립하여 쓰일 수 있는 말로 보고 있군.

2017년 9월 고2 전국연합학력평가

24 **다음은 '사전 활용하기' 학습 활동을 위한 자료이다. 이에 대한 이해로 적절하지 <u>않은</u> 것은?**

보기

익다 동

① 열매나 씨가 여물다.

¶ 배가 익다.

② 고기나 채소, 곡식 따위의 날것이 뜨거운 열을 받아 그 성질과 맛이 달라지다.

¶ 고기가 푹 익다.

익-히다 동 【…을】

① '익다①'의 사동사.

¶ 잎사귀에 단풍이 든 콩들은 꼬투리를 더욱 단단하게 익히고 있었다.

② '익다②'의 사동사.

¶ 고기를 익히다.

① '익다'와 '익히다'는 모두 다의어로군.

② '익다'와 달리 '익히다'는 목적어를 필요로 하는군.

③ '익히다'는 '익다'에 사동 접미사가 결합된 단어로군.

④ '익다①'의 유의어로는 '김치가 잘 숙성되었다.'의 '숙성되다'가 있겠군.

⑤ '익히다②'의 용례로 '감자를 푹 익혀 먹으면 맛이 좋다.'가 있겠군.

2017년 11월 고2 전국연합학력평가

25 **〈보기〉는 '사전 활용하기' 학습 활동을 위한 자료이다. 이에 대해 탐구한 내용으로 적절하지 <u>않은</u> 것은?**

보기

물리다^{1}

동사

【…에/에게】

다시 대하기 싫을 만큼 몹시 싫증이 나다.

¶ 세 끼 꼬박 국수를 먹어서 이젠 국수에 물렸다.

물리다^{2}

동사

[1] 【…에/에게 …을】

「1」 '물다^{2}[1]「2」'의 피동사.

¶ 사나운 개에게 팔을 물리다.

「2」 '물다^{2}[1]「3」'의 피동사.

¶ 어젯밤 모기에게 코를 물렸다.

[2]【…에게】

'물다^{2}[1]「4」'의 피동사. ¶ 그놈들에게 잘못 물렸다가는 큰일 치른다.

물리다^{3}

동사

[1] 【…을】

「1」 '무르다^{2}[1]「1」'의 사동사.

¶ 친구는 새로 구입한 책을 모두 물렸다.

[2] 【…을 …으로】

「1」 ____㉠____

¶ 약속 날짜를 이틀 뒤로 물리다.

① 물리다^{1}, 물리다^{2}, 물리다^{3}은 서로 동음이의 관계이군.

② 물리다^{2}, 물리다^{3}은 각각 다의어임을 알 수 있군.

③ 물리다^{1}의 용례로 '버스가 고장이 나 승객들이 차표를 도로 물리는 소동이 있었다.'를 추가할 수 있군.

④ 물리다^{2}[1]은 물리다^{1}에 비해 서술어가 요구하는 필수적 문장 성분이 더 많다고 할 수 있군.

⑤ 물리다^{3}의 ㉠에는 '정해진 시기를 뒤로 늦추다.'가 들어갈 수 있겠군.

2018년 6월 고2 전국연합학력평가

26 〈보기〉의 ㉠~㉤에 들어갈 예문으로 적절하지 않은 것은?

보기

바치다 동
① 반드시 내거나 물어야 할 돈을 가져다주다.
¶ ___㉠___

받치다¹ 동
① 화 따위의 심리적 작용이 강하게 일어나다.
¶ ___㉡___

받치다² 동
① 어떤 물건의 밑이나 안에 다른 물건을 대다.
¶ ___㉢___
② 어떤 일을 잘 할 수 있도록 뒷받침해 주다.
¶ ___㉣___

밭치다 동
① 건더기와 액체가 섞인 것을 거르기 장치에 따라서 액체만을 따로 받아 내다.
¶ ___㉤___

① ㉠ : 매년 국가에 성실하게 세금을 바치고 있다.
② ㉡ : 그는 설움에 받쳐서 끝내 울음을 터뜨렸다.
③ ㉢ : 그녀는 쟁반에 음료수 잔을 받치고 걸어갔다.
④ ㉣ : 그가 우산을 받쳐 들고 거리를 거닐고 있다.
⑤ ㉤ : 어머니께서 멸치젓을 체에 밭쳐 놓았다

2019년 6월 고2 전국연합학력평가

[27-28] 다음 글을 읽고 물음에 답하시오.

하나의 언어 표현이 둘 이상의 의미를 나타내는 현상을 '중의성'이라고 하는데, 일반적으로 (1) ~ (3)과 같이 세 가지 양상으로 나눌 수 있다.

(1) ㄱ. 손이 크다.
ㄴ. 차를 사다.

(2) ㄱ. 예쁜 민지의 목소리가 들린다.
ㄴ. 나는 철수와 영희를 달랬다.
ㄷ. 아버지는 어머니보다 강을 더 좋아한다.

(3) ㄱ. 나는 어제 그녀를 만나지 않았다.
ㄴ. 포수 세 명이 사슴 한 마리를 잡았다.

첫째, '어휘적 중의성'은 문장에 사용되는 어휘의 특성에 따라 문장이 중의적으로 해석되는 것으로, '다의어'나 '동음이의어'를 통해서 실현된다. (1ㄱ)은 '손'이 '신체 부위'나 '씀씀이'와 같이 둘 이상의 의미로 해석될 수 있기 때문에 '다의어'에 따른 중의성에 해당한다. (1ㄴ)의 '차'는 '엔진이 달린 탈것[車]'이라는 의미로도 해석되고, 녹차나 홍차와 같이 '마시는 음료[茶]'로도 해석된다. 따라서 (1ㄴ)은 소리는 같으나 뜻이 다른 '동음이의어'에 따른 중의성이 나타난 경우에 해당한다.

둘째, '구조적 중의성'은 어떤 문장이 둘 이상의 통사적 관계를 가진 문장 구조로 분석되어 중의적으로 해석되는 것으로, '수식 관계', '접속 구문', '비교 구문' 등을 통해서 실현된다. (2ㄱ)은 '수식 관계'에 따라 중의성이 생기는 경우로, '예쁜'이 '민지'를 수식할 수도 있고 '목소리'를 수식할 수도 있기 때문에 중의성이 생긴다. (2ㄴ)은 '접속 구문'에 따라 중의성이 생기는 경우이다. 내가 '철수와 영희' 둘 다 달랬다는 의미로도 해석되지만, 내가 철수와 함께 '영희'를 달랬다는 의미로도 해석되기 때문에 중의성이 생긴다. (2ㄷ)은 '비교 구문'에 따라 중의성이 생기는 경우이다. 행위의 주체인 '아버지와 어머니'가 강을 놓고 그 선호도를 비교했다는 의미로 볼 수도 있고, 아버지가 행위의 대상인 '어머니와 강'을 놓고 그

선호도를 비교했다는 의미로 볼 수도 있기 때문에 중의성이 생긴다.

셋째, '작용역*의 중의성'은 하나의 문장에서 나타나는 작용역이 다르게 해석됨에 따라 발생하는 것으로, '부정 표현', '수량 표현' 등을 통해서 실현된다. (3ㄱ)은 '부정 표현'에 따라 중의성이 생기는 경우이다. '않았다'가 부정하는 것이 '나'인지, '어제'인지, '그녀'인지, '만나다'인지 불분명하기 때문에 중의적 표현이 되었다. (3ㄴ)은 '수량 표현'에 따라 중의성이 생기는 경우이다. 즉, 포수 세 명이 합쳐서 사슴 한 마리를 잡았다는 의미도 될 수 있고, 포수 세 명 각자가 사슴 한 마리씩을 잡았다는 의미도 될 수 있다.

이와 같은 중의적 표현은 광고나 유머 등에서 표현 효과를 위해 의도적으로 사용하는 경우가 있다. 하지만 일반적으로 중의적 표현은 의사소통에 방해가 되기 때문에 중의성을 띠지 않도록 표현하는 것이 바람직하다. 쉼표를 사용하거나, 어순, 단어, 조사 등을 바꾸거나, 단어나 조사를 추가하면 중의성이 해소될 수 있다.

* 작용역 : 어떠한 단어의 의미가 다른 단어의 의미에 영향을 미치는 범위

27 윗글을 읽고 알 수 있는 내용이 아닌 것은?

① 표현 의도에 따라 중의적 표현을 사용하는 경우도 있다.
② 동음이의어에 따른 중의성은 한자어 표기를 병행하여 해결할 수 있다.
③ 둘 이상의 수식어가 하나의 피수식어를 수식할 때 구조적 중의성이 발생한다.
④ 수량 표현이 영향을 미치는 범위가 둘 이상이 되면 작용역의 중의성이 나타날 수 있다.
⑤ 비교 구문에서 특정 부분이 행위의 주체도 될 수 있고 행위의 대상도 될 수 있을 때 중의성이 발생한다.

28 윗글을 바탕으로 할 때, 〈보기〉의 ㉠~㉤에 들어갈 내용으로 적절하지 않은 것은?

보기

중의적인 문장	해소 방법	고친 문장
길이 없다.	단어 바꾸기	㉠
착한 주희의 동생을 만났다.	어순 바꾸기	㉡
나는 영호와 민주를 보았다.	쉼표의 사용	㉢
회원들이 다 오지 않았다.	조사의 추가	㉣
학생들이 컴퓨터 한 대를 사용한다.	단어의 추가	㉤

① ㉠ : 도로가 없다.
② ㉡ : 주희의 착한 동생을 만났다.
③ ㉢ : 나는, 영호와 민주를 보았다.
④ ㉣ : 회원들이 다는 오지 않았다.
⑤ ㉤ : 모든 학생들이 컴퓨터 한 대를 사용한다.

2019년 3월 고2 전국연합학력평가

29 <보기>는 '사전 활용하기' 학습 활동을 위한 자료이다. 이에 대한 이해로 적절하지 <u>않은</u> 것은? [3점]

보기

그치다 동

「1」【(…을)】계속되던 일이나 움직임이 멈추거나 끝나다. 또는 그렇게 하다.

¶ 비가 그치다. / 울음을 그치다.

「2」【…에】【…으로】더 이상의 진전이 없이 어떤 상태에 머무르다.

¶ 출석률이 절반 정도에 그쳤다. / 예감이 예감으로 그치지 않고 현실이 되는 경우가 있다.

멈추다 동

[1] 「1」 사물의 움직임이나 동작이 그치다.

¶ 시계가 멈추다. / 울음소리가 멈추다.

「2」 비나 눈 따위가 그치다.

¶ 멈추었던 비가 다시 내리기 시작했다.

[2] 【…을】사물의 움직임이나 동작을 그치게 하다.

¶ 기계를 멈추다. / 발걸음을 멈추다.

① '그치다 「1」'의 문형 정보와 용례를 보니, '그치다 「1」'은 자동사로도 쓰일 수 있고 타동사로도 쓰일 수 있군.

② '그치다 「2」'의 문형 정보와 용례를 보니, '그치다 「2」'는 부사어를 반드시 필요로 하는군.

③ '멈추다 [2]'의 용례로 '차가 경적을 울리며 멈추다.'를 추가할 수 있겠군.

④ '그치다'와 '멈추다'는 두 가지 이상의 의미를 지니고 있는 다의어이군.

⑤ '그치다 「1」'과 '멈추다'의 뜻풀이와 용례를 보니, 두 단어는 유의 관계에 있군.

2019년 9월 고2 전국연합학력평가

[30-31] 다음 글을 읽고 물음에 답하시오.

띄어쓰기를 정확하게 하지 않으면 의미를 전달할 때 문제가 발생한다. 구와 합성어의 경우 그렇다. 다음 사례를 살펴보자.

ㄱ. 직장을 옮기면서 **<u>작은 집</u>**에서 살게 되었다.
ㄴ. 직장을 옮기면서 **<u>작은집</u>**에서 살게 되었다.

ㄱ과 ㄴ은 비슷해 보이지만 띄어쓰기에 따라 살게 된 집의 의미가 달라진다. ㄱ의 '작은 집'은 '크기가 작은 집'을 의미하는 '구'이고, ㄴ의 '작은집'은 '작은아버지의 집'을 의미하는 '합성어'이다.

이때 한글 맞춤법 제2항 '문장의 각 단어는 띄어 씀을 원칙으로 한다.'에 따라 살펴보면, 구는 하나의 단어가 아니므로 띄어 써야 하고 사전에 표제어로 오르지 않는다. 반면 합성어는 하나의 단어로 붙여 써야 하고 사전에 표제어로 오른다. 구와 합성어를 구별하기 위해서는 먼저 구성 요소 사이에 다른 말을 넣어 본다. 이때 ㉠ **<u>중간에 다른 말이 끼어들어 갈 수 있는 경우</u>**와 ㉡ **<u>그렇지 않은 경우</u>**가 있다. 전자는 '구'이고 후자는 '합성어'이다. 한편 구성 요소의 배열이 시간의 흐름에 따라 순차적으로 연결되었는지를 살펴보기도 한다. 이때 '구'는 순차적으로 연결되지만, '합성어'는 ㉢**<u>그렇지 않은 경우</u>**가 있다.

또한 우리말에는 형태는 같지만 기능이 달라 띄어쓰기를 판단하기 어려운 경우가 있다. 특히 의존 명사는 조사, 어미의 일부 등과 형태가 같아 띄어쓰기를 판단하기 어려운 경우가 있다. 이때 이들의 문법적 특성을 이해하면 띄어쓰기를 하는 것에 도움이 된다.

의존 명사는 의미상 그 앞에 수식하는 말, 즉 관형어를 반드시 필요로 한다는 점에서 의존적인 말이지만 자립 명사와 같은 명사 기능을 하므로 단어로 취급하여 앞말과 띄어 쓴다. 그러나 조사는 결합한 앞말과 분리해도 앞말이 자립성을 유지하므로 단어로 보지만, 단독으로 쓰이지 못하기 때문에 앞말에 붙여 쓴다. 그리고 어미는 용언의 어간과 분리하면 어간과 어미가 모두 자립성을 읽기 때문에 단어로 보지 않으며 앞말에 붙여 쓴다.

사전은 문법적 특징과 의미 등의 정확한 정보를 담고 있다. 따라서 띄어쓰기 여부를 확인할 때 사전을 적극적으로 활용하는 태도가 필요하다.

30 윗글을 참고할 때, 〈자료〉에 대해 이해한 내용으로 적절하지 않은 것은?

자료

- 누군가 헌가방을 놓고갔다.
- 소가 풀을 뜯어먹었다.
- 뜬소문이 돌았다.
- 선생님의 설명을 알아들었다.

※ 밑줄 친 부분은 띄어쓰기 여부를 판단하지 못한 부분임.

① '헌가방'은 ㉠에 해당하니까 사전에 표제어로 실리지 않았겠군.
② '놓고가다'는 ㉠에 해당하니까 사전에 표제어로 실리지 않았겠군.
③ '뜯어먹다'는 ㉡에 해당하니까 사전에 표제어로 실렸겠군.
④ '뜬소문'은 ㉡에 해당하니까 사전에 표제어로 실렸겠군.
⑤ '알아듣다'는 ㉢에 해당하니까 사전에 표제어로 실렸겠군.

31 윗글과 〈보기〉를 바탕으로 할 때, 밑줄 친 부분의 띄어쓰기가 적절하지 않은 것은?

보기

만큼
[Ⅰ]「의존 명사」
「1」 앞의 내용에 상당한 수량이나 정도임을 나타내는 말.
「2」 뒤에 나오는 내용의 원인이나 근거가 됨을 나타내는 말.
[Ⅱ]「조사」
앞말과 비슷한 정도나 한도임을 나타내는 격조사.

데「의존 명사」
「1」 '곳'이나 '장소'의 뜻을 나타내는 말.
「2」 '일'이나 '것'의 뜻을 나타내는 말.

-는데「어미」
「1」 뒤 절에서 어떤 일을 설명하거나 묻거나 시키거나 제안하기 위하여 그 대상과 상관되는 상황을 미리 말할 때에 쓰는 연결 어미.

① 명주는 무명만큼 질기지 못하다.
② 학교에 가는데 비가 오기 시작했다.
③ 그 책을 다 읽는데 삼 일이나 걸렸다.
④ 소리가 나는 데가 어디인지 모르겠다.
⑤ 방 안은 숨소리가 들릴 만큼 조용했다.

2019년 9월 고2 전국연합학력평가

32 밑줄 친 부분이 <보기>의 ㉠에 해당하는 예로 적절하지 않은 것은?

보기

문장의 중의성은 하나의 문장이 둘 이상의 의미로 해석되는 것이다. 이와 같은 중의성은 문장의 통사구조나 특정 어휘가 갖는 영향 범위 등에 의해서 발생한다. 중의성을 해소하기 위해서는 어순을 바꿔 주거나, 문장부호나 보조사 '은/는'을 사용한다.

[자료]

ㄱ. 친구가 모두 오지 않았다.
ㄴ. 그가 울면서 떠나는 그녀를 안아 주었다.
ㄷ. 나는 사랑스러운 그녀의 강아지를 보았다.

⑥ ㄱ은 수량과 부정을 나타내는 말이 사용되어 중의성이 생겼겠군.
⑦ ㄴ은 행위의 주체가 불분명하여 중의성이 생겼겠군.
⑧ ㄷ은 수식을 받는 대상이 불분명하여 중의성이 생겼겠군.
⑨ ㄱ과 ㄴ은 모두 보조사 '는'을 사용하는 방법을 통해 중의성을 해소할 수 있겠군.
⑩ ㄴ과 ㄷ은 모두 어순을 바꾸는 방법을 통해 중의성을 해소할 수 있겠군.

2020년 9월 고2 전국연합학력평가

[33~34] 다음 글을 읽고 물음에 답하시오.

두 단어가 서로 짝을 이루어 반대되는 뜻을 나타내는 말을 반의어라고 한다. 이 중 '넓다/좁다'처럼 정도나 등급에 있어서 대립되는 단어 쌍을 등급 반의어라고 한다. 등급 반의어는 다음과 같은 특징이 있다.

첫째, 등급 반의어가 나타내는 정도나 등급은 단계적인 차이를 보이며, 이러한 차이로 인해 정도부사의 수식이나 비교 표현이 가능하다. 예를 들어 "우리 집 마당은 아주 넓다.", "우리 집 마당이 옆집 마당보다 더 넓다."라고 쓸 수 있다. 이때 '우리 집 마당'의 넓이가 얼마인가에 대해서는 사람마다 생각하는 바가 조금씩 다를 수 있다.

둘째, 등급 반의어에서는 한쪽 단어의 긍정이 다른 쪽 단어의 부정을 함의하며, 이것의 역은 성립하지 않는다. 예를 들어 '마당이 넓다'는 '마당이 좁지 않다'는 의미를 포함한다. 그러나 마당이 '좁지 않다'고 해서 반드시 '넓다'는 것은 아니다. 마당이 넓지도 않고 좁지도 않을 수 있기 때문이다.

셋째, 등급 반의어는 두 단어를 동시에 부정할 수 있다. 예를 들어 "마당이 넓지도 않고 좁지도 않다."라는 표현이 가능한데, 이것은 마당의 크기에 대해 사람들이 인식하는 '중간 정도'의 크기가 있기 때문이다. 이때 '중간 정도'에 해당하는 부분을 나타내는 별도의 말이 존재하기도 한다.

넷째, ㉠**<u>등급 반의어의 대립 쌍 중 일부는 두 단어 중 하나가 언어적으로 더 일반적인 경향을 나타내는 의미로 쓰인다.</u>** 예를 들어 마당의 면적에 대한 사전 지식이 없는 상태에서 마당의 '넓거나 좁은 정도'를 물을 때, "마당이 얼마나 넓니?"라고 묻는 것이 일반적이다. 마당이 좁다는 것을 전제하지 않는 한 "마당이 얼마나 좁니?"라고 묻는 것은 어색하다. 또한 넓은 정도를 나타내는 파생 명사로 '좁이'가 아니라 '넓이'가 사용된다. 이는 '넓다'가 '좁다'에 비해 어떠한 전제나 가정이 없는 의미를 나타낸다는 것을 말해 준다. 이렇게 보면 등급 반의 관계에 있는 '넓다/좁다'에서 '넓다'가 더 활발하게 쓰여 사용상의 비대칭성을 보인다고 할 수 있다.

33 **윗글을 참고하여 추론한 내용으로 적절하지 <u>않은</u> 것은?**

① '올해는 사과의 품질이 좋다.'에서 '좋다'에는 비교 표현을 쓸 수 있겠군.

② '여행 가방이 무겁다.'에서 사람들이 생각하는 가방의 무게는 다를 수 있겠군.

③ '기차역은 여기에서 멀다.'에서 '멀다'는 정도부사의 수식을 받을 수 있겠군.

④ '영수 집은 학교에서 가깝다.'에서 '가깝다'를 부정하면 '멀다'의 의미와 동일하겠군.

⑤ '물이 뜨겁지도 차갑지도 않다.'에서 '뜨겁지도'와 '차갑지도' 사이의 중간 정도를 나타내는 말이 있겠군.

34 **<보기>의 담화 상황을 고려할 때, 윗글의 ㉠에 해당하는 것만을 ⓐ~ⓕ에서 있는 대로 고른 것은?** [3점]

보기

진주: 여행 잘 갔다가 ⓐ<u>**왔어**</u>? 기억에 남는 곳이 있니?

승민: 이육사의 발자취를 따라 이육사 문학관에 ⓑ<u>**갔어**</u>. 볼 것도 많고 체험도 할 수 있어서 인상 깊었어.

진주: 나도 가 보고 싶다. 문학관이 ⓒ<u>**커**</u>?

승민: 우리가 같이 갔던 황순원 문학관보단 ⓓ<u>**작아**</u>. 입장할 때 줄도 섰어.

진주: 그랬구나. 줄이 ⓔ<u>**길었어**</u>?

승민: 내 앞에 다섯 명 정도 있었어. 줄은 ⓕ<u>**짧았는데**</u> 줄어드는 데 시간이 오래 걸렸어. 사람들이 천천히 관람하느라 그런 것 같아.

① ⓐ, ⓕ　② ⓒ, ⓔ　③ ⓓ, ⓕ
④ ⓐ, ⓒ, ⓔ　⑤ ⓑ, ⓓ, ⓕ

제5강
화용론(담화)

01 담화의 개념과 구성 요소

1 담화의 개념

1) 담화

둘 이상의 문장이나 발화가 연속해서 이루어지는 말의 단위를 말한다.

- 일상에서 경험하는 다양한 의사소통 행위들이 모두 담화에 해당한다.
- 발화가 모여 있다고 해서 모두 담화라고 하지는 않는다. 화자가 어떤 목적을 가지고 자신의 생각을 청자에게 전달할 때 비로소 온전한 담화가 된다.
- 담화는 말을 매개로 하는 구어 담화와 문자를 매개로 하는 문어 담화로 나누기도 한다.

2) 발화

소리를 내어 말을 하는 현실적인 언어 행위를 말한다.

- 화자의 생각, 느낌 등이 의사소통 상황에서 실제 언어 표현으로 나타난 것을 말한다.
- 입 밖으로 나오지 않은 상태의 추상적인 말이 생각이라면, 이러한 머릿속의 생각이 실제로 문장 단위로 실현된 것이 발화이다.

ⓐ 직접 발화

발화의 형식과 화자의 의도가 일치하는 것. 즉 화자가 자신의 의도를 직접적으로 표현하는 방법을 말한다.

㉭ 조용히 좀 해줄래.

ⓑ 간접 발화

발화 의도와 관련된 언어 형식을 쓰지 않고 화자의 의도를 드러내는 방법을 말한다.

㉭ 나 책을 좀 읽고 싶은데.(조용히 해달라는 간접적인 표현일 경우)

2 담화의 구성 요소

1) 발화자(글쓴이)

발화를 생산하고 전달하는 역할을 한다.

2) 청자(독자)

발화를 이해하는 역할을 한다.

화자와 청자는 담화 생산자와 수용자로서 담화에서 반드시 필요한 요소이다. 화자와 청자는 일상의 대화에서도 알 수 있듯이 화자와 청자가 뚜렷이 구별되지 않을 때도 있다.

---

3) 발화(언어)

문장 단위로 실현된 말로 언어로 표현된 내용을 의미한다.

4) 맥락

의사소통이 이루어지는 배경이나 환경. 담화가 이루어지는 시간적, 공간적인 상황

- 맥락은 담화의 의미를 명확하게 한다.
- 맥락은 담화의 흐름이나 의미 해석에 결정적인 역할을 한다.

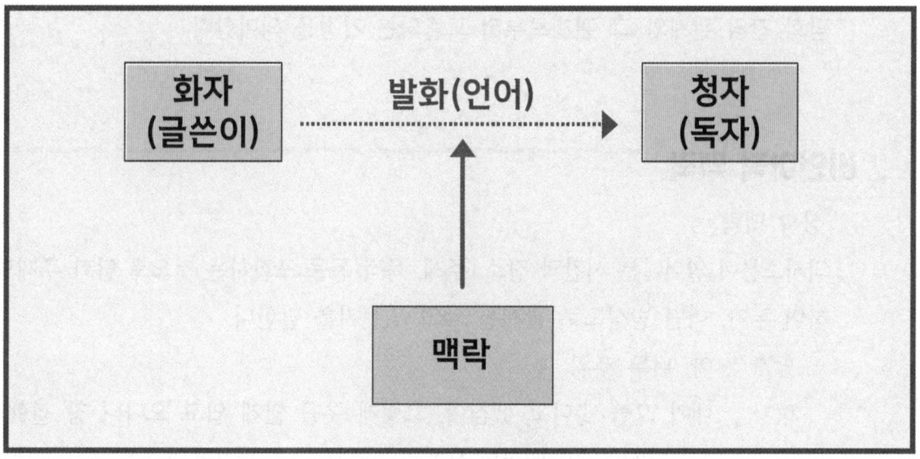

<담화의 구성 요소>

02 담화의 맥락

1 언어적 맥락

담화 내에서 어떤 발화의 앞뒤에 놓인 발화를 통해 파악할 수 있는 일련의 흐름을 언어적 맥락이라고 한다.

1) 담화 내 맥락
담화 내의 응집성과 관련을 맺고 있다.

2) 담화 간 맥락
담화 간의 관계와 그 관계로부터 도출되는 가정을 의미한다.

2 비언어적 맥락

1) 상황 맥락
의사소통이 일어나는 시간과 장소, 주제, 목적 등을 포함하는 것으로 담화 주제와 관련하여 누가, 어떤 방식으로 관계를 맺고 있는지를 말한다.

㉠ 남자 아, 너무 추워.
여자 내가 오늘 춥다고 했잖아. 그렇게 옷을 얇게 입고 오다니 참 잘했다.
⇨ '참 잘했다'라는 말은 대화의 상황을 고려했을 때, 반어적 표현을 통한 부정의 의미로 해석할 수 있다.

2) 사회·문화적 맥락
의사소통 참여자들이 공유하는 역사적·사회적 상황과 이념, 공동체의 가치와 신념 등을 말한다. 담화의 해석과 가치 판단에 영향을 주는 제도적·정신적 맥락으로서 의사소통 참여자들이 공유하고 있는 문화적 원형이나 그 시대의 담론, 특정 담화 공동체의 인식 구조 등을 말한다.

㉠ 한국인 아, 너무 추워.
외국인 추워? 찻집에서 따뜻한 차 한 잔 사 줄까? 저기 들어가자.
한국인 아니야, 괜찮아.
외국인 그래? 알았어. 그럼 나는 차 한 잔 마시고 올게.
⇨ 우리나라에서는 상대가 베푸는 호의를 한 번쯤 거절하는 태도를 겸손하다고 여기는 문화가 있다. 그런데 위의 담화에서 '외국인'은 이러한 사회·문화적 맥락을 이해하지 못하여 '한국인'의 거절을 그대로 받아들이고 있다.

담화의 통일성과 응집성 03

1 통일성

- 담화 심층에 존재하는 언어 내용들의 연결 관계와 관련된 것으로서, 주제에 대한 일관성을 가리킨다.
- 통일된 주제는 담화가 갖추어야 할 기본 조건이다.
- 주제의 일관성에서 벗어난 발화는 담화의 통일성을 해친다.
- 응집성이 형식적 측면이라면, 통일성은 내용적 측면에 해당한다.

2 응집성

- 언어 형식들의 연결 관계와 관련된 것으로서, 형태·통사적 연결 관계에 의해 드러난다.

1) 지시 표현

사물을 본래 명칭이 아닌 다른 말로 지칭하는 표현을 말한다.

⇨ 지시 표현은 '이, 그, 저'로 대표되는데, 반드시 앞뒤 맥락을 통해서만 구체적인 내용을 확인할 수 있다.

2) 대용 표현

이미 언급한 내용의 반복을 피하고자 다른 표현으로 대신하는 표현을 말한다.

⇨ 대용 표현은 간결한 지시어로 표현되는 경우가 많다.

3) 접속 표현

두 문장을 이어주는 기능을 하는 표현을 말한다.

⇨ '그리고, 그래서' 등의 접속 부사로 앞뒤 문장의 내용을 연결하며 발화 사이의 논리적 관계를 나타낸다.

04 담화의 유형과 기능

유형	정보 제공	호소	약속	사교	선언
기능	무엇에 대한 정보나 지식을 전달하는 기능	상대의 마음을 움직여 무엇인가를 하도록 유도 하는 기능	일정한 행위를 하겠다고 약속하는 기능	친근감이나 감사, 미안함 등 심리적 상태를 표현하는 기능	세상일에 어떤 새로운 사태를 불러일으키는 기능
예시	강의, 뉴스 보도	광고, 설교, 연설	맹세, 선서, 계약	잡담, 인사말, 환영 인사	계엄령 선포, 선전 포고

확인문제 05

01

<보기>는 '발화'에 대한 설명이다. ㉠에 해당하는 것으로 가장 적절한 것은?

> **보기**
>
> 발화는 두 가지 유형으로 나뉘는데, 하나는 직접 발화이고 다른 하나는 간접 발화이다. 직접 발화는 발화의 형식과 화자의 의도가 일치하는 것이고 ㉠<u>**간접 발화**</u>는 발화의 의도와 관련된 언어 형식을 쓰지 않고 화자의 의도를 드러내는 방법이다.

① (진영이를 바라보며) 진영아, 나 국어책 좀 빌려줄래.
② (에스컬레이터앞 안내판) 에스컬레이터의 각 계단에는 한 사람씩만 타세요.
③ (교실 창문이 열린 창가에 앉은 사람에게) 교실이 좀 추운 것 같지 않니?
④ (옷가게를 손으로 가리키며) 엄마, 저 청바지 사주시면 안돼요?
⑤ (선생님에게) 저는 내일 농구장에 선우와 함께 갈게요.

02

담화의 구성 요소로서 의사 소통이 이루어지는 배경이나 환경이 무엇인지 쓰시오.

03

<보기>의 각 발화들이 하나의 담화를 구성할 수 있도록 빈칸에 적절한 말을 쓰시오.

> **보기**
>
> ※ 코끼리를 냉장고에 넣는 3단계 방법은?
>
> (　　) 냉장고 문을 연다. ➜ (　　　) 코끼리를 넣는다. ➜ (　　　) 냉장고 문을 닫는다.

04

다음 중 담화의 기능으로 적절하지 <u>않은</u> 것은?

① 정보를 전달하는 기능
② 청자를 감화하는 기능
③ 행동 실천을 선언하는 기능
④ 상대에게 친근감을 표시하는 기능
⑤ 일탈 행위를 감시하는 기능

05

<보기>의 담화에 대한 이해로 적절하지 않은 것은

보기

엄마	민호야, 우산 챙겨서 가렴.
민호	우산이요? 하늘이 구름 한 점 없이 맑은데요.
엄마	그래? 어제 9시 뉴스 일기예보에서 오늘 오후에 비 온다고 했었거든. 그러니까 챙겨가렴.
민호	네, 알겠어요. 그런데, 지난번처럼 또 버스에 우산을 놓고 내리면 어쩌죠.

① '민호'의 말을 통해서 볼 때, 현재 하늘은 맑고 깨끗함을 알 수 있군.
② '엄마'가 전날 저녁에 일기예보를 시청한 것은 결과적으로 '민호'의 행동에 영향을 주게 되었군.
③ '민호'의 첫 번째 대화는 사전에 '엄마'와 정보 공유를 하지 못한데서 오는 반응이겠군.
④ 엄마의 첫 번째 대화는 '민호'에게 일어날지도 모르는 예기치 않은 상황을 대비하기 위한 말이겠군.
⑤ '민호'의 두 번째 대화에서 '민호'가 일어나지도 않은 일을 걱정하는 것은 과거의 경험에서 비롯된 것이겠군.

06

<보기>는 친구들끼리 모여서 취미 생활을 주제로 대화를 나누고 있는 상황이다. 대화의 상황에서 벗어난 말을 하고 있는 사람은 누구인가?

보기

길수	나는 매일 한 시간씩 축구를 해.
영미	난 한 달에 한 번 연극을 보러 가.
진혁	그래? 나도 연극 좋아하는데, 지난 달에 "캣츠"를 봤거든.
종민	야, 그건 연극이 아니라 뮤지컬이잖아. 나는 키우던 고양이를 버리는 사람들이 제일 싫어.
지윤	다들 자신만의 즐길 거리들을 갖고 있구나. 나는 주말이면 종종 아빠랑 산에 가는데, 정상에 올라가면 정말 기분이 상쾌하고 좋아.

① 길수　② 영미　③ 진혁　④ 종민　⑤ 지윤

기출문제 06

2015년 11월 고1 전국연합학력평가

01 **〈보기〉의 ㉠~㉤에 대한 설명으로 적절하지 않은 것은?**

보기

효준 : 여기 운동화 정말 많다. 뭘 사야 할지 모르겠어.
유로 : 그래? 그럼 내가 하나 골라 줄까? ㉠**저건** 어때?
효준 : ㉡**저기** 진열되어 있는 거 말이야?
유로 : 그래. 가서 한번 신어봐.
효준 : (진열대 앞으로 가서) ㉢**이거** 말하는 거지?
유로 : (뒤따라오며) 응, ㉣**그거**.
효준 : 디자인은 괜찮네. 근데 가격이 조금 비싼 것 같지 않아?
유로 : 그러면 전에 우리 같이 갔었던 □□매장에서 할인 행사 중이던데 ㉤**거기** 한번 가보자.
효준 : 좋아. 같은 물건이면 싼 것이 더 좋지.

① ㉠은 '효준'과 '유로' 모두에게 멀리 있는 사물을 가리키는 표현이다.
② ㉡을 사용하여 '효준'이 지시한 장소는 ㉤이 나타내는 장소와 동일하다.
③ ㉢은 '유로'보다 '효준'에게 가까이 있는 사물을 가리키는 표현이다.
④ ㉣을 사용하여 '유로'가 가리킨 사물은 ㉢이 나타내는 사물과 동일하다.
⑤ ㉤은 '효준'과 '유로'의 눈에 현재 보이지 않는 장소를 가리키는 표현이다.

2016년 11월 고1 전국연합학력평가

02 **〈보기〉의 ㉠~㉧에 대한 설명으로 적절하지 않은 것은?**

보기

학생 : 안녕하세요? 인터뷰 때문에 원장님을 ㉠**뵈러** 왔습니다.
직원 : 지금 ㉡**계시긴** 한데 혹시 미리 약속은 하셨나요?
학생 : ㉢**이틀 전**에 제가 원장님과 통화를 했는데, 오늘 오라고 ㉣**말씀**하셨어요.
직원 : 아, 그러세요? ㉤**저쪽**으로 들어가시면 됩니다.
학생 : (노크 후 방 안으로 들어서며) 원장님, 안녕하세요? 오늘 뵙기로 한 김○○입니다.
원장 : 아, ㉥**김 선생님** 따님이군요. ㉦**지난번**에 전화로 약속을 잡았었죠? 이쪽에 앉으세요.
학생 : 고맙습니다. 그럼 그때 ㉧**말씀**을 드렸던 주제로 인터뷰를 시작하겠습니다.

① ㉠과 ㉡은 동일한 인물을 높이기 위해 사용한 표현이다.
② ㉢과 ㉦은 동일한 날을 지칭하는 표현이다.
③ ㉣과 ㉧은 화자가 자신의 행위를 낮추기 위해 사용한 표현이다.
④ ㉤은 화자와 청자로부터 멀리 떨어진 곳을 지시하는 표현이다.
⑤ ㉥은 현재의 담화 상황에 참여하지 않는 인물을 지칭하는 표현이다.

2017년 9월 고1 전국연합학력평가

03 다음 대화 상황에 드러난 어휘의 양상에 대한 설명으로 적절한 것은?

① 성별에 따라 달리 사용되는 어휘가 나타난다.

② 특정 세대의 문화가 반영된 어휘가 나타난다.

③ 지역적으로 격리되면서 달라진 어휘가 나타난다.

④ 불쾌감을 유발하는 어휘와 이를 대신하는 어휘가 나타난다.

⑤ 전문적인 일을 효과적으로 수행하기 위한 어휘가 나타난다.

2015년 6월 고2 전국연합학력평가

04 〈보기〉의 설명을 바탕으로 예문을 이해한 내용으로, 적절하지 않은 것은?

보기

설명

하나 이상의 발화가 유기적으로 연결된 것을 담화(談話)라고 한다. 담화를 정확하고 적절하게 이해하기 위해서는 담화 내부의 ⓐ**언어적 맥락**뿐만 아니라 비언어적 맥락 또한 파악해야 한다. 비언어적 맥락에는 담화가 이루어지는 시간, 장소, 목적 등을 포함하는 ⓑ**상황 맥락**과 국가, 제도, 문화 등을 포함하는 사회 · 문화적 맥락이 있다.

예문

[가] 쌀쌀한 교실에서

선희 : 조금 춥구나!
철호 : 나도 조금 추워!
영수 : 창문 닫아줄까? ……………… ㉠
철호 : 고마워. 일어나기가 귀찮아서 참고 있었어. ……………… ㉡
선희 : 영수야, 난 그냥 조금 쌀쌀해서 한 말이었어. ……………… ㉢

[나] 사람들로 붐비는 버스에서

승객 1 : 내립시다.
승객 2 : 전 이번에 안 내리는데요. ……… ㉣
승객 1 : 좀 비켜 달라고요! ……………… ㉤

① ㉠ : '영수'는 '선희'와 '철호'의 발화를 ⓑ를 중심으로 이해하였다.

② ㉡ : '철호'는 '영수'가 자신의 발화를 ⓑ를 중심으로 정확히 이해했음을 알려 주었다.

③ ㉢ : '선희'는 '영수'에게 앞선 자신의 발화가 ⓐ를 중심으로 이해되어야 함을 밝혔다.

④ ㉣ : '승객 2'는 '승객 1'의 발화를 ⓑ를 중심으로 이해하였다.

⑤ ㉤ : '승객 1'은 '승객 2'가 ⓐ를 중심으로 이해하도록 말하였다.

2015년 11월 고2 전국연합학력평가

05 <보기>의 ㉠~㉤에 대한 설명으로 적절하지 않은 것은?

보기

아버지 : (아이 방으로 들어오며) 은주야, ㉠**이거** 받아.
은주 : (선물을 보며) 어? 그게 뭐예요?
아버지 : 응. 스웨터야. 어제 고모를 만났는데, 곧 있으면 네 생일이라고 주시더라. 마음에 드니? ㉡**저** 옷이랑 같이 입으면 잘 어울릴 것 같은데.
은주 : 와! ㉢**그러면** 정말 예쁘겠네요. 내일 당장 입어야겠어요.
아버지 : 그래. 고모한테 고맙다고 전화 한 통 드려.
은주 : 네, 저도 ㉣**그렇게** 하려고 했어요.
아버지 : ㉤**그런데** 내일 아빠랑 영화나 보러 갈까?

① ㉠은 지시하는 대상이 청자인 은주에 비해 화자인 아버지에게 가까이 있음을 나타낸다.
② ㉡은 지시하는 대상을 청자인 은주도 볼 수 있음을 전제로 한다.
③ ㉢은 아버지가 앞에서 한 말과 관련된 세부 사항이 뒤에 추가될 것임을 나타낸다.
④ ㉣은 고모한테 고맙다고 전화 한 통 드리라는 말을 대신 표현하여 담화의 중복을 피한다.
⑤ ㉤은 아버지가 지금까지 은주와 나눈 대화의 화제를 다른 데로 돌리는 기능을 한다.

2016년 6월 고2 전국연합학력평가

06 <보기>의 담화 상황을 고려할 때, ㉠~㉤에 대한 이해로 적절하지 않은 것은

보기

엄마 : 너 지금 뭐하니? 늦었는데 빨리 학교 가야 하지 않니?
아들 : ㉠**예, 가요.** 뭐 좀 챙긴다구요.
엄마 : 그런데 네 방이 많이 어질러져 있더라. 평소에는 잘 하더니, ㉡**어제는** 청소 안 한 거니?
아들 : 저기, ㉢**그게** 어제 밤늦게까지 과제 발표를 준비하느라 시간이 없었어요.
엄마 : 그랬구나. 그래, 발표 준비는 다 했구?
아들 : 열심히 준비하긴 했는데, 친구들 앞에만 서면 떨려서 제대로 ㉣**못 할 것 같아요.**
엄마 : 아니야, 잘 할 수 있을 거야. 자신감을 가져. 그래도 너무 떨리면 발표 전에 심호흡을 세 번만 ㉤**해 보자.**
아들 : 네, 엄마. 그럴게요.

① ㉠ : 부정의 물음에 대해 긍정의 대답을 사용하여 학교에 갈 것이라는 의미를 나타내고 있다.
② ㉡ : 보조사를 사용하여 다른 날에는 '아들'이 청소를 했다는 사실과 대조하고 있다.
③ ㉢ : 지시 대명사를 사용하여 '엄마'의 이야기에 언급된 내용을 다시 언급하는 것이므로 '이게'와 바꿔 쓸 수 없다.
④ ㉣ : '못' 부정문을 사용하여 앞으로의 상황이 자신의 능력 부족 때문에 발생할 수 있음을 나타내고 있다.
⑤ ㉤ : 청유형 종결 어미를 사용하여 '엄마'가 '아들'에게 함께 심호흡할 것을 제안하고 있다.

2016년 9월 고2 전국연합학력평가

07 **밑줄 친 부분이 〈보기〉의 ㉠에 해당하는 예로 적절하지 않은 것은?**

> **보기**
>
> 일반적으로 의문문은 화자가 청자에게 질문에 대한 대답을 요청할 때, 청유문은 화자가 청자에게 함께 행동할 것을 요청할 때 쓰인다. 그런데 담화 상황에 따라 의문문과 청유문 모두 ㉠**화자가 청자에게 행동을 요청할 때** 쓰이기도 한다.

① A : 얘들아, 영화 좀 보자.
   B : 알았어. 떠들어서 미안해.

② A : 환기가 필요하구나. 창문 좀 열자.
   B : 네. 알겠습니다.

③ A : 잠깐, 내가 안경을 어디다 뒀더라?
   B : 너 혼자 거기서 뭐하니? 빨리 나와.

④ A : 방 청소를 해야 하는데, 좀 비켜줄래?
   B : 네, 엄마. 바로 나갈게요.

⑤ A : 기사님! 저 신호등 앞에서 세워 주시겠어요?
   B : 네, 저기에 세우겠습니다.

제6강
국어의 어문 규정

01 한글 맞춤법

02 표준어 규정

03 외래어 표기법

04 국어의 로마자 표기법

05 확인문제

06 기출문제

01 한글 맞춤법

1 개념

- 우리말을 한글로 적을 때 지켜야 할 기준을 정해 놓은 규정을 말한다.
- 한글로 우리말을 표기하는 규칙의 전반을 이르는 말이다.
- 현재의 맞춤법은 1933년의 <한글 맞춤법 통일안>을 기본으로 하여 1988년 1월 문교부가 확정·고시한 것이다.

2 한글 맞춤법의 내용

제1장 총칙

제1항 한글 맞춤법은 표준어를 소리대로 적되, 어법에 맞도록 함을 원칙으로 한다.

제2항 문장의 각 단어는 띄어 씀을 원칙으로 한다.

제3항 외래어는 '외래어 표기법'에 따라 적는다.

제2장 자모

제3장 소리에 관한 것

제4장 형태에 관한 것

제5장 띄어쓰기

제6장 그 밖의 것

[부록] 문장 부호

Ⅰ. 마침표 Ⅱ. 쉼표 Ⅲ. 따옴표 Ⅳ. 묶음표

Ⅴ. 이음표 Ⅵ. 드러냄표 Ⅶ. 안드러냄표

1) 제1장 총칙

① 제1항

"표준어를 소리대로 적되, 어법에 맞도록 함을 원칙으로 한다"고 표방하고 있어 표음주의와 표의주의를 함께 채택하고 있다.

㉠-1. '소쩍새, 거꾸로'처럼 뚜렷한 까닭 없이 나는 된소리는 된소리 표기로 적는다.(표음주의)

㉠-2. '굳이, 해돋이' 같이 문법적 설명이 충분히 가능한 경우에는 'ㄷ, ㅌ'이 'ㅈ, ㅊ'으로 소리 나더라도 그 형태를 밝혀 적는다.(표의주의)

㉠-3. '꼬치'가 아니라 '꽃이'가 올바른 표기인 것은 '꽃'이라는 체언과 '이'라는 조사가 뚜렷이 구분되기 때문이다.

표음주의와 표의주의

- **표음주의(表音主意)** : 단어를 소리 나는 대로 적어야 한다는 주장. 같은 단어라도 다르게 발음되면 소리 나는 대로 적는다.
- **표의주의(表意主意)** : 단어를 어법에 맞도록 적어야 한다는 주장

② 제2항

단어의 띄어쓰기에 대한 원칙을 제시한 것으로 각 단어는 띄어 쓰는 것을 원칙으로 하고 있다. 그러나 학교 문법에서는 단어로 인정되고 있는 조사만은 예외적으로 붙여 쓰고 있으며, 보조 용언도 띄어쓰기가 원칙이지만 붙여 쓰는 것도 허용하고 있다. 띄어쓰기에 관한 구체적인 내용은 제5장에서 자세하게 설명하고 있다.

틀리기 쉬운 띄어쓰기 원칙 몇 가지

- 성과 이름은 붙여 써야 한다. 다만 성과 이름을 구분할 필요가 있을 경우에만 띄어 쓰는 것을 허용하고 있다.
  ㉯ 류성룡(○), 류 성룡(×) / 남궁 억(○)
- 순서를 나타내는 경우나 숫자와 어울려 쓰는 경우 띄어 쓰는 것이 원칙이고, 붙여 쓰는 것도 허용하고 있다.
  ㉯ 제일 과, 제일과; 이 학년, 이학년 / 100 원, 100원; 403 동 1303 호, 403동 1303호; 제3 실습실, 제3실습실; 1446 년 10 월 9 일, 1446년 10월 9일
- 체언이 여러 개 연결되어 있을 때 단어대로 띄어 쓰는 것이 원칙이고, 단위별로 묶을 수도 있다.
  ㉯ 한국 대학교 사범 대학, 한국대학교 사범대학
- 서양어는 해당 언어를 쓸 때 띄어 쓰지만, 동양어는 그냥 붙여 쓴다.
  ㉯에스파냐 어, 이탈리아 어 / 일본어, 중국어

2) 제2장 자모

- 한글 자모 스물넉 자의 이름 가운데 'ㄱ(기역), ㄷ(디귿), ㅅ(시옷)'을 제외하고 나머지는 모음 'ㅣ, ㅡ'를 중심으로 자음을 앞과 아래에 붙여 읽는다.
  ㉯ '니은, 리을, 미음, 비읍, 이응, 지읒, 치읓, 키읔, 티읕, 피읖, 히읗'

3) 제3장 소리에 관한 것

- 소리 부분에서는 '된소리, 두음 법칙, 겹쳐 나는 소리, 구개음화, 'ㄷ' 소리 받침, 모음'에 관한 올바른 맞춤법을 제시하고 있다.

ⓐ 소리 나는 대로 적는 경우

- 된소리 : 이따금(○), 이다금(×)
- 두음 법칙 : 여자(○), 녀자(×) / 남녀(○), 남여(×) / 실패율(○), 실패률(×) / 백분율(○), 백분률(×)

> • 본래 두음 법칙은 단어의 첫머리에 적용되는 것이 원칙이다. 단어의 첫머리 이외의 경우에는 본음대로 적는 것이 원칙이다. 다만, 모음이나 'ㄴ' 받침 뒤에 이어지는 '렬, 률'은 '열, 율'로 적게 되는 예외 규정이 있다. 이는 물론 발음을 고려했기 때문이다. 한글 맞춤법 제11항 참조
> ㊎ 양심, 이발 / 개량, 진리 / 나열(羅列), 치열(齒列), 선율(旋律)

- 겹쳐 나는 소리 : 놀놀하다(○), 놀롤하다(×)

ⓑ 본래의 형태를 밝혀 적도록 하는 경우

- 구개음화 : 핥이다(○), 할치다(×)
- 'ㄷ' 소리 받침 : 핫옷(○), 핟옷(×)
- 모음 : 계수(○), 게수(×) / 연몌(連袂)(○), 연메(×) / 늴리리(○), 닐리리(×)

4) 제4장 형태에 관한 것

- 형태 부분에서는 '체언과 조사, 어간과 어미, 접미사가 붙어서 된 말, 합성어 및 접두사가 붙은 말, 준말'을 표기하는 방법에 대하여 원칙을 제시하고 있다.

ⓐ 조사와 어미 : 의미를 나타내는 표의주의를 지향하는 원칙에 따라 체언 및 어간을 밝혀 적는다.
㊎ 꽃이, 얇아

ⓑ 불규칙 용언 : 소리나는 대로 적는다.
㊎ 둥그니, 둥근 / 하야니, 하얀 / 구워, 구웠다 / 푸르러 / 일러

ⓒ 접미사 : 원형을 알 수 있는 것은 그것을 밝혀 적지만, 그 뜻을 알기 어려운 것은 원형을 밝히지 않는다.
㊎ 벼훑이, 땀받이, 좋이, 작히 / 굽도리, 무녀리

ⓓ **합성어 및 접두사** : 원형을 알 수 있는 것은 그것을 밝혀 적지만, 그 뜻을 알기 어려운 것은 원형을 밝히지 않는다.

예 꺾꽂이, 새파랗다 / 아재비, 며칠

ⓔ **준말** : 본말은 물론이고 준말도 준 대로 적는 것을 인정하고 있다.

예 뭐이/무에, 가았다/갔다, 흔하였다/흔했다, 꼬아/꽈, 싸이다/쌔다, 그렇지 않은/그렇잖은, 간편하게/간편케, 넉넉하지 않다/넉넉지 않다

- 어간의 끝음절 '하'의 'ㅏ'가 줄고 'ㅎ'이 다음 음절의 첫소리와 어울려 거센소리로 될 적에는 (ㄱ)에서처럼 거센소리로 적는다. 이 경우에는 본말과 준말이 모두 올바른 표기가 된다. 한편, 어간의 끝음절 '하'가 아주 줄 적에는 (ㄴ)에서처럼 준 대로 적는다. (한글 맞춤법 제40항 참조)

(ㄱ) 간편하게, 간편케; 연구하도록, 연구토록; 가하다, 가타; 다정하다, 다정타; 정결하다, 정결타; 흔하다, 흔타

(ㄴ) 거북하지, 거북지; 생각하건대, 생각건대; 생각하다 못해, 생각다 못해; 깨끗하지 않다, 깨끗지 않다; 넉넉하지 않다, 넉넉지 않다; 못하지 않다, 못지 않다; 섭섭하지 않다, 섭섭지 않다; 익숙하지 않다, 익숙지 않다

5) 제6장 그 밖의 것

- 이 부분에서는 틀리기 쉬운 단어들의 표기를 제시하고 있다.

ⓐ **'-이'나 '-히'로 끝나는 파생 부사** : 기본적으로 소리 나는 대로 적는다.

㉮ 깨끗이, 반듯이, 번거로이 / 딱히, 작히 (⇨ 명확히 구분하여 적음.)

ⓑ **'-이, -히' 양쪽으로 소리 나는 것** : '-히'로 적도록 하고 있다.

㉮솔직히, 과감히, 고요히

ⓒ 그 외의 헷갈리는 표현들

㉮ 일꾼, 객쩍다

맞추다(입을 맞춘다, 양복을 맞춘다)

부딪치다(차와 차가 부딪쳤다)

부딪히다(마차가 화물차에 부딪혔다)

6) [부록] 문장 부호

- 이 부분에서는 문장의 의미를 정확하게 나타내는 데 필요한 부호들을 제시하고 있다.

[부록] 문장 부호

Ⅰ. 마침표 - 1. 온점(.) 고리점(。) 2. 물음표(?) 3. 느낌표(!)
Ⅱ. 쉼표 - 1. 반점(,) 모점(、) 2. 가운뎃점(·) 3. 쌍점(:) 4. 빗금(/)
Ⅲ. 따옴표 - 1. 큰따옴표(“ ”), 겹낫표(『 』) 2. 작은 따옴표(‘ ’), 낫표(「 」)
Ⅳ. 묶음표 - 1. 소괄호(( )) 2. 중괄호({ }) 3. 대괄호([ ])
Ⅴ. 이음표 - 1. 줄표(—) 2. 붙임표(-) 3. 물결표(~)
Ⅵ. 드러냄표 - 1. 드러냄표(˙ , ˚)
Ⅶ. 안드러냄표 - 1. 숨김표(××, ○○) 2. 빠짐표(□) 3. 줄임표(……)

※ ‘고리점, 모점, 겹낫표, 낫표’는 세로로 작성된 문장에서의 문장 부호임.

표준어 규정 02

1 개념

- **표준어** : 한 나라에서 공용어로 쓰는 규범으로서의 언어를 말한다.
- 원활한 의사소통과 올바른 언어생활을 위해 제정되었다.
- 현행 '표준어 규정'(1988년)은 제1부 표준어 사정 원칙과 제2부 표준 발음법으로 나누어져 있다.
- 제1부에서는 주로 표준어의 형태에 관한 내용을 다루고 있고, 제2부에서는 표준어의 발음에 대한 원칙을 다루고 있다.

2 표준어 규정의 내용

제1부 **표준어 사정 원칙**

제1장 총칙

제1항 표준어는 교양 있는 사람들이 두루 쓰는 현대 서울말로 정함을 원칙으로 한다.

제2항 외래어는 따로 정한다.

제2장 발음 변화에 따른 표준어 규정

제3장 어휘 선택의 변화에 따른 표준어 규정

제2부 **표준 발음법**

제1장 총칙

제2장 자음과 모음

제3장 소리의 길이

제4장 받침의 발음

제5장 소리의 동화

제6장 된소리되기

제7장 소리의 첨가

1) 표준어 사정 원칙

ⓐ 제1장 총칙

- 표준어는 교양 있는 사람들이 두루 쓰는 현대 서울말로 정함을 원칙으로 한다.

• 시대적으로 ⇨ 현대	• 지역적으로 ⇨ 서울말
• 계층적으로 ⇨ 교양 있는 사람들	• 보편적으로 ⇨ 두루 쓰는

- 표준어는 시대성, 지역성, 계층성, 보편성을 특성으로 갖고 있다.
- 서울말이라고 해서 모두 표준어인 것은 물론 아니다.

ⓑ 제2장 발음 변화에 따른 표준어 규정

• '자음, 모음, 준말, 단수 표준어, 복수 표준어'에 대하여 하나하나 원칙을 제시하고 있다.

① 소리 나는 것을 기본 원칙으로 한다.

㉥ 강낭콩(○), 강남콩(×) / 사글세(○), 삯월세(×) / 돌(○), 돐(×) / 셋째(○), 세째(×)

② 어원 의식이 강하게 작용하는 것들은 소리보다는 의미(또는 형태)를 강조하고 있다.

㉥ 부조(扶助)(○), 부주(×) / 사돈(査頓)(○), 사둔(×) / 삼촌(三寸)(○), 삼춘(×)

③ 기술자에는 '-장이', 그 외에는 '-쟁이'가 붙는 형태를 표준어로 삼는 경우

㉥ 미장이(○), 미쟁이(×) / 유기장이(○), 유기쟁이(×) / 멋쟁이(○), 멋장이(×) / 담쟁이덩굴(○), 담장이덩굴(×)

④ 한자 '句'가 붙은 단어는 '귀'로 읽는 것을 인정하지 않고 '구'로 통일시키고 있으며, 완전히 '귀'로 읽는 것이 굳어져 버린 것은 '귀'로 적는다.

㉥ 대구(對句)(○), 대귀(×) / 글귀(○), 글구(×)

⑤ 준말과 본말은 사용 정도에 따라 표준어를 정하고 있다.

• **준말만 표준어로 인정하는 경우** : 귀찮다(○), 귀치 않다(×) / 무(○), 무우(×)
• **본말만 표준어로 인정하는 경우** : 경황없다(○), 경없다(×) / 뒤웅박(○), 뒝박(×)
• **준말과 본말 모두 표준어로 인정하는 경우** : 노을(○), 놀(○) // 막대기(○), 막대(○) // 시누이(○), 시뉘(○), 시누(○)

⑥ 단수 표준어와 복수 표준어도 사용 정도에 따라 설정하는 것이 원칙이다.

• **단수 표준어를 설정한 경우** : 천장(天障)(○), 천정(×) / 잠투정(○), 잠주정(×)
• **복수 표준어를 설정한 경우** : 네(○), 예(○) / 쇠고기(○), 소고기(○) // 고가(○), 꼬까(○) / 나부랭이(○), 너부랭이(○)

ⓒ 제3장 어휘 선택의 변화에 따른 표준어 규정

• 이 부분에서는 '고어, 한자어, 방언, 단수 표준어, 복수 표준어'에 대하여 다루고 있다.

① 기본적으로 언어의 역사성 차원에서 현재 생명력을 잃은 단어는 표준어로 인정하지 않는다는 것을 원칙으로 삼고 있다. 사어(死語)가 되어 버린 고유어는 표준어에서 제외해 버리는 것이 원칙이다.

㉥ 낭떠러지(○), 낭(×) / 애달프다(○), 애닯다(×) / 자두(○), 오얏(×)

② 고유어와 한자어 계열의 단어가 있을 때 고유어 계열의 단어만을 표준어로 인정하는 경우와 한자어 계열의 단어만을 표준어로 인정하는 경우

㉮ 가루약(○), 말약(×) / 박달나무(○), 배달나무(×) // 개다리소반(○), 개다리밥상(×) / 부항단지(○), 뜸단지(×)

③ 방언에 있어서도 표준어보다 더 널리 쓰이게 된 것은 표준어로 삼는다. 원래의 표준어가 안 쓰이게 되면 방언만을 표준어로 삼는다.

㉮ 멍게(○), 우렁쉥이(○) / 물방개(○), 선두리(○) / 애순(○), 어린순(○) // 귀밑머리(○), 귓머리(×) / 빈대떡(○), 빈자떡(×)

- 어휘 선택의 변화에 따른 표준어 선정의 기준은 기본적으로 현재 널리 쓰이고 있는가의 여부이다.

④ 단수 표준어로 인정되는 것들은 현재 생명력이 있는 것들이거나 압도적으로 널리 쓰이게 되는 것들이다.

㉮ 고구마(○), 참감자(×) / 길잡이(○), 길앞잡이(×) / 붉으락푸르락(○), 푸르락붉으락(×)

⑤ 복수 표준어는 양쪽 다 생명력이 있는 경우라고 할 수 있다.

㉮ 가는허리(○), 잔허리(○) / 거위배(○), 횟배(○) / 곰곰(○), 곰곰이(○)

2) 표준 발음법

ⓐ 제1장 총칙

- 표준 발음법은 표준어의 실제 발음을 따르되, 국어의 전통성과 합리성을 고려하여 정함을 원칙으로 하고 있다.

ⓑ 제2장 자음과 모음

① 자음 19개 : ㄱ, ㄲ, ㄴ, ㄷ, ㄸ, ㄹ, ㅁ, ㅂ, ㅃ, ㅅ, ㅆ, ㅇ, ㅈ, ㅉ, ㅊ, ㅋ, ㅌ, ㅍ, ㅎ

② 모음 21개 : ㅏ, ㅐ, ㅑ, ㅒ, ㅓ, ㅔ, ㅕ, ㅖ, ㅗ, ㅘ, ㅙ, ㅚ, ㅛ, ㅜ, ㅝ, ㅞ, ㅟ, ㅠ, ㅡ, ㅢ, ㅣ

③ 단모음 10개 : ㅏ, ㅐ, ㅓ, ㅔ, ㅗ, ㅚ, ㅜ, ㅟ, ㅡ, ㅣ('ㅚ, ㅟ'는 이중 모음으로 발음할 수 있음)

④ 예외적으로 용언 활용형에 나타나는 '져, 쪄, 쳐'는 [저, 쩌, 처] 단모음으로 발음한다.

㉮ 가지어→가져[가저], 찌어→쪄[쩌], 다치어→다쳐[다처]

ⓒ 제3장 음의 길이

- 이 부분에서는 소리의 장단에 대해 말하고 있다.

① 장음은 단어의 첫음절에서만 나는 것을 원칙으로 한다.

㉮ 눈보라[눈:보라], 말씨[말:씨] / 첫눈[첫눈], 참말[참말]

② 합성어의 경우에는 둘째 음절 이하에서도 분명히 긴소리로 나는 것은 그대로 인정한다.

㉵ 반신반의[반:신바:늬/반:신바:니], 재삼재사[재:삼재:사]

③ 용언의 단음절 어간에 어미 '-아/-어'가 결합되어 한 음절로 축약되는 경우 긴소리로 발음한다.

㉵ 보아→봐[봐:], 기어→겨[겨:], 되어→돼[돼:]

다만, '오아→와[와], 지어→져[저], 찌어→쪄[쩌], 치어→쳐[처]'는 긴소리로 발음하지 않는다.

ⓓ 제4장 받침의 발음('제2강 음운론, 4. 음운의 변동, 겹받침 발음 원칙' 참조)

• 이 부분에서는 받침소리 'ㄱ, ㄴ, ㄷ, ㄹ, ㅁ, ㅂ, ㅇ' 7개 대표음을 기본으로 하여 다양한 발음 양상을 제시하고 있다.

① 겹받침 'ㄾ, ㄼ'의 경우 : 앞의 'ㄹ'만 발음하는 게 원칙

㉵ 핥다, 핥고, 핥는, 핥지 → [할따], [할꼬], [할른], [할찌]
넓다, 넓고, 넓게, 넓지 → [널따], [널꼬], [널께], [널찌]

다만, '넓죽하다[넙쭈카다], 넓둥글다[넙뚱글다], 밟다[밥:따]' 용언에서만은 예외적으로 뒤의 'ㅂ'을 발음한다.

---

② 겹받침 'ㄺ, ㄻ, ㄿ'의 경우 : 어말 또는 자음 앞에서 각각 뒤에 있는 [ㄱ, ㅁ, ㅂ]으로 발음한다.

㉵ 밝다, 밝는, 밝지, 밝습니다 → [박따], [방는], [박찌], [박씁니다]
닭, 맑다, 늙지, 삶, 젊다, 읊다 → [닥], [막따], [늑찌], [점따], [읍따]

다만, 용언의 어간 말음 'ㄺ'은 'ㄱ'앞에서 앞에 있는 'ㄹ'로 발음한다.
밝구나, 밝게, 맑게, 묽고 → [발꾸나], [발께], [말께], [물꼬]

---

③ 한글 자모의 이름의 받침이 연음될 때 나는 소리 : 대개의 경우는 '기역이[기여기], 니은이[니으니]'에서처럼 그 받침소리를 연음하지만, 'ㄷ, ㅈ, ㅊ, ㅋ, ㅌ, ㅍ, ㅎ'의 경우에는 이질적인 양상을 보인다. 'ㄷ, ㅈ, ㅊ, ㅌ, ㅎ'이면 'ㅅ'으로 변하여 뒤로 연음되고, 'ㅋ, ㅍ'이면 각각 'ㄱ, ㅂ'으로 대표음화된 다음에 연음이 된다.

㉮ 디귿이[디그시], 지읒이[지으시], 치읓이[치으시], 키읔이[키으기], 티읕이[티으시], 피읖이[피으비], 히읗이[히으시]

ⓔ 제5장 소리의 동화('제2강 음운론, 4. 음운의 변동' 참조)

- 이 부분에서는 구개음화, 비음화, 유음화 등 다양한 동화 현상에 대해 다루고 있다.

ⓕ 제6장 된소리되기('제2강 음운론, 4. 음운의 변동' 참조)

ⓖ 제7장 소리의 첨가('제2강 음운론, 4. 음운의 변동' 참조)

03 외래어 표기법

외래어 표기법 : 우리말의 어휘는 고유어, 한자어, 외래어로 나뉜다. 이 가운데 외래어를 우리글인 한글로 적는 규칙을 따로 정해 놓았다. 한글 맞춤법과 표준어 규정에는 외래어에 대한 내용이 배제돼 있다. 이는 외래어가 고유어, 한자어와 그 성격이 크게 다른 데 따른 것이다. 외래어는 따로 사정하여 '외래어 표기법'에 따라 적도록 한 것이다. 그러나 아직까지 외래어를 사정하는 특별한 절차나 규정이 마련돼 있지 않다. 다만, 외래어의 어형을 통일하기 위한 외래어 표기법이 마련돼 있을 뿐이다.

1 개념

- 외국에서 들어온 말을 한글로 표기하는 방법에 대한 규정이다.
- 외래어 표기법은 한글 맞춤법과 병행하는, 우리말의 외래어에 적용하는 우리말 표기법의 하나이다.
- '외래어 표기법'은 더 정확히 말하면 '외래어의 한글 표기법'이다.

2 외래어 표기법의 필요성

- 외래어는 다른 여러 나라들과 사회·문화적으로 교류를 하는 과정에서 들어온 어휘이다.
- 외래어는 다른 나라의 말을 일컫는 외국어와 구별된다.
- 외국에서 들어왔으나 국어 안에서 일반적으로 사용되면서 국어 어휘로 받아들인 것을 말한다. → 외래어에는 국어의 음운과 문법 체계가 반영되어 있다.
- 외국에서 새로운 문화와 함께 말이 들어와 쓰이면 처음에는 그 말에 대한 발음과 표기가 제각각인 경우가 많을 수밖에 없다. → 이러한 혼란을 피하기 위해서 외래어의 표기를 하나로 통일할 필요가 있다.

3 외래어 표기법의 내용

제1장 표기의 기본 원칙
제1항 외래어는 국어의 현용 24자모만으로 적는다.
제2항 외래어의 1음운은 원칙적으로 1기호로 적는다.
제3항 받침에는 'ㄱ, ㄴ, ㄹ, ㅁ, ㅂ, ㅅ, ㅇ'만을 쓴다.
제4항 파열음 표기에는 된소리를 쓰지 않는 것을 원칙으로 한다.
제5항 이미 굳어진 외래어는 관용을 존중하되, 그 범위와 용례는 따로 정한다.
제2장 표기 일람표
제3장 표기 세칙
제4장 인명, 지명 표기의 원칙

1) 외래어 표기법의 원칙

현재 사용하는 외래어 표기법은 1986년 고시된 것이다.

ⓐ 제1항 외래어는 국어의 현용 24자모만으로 적는다.

⇨ 국어에서 현재 사용하고 있는 24자모만을 사용하겠다는 것은 [f, v, ʃ, ʧ, ɔ, ʌ]처럼 국어에 없는 외국어 소리를 적기 위하여 별도의 문자를 만들지 않겠다는 뜻이다. 외래어는 국어의 어휘이므로 이를 표기하기 위하여 새로운 표기 문자를 만들 필요가 없으며 새로운 글자를 만들게 되면 국어 사용자에게도 부담을 줄 수 있기 때문이다.

ⓑ 제2항 외래어의 1음운은 원칙적으로 1기호로 적는다.

⇨ 'fighting'이라는 말을 어떤 사람은 '파이팅'으로, 어떤 사람은 '화이팅'으로 쓴다면 혼란스러울 것이다. 또 'fighting'은 '화이팅'으로, 'film'은 '필름'으로 쓴다면 국어 사용자들은 영어 'f'를 국어로 어떻게 표기할지 혼란스러울 것이다.

외래어의 1음운을 1기호로 적는 원칙은 이러한 혼란을 막기 위한 것이다. 물론 외래어를 원어에 가깝게 적는 것이 이상적이지만, 외래어 표기법은 국어에 정착된 발음을 통일하기 위한 표기법이므로 원어에 일치시킬 수 없으며 그럴 필요도 없다.

ⓒ 제3항 받침에는 'ㄱ, ㄴ, ㄹ, ㅁ, ㅂ, ㅅ, ㅇ'만을 쓴다.

⇨ 현대 국어의 음절 끝소리에서는 'ㄱ, ㄴ, ㄷ, ㄹ, ㅁ, ㅂ, ㅇ' 일곱 가지 소리만 실현되는데, 외래어 표기법은 그중 'ㄷ'만 'ㅅ'으로 바꾸어 표기하도록 하였다. 예를 들어, 'robot'의 끝음절은 [t]로 소리 나므로 국어의 음절의 끝소리 규칙을 고려하면 'ㄷ'으로 써야 할 것 같지만, 모음으로 된 형식 형태소가 결합할 경우 '로봇이, 로봇을'을 '[로보시], [로보슬]'과 같이 읽게 된다는 점을 고려하여 '로봇'으로 표기하도록 하였다.

ⓓ 제4항 파열음 표기에는 된소리를 쓰지 않는 것을 원칙으로 한다.

⇨ 무성 파열음 [p, t, k]은 영어, 독일어에서는 'ㅍ, ㅌ, ㅋ'에 가깝게 들리고, 프랑스어, 러시아 어, 이탈리아 어에서는 'ㅃ, ㄸ, ㄲ'에 가깝게 들린다. 그러나 어떤 경우에는 된소리로 적고, 어떤 경우에는 거센소리로 적는다면 혼란을 초래할 수 있기 때문에 파열음 표기에 된소리를 쓰지 않는 것을 원칙으로 한다. '유성 파열음[b, d, g]'의 경우 'bus, gas'를 '빠스, 까스'라고 쓰지 않고 '버스, 가스'라고 써야 하며, 'jam, sign pen'의 경우 '쨈, 싸인펜'이라고 쓰지 않고 '잼, 사인펜'으로 써야 한다. 'jazz, jam' 등 유성 파찰음[dʒ]를 된소리로 흔히 발음하지만, 마찬가지로 표기에서는 'ㅈ'으로 하고 마찰음 [s]가 들어가는 단어도 표기에서는 된소리를 쓰지 않는다.

ⓔ 제5항 이미 굳어진 외래어는 관용을 존중하되, 그 범위와 용례는 따로 정한다.

⇨ 외래어는 원어에 가깝게 쓰면 좋겠지만 오래전에 들어와 널리 쓰이고 있는 외래어를 다시 원어의 발음과 유사하게 표기법을 바꿀 경우 국어의 현실을 반영하지 못할 수 있기 때문에 이미 굳어진 외래어 표기는 관용을 따르도록 한다. 가령, 'camera[kæmərə]'의 경우 '캐머러'라고 쓰는 것이 원어에 가깝겠지만, '카메라'로 오래 사용해 온 우리의 현실을 반영하여 관용을 따르도록 한다.

2) 제2장 표기 일람표

- 표기 일람표는 국제음성기호와 한글대조표, 에스파냐어 자모와 한글대조표, 이탈리아어 자모와 한글대조표, 일본어의 가나와 한글대조표, 중국어의 주음부호(注音符號)와 한글대조표 등 5개의 표를 싣고 있다.

자음			반모음		모음	
국제 음성기호	한글		국제 음성기호	한글	국제 음성기호	한글
	모음 앞	자음 앞 또는 어말				
p	ㅍ	ㅂ, ㅍ	j	이*	i	이
b	ㅂ	브	E	위	y	위
t	ㅌ	ㅅ, 트	w	오, 우*	e	에
d	ㄷ	드			ø	외
k	ㅋ	ㄱ, 크			ɛ	에
g	ㄱ	그			ɛ	앵
f	ㅍ	프			œ	외
v	ㅂ	브			ǽ	욍
X	ㅅ	스			æ	애
ð	ㄷ	드			a	아
s	ㅅ	스			ɑ	
z	ㅈ	즈			ɑ̃	앙
r	시	슈, 시			ʌ	어
ᴛ	ㅈ	지			ɔ	오
i	ㅊ	츠			ɔ̃	옹
ŕ	ㅈ	즈			o	오
ï	ㅊ	치			u	우
є	ㅈ	지			ə**	어
m	ㅁ	ㅁ			ɚ	어
n	ㄴ	ㄴ				
T	니*	뉴				
3	ㅇ	ㅇ				
l	ㄹ, ㄹㄹ	ㄹ				
r	ㄹ	르				
h	ㅎ	흐				
S	ㅎ	히				
x	ㅎ	흐				

주 : * [j], [w]의 '이'와 '오,우' 그리고 [T]의 '니'는 모음과 결합할 때 표기 세칙에 따른다.

** 독일어의 경우에는 '에', 프랑스어의 경우에는 '으'로 적는다.

<국제음성기호와 한글대조표>

3) 제3장 표기 세칙

• 이 부분에서는 영어·독일어·프랑스어·에스파냐어·이탈리아어·일본어·중국어 등의 표기 세칙을 밝히고 있다. 이 표기 세칙이 1958년 제정의 표기법 및 『편수자료』 제3집의 표기 세칙과 달라진 것 중에서 중요한 사항만을 지적하면 다음과 같다.

ⓐ 무성파열음([p, t, k])은 짧은 모음 뒤의 어말 위치나, 짧은 모음과 유음·비음 이외의 자음 사이에서는 받침으로 적고, 그 밖의 자리에서는 '으'를 붙여 적기로 하며, 유성파열음([b, d, g])은 어말이나 모든 자음 앞에서 모두 '으'를 붙여 적게 한다.

ⓑ 장모음의 장음은 일절 따로 적지 않기로 한다(team[ti:m], 팀).

ⓒ 중모음은 각 단모음의 음가를 살려서 적되 오우[ou]는 '오'로 아우어[auə]는 '아워'로 적기로 한다.(이 원칙에 따르면 'boat'는 '보우트'가 아닌 '보트'가 되고, 'tower'는 '타우어'가 아닌 '타워'가 된다).

ⓓ 따로 설 수 있는 말의 합성으로 이루어진 복합어는 그것을 구성하고 있는 말이 단독으로 쓰일 때의 표기대로 적기로 한다.

ⓔ 일본어의 'カ, タ'를 어두에서는 '가, 다'로 적게 한다

4) 제4장 인명·지명 표기의 원칙

• 이 부분에서 특기할 사항은, 중국 및 일본의 지명 가운데 한국한자음으로 읽는 관용이 있는 것은 이를 허락한다는 것이다(黃河, 황허·황하 / 東京, 도쿄·동경).

국어의 로마자 표기법 04

현재 사용하는 국어의 로마자 표기법은 2000년 개정 고시된 것이다.

1 개념

- 국어를 로마자로 어떻게 적을 것인지를 규정한 표기법이다.
- 국어를 로마자로 적는 방법에는 전자법과 전음법의 두 가지가 있다.

1959년 문교부 안은 전자법을 따랐으나, 1984년 문교부 안에서는 전사법을 채택하였으며, 현행의 로마자 표기법도 전사법을 따르고 있다.

1) 전자법

- 국어 단어의 글자대로 전사하는 방법이다.
- 한글로 적은 것을 그대로 로마자로 옮기면 되기 때문에, 쓰기에 편리하고 로마자 표기를 한글로 복원하기도 쉽다.
- 발음을 비슷하게 유도하기가 어렵다는 단점이 있다. 예를 들어, '독립문'의 표기를 'Doklibmun'으로 적는데, '[동님문]'이라는 원래 발음을 내지 못하고 '도그리브문'으로 읽기 쉽다.

2) 전사법

- 국어 단어의 발음대로 전사하는 방법이다.
- 우리말의 발음에 따라 적었기 때문에 우리말을 모르는 사람도 읽기가 쉽다.
- 원래 국어 철자를 알기 어려울 뿐만 아니라, 음운 변화를 반영해서 적어야 하기 때문에 일반인들이 쓰기에는 어려워서 불편함이 따른다. 예를 들어, '독립문'을 'Dongnimmun'으로 적는데, 발음은 [동님문]으로 내기가 쉽지만, 원래 표기를 알기는 쉽지 않다.

2 로마자 표기법의 필요성

- 세계와의 교류가 활발해지면서 명함, 지도, 안내 책자 등에 인명, 지명 등의 고유 명사를 국제 문자인 로마자로 표기해야 할 경우가 생기는데, 이때 국어를 로마자로 어떻게 적을 것인지를 통일하는 것이 필요하다.

3 로마자 표기법의 내용

제1장 표기의 기본 원칙
　　제1항 국어의 로마자 표기는 국어의 표준 발음에 따라 적는 것을 원칙으로 한다.
　　제2항 로마자 이외의 부호는 되도록 사용하지 않는다.
제2장 표기 일람
제3장 표기상의 유의점

1) 로마자 표기법의 원칙

ⓐ 제1항 국어의 로마자 표기는 국어의 표준 발음법에 따라 적는 것을 원칙으로 한다.

⇨ 현재 국어의 로마자 표기법은 기본적으로 전사법을 따른다. 그러나 음운의 변동 중 된소리되기는 국어의 로마자 표기법에 반영하지 않는다.

ⓑ 제2항 로마자 이외의 부호는 되도록 사용하지 않는다.

⇨ 국어를 로마자로 표기할 때에는 로마자 이외의 부호는 쓰지 않으며 1음운 1기호의 대응을 원칙으로 한다. 즉 과거의 표기법에서 사용하던 반달표(˘)와 어깻점(′)과 같은 특수 부호를 사용하지 않도록 하였고, 표기를 쉽게 하기 위하여 하나의 음운은 하나의 기호로 쓰는 것을 원칙으로 한다.

2) 제2장 표기 일람

ㅂ	ㅍ	ㅃ	ㄷ	ㅌ	ㄸ	ㄱ	ㅋ	ㄲ	
b, p	p	pp	d, t	t	tt	g, k	k	kk	
ㅈ	ㅊ	ㅉ	ㅅ	ㅆ	ㅎ	ㄴ	ㅁ	ㅇ	ㄹ
j	ch	jj	s	ss	h	n	m	ng	r, l

[자음의 로마자 표기]

ㅏ	ㅓ	ㅐ	ㅔ	ㅗ	ㅜ	ㅚ	ㅟ	ㅡ	ㅣ	
a	eo	æ	e	o	u	oe	wi	eu	i	
ㅑ	ㅕ	ㅒ	ㅖ	ㅛ	ㅠ	ㅘ	ㅝ	ㅙ	ㅞ	ㅢ
ya	yeo	yae	ye	yo	yu	wa	wo	wae	we	ui

[모음의 로마자 표기]

3) 제3장 표기상의 유의점

ⓐ 'ㄱ, ㄷ, ㅂ, ㄹ'의 표기 방식

- 'ㄱ, ㄷ, ㅂ'의 경우 모음 앞에서는 'g, d, b'로 쓰고, 자음 앞이나 어말에서는 'k, t, p'로 적는다.
- 'ㄹ'은 모음 앞에서는 'r'로 적고, 자음 앞이나 낱말의 끝에서는 'l'로 적으며, 'ㄹㄹ'은 'll'로 적는다.

ⓑ 모음을 로마자로 표기할 때의 유의점

- 'ㅢ'는 'ㅣ'로 소리 나더라도 'ui'로 적는다.
  예 광희문(Gwanghuimun)
- 장모음의 표기는 따로 하지 않는다.

05 확인문제

01

다음 문장 중, 띄어쓰기가 바르게 된 것은?

① 살것이 너무 많아요.

② 나도 너 만큼은 알아.

③ 그것은 할수가 없습니다.

④ 그사람이 제 손을 잡았어요.

⑤ 철수는 사과를 금방 먹어버렸다.

02

〈보기〉 자음의 이름을 각각 쓰시오.

보기
ⓐ ㄱ　ⓑ ㅋ　ⓒ ㄷ　ⓓ ㅌ

03

다음 중, 단어의 표기가 적절하지 않은 것은?

① 적중률　② 밭이랑　③ 멋쟁이　④ 냄비　⑤ 녀름

04

다음 중 밑줄 친 단어의 표기가 바른 것은?

① 그 분의 입장이 거북치 않게 해주세요.

② 사고의 원인을 생각컨대 다시는 그런 일이 일어나지 않도록 점검을 철저히 해주세요.

③ 살림이 넉넉치 않아서 준비를 많이 하지 못했습니다.

④ 그녀는 활동하기에 간편케 옷을 입었다.

⑤ 입사한 지 얼마 안 돼서 직장 생활에 익숙치 않다.

05

〈보기〉를 통해 알 수 있는 표준어의 특성으로 적절하지 않은 것은?

보기
표준어는 교양 있는 사람들이 두루 쓰는 현대 서울말로 정함을 원칙으로 한다.

① 시대성 ② 지역성 ③ 사회성 ④ 계층성 ⑤ 보편성

06

다음 밑줄 친 단어 중, 표준어로 적절한 것은?

① 우리 부부는 돈이 없어 삭월세로 방 하나를 얻었다.
② 아내의 배 속에 세째가 있다.
③ 할아버지는 황소 다섯 마리와 수염소 열 마리를 키우신다.
④ 부조는 못 할망정 방해는 하지 마라.
⑤ 그녀는 선비는 으례 가난하려니 하고 살아 왔다.

07

다음 단모음 중 이중 모음으로의 발음이 허용되고 있는 것은?

① ㅐ, ㅔ ② ㅐ, ㅚ ③ ㅐ, ㅟ ④ ㅔ, ㅚ ⑤ ㅚ, ㅟ

08

'외래어'에 대한 설명으로 적절하지 않은 것은?

① 외래어 표기법은 우리말 표기법의 하나이다.
② 외래어는 국어의 음운과 문법 체계를 따른다.
③ 외래어는 다른 나라의 말인 외국어를 일컫는다.
④ 외래어는 국어 어휘의 하나로 수용된 것을 말한다.
⑤ 외래어는 다른 나라들과의 교류 과정에서 들어온 어휘들이다.

09

'외래어 표기법'의 원칙에 대한 설명으로 적절하지 않은 것은?

① 외래어는 국어 사용자의 부담을 고려하여 현재 사용하고 있는 자음과 모음만을 사용한다.
② 우리말 외래어는 원어에 가깝게 적는 것을 원칙으로 하고 있다.
③ 외래어는 받침에 일곱 가지 자음만을 표기하도록 하였다.
④ 파열음 표기에 된소리를 쓰지 않는 이유는 경우에 따라 된소리나 거센소리로 적는 혼란을 피하기 위해서이다.
⑤ 굳어진 외래어 표기는 관용을 따르도록 한다.

10

<보기>의 밑줄 친 말을 외래어 표기법에 맞게 고쳐 쓰시오.

보기

- 우리 가족은 오늘 아침 <u>cake</u>(와/과) sandwish, coffee(와/과) <u>juice</u>(을/를) 먹었다.
- 김과장은 <u>seminar</u> 시간에 늦지 않기 위해서 taxi(을/를) 탔다.

cake		juice	
sandwish	샌드위치	seminar	
coffee	커피	taxi	택시

11

다음 중, 외래어 표기가 바르지 않은 것은?

① steam → 스팀
② note → 노우트
③ shower → 샤워
④ 北京 → 북경
⑤ 東京 → 동경

12

<보기>는 로마자 표기의 기본 원칙이다. (　　)에 알맞은 말을 쓰시오.

보기
국어의 로마자 표기는 (　　　　　　　)에 따라 적는 것을 원칙으로 한다.

13

국어의 로마자 표기 시 유의 사항으로 적절하지 않은 것은?

① 'ㅢ'는 'ㅣ'로 소리 나더라도 'ui'로 적는다.

② 된소리되기는 표기에 반영하지 않는다.

③ 'ㄱ,ㄷ,ㅂ'은 모음 앞에서는 'k,t,p'로 쓴다.

④ 'ㄹ'은 모음 앞에서는 'r'로, 자음 앞이나 어말에서는 'l'로 적는다.

⑤ 'ㄹㄹ'은 'll'로 적는다.

06 기출문제

2015년 6월 고1 전국연합학력평가

01 **다음은 인터넷 게시판의 질문과 답변이다. [가]와 [나]에 들어갈 내용을 바르게 짝지은 것은?**

[3점]

보기

[질문]

그 일을 해낸 고등학생은 (일찌기, 일찍이) 없었다.

위 문장에서 '일찌기'와 '일찍이' 중 어느 것이 옳은 표기인가요?

[답변]

한글맞춤법 제25항을 살펴보면 ㉠**'-하다'가 붙을 수 있는 어근에 '-히'나 '-이'가 붙어서 부사가 되는 경우나**, ㉡**부사에 '-이'가 붙어서 뜻을 더하는 경우**에는 그 어근이나 부사의 원형을 밝히어 적는다고 되어 있습니다. 이와 달리 ㉢**어근과 접사의 결합체로 분석되지 않는 경우**는 소리 나는 대로 적습니다.

따라서 질문하신 단어는 ([가])에 해당하므로 ([나])로 적어야 합니다.

	[가]	[나]
①	㉠	일찍이
②	㉡	일찌기
③	㉡	일찍이
④	㉢	일찌기
⑤	㉢	일찍이

2015년 9월 고1 전국연합학력평가

02 **다음 대화를 바탕으로 <보기>의 밑줄 친 단어에 대해 설명한 것으로 적절하지 않은 것은?**

[3점]

대화

학생 : 선생님, 한글맞춤법 제1항에 표준어를 소리대로 적는다고 되어 있는데, 이건 표준어를 발음 형태대로 적는다는 뜻이에요?

선생님 : 맞아, 그러면 표기할 때 편하지. 그런데 뜻이 얼른 파악되지 않는 경우도 있어. 그래서 어법에 맞도록 한다는 또 하나의 원칙이 붙어 있어.

학생 : 어법에 맞도록 한다는 건 무슨 의미예요?

선생님 : 어근의 형태를 파악하기 쉽도록 각 형태소의 본 모양을 밝히어 적는다는 말이야.

보기

가-1. 지리산은 전라, 충청, 경상도 **어름**에 있다.

가-2. 썰매를 타고 **얼음**을 지쳤다.

나-1. 자세를 **반듯이** 해라.

나-2. 오늘 **반드시** 다 마치도록 해라.

① 가-1은 소리대로 적어 표기하기에 편리하다.
② 가-2는 의미 파악이 쉽도록 어법에 맞게 적은 것이다.
③ 가-1, 가-2는 발음만으로는 의미를 구분할 수 없다.
④ 나-1처럼 형태소의 본 모양을 적으면 뜻이 쉽게 파악된다.
⑤ 나-2는 어근의 본뜻이 파악되도록 어법에 맞게 적은 것이다.

2016년 9월 고1 전국연합학력평가

03 <보기>의 한글 맞춤법 규정을 ⓐ~ⓔ와 바르게 연결한 것은?

보기

ㄱ. 제14항 체언은 조사와 구별하여 적는다.
ㄴ. 제33항 체언과 조사가 어울려 줄어지는 경우에는 준 대로 적는다.

◦ 너는 ⓐ무얼 좋아하니?
◦ ⓑ이건 값이 너무 비싸다.
◦ ⓒ너희 사진은 어디에 있니?
◦ 나는 항상 ⓓ여기에 있을게.
◦ ⓔ그게 바로 문제의 핵심이다.

① ⓐ - ㄱ　② ⓑ - ㄱ　③ ⓒ - ㄴ
④ ⓓ - ㄴ　⑤ ⓔ - ㄴ

2016년 11월 고1 전국연합학력평가

04 <보기>는 한글 맞춤법 수업 중 준말과 관련한 학습지의 일부이다. 학생의 반응으로 적절하지 않은 것은?

보기

제40항 어간의 끝음절 '하'의 'ㅏ'가 줄고 'ㅎ'이 다음 음절의 첫소리와 어울려 거센소리로 될 적에는 거센소리로 적는다. ………………………… ㉠
예 간편하게 → 간편케
[붙임 1] 'ㅎ'이 어간의 끝소리로 굳어진 것은 받침으로 적는다. ………………………… ㉡
예 아무렇다, 어떻다
[붙임 2] 어간의 끝음절 '하'가 아주 줄 적에는 준 대로 적는다. 이는 어간의 끝음절 '하'가 줄어진 형태로 관용되고 있는 형식으로, 안울림소리 받침 뒤에서 나타난다. ………………………… ㉢
예 넉넉하지 → 넉넉지

① '다정하다'를 '다정타'로 적는 것은 ㉠의 규정을 따른 결과라고 볼 수 있겠군.
② '분발토록'은 ㉠에 따라 '분발하도록'에서 '하'의 'ㅏ'가 줄고 'ㅎ'이 다음 음절의 'ㄷ'과 어울려 거센소리로 된 결과이겠군.
③ '이렇다'를 '이러타'로 적지 않는 것은 ㉡의 규정을 따른 결과라고 볼 수 있겠군.
④ '무심하지'는 ㉢의 규정에 따라 '하'가 줄어진 형태인 '무심지'로 적을 수 있겠군.
⑤ '깨끗하지'는 '하' 앞에 안울림소리 받침이 오는 것으로 보아 ㉢의 규정에 따라 '깨끗지'로 적을 수 있겠군.

2017년 9월 고1 전국연합학력평가

[05~06] 다음 글을 읽고 물음에 답하시오.

한글 맞춤법 제1장 총칙의 제1항은 '한글 맞춤법은 표준어를 ㉮**소리대로 적되**, 어법에 맞도록 함을 원칙으로 한다.'이다. 여기서 소리대로 적는다는 것은 '구름'과 같이 표준어를 발음 형태대로 적는 것을 의미한다. 그리고 어법에 맞도록 한다는 것은 한 단어가 다양한 발음 형태로 나타나는 경우에 뜻을 쉽게 파악하기 어려운 점을 고려하여 형태소의 원형을 밝혀 적는 것을 의미한다.

형태소의 원형을 밝히는 경우를 살펴보자. 단어는 형성 방법에 따라 두 개 이상의 어근이 결합되는 합성어와 어근의 앞이나 뒤에 파생 접사가 붙는 파생어가 있다. 이때 합성어와 같이 어근끼리 연결된 경우에는 각 어근의 본래의 뜻이 유지되면 소리대로 적지 않고 끊어적기를 한다.

예 '국' + '물' → '국물' (○) / '궁물' (×)

단, '이[齒]'가 합성어에서 '니'로 소리가 날 경우에는 어근의 의미 유지와 관계없이 '니'로 적는다.

파생어의 경우에는 어근에 접두사가 붙으면 형태소의 원형을 밝혀 적는다. 그리고 어근에 접미사가 붙을 때에 어근의 본래의 뜻이 유지되면 원형을 밝혀 끊어적기를 한다.

예 '먹-'[食] + '-이' → '먹이' (○) / '머기' (×)

이처럼 형태소의 원형을 밝혀 적을 것인지에 대한 판단에는 어근이 본래의 뜻을 유지하는가가 중요한 요소이며 이를 토대로 어법에 맞게 적기를 할 수 있는 것이다.

05 ㉮에 해당하는 예로 적절한 것은?

① 빛　② 옷　③ 잎　④ 바깥　⑤ 하늘

06 윗글을 통해 <보기>의 ㉠~㉤에 대해 이해한 내용으로 적절하지 않은 것은? [3점]

보기

· 사건의 전모가 ㉠**드러나다**. (들다+나다)
· 집으로 ㉡**돌아가다**. (돌다+가다)
· 그의 얼굴에 ㉢**웃음**이 피어났다. (웃다+-음)
· ㉣**노름**은 절대로 해서는 안 되는 일이었다. (놀다+-음)
· ㉤**사랑니**를 뺐더니 통증이 한결 나아졌다. (사랑+이[齒])

① ㉠은 어근이 본래 의미에서 멀어져 소리대로 적은 것이겠군.
② ㉡은 어근의 본래 의미가 유지되어 끊어 적은 것이겠군.
③ ㉢은 어근의 본래 의미가 유지되어 끊어 적은 것이겠군.
④ ㉣은 어근이 본래 의미에서 멀어져 소리대로 적은 것이겠군.
⑤ ㉤은 어근이 본래 의미에서 멀어져 소리대로 적은 것이겠군.

2017년 11월 고1 전국연합학력평가

07 다음은 표준 발음법의 일부이고, <보기>는 이를 학습하는 과정에서 학생들이 나눈 대화이다. ㉠~㉤ 중 적절하지 <u>않은</u> 것은? [3점]

> **제23항** 받침 'ㄱ(ㄲ, ㅋ, ㄳ, ㄺ), ㄷ(ㅅ, ㅆ, ㅈ, ㅊ, ㅌ), ㅂ(ㅍ, ㄼ, ㄿ, ㅄ)' 뒤에 연결되는 'ㄱ, ㄷ, ㅂ, ㅅ, ㅈ'은 된소리로 발음한다.
> **제24항** 어간 받침 'ㄴ(ㄵ), ㅁ(ㄻ)' 뒤에 결합되는 어미의 첫소리 'ㄱ, ㄷ, ㅅ, ㅈ'은 된소리로 발음한다.
> **제26항** 한자어에서, 'ㄹ' 받침 뒤에 연결되는 'ㄷ, ㅅ, ㅈ'은 된소리로 발음한다.

보기

학생 1 : '국밥'의 표준 발음은 [국밥]이야, [국빱]이야?

학생 2 : 준 발음법 제23항에 따르면, [국빱]이 맞아. ……… ㉠

학생 3 : '아무리 뻗대도 소용이 없다.'에서 '뻗대도'는 받침 'ㄷ' 뒤에 'ㄷ'이 연결되기 때문에 [뻗대도]로 발음하겠네. ……… ㉡

학생 2 : '그가 집에 간다.'에서 '간다'는 [간다]로 발음하는데, '껴안다'는 왜 [껴안따]로 발음하지?

학생 3 '간다'의 기본형이 '가다'이므로 'ㄴ'은 어간 받침이 아니야. 그래서 표준 발음법 제24항을 적용할 수 없어.

학생 1 : 표준 발음법 제24항에 따르면, '껴안다'는 [껴안따]로 발음하는 것이 맞아. ……… ㉢

학생 2 : 그러면 '그녀를 수양딸로 삼고 싶었다.'에서 '삼고'는 어간 받침 'ㅁ' 뒤에 'ㄱ'이 결합되어 [삼:꼬]로 발음해야겠네. ……… ㉣

학생 3 : '결과(結果)'는 [결과]로 발음하는데, '갈등(葛藤)'은 왜 [갈뜽]으로 발음하지?

학생 1 : '갈등(葛藤)'은 표준 발음법 제26항에 따라 [갈뜽]으로 발음하지만, '결과(結果)'는 여기에 해당되지 않아. ……… ㉤

① ㉠　② ㉡　③ ㉢　④ ㉣　⑤ ㉤

2018년 9월 고1 전국연합학력평가

08 <보기1>의 표준 발음법에 따라 <보기2>의 ㉠~㉤을 발음한다고 할 때, 적절하지 <u>않은</u> 것은?

보기1

표준 발음법

제9항 받침 'ㄲ, ㅋ', 'ㅅ, ㅆ, ㅈ, ㅊ, ㅌ', 'ㅍ'은 어말 또는 자음 앞에서 각각 대표음 [ㄱ, ㄷ, ㅂ]으로 발음한다.

제12항 'ㅎ(ㄶ, ㅀ)' 뒤에 'ㄱ, ㄷ, ㅈ'이 결합되는 경우에는, 뒤 음절 첫소리와 합쳐서 [ㅋ, ㅌ, ㅊ]으로 발음한다.

제14항 겹받침이 모음으로 시작된 조사나 어미, 접미사와 결합되는 경우에는, 뒤엣것만을 뒤 음절 첫소리로 옮겨 발음한다.(이 경우, 'ㅅ'은 된소리로 발음함.)

제23항 받침 'ㄱ(ㄲ, ㅋ, ㄳ, ㄺ), ㄷ(ㅅ, ㅆ, ㅈ, ㅊ, ㅌ), ㅂ(ㅍ, ㄼ, ㄿ, ㅄ)' 뒤에 연결되는 'ㄱ, ㄷ, ㅂ, ㅅ, ㅈ'은 된소리로 발음한다.

보기2

주름이 ㉠<u>**많던**</u> 그 이마에는
㉡<u>**젊어**</u> 품었던 꿈들 사라졌지만
너희가 없으면 나도 ㉢<u>**없단다**</u>.
㉣<u>**꽃**</u>처럼 ㉤<u>**웃던**</u> 우리 어머니

① ㉠은 제12항 규정에 따라 [만턴]으로 발음해야겠군.
② ㉡은 제14항 규정에 따라 [절머]로 발음해야겠군.
③ ㉢은 제14항, 제23항 규정에 따라 [업딴다]로 발음해야겠군.
④ ㉣은 제9항 규정에 따라 [꼳]으로 발음해야겠군.
⑤ ㉤은 제9항, 제23항 규정에 따라 [욷떤]으로 발음해야겠군.

2018년 9월 고1 전국연합학력평가

09 <보기>를 참고할 때, 밑줄 친 부분이 한글 맞춤법에 맞게 쓰인 것은?

보기

한글 맞춤법

제56항 '-더라, -던'과 '-든지'는 다음과 같이 적는다.

1. 지난 일을 나타내는 어미는 '-더라, -던'으로 적는다. (ㄱ을 취하고, ㄴ을 버림.)

ㄱ	ㄴ
깊던 물이 얕아졌다.	깊든 물이 얕아졌다.

2. 물건이나 일의 내용을 가리지 아니하는 뜻을 나타내는 조사와 어미는 '(-)든지'로 적는다. (ㄱ을 취하고, ㄴ을 버림.)

ㄱ	ㄴ
배든지 사과든지 마음대로 먹어라.	배던지 사과던지 마음대로 먹어라.

① 영화나 보러 <u>가던가</u>.
② 그 사람 말 <u>잘하든데</u>!
③ 얼마나 깜짝 <u>놀랐든지</u> 몰라.
④ <u>어찌하던지</u> 간에 나는 신경 안 써.
⑤ <u>무엇이든지</u> 주저하지 말고 시작해 봐.

2018년 11월 고1 전국연합학력평가

10 <보기 1>을 바탕으로 <보기 2>의 ㉠~㉤에 대해 탐구한 내용으로 적절하지 <u>않은</u> 것은?

보기1

<한글 맞춤법>

제15항 용언의 어간과 어미는 구별하여 적는다.

[붙임 1] 두 개의 용언이 어울려 한 개의 용언이 될 적에, 앞말의 본뜻이 유지되고 있는 것은 그 원형을 밝히어 적고, 그 본뜻에서 멀어진 것은 밝히어 적지 아니한다.

제19항 어간에 '-이'나 '-음/-ㅁ'이 붙어서 명사로 된 것과 '-이'나 '-히'가 붙어서 부사로 된 것은 그 어간의 원형을 밝히어 적는다.

제23항 '-하다'나 '-거리다'가 붙는 어근에 '-이'가 붙어서 명사가 된 것은 그 원형을 밝히어 적는다.

보기2

- 나는 모퉁이를 ㉠**<u>도라가다</u>** 예쁜 꽃을 보았다.
- 바닷물이 빠지자 갯벌이 ㉡**<u>드러났다</u>**.
- 날씨가 너무 더워서 ㉢**<u>얼음</u>**이 녹았다.
- 건축 기사가 건물의 ㉣**<u>노피</u>**를 측량했다.
- 요새 동생이 밥을 잘 먹지 못해 ㉤**<u>홀쭈기</u>**가 되었다.

① ㉠은 제15항 [붙임 1]을 적용해 '돌아가다'로 정정해야겠군.
② ㉡은 제15항 [붙임 1]을 적용해 '드러났다'로 표기한 것이 적절하군.
③ ㉢은 제19항을 적용해 '얼음'으로 표기한 것이 적절하군.
④ ㉣은 제23항을 적용해 '높이'로 정정해야겠군.
⑤ ㉤은 제23항을 적용해 '홀쭉이'로 정정해야겠군.

2019년 9월 고1 전국연합학력평가

[11~12] 다음 글을 읽고 물음에 답하시오.

'홀쭉이'와 '홀쭈기' 중 무엇이 올바른 표기일까? 이런 질문에 답을 제시해 주고 있는 것이 바로 한글 맞춤법이다. 한글 맞춤법 제1항을 보면, '한글 맞춤법은 표준어를 소리대로 적되, 어법에 맞도록 함을 원칙으로 한다.'라고 나와 있다.

한글 맞춤법의 기본적인 원칙은 표준어를 소리 나는 대로 적는 것이다. 그러나 단어나 문장이 만들어지는 과정에서 소리가 바뀌는 경우에는 사정이 달라진다. 그래서 함께 제시된 것이 '어법에 맞도록' 적는다는 원칙이다. 어법에 맞게 적는다는 것은 형태소들이 만나 소리가 바뀔지라도 형태소의 본 모양을 밝히어 적는 것을 의미한다.

국어의 단어와 문장은 형태소들이 결합하여 만들어진다. 형태소는 체언이나 용언의 어간 등 실질적인 의미를 표시하는 실질 형태소와, 접사나 용언의 어미, 조사처럼 실질 형태소에 결합하여 보조적 의미를 덧붙이거나 문법적 관계를 표시하는 형식 형태소로 나뉜다. 예를 들어 '꽃나무', '덮개'를 보면 실질 형태소(꽃, 나무)끼리 만나 이루어지거나 실질 형태소(덮-)에 형식 형태소(-개)가 붙어 단어가 만들어진다. 또한 '모자를 쓰다'에서는 실질 형태소(모자, 쓰-)에 각각 형식 형태소(를, -다)가 붙어 문장이 만들어진다.

그렇다면 어떠한 경우에 '어법에 맞도록' 적어야 할까? 체언에 조사가 붙거나 용언의 어간에 어미가 붙어 소리가 바뀔 때 형태를 밝히어 적는다. 예를 들어 '꽃이'는 [꼬치]로, '잡아'는 [자바]로 발음되지만 각각 '꽃이'와 '잡아'와 같이 실질 형태소와 형식 형태소를 구별하여 적어야 한다.

두 개의 용언이 어울려 한 개의 용언이 될 때에 '들어가다'처럼 앞말의 본뜻이 유지되고 있는 것은 그 원형을 밝히어 적는다. 다만, '드러나다'처럼 앞말이 그 본뜻에서 멀어진 것은 원형을 밝히어 적지 않는다.

어근에 접사가 붙어 새로운 말이 만들어질 때에도 소리 나는 대로 적지 않고 형태를 밝히어 적는다. 예를 들어 '삶'은 '살다'의 어간 '삶-'에 접미사 '-ㅁ'이 붙어서 파생된 명사로 [삼:]이라 발음되지만 '삶'으로 적는다. 그리고 '많이'는 '많다'의 어간 '많-'에 접미사 '-이'가 붙어서 부사가 된 것으로 [마:니]라고 발음되지만 '많이'로 적는다. 이처럼 ㉠<u>**용언의 어간에 '-이'나 '-음/-ㅁ'이 붙어서 명사로 된 것**</u>과 ㉡<u>**용언의 어간에 '-이'나 '-히'가 붙어서 부사로 된 것**</u>은 그 어간의 원형을 밝히어 적는다. 다만, ㉢<u>**어간에 '-이'나 '-음'이 붙어서 명사로 바뀐 것이라도 그 어간의 뜻과 멀어진 것**</u>은 원형을 밝히어 적지 않는다.

11 윗글을 바탕으로 〈보기〉를 탐구한 내용으로 적절하지 <u>않은</u> 것은?

보기

○ <u>먹을</u>(ⓐ) <u>것은</u>(ⓑ) 많았지만, 마음 편히 먹고 있을 <u>수만은</u>(ⓒ) 없었다.

○ 집으로 <u>돌아오다가</u>(ⓓ) 너무 지쳐 <u>쓰러질</u>(ⓔ) 뻔했다.

① ⓐ는 용언의 어간 '먹-'에 어미 '-을'이 결합했으므로 형태를 밝히어 적었군.

② ⓑ는 체언 '것'에 조사 '은'이 붙었으므로 형태를 밝히어 적었군.

③ ⓒ는 실질 형태소 '수'와 형식 형태소 '만', '은'이 결합했으므로 형태를 밝히어 적지 않았군.

④ ⓓ는 앞말의 본뜻이 유지되고 있으므로 형태를 밝히어 적었군.

⑤ ⓔ는 앞말이 본뜻에서 멀어졌으므로 형태를 밝히어 적지 않았군.

12 **윗글의 ㉠~㉢에 해당하는 예로 적절하지 않은 것은?**

① ㉠ : 나는 고양이에게 먹이를 주었다.
② ㉠ : 모두들 그의 정신력을 높이 칭찬했다.
③ ㉡ : 나는 그 사실을 익히 들어 알고 있다.
④ ㉢ : 그는 상처에서 흐르는 고름을 닦았다.
⑤ ㉢ : 그들은 새로 만든 도로의 너비를 측정했다.

2019년 9월 고1 전국연합학력평가

13 **〈보기〉는 표준 발음법의 된소리되기 중 일부이다. ㉠과 ㉡에 해당하는 예가 바르게 짝지어진 것은?**

보기

㉠ 받침 'ㄱ(ㄲ, ㅋ, ㄳ, ㄺ), ㄷ(ㅅ, ㅆ, ㅈ, ㅊ, ㅌ), ㅂ(ㅍ, ㄼ, ㄿ, ㅄ)' 뒤에 연결되는 'ㄱ, ㄷ, ㅂ, ㅅ, ㅈ'은 된소리로 발음한다.
㉡ 어간 받침 'ㄴ(ㄵ), ㅁ(ㄻ)' 뒤에 결합되는 어미의 첫소리 'ㄱ, ㄷ, ㅅ, ㅈ'은 된소리로 발음한다.

	㉠	㉡
①	늦게[늗께]	얹다[언따]
②	옆집[엽찝]	있고[읻꼬]
③	국수[국쑤]	늙다[늑따]
④	묶어[무꺼]	껴안다[껴안따]
⑤	앉다[안따]	머금다[머금따]

2019년 11월 고1 전국연합학력평가

[14] 다음 글을 읽고 물음에 답하시오.

[A] 현대 국어의 표기는 '표준어를 소리대로 적되, 어법에 맞도록 함을 원칙으로 한다.'라는 한글맞춤법 규정을 따른다. 표준어를 소리대로 적는다는 것은 표준어를 발음 나는 대로 적는 표음주의를, 어법에 맞도록 한다는 것은 각 형태소의 본 모양을 밝혀 적는 표의주의를 채택한 것이다. 그런데 일반적인 활용 규칙에서 어긋나는 경우, 합성어나 파생어를 구성함에 있어서 구성 요소가 본뜻에서 멀어진 경우 등에는 표음주의가 채택된다.

이러한 표기 원칙이 제정되기 전 국어의 표기 방식은 이어적기, 끊어적기, 거듭적기 등의 다양한 방식으로 나타났다. 자음으로 끝나는 체언이 모음으로 시작되는 조사를 만나거나 자음으로 끝나는 용언의 어간이나 어근이 모음으로 시작되는 어미나 접사를 만날 때, 이어적기는 앞 형태소의 끝소리를 뒤 형태소의 첫소리로 옮겨 적는 방식이고, 끊어적기는 실제 발음과는 달리 형태소의 본 모양을 밝혀서 끊어 적는 방식이다. 그리고 거듭적기는 앞 형태소의 끝소리를 뒤 형태소의 첫소리에도 다시 적는 표기 방식으로, '말씀+이'를 '말씀미'와 같은 방식으로 적는 것이다. 한편 'ㅋ, ㅌ, ㅍ'을 'ㄱ, ㄷ, ㅂ'과 'ㅎ'으로 나누어 표기하는 방식인 재음소화 표기가 나타나기도 했는데, '깊이'를 '깁히'와 같이 적는 경우를 예로 들 수 있다.

14 **<보기>는 '한글맞춤법'의 일부를 정리한 학습지이다. [A]를 바탕으로 <보기>의 ㉠~㉤을 이해한 내용으로 적절하지 않은 것은?** [3점]

보기

제15항 용언의 어간과 어미는 구별하여 적는다.
예 ㉠먹고, ㉡좋아
[붙임] 두 개의 용언이 어울려 한 개의 용언이 될 적에, 앞말의 본뜻이 유지되고 있는 것은 그 원형을 밝히어 적고, 그 본뜻에서 멀어진 것은 밝히어 적지 아니한다.
(1) 앞말의 본뜻이 유지되고 있는 것
예 돌아가다
(2) 본뜻에서 멀어진 것
예 ㉢사라지다, 쓰러지다

제18항 다음과 같은 용언들은 어미가 바뀔 경우, 그 어간이나 어미가 원칙에 벗어나면 벗어나는 대로 적는다.
1. 어간의 끝 'ㅂ'이 'ㅜ'로 바뀔 적
예 ㉣쉽다, 맵다
2. 어간의 끝음절 '르'의 'ㅡ'가 줄고, 그 뒤에 오는 어미 '-아 /-어'가 '-라/-러'로 바뀔 적
예 ㉤가르다, 부르다

① ㉠은 단어의 기본형인 '먹다'와 마찬가지로 표의주의 방식을 채택하고 있군.
② ㉡은 어간과 어미를 구별하여 형태소의 본 모양을 밝혀 적는 방식으로 표기하고 있군.
③ ㉢은 합성어를 구성함에 있어서 앞말이 본뜻에서 멀어져 발음 나는 대로 적는 방식을 채택하고 있군.
④ ㉣은 활용할 때, '쉽고'와 같은 표의주의 표기와 '쉬우니'와 같은 표음주의 표기를 모두 확인할 수 있군.
⑤ ㉤은 활용할 때, '갈라'와 같이 일반적인 활용 규칙에서 어긋난 경우에는 표의주의 방식으로 표기하고 있군.

2020년 6월 고1 전국연합학력평가

15 **<보기>의 <표준 발음법>을 참고할 때, ㉠과 ㉡의 사례가 모두 바르게 짝지어진 것은?**

보기

<표준 발음법>
제23항
받침 'ㄱ(ㄲ, ㅋ, ㄳ, ㄺ), ㄷ(ㅅ, ㅆ, ㅈ, ㅊ, ㅌ), ㅂ(ㅍ, ㄼ, ㄿ, ㅄ)' 뒤에 연결되는 'ㄱ, ㄷ, ㅂ, ㅅ, ㅈ'은 된소리로 발음한다.

국밥[국빱] 솥전[솓쩐] 옆집[엽찝] (㉠)

제24항
어간 받침 'ㄴ(ㄵ), ㅁ(ㄻ)' 뒤에 결합되는 어미의 첫소리 'ㄱ, ㄷ, ㅅ, ㅈ'은 된소리로 발음한다.

신고[신ː꼬] 얹다[언따] 닮고[담ː꼬] (㉡)

	㉠	㉡
①	옷고름[옫꼬름]	젊고[점ː꼬]
②	문고리[문꼬리]	감고[감ː꼬]
③	갈등[갈뜽]	앉다[안따]
④	덮개[덥깨]	언짢게[언짠케]
⑤	술잔[술짠]	더듬지[더듬찌]

2020년 9월 고1 전국연합학력평가

16 <보기>는 한글 맞춤법 규정의 일부를 정리한 것이다. 이를 읽고 탐구한 내용으로 적절하지 <u>않은</u> 것은?

보기

제16항 어간의 끝음절 모음이 'ㅏ, ㅗ'일 때에는 어미를 '-아'로 적고, 그 밖의 모음일 때에는 '-어'로 적는다. ……………… ㉠

제18항 다음과 같은 용언들은 어미가 바뀔 경우, 그 어간이나 어미가 원칙에 벗어나면 벗어나는 대로 적는다.

1. '하다'의 활용에서 어미 '-아'가 '-여'로 바뀔 적 ……………… ㉡
2. 어간의 끝음절 '르' 뒤에 오는 어미 '-어'가 '-러'로 바뀔 적 ……………… ㉢

① '시계를 보다.'에서 '보다'는 ㉠에 따라 어간 '보-'에 어미 '-아'가 결합해 '보아'로 적겠군.
② '간식을 먹다.'에서 '먹다'는 ㉠에 따라 어간 '먹-'에 어미 '-어'가 결합해 '먹어'로 적겠군.
③ '마당의 눈이 희다.'에서 '희다'의 어간 '희-'에 어미 '-아'가 결합하면 ㉡에 따라 '희여'로 적겠군.
④ '민수가 공부를 하다.'에서 '하다'의 어간 '하-'에 어미 '-아'가 결합하면 ㉡에 다라 '하여'로 적겠군.
⑤ '약속 장소에 이르다.'에서 '이르다'의 어간 '이르-'에 어미 '-어'가 결합하면 ㉢에 따라 '이르러'로 적겠군.

2020년 11월 고1 전국연합학력평가

17 <보기1>을 바탕으로 <보기2>의 ㉠~㉤에 대해 탐구한 내용으로 적절한 것은?

보기1

[한글 맞춤법]

제41항 조사는 그 앞말에 붙여 쓴다.

제42항 의존 명사는 띄어 쓴다.

제43항 단위를 나타내는 명사는 띄어 쓴다.
다만, 순서를 나타내는 경우나 숫자와 어울리어 쓰이는 경우에는 붙여 쓸 수 있다.

제46항 단음절로 된 단어가 연이어 나타날 적에는 붙여 쓸 수 있다.

보기2

- 꽃집에 꽃이 ㉠**<u>안개꽃 밖에</u>** 남아 있지 않았다.
- 나도 ㉡**<u>너만큼</u>** 달리기를 잘했으면 좋겠다.
- 남은 ㉢**<u>천 원짜리</u>**로 마땅히 살 것이 없었다.
- 나는 그 사람이 그리워㉣**<u>어찌할 줄</u>** 몰랐다.
- 기다리던 백신이 ㉤**<u>7 연구실</u>**에서 개발되었다.

① ㉠은 제41항을 적용해 '안개꽃밖에'로 정정해야겠군.
② ㉡은 제42항을 적용해 '너 만큼'으로 정정해야겠군.
③ ㉢은 제43항을 적용해 '천 원 짜리'로 정정해야겠군.
④ ㉣은 제43항을 적용해 '어찌할줄'로 정정해야겠군.
⑤ ㉤은 제46항을 적용해 '7연구실'로 정정해야겠군.

2021년 9월 고1 전국연합학력평가

18 **<자료>의 ⓐ와 ⓑ는 한글 맞춤법 규정에 맞게 표기한 것이다. 적용된 원칙을 <보기>에서 찾아 바르게 짝지은 것은?**

자료

ⓐ<u>지붕</u> 공사가 ⓑ<u>마감</u> 단계에 있다.

보기

<한글 맞춤법>

제19항 어간에 '-이'나 '-음/-ㅁ'이 붙어서 명사로 된 것과 '-이'나 '-히'가 붙어서 부사로 된 것은 그 어간의 원형을 밝히어 적는다. ······················· ㉠

[붙임] 어간에 '-이'나 '-음' 이외의 모음으로 시작된 접미사가 붙어서 다른 품사로 바뀐 것은 그 어간의 원형을 밝히어 적지 아니한다. ㉡

제20항 명사 뒤에 '-이'가 붙어서 된 말은 그 명사의 원형을 밝히어 적는다.

[붙임] '-이' 이외의 모음으로 시작된 접미사가 붙어서 된 말은 그 명사의 원형을 밝히어 적지 아니한다. ································· ㉢

① ⓐ - ㉠　② ⓐ - ㉡　③ ⓑ - ㉠
④ ⓑ - ㉡　⑤ ⓑ - ㉢

2015년 3월 고2 전국연합학력평가

19 **<보기>를 바탕으로 표준 발음법에 대해 탐구한 내용으로 적절하지 <u>않은</u> 것은?**

보기

<표준 발음법 규정>

제23항 받침 'ㄱ(ㄲ, ㅋ, ㄳ, ㄺ), ㄷ(ㅅ, ㅆ, ㅈ, ㅊ, ㅌ), ㅂ(ㅍ, ㄼ, ㄿ, ㅄ)' 뒤에 연결되는 'ㄱ, ㄷ, ㅂ, ㅅ, ㅈ'은 된소리로 발음한다.

제24항 어간 받침 'ㄴ(ㄵ), ㅁ(ㄻ)' 뒤에 결합되는 어미의 첫소리 'ㄱ, ㄷ, ㅅ, ㅈ'은 된소리로 발음한다.
다만, 피동, 사동 접미사 '-기-'는 된소리로 발음하지 않는다.

제25항 어간 받침 'ㄼ, ㄾ' 뒤에 결합되는 어미의 첫소리 'ㄱ, ㄷ, ㅅ, ㅈ'은 된소리로 발음한다.

① '따뜻한 국밥'에서 '국밥'은 제23항을 적용하여 [국빱]으로 발음해야겠군.
② '우리 집 닭장'에서 '닭장'은 제23항을 적용하여 [닥짱]으로 발음해야겠군.
③ '의자에 앉도록'에서 '앉도록'은 제24항을 적용하여 [안또록]으로 발음해야겠군.
④ '아이에게 신발을 신기다'에서 '신기다'는 제24항을 적용하여 [신기다]로 발음해야겠군.
⑤ '여덟과 아홉'에서 '여덟과'는 제25항을 적용하여 [여덜꽈]로 발음해야겠군.

2015년 9월 고2 전국연합학력평가

20 **<보기>는 표준 발음법의 일부이다. 각 항에 해당하는 사례를 바르게 짝지은 것은?**

보기

제19항 받침 'ㅁ, ㅇ' 뒤에 연결되는 'ㄹ'은 [ㄴ]으로 발음한다.

제29항 합성어 및 파생어에서, 앞 단어나 접두사의 끝이 자음이고 뒤 단어나 접미사의 첫음절이 '이, 야, 여, 요, 유'인 경우에는, 'ㄴ' 음을 첨가하여 [니, 냐, 녀, 뇨, 뉴]로 발음한다.

	제19항	제29항
①	심리[심니]	두통약[두통냑]
②	점령[점녕]	상록수[상녹쑤]
③	콩엿[콩녇]	한여름[한녀름]
④	국물[궁물]	눈요기[눈뇨기]
⑤	종로[종노]	물난리[물랄리]

2015년 11월 고2 전국연합학력평가

21 **<보기>를 바탕으로 한글 맞춤법에 대해 탐구한 내용으로 적절하지 <u>않은</u> 것은?**

보기

제5항 한 단어 안에서 뚜렷한 까닭 없이 나는 된소리는 다음 음절의 첫소리를 된소리로 적는다.

1. 두 모음 사이에 나는 된소리 ………………… ⓐ
2. 'ㄴ, ㄹ, ㅁ, ㅇ' 받침 뒤에서 나는 된소리 · ⓑ

다만, 'ㄱ, ㅂ' 받침 뒤에서 나는 된소리는, 같은 음절이나 비슷한 음절이 겹쳐 나는 경우가 아니면 된소리로 적지 아니한다. ……………………………… ⓒ

① [으뜸]으로 소리 나는 말은 ⓐ에 따라 '으뜸'으로 표기해야겠군.
② [거꾸로]로 소리 나는 말은 ⓐ에 따라 '거꾸로'로 표기해야겠군.
③ [살짝]으로 소리 나는 말은 ⓑ에 따라 '살짝'으로 표기해야겠군.
④ [씩씩]으로 소리 나는 말은 ⓑ에 따라 '씩씩'으로 표기해야겠군.
⑤ [낙찌]로 소리 나는 말은 ⓒ에 따라 '낙지'로 표기해야겠군.

2016년 9월 고2 전국연합학력평가

22 **<보기>의 표준 발음법을 참고하여 단어의 올바른 발음을 탐구한 내용으로 적절하지 <u>않은</u> 것은?**

보기

[표준 발음법]

제13항 홑받침이나 쌍받침이 모음으로 시작된 조사나 어미, 접미사와 결합되는 경우에는, 제 음가대로 뒤 음절 첫소리로 옮겨 발음한다.

제14항 겹받침이 모음으로 시작된 조사나 어미, 접미사와 결합되는 경우에는, 뒤엣것만을 뒤 음절 첫소리로 옮겨 발음한다.

① '깎아'는 [깍가]로 발음해야 한다.
② '읊어'는 [을퍼]로 발음해야 한다.
③ '여덟을'은 [여덜블]로 발음해야 한다.
④ '덮이다'는 [더피다]로 발음해야 한다.
⑤ '부엌이'는 [부어키]로 발음해야 한다.

2018년 6월 고2 전국연합학력평가

23 <보기>의 '표준 발음법'을 바르게 적용하지 못한 것은?

> **보기**
>
> **제10항** 겹받침 'ㄳ', 'ㄵ', 'ㄼ, ㄽ, ㄾ', 'ㅄ'은 어말 또는 자음 앞에서 각각 [ㄱ, ㄴ, ㄹ, ㅂ]으로 발음한다. 다만, '밟-'은 자음 앞에서 [밥]으로 발음한다.
>
> **제11항** 겹받침 'ㄺ, ㄻ, ㄿ'은 어말 또는 자음 앞에서 각각 [ㄱ, ㅁ, ㅂ]으로 발음한다. 다만, 용언의 어간 말음 'ㄺ'은 'ㄱ' 앞에서 [ㄹ]로 발음한다.
>
> **제14항** 겹받침이 모음으로 시작된 조사나 어미, 접미사와 결합되는 경우에는, 뒤엣것만을 뒤 음절 첫소리로 옮겨 발음한다.(이 경우, 'ㅅ'은 된소리로 발음함.)

① '넓지'는 제10항에 의거하여 [널찌]로 발음해야겠군.
② '옮겨'는 제11항에 의거하여 [옴겨]로 발음해야겠군.
③ '읽고'는 제11항에 의거하여 [일꼬]로 발음해야겠군.
④ '값이'는 제14항에 의거하여 [갑시]로 발음해야겠군.
⑤ '훑어'는 제14항에 의거하여 [훌터]로 발음해야겠군.

2016년 9월 고2 전국연합학력평가

24 밑줄 친 부분이 한글 맞춤법에 맞게 쓰인 것은?

① 힘든 일은 제가 다 알아서 <u>할게요</u>.
② 무엇을 <u>하던지</u> 최선을 다했으면 좋겠어.
③ 오늘 소풍 가는 날인데 비가 와서 <u>어떻해</u>.
④ 네가 원하는 꿈을 꼭 이룰 수 있기를 <u>바래</u>.
⑤ <u>넉넉치</u> 않은 살림이지만 어려운 사람을 돕자.

2016년 11월 고2 전국연합학력평가

25 <보기1>은 표준 발음법 규정의 일부이다. 이를 바탕으로 <보기2>를 탐구한 내용으로 적절하지 않은 것은?

> **보기1**
>
> **제9항** 받침 'ㄲ, ㅋ', 'ㅅ, ㅆ, ㅈ, ㅊ, ㅌ', 'ㅍ'은 어말 또는 자음 앞에서 각각 대표음 [ㄱ, ㄷ, ㅂ]으로 발음한다.
>
> **제13항** 홑받침이나 쌍받침이 모음으로 시작된 조사나 어미, 접미사와 결합되는 경우에는, 제 음가대로 뒤 음절 첫소리로 옮겨 발음한다.
>
> **제18항** 받침 'ㄱ(ㄲ, ㅋ, ㄳ, ㄺ), ㄷ(ㅅ, ㅆ, ㅈ, ㅊ, ㅌ, ㅎ), ㅂ(ㅍ, ㄼ, ㄿ, ㅄ)'은 'ㄴ, ㅁ' 앞에서 [ㅇ, ㄴ, ㅁ]으로 발음한다.
>
> **제20항** 'ㄴ'은 'ㄹ'의 앞이나 뒤에서 [ㄹ]로 발음한다.
>
> **제23항** 받침 'ㄱ(ㄲ, ㅋ, ㄳ, ㄺ), ㄷ(ㅅ, ㅆ, ㅈ, ㅊ, ㅌ), ㅂ(ㅍ, ㄼ, ㄿ, ㅄ)' 뒤에 연결되는 'ㄱ, ㄷ, ㅂ, ㅅ, ㅈ'은 된소리로 발음한다.

> **보기2**
>
> ㉠ 들녘이　　㉡ 들녘도　　㉢ 들녘만

① ㉠에서 '들녘'의 'ㅋ'은 제13항이 적용되어 [ㄱ]으로 발음되겠군.
② ㉡에서 '들녘'의 'ㅋ'은 제9항이 적용되어 [ㄱ]으로 발음되겠군.
③ ㉡에서 '도'의 'ㄷ'은 제23항이 적용되어 [ㄸ]으로 발음되겠군.
④ ㉢에서 '들녘'의 'ㅋ'은 제18항이 적용되어 [ㅇ]으로 발음되겠군.
⑤ ㉠~㉢에서 '들녘'의 'ㄴ'은 제20항이 적용되어 [ㄹ]로 발음되겠군.

2021년 6월 고2 전국연합학력평가

26 ㉠~㉤에 해당하는 예로 적절하지 <u>않은</u> 것은?

다음은 <한글 맞춤법>의 '부록'에서 설명하고 있는 '쉼표(,)'의 대표적인 쓰임들이다.

- 같은 자격의 어구를 열거할 때 그 사이에 쓴다. ……… ㉠
- 문장의 연결 관계를 분명히 하고자 할 때 절과 절 사이에 쓴다. ……… ㉡
- 같은 말이 되풀이되는 것을 피하기 위하여 일정한 부분을 줄여서 열거할 때 쓴다. …… ㉢
- 부르거나 대답하는 말 뒤에 쓴다. ……… ㉣
- 문장 중간에 끼어든 어구의 앞뒤에 쓴다. ……… ㉤

① ㉠ : 근면, 검소, 협동은 우리 겨레의 미덕이다.
② ㉡ : 저 친구, 저러다가 큰일 한번 내겠어.
③ ㉢ : 여름에는 바다에서, 겨울에는 산에서 휴가를 즐겼다.
④ ㉣ : 네, 지금 가겠습니다.
⑤ ㉤ : 나는, 솔직히 말하면, 그 말이 별로 탐탁지 않아.

제6강
국어의 어문 규정

01 발음

1 음운의 발음

1) 어말 또는 자음 앞의 겹받침 발음('제2강 음운론, 4. 음운의 변동, 겹받침 발음 원칙' 참조)

순서	겹받침	내용		예시
①	ㄺ	원칙	'ㄺ' 받침의 발음은 [ㄱ]으로 발음한다.	닭[닥], 흙과[흑꽈], 맑다[막따], 밝다[박따], 밝습니다[박씀니다], 밝지[박찌]
		예외	다만, 용언의 어간 말음 'ㄺ'은 'ㄱ'앞에서 [ㄹ]로 발음한다.	맑게[말께], 묽고[물꼬], 얽거나[얼꺼나], 밝고[발꼬], 밝게[발께], 밝기[발끼]
②	ㄼ	원칙	'ㄼ' 받침은 [ㄹ]로 발음한다.	넓다[널따], 넓게[널께], 넓고[널꼬], 넓지[널찌], 넓습니다[널씀니다]
		예외	다만, 동사 '밟다'의 경우와 '넓다'의 다음 경우에만은 예외로 [ㅂ]으로 발음한다.	밟다[밥ː따], 밟소[밥ː쏘], 밟지[밥ː찌], 밟는→[밥ː는]→[밤ː는], 밟게[밥ː께], 밟고[밥ː꼬]
				넓죽하다[넙쭈카다], 넓둥글다[넙뚱글다]
③	ㄾ	원칙	'ㄾ' 받침은 [ㄹ]로 발음한다.	핥다[할따], 핥고[할꼬], 핥게[할께], 핥기[할끼], 핥지[할찌], 핥습니다[할씀니다]
④	ㄿ	원칙	'ㄿ' 받침은 [ㅂ]으로 발음한다.	읊다[읍따], 읊게[읍께], 읊고[읍꼬], 읊기[읍끼], 읊지[읍찌], 읊습니다[읍씀니다]
		예외	단, 뒤에 유성 자음이 오면 자음 동화 현상을 겪는다.	읊는[음는]
⑤		'ㄶ, ㅀ' 뒤에 'ㄱ, ㄷ, ㅈ'이 올 경우 이들은 각각 'ㅋ, ㅌ, ㅊ'로 발음하며,		많고[만ː코], 않던[안턴], 닳지[달치]
		'ㄶ, ㅀ' 뒤에 'ㅅ'이 올 때는 'ㅎ'은 발음하지 않으며 'ㅅ'은 [ㅆ]으로 발음하고,		많소[만ː쏘], 싫소[실쏘]
		'ㄶ, ㅀ' 뒤에 'ㄴ'이 올 때는 'ㅎ'을 발음하지 않는다.		않네[안네], 않는[안는], 뚫네→[뚤네]→[뚤레], 뚫는→[뚤는]→[뚤른]

2) 뒤에 모음으로 시작하는 형태소가 올 때의 겹받침 발음

순서	내용	예시
①	겹받침이 모음으로 시작된 조사나 어미, 접미사와 결합하는 경우에는, 뒤엣것만을 뒤음절 첫 자리로 옮겨 발음한다. 이 경우, 'ㅅ'은 된소리로 발음한다.	앉아[안자], 닭을[달글], 젊어[절머], 핥아[할타], 읊어[을퍼]
		넋이[넉씨], 곬이[골씨], 값을[갑쓸], 없어[업ː써]
②	'ㄶ, ㅀ' 뒤에 모음으로 시작된 어미나 접미사가 결합되는 경우, 'ㅎ'을 발음하지 않는다.	않은[아는], 닳아[다라], 싫어도[시러도]
③	겹받침 뒤에 실질 형태소가 올 경우에는, 그 중 하나만을 옮겨 발음한다.	넋 없다→[넉 업따]→[너겁따], 닭 앞에→[닥 아페]→[다가페], 값어치→[갑어치]→[가버치], 값있는→[갑읻는]→[가빈는]

⇨ ①~③를 통해서 볼 때, 받침 다음에 어떤 형태소가 오느냐에 따라 받침의 발음이 달라진다. 어말이거나 자음이 오거나, 또는 실질 형태소가 오면 해당 받침의 7개 대표음으로 발음되고, 모음으로 시작되는 형식 형태소가 오면 해당 받침이 연음되어 발음된다. 이러한 기본적인 원리는 받침이 홑자음일 때도 적용된다.

3) 모음 발음의 예외 규정(표준 발음법 제4항과 제5항 참조)

순서	내용	예시
①	이중 모음은 이중 모음으로 발음해야 하나, 용언의 활용형에 나타나는 '져, 쪄, 쳐'는 [저, 쩌, 처]로 발음한다.	가져[가저], 쪄[쩌], 다쳐[다처]
②	자음을 첫소리로 가지고 있는 음절의 'ㅢ'는 [ㅣ]로 발음한다.	희망, 유희, 닁큼, 무늬, 씌어, 틔어, 희어, 늴리리, 띄어쓰기
③	단모음 10개 중 'ㅚ, ㅟ'는 이중 모음으로 발음할 수 있다.	금괴[금괴/금궤]
④	'예, 례' 이외의 'ㅖ'는 [ㅔ]로도 발음한다.	계집[계ː집/게ː집], 계시다[계ː시다/게ː시다], 시계[시계/시게](時計), 연계[연계/연게](連繫), 메별[메별/메별](袂別), 개폐[개폐/개페](開閉), 혜택[혜택/헤택](惠澤), 지혜[지혜/지헤](智慧)
⑤	단어의 첫음절 이외의 '의'는 [ㅣ]로, 조사의 '의'는 [ㅔ]로 발음함도 허용한다.	주의[주의/주이], 협의[혀븨/혀비], 우리의[우리의/우리에], 강의의[강ː의의/강ː이에]

4) 음운 변동의 발음(표준 발음법 제19항, 제20항, 제22항, 제29항 참조)

순서	내용	예시
①	받침 'ㅁ, ㅇ' 뒤에 연결되는 'ㄹ'은 [ㄴ]으로 발음한다.	담력[담ː녁], 침략[침ː냑], 강릉[강능], 항로[항ː노], 대통령[대ː통녕]
②	'ㄴ'은 'ㄹ'의 앞이나 뒤에서 [ㄹ]로 발음하는 것이 원칙이다. 다음과 같은 단어들은 'ㄹ'을 [ㄴ]으로 발음한다.	의견란[의ː견난], 임진란[임ː진난], 생산량[생산냥], 결단력[결딴녁], 공권력[공꿘녁], 동원령[동ː원녕], 상견례[상견녜], 횡단로[횡단노], 이원론[이ː원논], 입원료[이붠뇨], 구근류[구근뉴]
③	다음과 같은 용언의 어미는 [어]로 발음함을 원칙으로 하되, [여]로 발음함도 허용한다. 단, '이오, 아니오'도 이에 준하여 [이요], [아니요]로 발음함을 허용한다.	되어[되어/되여], 피어[피어/피여]
④	합성어 및 파생어에서, 앞 단어나 접두사의 끝이 자음이고 뒤 단어나 접미사의 첫음절이 '이, 야, 여, 요, 유'인 경우에는, 'ㄴ'음을 첨가하여 [니, 냐, 녀, 뇨, 뉴]로 발음한다.	솜이불[솜ː니불], 홑이불[혼니불], 막일[망닐], 삯일[상닐], 꽃잎[꼰닙], 내복약[내ː봉냑], 한여름[한녀름], 색연필[생년필], 담요[담ː뇨], 영업용[영엄뇽], 식용유[시굥뉴], 국민-윤리[궁민뉼리]

2 소리의 길이(표준 발음법 제6항, 제7항 참조)

순서	내용	예시	예외
①	모음의 장단을 구별하여 발음하되, 단어의 첫 음절에서만 긴소리가 나타나는 것을 원칙으로 한다.	눈보라[눈ː보라], 말씨[말ː씨], 밤나무[밤ː나무], 많다[만ː타], 멀리[멀ː리], 벌리다[벌ː리다], 첫눈[천눈], 참말[참말], 쌍동밤[쌍동밤]	다만, 합성어의 경우에는 둘째 음절 이하에서도 분명한 긴소리를 인정한다. 반신반의[반ː신 바ː늬/반ː신 바ː니], 재삼재사[재ː삼 재ː사]
②	용언의 단음절 어간에 어미 '-아 / -어'가 결합되어 한 음절로 축약되는 경우에도 긴소리로 발음한다.	보아→봐[봐ː], 기어→겨[겨ː], 되어→돼[돼ː], 두어→둬[둬ː], 하여→해[해ː]	다만, '오아→와, 지어→져, 찌어→쪄, 치어→쳐' 등은 긴소리로 발음하지 않는다.

순서		내용	예시	예외
③	ⓐ	긴소리를 가진 음절이라도, 단음절인 용언 어간에 모음으로 시작된 어미가 결합되는 경우, 짧게 발음한다.	감다[감:따]-감으니[가므니], 밟다[밥:따]-밟으면[발브면], 신다[신:따]-신어[시너], 알다[알:다]-알아[아라]	끌다[끌:다]-끌어[끄:러] 떫다[떨:따]-떫은[떨:븐] 벌다[벌:다]-벌어[버:러] 썰다[썰:다]-썰어[써:러] 없다[업:따]-없으니[업:쓰니]
④	ⓑ	긴소리를 가진 음절이라도, 용언 어간에 피동, 사동의 접미사가 결합되는 경우, 짧게 발음한다.	감다[감:따]-감기다[감기다], 꼬다[꼬:다]-꼬이다[꼬이다], 밟다[밥:따]-밟히다[발피다]	끌리다[끌:리다] 벌리다[벌:리다] 없애다[업:쌔다]

3 외래어의 발음(외래어 표기법 제3장 제1절 가운데 제1항, 제3항, 제7항, 제8항 참조)

순서	내용	예시
①	짧은 모음 다음의 어말 무성 파열음 [p, t, k]는 받침으로 적는다.	gap[gæp] 갭, cat[kæt] 캣, book[buk] 북
②	어말 또는 자음 앞의 [s, z, f, v, θ, ð]는 '으'를 붙여 적는다.	mask[mæsk] 마스크, jazz[dʒæz] 재즈, graph[græf] 그래프, olive[ɔliv] 올리브, thrill[θril] 스릴, bathe[beið] 베이드
③	모음은 각 단모음의 음가를 살려서 적되, [ou]는 '오'로, [auə]는 '아워'로 적는다.	time[taim] 타임, house[haus] 하우스 boat[bout] 보트, tower[tauə] 타워
④	장모음의 장음은 따로 표시하지 않는다.	team[tiːm] 팀, route[ruːt] 루트

02 단어

1 단어

1) 한글 맞춤법은 소리대로 적는 표음주의와 어법에 맞도록 쓰는 표의주의가 적절히 섞여 있다.

⇨ 한글 맞춤법은 표준어를 소리대로 적되, 어법에 맞도록 함을 원칙으로 한다.(한글 맞춤법 제1항)

어법	예시
표음주의	목거리(목병), 무녀리, 코끼리, 거름(비료), 노름(도박), 귀머거리, 무덤, 주검, 거뭇거뭇, 바투, 비로소, 나마, 조차
표의주의	길이, 다듬이, 땀받이, 벼훑이, 살림살이, 믿음, 만듦, 실없이, 짓궂이, 좋이, 밝히, 작히

2) 문장의 각 단어는 띄어 씀을 원칙으로 한다.(한글 맞춤법 제2항)

ⓐ 현행 학교 문법에서는 단어로 품사 9개를 인정하고 있다.

ⓑ 조사는 항상 붙여 써야 하는 형식 형태소이다.

⇨ "조사는 그 앞말에 붙여 쓴다."(한글 맞춤법 제5장 제41항)

ⓒ 띄어쓰기의 원칙과 허용 예시

내용	원칙	허용
순서 단위 명사	두 시 삼십 분 오 초, 제 일 과, 1446 년 10 월 9 일, 406 동 1303 호	두시 삼십분 오초, 제이과, 1446년 10월 9일, 406동 1303호
단음절어	그 때 그 곳, 좀 더 큰 것, 이 말 저 말, 한 잎 두 잎	그때 그곳, 좀더 큰것, 이말 저말, 한잎 두잎
보조 용언	불이 꺼져 간다, 깨뜨려 버렸다 비가 올 듯하다, 비가 올 성싶다	불이 꺼져간다, 깨뜨려버렸다, 비가 올듯하다, 비가 올성싶다
성과 이름	남궁억, 독고영재, 황보혜정	남궁 억, 독고 영재, 황보 혜정
고유 명사	한국 대학교 사범 대학	한국대학교 사범대학
전문 용어	만성 골수성 백혈병, 중거리 탄도 유도탄	만성골수성백혈병, 중거리탄도유도탄

2) 표준어는 교양 있는 사람들이 두루 쓰는 현대 서울말을 정함을 원칙으로 한다.(표준어 규정 제1항)

⇨ 시대적-현대, 지역적-서울말, 계층적-교양 있는 사람들, 보편적-두루 쓰는

ⓐ 발음 변화에 따른 표준어

기준	표준어	비표준어	표준어	비표준어
자음 차이	끄나풀	끄나불	새벽녘	새벽녁
	사글세	삭월세	적이	저으기
	수캉아지	숫강아지	수키와	숫기와
	수평아리	숫병아리	숫양	수양
모음 차이	깡충깡충	깡총깡총	막둥이	막동이
	오뚝이	오똑이	주춧돌	주촛돌
	서울내기	서울나기	냄비	남비
	온종일	왼종일	미숫가루	미싯가루
	윗도리	웃도리	윗니	웃니
	웃어른	윗어른	웃옷	윗옷
준말	김	기음	똬리	또아리
	생쥐	새앙쥐	온갖	온가지
본디말	귀이개	귀개	뒷물대야	뒷대야
준말/본디말	거짓부리/거짓불		노을/놀	
	시누이/시뉘/시누		오누이/오뉘/오누	

기준	표준어	비표준어	표준어	비표준어
자음 차이	부엌	부억	강낭콩	강남콩
	휴지	수지	돌	돐
	수탉	숫닭	수퇘지	숫돼지
	숫쥐	수쥐	숫염소	수염소
모음 차이	귀둥이	귀동이	보퉁이	보통이
	부조	부주	사돈	사둔
	아지랑이	아지랭이	미장이	미쟁이
	상추	상치	구절	귀절
	위짝	웃짝	위통	웃통
	대구법	댓구법	시구	시귀/싯구
준말	무	무우	뱀	배암
	장사치	장사아치	솔개	소리개
본디말	죽살이	죽살	부스럼	부럼
준말/본디말	머무르다/머물다		외우다/외다	
	이기죽거리다/이죽거리다			

ⓑ 어휘 선택의 변화에 따른 표준어

기준	표준어	비표준어	표준어	비표준어	표준어	비표준어
현대어 선택	애달프다	애닯다	자두	오얏	난봉	봉
고유어 선택	길품삯	보행삯	밥소라	식소라	떡암죽	병암죽
한자어 선택	개다리소반	개다리밥상	부항단지	뜸단지	윤달	군달
원래 표준어 및 방언 모두 선택	멍게/우렁쉥이		물방개/선두리		애순/어린순	
원래 방언 선택	귀밑머리	귀머리	까뭉개다	까무느다	빈대떡	빈자떡
	코주부	코보				

2 단어의 바른 사용

1) 바르지 못한 문장들

ⓐ 문장에 적합한 단어를 사용하지 못한 예들

- 오늘 낮에는 눈이 많이 내리더니 밤에는 강추위까지 겹쳤다. (→ 추위)
- 벽지가 잘 붙게 풀솔에 풀을 듬뿍 묻혀 칠해라. (→ 솔 또는 귀얄[1])
- 이 생선은 가시를 골라 내기가 쉽지 않다. (→ 발라 내기)
- 나 연필 한 개만 빌려 줘. (→ 자루)
- 인천에서 오클랜드까지 비행기 값이 얼마냐? (→ 비행기 삯)
- 대통령은 장병들의 노고를 치하하였다. (→ 위로하였다)
- 선생님 수고[2] 많이 하세요. (→ 선생님 안녕히 계세요.)
- 지금부터 교장 선생님의 말씀이 계시겠습니다. (→ 있으시겠습니다.)
- 자기들 나름대로의 방증[3]을 제시하면서 반박하였다. (→ 반증(反證))
- 성실하지 못한 사람은 언젠가는 그 보답을 받을 것이고 (→ 대가를 치를)

ⓑ 한자어에 대한 정확한 이해가 부족한 단어들을 사용한 예들

- 부조(扶助)(○), 부주(×)
  사돈(査頓)(○), 사둔(×)
  삼촌(三寸)(○), 삼춘(×)
- 그는 이웃 사람들과 발길을 일체 끊고 산다.(→ 일절)
- 안주 일절(→ 일체)
  ⇨ 일체 : 모든 것, 온갖 사물 / 일절 : 아주, 도무지, 전혀, 결코

1 귀얄 : 풀이나 옻을 칠하는 데 쓰는 솔
2 수고 : 일을 하느라 힘을 들이고 애를 쓴다는 의미임. 따라서 아래 사람이 윗사람에게 쓰는 단어로 부적당함.
3 방증 : 사실을 증명할 수 있는 증거가 되지는 않지만, 주변의 상황을 밝힘으로써 범죄의 증명에 간접적으로 도움이 되는 증거

ⓒ 단어가 문장의 다른 성분과 제대로 호응하지 못하는 예들

- *사랑스러운 그녀의 앙칼진 목소리가 귓전에 와 닿았다.(앙칼지다 : 모질고 날카롭다.)
- *유익한 주말이 되십시오.(→ 유익한 주말이 되시기 바랍니다.)

ⓓ 조사와 어미의 사용이 잘못된 예들

- 도서관에 가야겠다라고 생각했어요.(→ ~고)
  ⇨ **라고** : 직접 인용 / 고 : 간접 인용
- 재해 지역 선포를 대통령에 요청했다.(→ ~에게)
  ⇨ **에** : 무정 명사 뒤에서 쓰인다. / **에게** : 유정 명사 뒤에서 쓰인다.
- 어디를 가던지 자기 하기 나름이다.(→ ~든지)
  ⇨ **든지** : 선택 의미를 나타내는 어미
- 어제는 머리가 아프니까 결석을 하였습니다.(→ ~어서)
  ⇨ **니까** : 선행절이 결과를, 후행절이 원인을 의미할 때 사용
  어서 : 선행절이 원인을, 후행절이 결과를 의미할 때 사용

2) 자연스럽지 못한 문장들

ⓐ 같은 의미를 가진 표현들이 불필요하게 중복되어 사용된 예들

- 늦은 만추
- 죽지 않은 불사신
- 짧게 약술하겠다.
- 배에 승선하다.
- 돌이켜 회고해 보건대
- 그 안건은 과반수 이상의 찬성표를 얻었다.
  ⇨ 위의 예들은 모두 '만추(晩秋), 불사신(不死身), 약술(略述), 승선(乘船), 회고(回顧), 과반수(過半數)'라는 한자어에 대한 정확한 이해가 없거나, 습관적으로 밑줄 친 반복 표현들을 사용하고 있는 것이다. 밑줄친 부분을 빼고 사용하면 자연스런 문장이 될 것이다.

ⓑ 외국어의 영향을 받은 표현들

- 날씨가 나쁜 관계로 여행을 떠나지 못하였다. (→ 날씨가 나빠서 여행을 떠나지 못하였다.)
- 영이의 책의 표지의 무늬가 무척 아름답다. (→ 영이의 책 표지 무늬가 무척 아름답다.)
- 일이 잘 진행되어지고 있습니다. (→ 진행되고)
- 우리 공장에서는 기계를 하루 종일 가동시키고 있습니다. (→ 가동하고)
- 동일한 사고를 공유하는 사람들이 집합하였다. (→ 같은 생각을 가진 사람들이 모였다.)
  ⇨ 한자어나 추상어를 지나치게 많이 사용하고 있다.

03 문장

1 문법에 맞는 문장

1) 서술어를 중심으로 문장 성분들이 호응을 잘 이루어야 한다.

- 인간은 자연에 복종도 하고, 지배도 하며 살아간다.(→ 인간은 자연에 복종도 하고, 자연을 지배도 하며 살아간다.)
- 내가 하고 싶은 말은 다름이 아니라, 아직 늦지 않았으니 새로 시작하기를 바란다.(→ 내가 하고 싶은 말은 다름이 아니라, 아직 늦지 않았으니 새로 시작하기를 바란다는 것이다.)
- 운전기사와 잡담을 하거나 과속을 금지한다.(→ (승객이) 운전기사와 잡담을 하거나 (운전기사가) 과속을 하는 것을 금지한다.)
- 영이는 노래를 하고, 순이는 키가 크다.(앞 절 : 동사문, 뒤 절 : 형용사문)
  ⇨ 대등 연결되는 대상의 성격이 다르기 때문에 문법에 맞지 않는 문장이 된다.
- 이 배는 사람이나 짐을 싣고 하루에 다섯 번씩 운행한다.(→ 이 배는 사람을 태우거나 짐을 싣고 하루에 다섯 번씩 운행한다.)
- 이를 씻다.(→ 이를 닦다.)

2) 조사나 어미가 제대로 사용되지 않은 예들

- 우리는 그 학교에게 선물을 증정했다.(→ 학교에)
- 알맞는 답을 고르시오.(→ 알맞은)
- 푸르른 들판을 마음껏 달려 보자.(→ 푸른)

3) 시제나 높임 표현이 잘못 사용된 예들

- 아직 학교에 도착하고 있지 않습니다.(→ 아직 학교에 도착하지 않았습니다.)
- 너 선생님이 빨리 오래.(→ 너 선생님이 빨리 오라고 하셔.)

4) 특정한 부사어가 특정한 서술어를 요구하는 예들

- 나는 반드시 그 일을 하고 말겠다.
- 절대로 그를 용서할 수 없어.
- 우리는 결코 그 일을 하지 말아야 해.
- 누군가 혹시 그것을 먹는다 해도

• 결코 ~ 않다	• 마치 ~ 같다	• 여간 ~ 않다
• 과연 ~ 구나	• 만약 ~ (ㄴ)라면	• 일절 ~ 않다(못하다)
• 그다지 ~ 하지 않다	• 부디 ~ 하여라	• 차라리 ~ -ㄹ지언정
• 도대체 ~ 이냐	• 비록 ~ 일지라도	• 차마 ~ 않다
• 드디어 ~ 하다	• 아마 ~ -ㄹ 것이다	• 혹시 ~ 거든

5) 의미론적으로 모순이 되는 문장들
- *노처녀와 홀아비는 드디어 이혼을 하고 말았다.
- *귀신과 용은 동물로서 생물이고, 냉정한 그 여자는 인간이지만 무생물이다.
- *영자는 철수의 오른편에 있었으나, 철수는 영자의 왼편에 있지 않다.
- *우리 회사에서는 정화시킨 오염 폐수만을 내보낸다.
- *이 옷에는 회색으로 무늬를 화사하게 넣었다.

2 명확한 문장

- 명확한 문장이란 기본적으로 한 가지로 해석되는 문장을 말한다.

1) 두 가지 이상으로 해석되는 중의적인 문장의 예들
- 아름다운 고향의 하늘을 생각한다.
  ⇨ '아름다운'의 대상이 '고향'인지 '하늘'인지 명확하지 않다.
- 철수는 영수와 순이를 좋아한다.
  ⇨ 철수와 영수가 함께 순이를 좋아하는 것인지, 아니면 철수 혼자서 영수와 순이를 좋아하는 건지 알 수가 없다.
- 이것은 **아버지의 초상화**이다.
  ⇨ '아버지의 초상화'는 '아버지를 그린 그림', '아버지가 그린 초상화', '아버지가 갖고 계신 초상화' 등 그 의미가 여러 가지로 해석된다.

2) 필요한 문장 성분을 지나치게 생략함으로써 문장의 의미가 불명확해진 예들
- 그것을 해 나가자면, 엉키지 않을 수가 없다.
  ⇨ 필요한 성분을 지나치게 생략하여 무엇이, 어디에, 어떻게 엉켰는지 확실하지 않다.
- 나는 집에서 요리를 하는 것을 좋아하나, 그는 먹는 것을 좋아한다.
  ⇨ 먹는 장소가 집인지 밖인지 명확히 알 수가 없다.

위와 같은 문장들은 앞 뒤 문맥을 통해서 명확한 의미를 확인할 수 있을 뿐이다.

3) 문법적으로는 이상이 없으나 의미상으로는 쉽게 용납되기 어려운 문장들

- 쥐가 고양이를 잡아먹었다.
- 바가지를 긁는 아내에게 남편은 마음의 창을 닫아 버렸다.
  - ⇨ '아내가 바가지를 긁는다.'는 일차적인 의미로 해석하면 아주 이상한 문장이 되지만, '마음의 창을 닫다.'라는 표현과 함께 관용 표현으로 이해하여 이차적인 의미로 해석하면 자연스런 문장이 된다.

4) 구체적이지 못하고 추상적인 문장들

- 우리 민족은 매우 우수하고 열성적이다.
  - ⇨ 우리 민족이 어떤 면에서 우수하고 열성적인지 모호하다.
- 모든 국민은 신체의 자유를 가진다.
  - ⇨ '신체의 자유'가 구체적으로 무엇을 뜻하는지 불명확하다.
- 그림같이 아름다운 항구
  - ⇨ '항구'가 구체적으로 어디가 어떻게 아름다운지 알 수 없다.

5) 가능한 한 피해야 할 외국어투의 문장

• ~ 가운데 하나	• ~을 배제할 수 없다.
• 한 권의 책	• ~은 아무리 강조해도 지나치지 않다.

확인문제 04

01

〈보기〉의 단어의 발음하는 방법이 같은 것으로 적절한 것은?

보기
밟는 → [밥는] → [밤는]

① 묽다 ② 넓고 ③ 밟지만 ④ 밝기는 ⑤ 닭날개

02

〈보기〉 밑줄 친 단어의 겹받침을 발음할 때 선택되는 자음의 위치와 동일한 것은?

보기
이것은 어디까지나 현실이며 냉엄한 <u>삶</u> 그 자체가 아닌가.

① 개가 빈 그릇을 <u>핥</u>고 있다.
② 그는 이유를 묻지 <u>않</u>고 돈을 빌려주었다.
③ 그 시인은 조국에 대한 사랑을 <u>읊</u>기도 했다.
④ 내가 하는 일을 돕기 <u>싫</u>거든 간섭이나 하지 마요.
⑤ 소매인들은 다른 지역에 판로를 <u>뚫</u>느라 애를 먹고 있다.

03

〈보기〉의 규칙에 따라 발음할 때, 제시된 단어의 표준 발음을 쓰시오.

보기
겹받침 뒤에 실질 형태소가 올 경우에는, 그중 하나만을 옮겨 발음한다.
그 물건을 <u>**흙 위**</u>에 놓아라.

04

다음 밑줄 친 단어 중, <보기>의 규칙에 따라 발음해야 할 단어가 아닌 것은?

보기
자음을 첫소리로 가지고 있는 음절의 'ㅢ'는 [ㅣ]로 발음한다.

① 가족들과 유희를 즐기다.
② 사전 협의를 거쳐서 결정할 예정입니다.
③ 아직 저학년의 글이라 띄어쓰기가 미흡하다.
④ 팻말에는 수영 금지 구역이라고 씌어 있었다.
⑤ 이 책상은 나무의 무늬를 그대로 살려서 만들었다.

05

<보기>에 제시한 단어들의 발음 결과를 바탕으로 발음의 규칙을 이끌어냈다. (　)안에 들어갈 말을 쓰시오.

보기
감다[감:따] → 감기다[감기다] / 꼬다[꼬:다] → 꼬이다[꼬이다] / 밟다[밥:따] → 밟히다[발피다] (결론) : 긴소리를 가진 음절이라도, 용언 어간에 (　　　　) 또는 (　　　　)의 접미사가 결합되는 경우, 짧게 발음한다.

06

다음 중 외래어의 표기가 바른 것은?

① cat → 캩
② jazz → 째즈
③ thrill → 스릴
④ boat → 보우트
⑤ route → 루우트

07

<보기>의 문장을 띄어쓰기의 원칙에 따라 써 보시오.

보기
그사람은차를살만한형편이못된다.

08

<보기>는 '표준어 규정 제1항'이다. 표준어 규정에 나타나는 성격이 아닌 것은?

보기
(표준어 규정 제1항) 표준어는 교양 있는 사람들이 두루 쓰는 현대 서울말을 정함을 원칙으로 한다.

① 시대적　② 지역적　③ 계층적　④ 계급적　⑤ 보편적

09

다음 중, 밑줄 친 말이 표준어가 아닌 것은?

① 제리는 외모가 깜찍하지만 분명히 숫쥐야.
② 일반적으로 수꿩은 암컷보다 크고 아름답다.
③ 가장 힘이 센 숫놈 원숭이가 무리의 우두머리가 된다.
④ 옆집의 수캐는 주인의 지시에 따라 공을 물어 오는 일을 잘한다.
⑤ 숫염소 두 마리가 한가롭게 풀을 뜯고 있다.

10

다음 중, 밑줄 친 말이 표준어가 아닌 것은?

① 저녁 놀
② 나무 막대
③ 일이 서툴다
④ 단어를 외다
⑤ 물에 젖은 새앙쥐

11

다음 중, 밑줄 친 단어의 사용이 적절하지 않은 것은?

① 거기에 따른 일체 비용은 회사가 부담한다.
② 그는 집안 이야기를 어느 누구에게도 일절 하지 않았다.
③ 이제 가정을 꾸리셨으니 행복하세요.
④ 가든지 오든지 마음대로 해라.
⑤ 지난 겨울은 몹시 춥더라.

12

다음 중, 문장 성분 간의 호응이 자연스러운 것은?

① 문제는 도서관에 전시됐던 고서들이 어디론가 사라졌다.
② 그는 시간이 나면 영화나 책을 읽는다.
③ 학교는 학교대로 여간 힘든 것이 아니었다.
④ 한결같이 어려운 이웃을 돕는 사람이 많습니다.
⑤ 그녀는 하겠다고 말한 것은 결코 해내는 사람이다.

13

다음 중, 밑줄 친 단어가 표준어에 해당하는 것은?

① 아물아물 아지랭이가 피어오르다.

② 솔잎으로 술을 담았다.

③ 훌륭한 교사가 되는 것이 나의 바램이다.

④ 오는 길에 가게에 들러 과자 좀 사와라.

⑤ 부모님 환갑 잔치를 치뤘다.

14

다음 중, 명확한 문장으로 가장 적절한 것은?

① 서영이는 나보다 영화를 더 좋아한다.

② 그는 깔끔한 친구의 얼굴을 바라보고 있다.

③ 민수는 길수와 지수를 기다린다.

④ 이것은 아버지가 그린 초상화이다.

⑤ 통이와 퉁이는 결혼을 했다.

05 기출문제

2015년 3월 고1 전국연합학력평가

01 <보기>의 밑줄 친 부분에 해당하는 예로 적절한 것은?

> **보기**
>
> "나는 멋진 오빠의 친구를 보았다."는 <u>수식하는 말의 수식 범위가 불분명하여 두 가지 이상의 의미로 해석되는 문장</u>이다. 즉, '오빠'가 멋진 것인지, '오빠의 친구'가 멋진 것인지 분명하지 않아 중의적으로 해석된다.

① 귀여운 동생의 강아지가 있다.
② 형은 나보다 등산을 좋아한다.
③ 할머니께서 신발을 신고 계신다.
④ 나와 그녀는 올해 결혼을 하였다.
⑤ 그는 나에게 사과와 귤 두 개를 주었다.

2015년 6월 고1 전국연합학력평가

02 <보기>에서 잘못된 문장을 고쳐 쓴 것 중, 적절하지 <u>않은</u> 것은?

> **보기**
>
> ○ 중의적 문장을 사용한 경우
>
> 예 나는 형과 누나가 추천한 영화를 보았다.
> → 나는 형과 누나가 추천한 영화를 집에서 보았다. ······ ㉠
>
> ○ 의미를 중복하여 사용한 경우
>
> 예 그 문제는 다시 재론할 필요가 없다.
> → 그 문제는 재론할 필요가 없다. ······ ㉡
>
> ○ 사동 표현이 잘못된 경우
>
> 예 내가 친구 한 명을 소개시켜 줄게.
> → 내가 친구 한 명을 소개해 줄게. ······ ㉢
>
> ○ 호응 관계가 잘못된 경우
>
> 예 내일은 구름과 비가 내리겠습니다.
> → 내일은 구름이 끼고 비가 내리겠습니다. ··· ㉣
>
> ○ 높임 표현이 잘못된 경우
>
> 예 손님께서 주문하신 아메리카노 나오셨습니다.
> → 손님께서 주문하신 아메리카노 나왔습니다. ······ ㉤

① ㉠ ② ㉡ ③ ㉢ ④ ㉣ ⑤ ㉤

2015년 11월 고1 전국연합학력평가

03 **다음은 학생의 자기주도학습 노트이다. 〈과제 수행〉에 들어갈 수 있는 내용으로 적절하지 않은 것은?**

〈오늘 배운 내용〉

- 다음의 경우 잘못된 문장이 된다.
  - 문장 성분 간의 호응이 이루어지지 않은 경우
  - 반드시 필요한 문장 성분이 생략된 경우
  - 문장이 중의적으로 해석되는 경우

〈과제〉

- 다음 문장이 올바르지 못한 이유를 생각해 보고 문장들을 올바른 문장으로 고쳐 보세요.
  ㄱ. 철수는 노래하는 것을 전혀 싫어한다.
  ㄴ. 이곳의 풍부한 일조량은 키우기에 적합하다.
  ㄷ. 만약 민수가 아파서 너는 그를 돌봐줘야 한다.
  ㄹ. 인간은 운명을 개척하기도 하고 순응하기도 한다.
  ㅁ. (아버지가 용감한 경우) 용감한 영호의 아버지는 위기에 처한 사람을 구했다.

〈과제 수행〉

① ㄱ의 '전혀'는 서술어와 호응하지 않으므로 '전혀'를 '매우'로 바꿔야 한다.
② ㄴ에는 반드시 필요한 목적어가 생략되어 있으므로 '키우기에'의 대상이 될 수 있는 '농작물을'과 같은 말을 넣어야 한다.
③ ㄷ의 '아파서'는 '만약'과 호응하지 않으므로 '아프니'로 바꿔야 한다.
④ ㄹ에는 반드시 필요한 문장 성분이 생략되어 있으므로 '순응하기도' 앞에 '운명에'를 추가해야 한다.
⑤ ㅁ은 수식 관계가 불분명하여 중의적으로 해석되므로 '용감한'을 '아버지는'의 앞으로 옮겨야 한다.

2016년 6월 고1 전국연합학력평가

04 **〈보기〉의 ㉠~㉤에 대해 탐구한 내용으로 적절하지 않은 것은?**

보기

㉠ 경준이는 손이 크다.
㉡ 효정이는 구두를 신고 있다.
㉢ 상호는 아름다운 그녀의 어머니를 만났다.
㉣ 어머니께서 나에게 사과와 귤 두 개를 주셨다.
㉤ 지훈이는 웃으면서 들어오는 소민이를 맞이했다.

① ㉠은 '손이 크다'의 의미가 신체의 손이 큰지 씀씀이가 큰지 모호하기 때문에 명확하게 해석하기 어렵군.
② ㉡은 '신고 있다'의 의미가 구두를 신는 중인지 구두를 신은 상태인지가 모호하기 때문에 명확하게 해석하기 어렵군.
③ ㉢은 '아름다운'이 수식하는 대상이 '어머니'인지 '그녀'인지 모호하기 때문에 명확하게 해석하기 어렵군.
④ ㉣은 '사과'와 '귤'의 결합에 따라 '사과'와 '귤'이 각각 몇 개인지가 모호하기 때문에 명확하게 해석하기 어렵군.
⑤ ㉤은 '웃으면서'의 주체가 '지훈이'인지 '지훈이와 소민이'인지가 모호하기 때문에 명확하게 해석하기 어렵군.

2016년 9월 고1 전국연합학력평가

05 **〈보기〉의 ㉠의 예로 적절한 것은?**

보기

'　㉠　'처럼 둘 이상의 의미로 해석되는 경우를 중의적 표현이라 하고, 이런 문장들을 '중의문'이라고 한다. 문장이 중의성을 띠게 되면 정확한 의미 전달에 방해가 되므로 중의성을 해소하는 것이 좋다.

① 그는 그녀와 작년에 결혼을 했다.
② 형은 나보다 어머니를 더 좋아한다.
③ 나를 보고 싶어 하는 친구들이 많다.
④ 그녀는 사과 한 개와 배 두 개를 샀다.
⑤ 그는 고향의 아름다운 바다를 생각한다.

2017년 11월 고1 전국연합학력평가

[06] 다음 글을 읽고 물음에 답하시오.

올바른 문장이란 문장 성분이 잘 갖추어진 문장이다. 문장 성분이란 문장 안에서 일정한 문법적 기능을 하는 각 부분들을 일컫는다. 문장 성분은 문장을 이루는 데 골격이 되는 주성분, 주로 주성분의 내용을 수식하는 부속 성분, 다른 문장 성분과는 직접적인 관련이 없는 독립 성분으로 나뉜다.

주성분에는 주어, 서술어, 목적어, 보어가 있다. 주어는 문장에서 동작의 주체, 혹은 상태나 성질의 주체를 나타내는 성분이다. 서술어는 주어의 동작, 상태, 성질 따위를 풀이하는 기능을 하는 성분이다. 목적어는 서술어의 동작 대상이 되는 성분이고, 보어는 '되다, 아니다'와 같은 서술어가 필요로 하는 문장 성분 중에서 주어를 제외한 성분이다. 부속 성분에는 관형어와 부사어가 있다. 관형어는 주로 체언*을 수식하고, 부사어는 주로 용언*을 수식하는 성분이다. 독립 성분에 해당하는 독립어는 문장의 어느 성분과도 직접적인 관련이 없는 성분이다.

[A] 이러한 문장 성분들이 제대로 갖추어지지 않아서 문장이 올바르지 않은 경우는 주로 다음과 같다. 첫째, 문장 성분 간의 호응이 이루어지지 않은 경우이다. 여기에는 주어와 서술어의 호응, 목적어와 서술어의 호응, 부사어와 서술어의 호응이 이루어지지 않은 경우 등이 있다. 가령 "내가 가장 원하는 것은 자전거를 가지고 싶다."는 주어 '내가 가장 원하는 것은'과 서술어 '가지고 싶다'가 어울리지 않아 잘못된 문장이다. "지수는 시간이 나면 음악과 책을 듣는다."는 목적어 '책을'과 서술어 '듣는다'가 어울리지 않아서, "다들 시험 치느라 여간 힘들다."는 부사어 '여간'과 서술어 '힘들다'가 어울리지 않아서 잘못된 문장이다. 둘째, 반드시 필요로 하는 문장 성분이 생략된 경우이다. 여기에는 문장 안에서 목적어나 부사어가 반드시 필요함에도 불구하고 생략된 경우 등이 있다. 예컨대 "나도 읽었다."는 서술어 '읽었다'가 반드시 필요로 하는 목적어가 생략되어서, "아이가 편지를 넣었다."는 서술어 '넣었다'가 반드시 필요로 하는 부사어가 생략되어서 잘못된 문장이다.

* 체언: 문장에서 주로 주어, 목적어, 보어가 되는 자리에 오는 단어들.

* 용언: 문장의 주어를 서술하는 기능을 가진 단어들.

06 다음은 [A]에 대한 학습 활동지 중 일부이다. 작성한 내용으로 적절하지 않은 것은?

학습 활동: 올바른 문장 표현 익히기

• 잘못된 문장

㉠ 그는 친구에게 보냈다.

㉡ 이번 일은 결코 성공해야 한다.

㉢ 그의 뛰어난 점은 필기를 잘한다.

㉣ 할아버지께서 입학 선물을 주셨다.

㉤ 사람들은 즐겁게 춤과 노래를 부르고 있다.

• 잘못된 이유

㉠: 서술어가 반드시 필요로 하는 목적어가 생략됐어. ……………… ①

㉡: 부사어와 서술어가 어울리지 않아. ……………… ②

㉢: 주어와 서술어가 어울리지 않아. ……………… ③

㉣: 서술어가 반드시 필요로 하는 부사어가 생략됐어.

㉤: 목적어와 서술어가 어울리지 않아.

• 고쳐 쓴 문장

㉠: 그는 친구에게 답장을 보냈다.

㉡: 이번 일은 반드시 성공해야 한다.

㉢: 그의 뛰어난 점은 필기를 잘한다는 것이다.

㉣: 할아버지께서 어제 입학 선물을 주셨다. ……………… ④

㉤: 사람들은 즐겁게 춤을 추고 노래를 부르고 있다. ……………… ⑤

2018년 6월 고1 전국연합학력평가

07 다음 문장들을 수정할 때 고려한 사항으로 적절하지 않은 것은?

㉠	그녀는 학교에서 되었다. ↳ 그녀는 학교에서 회장이 되었다.
㉡	그는 나보다 낚시를 더 좋아한다. ↳ 그는 내가 낚시를 좋아하는 것보다 더 낚시를 좋아한다.
㉢	우리 집의 특징은 앞마당이 넓다. ↳ 우리 집의 특징은 앞마당이 넓다는 것이다.
㉣	우리는 환경을 개선시켜야 할 의무가 있다. ↳ 우리는 환경을 개선해야 할 의무가 있다.
㉤	그들은 조용히 정숙을 유지하고 있었다. ↳ 그들은 정숙을 유지하고 있었다.

① ㉠: 서술어가 요구하는 문장성분인 주어를 추가한다.
② ㉡: 문장의 중의성을 해소한다.
③ ㉢: 주어와 서술어가 호응이 될 수 있도록 한다.
④ ㉣: 불필요한 사동 표현을 사용하지 않는다.
⑤ ㉤: 의미가 중복되는 어휘를 삭제한다.

2015년 3월 고2 전국연합학력평가

08 수업 시간에 문장을 다듬는 연습을 하였다. 고친 이유가 적절하지 않은 것은?

고쳐야 할 문장		고친 문장	
가던지 말던지 맘대로 해.	⇨	가든지 말든지 맘대로 해.	… ㉠
기차가 이른 속도로 달렸다.	⇨	기차가 빠른 속도로 달렸다.	… ㉡
내가 하고 싶은 말은 언제나 최선을 다해라.	⇨	내가 하고 싶은 말은 언제나 최선을 다하라는 것이다.	… ㉢
한결같이 어려운 이웃을 돕는 사람이 많다.	⇨	어려운 이웃을 한결같이 돕는 사람이 많다.	… ㉣
남에게 고통을 주거나 마음을 상하게 하면 안 돼.	⇨	남에게 고통을 주거나 남의 마음을 상하게 하면 안 돼.	… ㉤

① ㉠ : 어미의 쓰임이 적절하지 않아서
② ㉡ : 단어의 쓰임이 적절하지 않아서
③ ㉢ : 주어와 서술어가 호응하지 않아서
④ ㉣ : 문장이 중의적으로 해석되어서
⑤ ㉤ : 문장 사이의 접속 표현이 어색해서

2015년 9월 고2 전국연합학력평가

09 **<보기>의 검토 내용을 고려하여 ㉠~㉤을 수정한 결과로 적절하지 않은 것은?**

보기

	원래의 문장	검토 내용
㉠	약은 약사에게 상의하십시오.	조사를 잘못 사용함.
㉡	뜰에 핀 꽃이 여간 탐스러웠다.	문장 성분의 호응이 적절하지 않음.
㉢	그의 장점은 모든 일에 성실하다.	
㉣	철수는 사과와 배 두 개를 먹었다.	문장이 중의적으로 해석됨.
㉤	기태는 아름다운 은영이의 목소리를 좋아한다.	

① ㉠ : 약은 약사께 상의하십시오.
② ㉡ : 뜰에 핀 꽃이 여간 탐스럽지 않았다.
③ ㉢ : 그의 장점은 모든 일에 성실하다는 것이다.
④ ㉣ : 철수는 사과 한 개와 배 한 개를 먹었다.
⑤ ㉤ : 기태는 은영이의 아름다운 목소리를 좋아한다.

2015년 11월 고2 전국연합학력평가

10 **㉠~㉤의 잘못된 문장을 수정한 이유로 적절하지 않은 것은?**

	잘못된 문장 → 수정한 문장
㉠	할아버지께서 세뱃돈을 주셨다. → 할아버지께서 우리에게 세뱃돈을 주셨다.
㉡	그의 말이 정말 믿겨지지 않았다. → 그의 말이 정말 믿기지 않았다.
㉢	그는 공연장에서 춤과 노래를 불렀다. → 그는 공연장에서 춤을 추고 노래를 불렀다.
㉣	연서는 “내가 요리를 잘한다.”고 말했다. → 연서는 “내가 요리를 잘한다.”라고 말했다.
㉤	주변 사람들에게 따뜻한 온정을 베풀어야 한다. → 주변 사람들에게 온정을 베풀어야 한다.

① ㉠ : 서술어 ‘주셨다’가 요구하는 목적어가 없다.
② ㉡ : 이중 피동 표현을 사용하였다.
③ ㉢ : 목적어의 하나인 ‘춤’과 호응하는 서술어가 없다.
④ ㉣ : 조사가 잘못 사용되었다.
⑤ ㉤ : 의미가 중복된 표현을 사용하였다.

2016년 3월 고2 전국연합학력평가

11 <보기>를 고친 이유에 따라 짝지은 결과로 적절한 것은?

보기

(가) 지원이의 꿈은 국어 교사가 되고 싶다.
→ 지원이의 꿈은 국어 교사가 되는 것이다.

(나) 인간은 한편으로는 자연에 순응하면서, 다른 한편으로는 이용하면서 살아왔다.
→ 인간은 한편으로는 자연에 순응하면서, 다른 한편으로는 자연을 이용하면서 살아왔다.

(다) 형은 어떤 사람이든지 만나고 싶어 한다.
→ 어떤 사람이든지 형을 만나고 싶어 한다.

	문장의 중의성	주어와 서술어 간의 불호응	필요한 문장 성분 누락
①	(가)	(나)	(다)
②	(나)	(가)	(다)
③	(나)	(다)	(가)
④	(다)	(가)	(나)
⑤	(다)	(나)	(가)

제8강 국어사

01 국어의 형성과 역사

02 훈민정음의 제자 원리

03 확인문제

04 기출문제

01 국어의 형성과 역사

1 국어의 계통과 형성

1) 국어의 계통

ⓐ 계통상-알타이 어족

⇨ 이 견해는 알타이어 학자인 핀란드의 람스테트가 알타이 어족에 속하는 몽골어, 만주-퉁구스어, 튀르크 어에다가 우리 국어를 첨가시키면서 알려져 온 견해이다.

ⓑ 국어를 알타이 어족에 넣는 근거[1]

- 국어에 어두 자음군이 존재했다.
- 모음 조화 현상이 있다.
- 우리말이 조사와 어미가 발달된 교착어에 속한다.
- 모음 교체 및 자음 교체가 없다.
- 관계대명사 및 접속사가 없다.

2) 국어의 형성

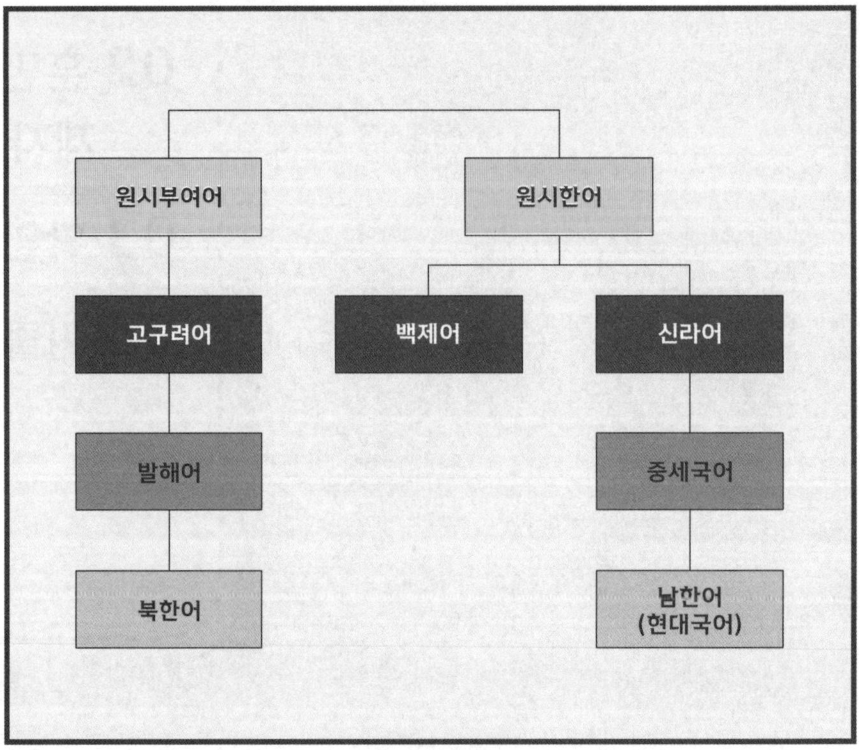

〈국어의 형성〉

1 이기문의 견해로 국어와 알타이 제어가 가지는 공통 특징이다.

2 국어사의 시대 구분

1) 국어사의 시대 구분(이기문, 1972)

<table>
<tr><th colspan="2">시대 구분</th><th>시기</th><th>중심지역</th><th>특징</th></tr>
<tr><td colspan="2">고대 국어</td><td>원시 ~
통일 신라</td><td>경주</td><td>• 주로 한자어를 빌려서 우리말을 표기한다.</td></tr>
<tr><td rowspan="2">중세 국어</td><td>전기
중세 국어</td><td>고려 ~
민정음 창제</td><td>개성</td><td>• 한자어의 다량 유입</td></tr>
<tr><td>후기
중세 국어</td><td>훈민정음
~ 임진왜란</td><td>서울</td><td>• 훈민정음 창제로 문자 체계 확립</td></tr>
<tr><td colspan="2">근대 국어</td><td>임진왜란
~ 갑오경장</td><td>서울</td><td>• 한글 사용 범위가 넓어지고 어휘나 표기 체계 등에 많은 변화가 생겼다.</td></tr>
<tr><td colspan="2">현대 국어</td><td>갑오경장 ~ 현재</td><td>서울</td><td></td></tr>
</table>

2) 국어사의 시대 구분(박병채, 1989)

<table>
<tr><th colspan="2">구분</th><th>기간</th></tr>
<tr><td rowspan="2">고대 국어</td><td>전기 고대 국어</td><td>~ 계림유사[1] 발간(1103)</td></tr>
<tr><td>후기 고대 국어</td><td>계림유사 발간 ~ 훈민정음 창제(1443)</td></tr>
<tr><td colspan="2">중기 국어</td><td>훈민정음 창제 ~ 임진왜란(1598)</td></tr>
<tr><td colspan="2">근대 국어</td><td>임진왜란 ~ 갑오경장(1894)</td></tr>
<tr><td colspan="2">현대 국어</td><td>갑오경장 ~ 현재</td></tr>
</table>

3) ①과 ②의 비교

<table>
<tr><td rowspan="3">①</td><td>국가의 흥망을 국어와 연결시킨 방식</td><td rowspan="3">②</td><td>문자의 유무를 국어와 연결시킨 방식</td></tr>
<tr><td>국가와 민족과 언어의 관계를 직접적으로 연결시킨 것</td><td>문자 언어와 음성 언어의 관계를 강조하고자 한 것</td></tr>
<tr><td>민족과 언어의 관계가 중요하다.</td><td>언어 자체의 관계가 중요하다.</td></tr>
</table>

1 '계림유사'는 송나라 때 손목이 고려 숙종 8년(1103년) 서장관(書狀官, 기록관)으로 개성에 왔다가 당시 고려의 조정제도와 풍속, 고려인들이 사용하던 어휘 3백 61개를 수집한 일종의 견문록

02 훈민정음의 제자 원리

1 제자 원리

• 한글 자음 17자와 모음 11자가 각각 만들어진 원리를 말한다.

1) 초성(자음)의 제자 원리 : 상형(象形)의 원리와 가획(加劃)의 원리에 의해 만들어졌다.

ⓐ 상형(象形)의 원리 : 발음 기관의 모양을 본떠서 기본자를 만들었다.

ⓑ 가획의 원리 : 기본자에 획을 더하여 자음을 만들었다.

기본자				
ㄱ	ㄴ	ㅁ	ㅅ	ㅇ
가획자				
ㅋ	ㄷ	ㅂ	ㅈ	ㆆ
	ㅌ	ㅍ	ㅊ	ㅎ

2) 중성(모음)의 제자 원리 : 천지인삼재(天地人三才), 즉 하늘과 땅과 사람의 형상을 본떠(상형의 원리) 기본자 '•, ㅡ, ㅣ'를 만들었다. 그리고 이 기본자들을 조합(합용의 원리)하여 나머지 글자들을 만들었다.

상형	하늘의 둥근 모양을 본뜸.	땅의 평평한 모양을 본뜸.	사람이 서 있는 모양을 본뜸.
기본자	•	ㅡ	ㅣ
초출자	• + ㅡ → ㅗ ㅣ + • → ㅏ ㅡ + • → ㅜ • + ㅣ → ㅓ		
재출자	ㅣ + ㅗ → ㅛ ㅣ + ㅏ → ㅑ ㅣ + ㅜ → ㅠ ㅣ + ㅓ → ㅕ		

3) 종성의 제자 원리 : 종성부용초성(終聲復用初聲)

⇨ 훈민정음 종성의 제자 원리(制字原理)로서, 종성의 글자는 특별한 글자를 만들지 않고 초성(初聲)으로 쓰이는 글자를 다시 사용한다는 것을 이른다.

2 자음 체계

조음 방법 / 조음 위치	전청(全淸)1	차청(次淸)2	불청불탁(不淸不濁)3	전탁(全濁)4
아음(牙音, 어금닛소리)	ㄱ	ㅋ	ㆁ	ㄲ
설음(舌音, 혓소리)	ㄷ	ㅌ	ㄴ	ㄸ
순음(脣音, 입술소리)	ㅂ	ㅍ	ㅁ	ㅃ
치음(齒音, 잇소리)	ㅅ			ㅆ
	ㅈ	ㅊ		ㅉ
후음(喉音, 목구멍소리)	ㆆ	ㅎ	ㅇ	ㆅ
반설음(半舌音, 반혓소리)			ㄹ	
반치음(半齒音, 반잇소리)			ㅿ	

이체자

- 국어 자음 중 '상형의 원리'와 '가획의 원리'를 따르지 않고 만들어진 글자. 이체자는 '근본 원리가 다른 글자'라는 의미로 'ㆁ, ㅿ, ㄹ'이 여기에 속한다.

1 온전히 맑은 소리. 훈민정음의 초성 체계 가운데 'ㄱ', 'ㄷ', 'ㅂ', 'ㅅ', 'ㅈ', 'ㆆ' 따위에 공통되는 음성적 특질을 이르는 말. 현대 음성학의 무성 자음에 해당한다.

2 다음으로 맑은 소리. 훈민정음의 초성 체계 가운데 'ㅋ', 'ㅌ', 'ㅍ', 'ㅊ', 'ㅎ' 따위에 공통되는 음성적 특질을 이르는 말.

3 맑지도 흐리지도 않은 소리. 훈민정음의 초성 체계 가운데 'ㆁ', 'ㄴ', 'ㅁ', 'ㅇ', 'ㄹ', 'ㅿ' 따위에 공통되는 음성적 특질을 이르는 말. 현대 음성학의 유성 자음에 해당한다.

4 흐린 소리. 훈민정음의 초성 체계 가운데 'ㄲ', 'ㄸ', 'ㅃ', 'ㅆ', 'ㅉ', 'ㆅ' 따위에 공통되는 음성적 특질을 이르는 말. 훈민정음의 17초성에는 포함되지 않으나, 동국정운의 23자모에는 포함된다.

3 모음 체계

시기	후기 중세 국어	근대 국어	현대 국어
단모음	ㅣ, ㅡ, ㅓ, ㅜ, ㅗ, •, ㅏ	ㅣ, ㅔ, ㅐ, ㅡ, ㅓ, ㅜ, ㅗ, ㅏ	ㅣ, ㅔ, ㅐ, ㅚ, ㅟ, ㅡ, ㅓ, ㅜ, ㅗ, ㅏ
비고	7개	8개	10개
		'•'가 17세기에 소멸되고, 'ㅔ, ㅐ'는 18세기에 생김.	'ㅚ, ㅟ'가 19세기 말에 생김.

중세 국어의 이중 모음

ㅑ, ㅕ, ㅛ, ㅠ, ㅘ, ㅝ, ㅐ, ㅔ, ㅚ, ㅟ, ㅢ

'.(아래아)'의 위치에 따른 모음의 성질

양성 모음		음성 모음	
• 'ㅡ'의 위쪽 • 'ㅣ'의 오른쪽	ㅏ, ㅗ, ㅑ, ㅛ	• 'ㅡ'의 아래쪽 • 'ㅣ'의 왼쪽	ㅓ, ㅜ, ㅕ, ㅠ

확인문제 03

01

<보기>의 (　　)안에 알맞은 말을 쓰시오.

보기
국어는 계통상 (　　　)에 속한다. 이는 핀란드의 학자인 람스테트의 견해를 따른 것이다.

02

우리의 현대 국어 형성과 관련이 가장 깊은 것은?

① 백제어　② 고구려어　③ 신라어
④ 원시부여어　⑤ 발해어

03

다음 중, 우리말의 문자 체계가 확립된 시기로 가장 적절한 것은?

① 고대 국어　② 전기 중세 국어　③ 후기 중세 국어
④ 근대 국어　⑤ 현대 국어

04

<보기>는 '박병채'의 국어사 시대 구분이다. 특징으로 적절한 것은?

보기

구분		기간
고대 국어	전기	~ 계림유사 발간(1103)
	후기	계림유사 발간 ~ 훈민정음 창제(1443)
중기 국어		훈민정음 창제 ~ 임진왜란(1598)
근대 국어		임진왜란 ~ 갑오경장(1894)
현대 국어		갑오경장 ~ 현재

➜ (① 국가의 흥망, ②)을/를 국어와 연결시키는 방식을 취하고 있다.

05

<보기>에서 설명하는 종성의 제자 원리는 무엇인지 쓰시오.

보기

종성의 글자는 특별한 글자를 만들지 않고 초성으로 쓰이는 글자를 다시 사용한다는 것을 뜻함.

기출문제 04

01 2015년 11월 고1 전국연합학력평가

〈보기〉를 바탕으로 '훈민정음 자음의 제자원리'에 대해 탐구한 것으로 적절하지 <u>않은</u> 것은?

보기

훈민정음의 자음은 발음 기관을 상형하여 기본자 'ㄱ, ㄴ, ㅁ, ㅅ, ㅇ'을 만들고, 기본자에 획을 더하여 기본자보다 소리가 더 세게 나는 가획자를 만들었다. 각각의 기본자와 가획자는 같은 위치에서 나는 소리를 나타낸다. 그런데 'ㆁ, ㄹ, ㅿ'은 각각 'ㄱ, ㄴ, ㅅ'과 소리 나는 위치는 같지만, 가획의 방법에 따라 만든 글자가 아니기 때문에 '이체자'라고 한다. 이를 표로 정리하면 다음과 같다.

구분	어금닛소리	혓소리	입술소리	잇소리	목청소리
기본자	ㄱ	ㄴ	ㅁ	ㅅ	ㅇ
가획자	ㅋ	ㄷ, ㅌ	ㅂ, ㅍ	ㅈ, ㅊ	ㆆ, ㅎ
이체자	ㆁ	ㄹ		ㅿ	

① 'ㅋ'은 기본자 'ㄱ'에 가획을 한 것이군.
② 'ㄴ, ㄹ'은 같은 위치에서 소리 나는 글자군.
③ 이체자 'ㅿ'은 기본자 'ㅅ'을 가획하여 만들었군.
④ 'ㆆ'은 가획자이므로 'ㅇ'보다 소리가 더 세게 나겠군.
⑤ 자음의 기본자는 모두 모양을 본뜨는 방식을 사용하여 만들었군.

02 2017년 11월 고1 전국연합학력평가

〈보기〉를 바탕으로 ⓐ~ⓒ에 대해 이해한 내용으로 적절하지 <u>않은</u> 것은?

보기

[자료]

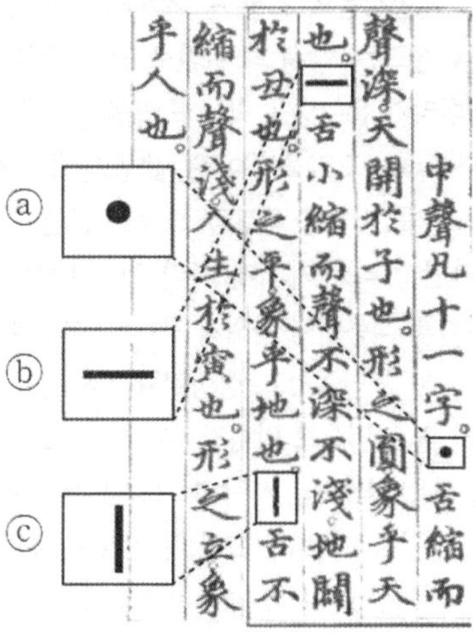

[현대어 해석]

가운뎃소리는 모두 열한 자(字)다. '·'는 혀를 오그라지게 해서 조음하고 소리는 깊으니, …… 모양이 둥근 것은 하늘을 본뜬 것이다. 'ㅡ'는 혀를 조금 오그라지게 해서 조음하고 소리는 깊지도 얕지도 않으니, …… 모양이 평평함은 땅을 본뜬 것이다. 'ㅣ'는 혀를 오그라들지 않게 조음하고 소리가 얕으니, …… 그 모양이 서 있는 꼴은 사람을 본뜬 것이다.

-「훈민정음 제자해(訓民正音 制字解)」

① ⓐ는 ⓒ와 달리 발음할 때 얕은 소리가 나겠군.
② ⓑ는 ⓐ와 달리 글자 모양이 평평하게 생겼군.
③ ⓒ는 ⓐ와 달리 발음할 때 혀가 오그라들지 않겠군.
④ ⓐ, ⓑ, ⓒ는 모두 가운뎃소리 열한 자에 포함되는군.
⑤ ⓐ, ⓑ, ⓒ는 대상의 모양을 본뜬 것이라는 공통점이 있군.

2021년 3월 고1 전국연합학력평가

03 **〈보기〉는 수업의 일부이다. 선생님의 설명을 참고할 때 ㉠에 해당하는 것은?**

보기

선생님 : 훈민정음의 초성 중 기본자는 발음 기관의 모양을 본뜨는 '상형'의 원리로 만들어졌어요. 'ㄱ'은 혀뿌리가 목구멍을 막는 모양을, 'ㄴ'은 혀가 윗잇몸에 닿는 모양을, 'ㅁ'은 입 모양을, 'ㅅ'은 이[齒] 모양을, 'ㅇ'은 목구멍 모양을 본뜬 것이에요. 기본자에 소리의 세기에 따라 획을 더하는 '가획'의 원리를 적용하여 가획자 'ㅋ, ㄷ, ㅌ, ㅂ, ㅍ, ㅈ, ㅊ, ㆆ, ㅎ'을 만들었고, 상형이나 가획의 원리를 적용하지 않고 별도로 이체자 'ㆁ, ㄹ, ㅿ'을 만들었지요. 중성은 하늘, 땅, 사람의 모양을 본떠서 기본자 'ㆍ, ㅡ, ㅣ'를 만들고, '합성'의 원리를 적용하여 초출자 'ㅗ, ㅏ, ㅜ, ㅓ'와 재출자 'ㅛ, ㅑ, ㅠ, ㅕ'를 만들었어요. 종성은 초성의 글자를 다시 사용했답니다. 그러면 선생님과 함께 카드놀이를 하며 훈민정음에 대하여 공부해 봅시다. ㉠**<u>아래의 카드 중 [조건]을 모두 만족하는 글자 카드</u>**를 찾아볼까요?

[조건]
- 초성 : 이[齒] 모양을 본뜬 기본자에 가획하여 만든 글자
- 중성 : 초출자 'ㅗ'에 기본자 'ㆍ'를 결합하여 만든 글자
- 종성 : 상형이나 가획의 원리를 적용하지 않고 별도로 만든 글자

① 별 ② 죨 ③ ᄉᆝᆷ

④ 챵 ⑤ 둉

제9강
국어의 변천

01 고대 국어

1 표기

1) 고유 명사의 표기

- 고대 국어 시기 우리 조상들은 한자를 사용하여 우리말을 기록한다.
- 사람 이름이나 지명 등의 고유 명사를 우리말식으로 표기한다.
- 한자의 음과 뜻을 빌려 우리말을 표기한다.
- **음차** : 차자 표기에서, 한자의 음을 빌려 우리말을 표기하는 표기법이다.
- **훈차** : 차자 표기에서, 한자의 뜻을 빌려 우리말을 표기하는 표기법이다.

> 素那(或云金川) 白城郡蛇山人也
>
> -《삼국사기》 권 제47
>
> (현대어 풀이)
>
> 소나(素那)[또는 금천(金川)이라고 한다.]는 백성군(白城郡) 사산(蛇山) 사람이다.

음차	'소나'라는 이름을 표기하기 위해 그 음을 빌려와 '素那'로 적는다. * 素 : 흴 소, 那 : 어찌 나
훈차	'소나'라는 이름을 표기하기 위해 그 뜻을 빌려와 '金川'로 적는다. * 金 : 쇠 금, 川 : 내 천

2) 향찰

- **향찰** : 한자의 음과 뜻을 빌려 국어 문장 전체를 적은 표기법이다.

夜入伊遊行如可	**夜**	**入**	**伊**	**遊**	**行**	**如**	**可**
야입이유행여가	<u>밤</u> 야	<u>들</u> 입	저 <u>이</u>	<u>놀</u> 유	<u>니</u>(갈) 행	<u>다</u> 여	옳을 <u>가</u>

⇨ 실질적인 의미를 가진 부분은 한자의 뜻을, 형식적(문법적)인 의미를 가진 부분(조사와 어미)은 한자의 음을 빌려 우리말 문장 전체를 표기한다.

3) 이두, 구결

- **이두** : 한자를 국어의 문장 구성법에 따라 고치고 이에 토를 붙인 것이다.
- **구결** : 한문을 읽을 때 그 뜻이나 독송(讀誦)을 위하여 각 구절 아래에 달아 쓰던 문법적 요소(조사나 어미)를 통틀어 이르는 말이다.

고유 명사 표기와 향찰 표기의 차이점

양성 모음	음성 모음
인명이나 지명 등 단어 하나만을 국어식으로 적는 표기 방식	우리말 문장 전체를 종합적으로 표기하던 방식. • 실질 형태소 : 주로 한자의 뜻을 빌린다. • 형식 형태소 : 주로 한자의 음을 빌린다.

2 음운

- 예사소리와 거센소리 두 계열이 존재했으나, 된소리는 발달하지 않은 것으로 짐작된다.

3 문법

- 주격 조사로 '가'가 쓰이지 않고 '이'만 쓰이는 등 중세 국어와 더 가깝고 현대 국어와는 더 먼 모습이었을 것으로 짐작된다.

4 어휘

- 점차 한자어가 늘어나기는 했으나 지금보다는 고유어가 더 많이 쓰였을 것으로 짐작된다.

02 중세 국어

- 중세 국어 : 고려의 건국에서 조선 전기까지의 국어를 지칭한다. 고려의 건국으로 언어의 중심지가 경주에서 개성으로 옮겨졌으며 다시 조선이 건국된 후에는 그 중심지가 한양으로 변화하게 된다.
- 중세 국어 시기에는 '훈민정음'이 창제되어 비로소 우리말을 전면적으로 표기할 수 있게 된다.

1 표기

1) 현대 국어 표기법과 달리 원형을 밝히지 않고 소리 나는 대로 적는 **이어적기**를 한다.

> 불·휘기·픈남·ᄀᆞᄇᆞᄅᆞ·매아·니 :뮐·ᄊᆡ곶 :됴·코여·름·하ᄂᆞ·니
> - 《용비어천가》 제2장, 세종 29년(1447년)
>
> (현대어 풀이)
>
> 뿌리가 깊은 나무는 바람에 아니 움직이므로, 꽃 좋고 열매 많아지니

⇨ '기픈', 'ᄇᆞᄅᆞ매'에서 원형을 밝히지 않고 소리 나는 대로 적는 이어적기를 한다.

표기법의 종류

이어적기(연철)
한 음절의 종성을 다음 자의 초성으로 이동하여 적는 표기법. '말씀이'를 '말ᄊᆞ미'로 쓰는 것 따위.
끊어적기(분철)
여러 형태소가 연결될 때 그 각각을 음절이나 성분 단위로 밝혀 적는 표기법.
거듭적기(혼철)
형태소의 모음 사이에서 나는 자음을 각각 앞 음절의 종성으로 적고 뒤 음절의 초성으로 적는 표기법.

2) 받침으로는 'ㄱ, ㄴ, ㄷ, ㄹ, ㅁ, ㅂ, ㅅ, ㆁ'의 8개 자음만을 적는다.

⇨ **팔종성가족용법(八終聲可足用)** : 초성 8자(ㄱ,ㄴ,ㄷ,ㄹ,ㅁ,ㅂ,ㅅ,ㆁ)만 받침으로 사용해도 가히 족하다는 규정으로 종성부용초성에 대한 구체적인 규정이라 할 수 있다. 이 규정에 따른 표기는 『훈민정음 해례』나 『언해』에 나타난다. 훈민정음 창제 당시에는 원칙이 '종성부용초성'이었고, '8종성가족용'이 허용되었다.

원칙	곶	깊고	사뭋디
허용	곳	깁고	사뭇디

2 음운

1) 현대 국어에는 없는 자음 ‘ㅸ’, ‘ㅿ’, ‘ㆆ’과 모음 ‘ • ’ 등이 존재한다. ‘ㅸ’은 훈민정음 창제 직후 소멸되었다.

㉑ 고ᄫᅡ서(>고와서), 아ᅀᆞ(>아우), 훈민정ᅙᅳᆷ(훈민정음), ᄒᆞ다(>하다)

2) ‘ㅂ’계(ㅲ, ㅄ, ㅶ, ㅷ)와 ‘ㅄ’계(ㅴ, ㅵ)의 어두 자음군이 존재한다. 이들은 대부분 근대 국어 시기에 된소리로 바뀌었다.

㉑ ᄡᆞᆯ(>쌀, 米), ᄣᅢ(>때, 時)

이두 자음군

단어의 첫머리에 오는 둘 또는 그 이상의 자음의 연속체. 중세 국어의 ‘ᄭᅮᆷ’의 ‘ㅺ’, ‘ᄯᅡ(地)’의 ‘ㅼ’, ‘ᄲᅳᆯ’의 ‘ㅽ’, ‘ᄠᅳᆮ’의 ‘ㅲ’, ‘ᄡᆞᆯ’의 ‘ㅄ’, ‘ᄢᅮᆯ’의 ‘ㅴ’, ‘ᄣᅢ’의 ‘ㅵ’ 따위

3) ‘ • ’가 있어서 현대 국어보다 모음 조화가 비교적 잘 지켜졌다.

㉑ ᄒᆞ야

4) 성조(聲調)가 있었고 그것이 방점(傍點)으로 표기되었다.

⇨ 성조는 글자의 왼쪽에 방점을 찍어 음의 높낮이를 표시한 것으로, 16세기 말엽에 완전히 소멸되었다.

음차	평성	거성	상성	십성
개수	0	1	2	0~2
훈차	낮은 소리	높은 소리	처음은 낮고 나중이 높은 소리	종성이 ‘ㄱ, ㄷ, ㅂ, ㅅ’으로 끝나는 음절은 빨리 끝을 닫음.

㉑ 나랏·말 :ᄊᆞ·미(>나라의 말이)

3 문법

1) 주체 높임, 객체 높임, 상대 높임을 모두 선어말 어미를 통해 표현한다.

ⓐ 주체 높임 선어말 어미 '-시-, -샤-'가 사용된다.

① -시- : 자음 어미 앞에서

예 가시니

② -샤- : 모음 어미 앞에서 사용한다.

예 가샤오딕

ⓑ 객체 높임 선어말 어미 '-숩-, -줍-, -숩-'이 사용된다.

① -숩- : 어간 끝소리가 'ㄱ, ㅂ, ㅅ, ㅎ'일 때

예 막숩거늘

② -줍- : 어간의 끝소리가 'ㄷ, ㅌ, ㅈ, ㅊ'일 때

예 듣줍고

③ -숩- : 어간의 끝소리가 울림소리일 때

예 보숩건대

객체 높임 선어말 어미 '-숩-, -줍-, -숩-'이 모음 앞에서는 '숳, 줗, 숳'으로 바뀐다.

예 부텻긔 받ᄌᆞᄫᆞᆯ 고지라

ⓒ 상대 높임 선어말 어미 '-이-'가 사용된다

① -이- : 평서형일 때

예 ᄒᆞᄂᆞ이다

② -잇- : 의문형일 때

예 ᄒᆞᄂᆞ니잇가

2) 주격 조사는 주로 '이'가 사용된다. (주격 조사 '이'는 환경에 따라 '이, ㅣ, 영형태(∅)'로 실현된다.)

ⓐ 이 : 자음 뒤에서

예 말ᄊᆞ미(말ᄊᆞᆷ+이)

ⓑ ㅣ : 모음 'ㅣ' 또는 반모음 'ǐ' 이외의 모음 뒤에서

예 부톄(부텨+ㅣ)

ⓒ 영형태(∅) : 모음 'ㅣ' 또는 반모음 'ǐ' 뒤에서

예 불휘(불휘+∅)

3) 목적격 조사는 '올/을, 롤/를, ㄹ'로 실현된다.

ⓐ 올/을 : 선행 체언이 자음으로 끝날 때

㉠ 바볼(밥+올), ᄠᅳ들(ᄠᅳᆮ+을)

ⓑ 롤/를 : 선행 체언이 모음으로 끝날 때

㉠ 나롤(나+롤), 너를(너+를)

ⓒ ㄹ : 선행 체언이 모음으로 끝날 때

㉠ 머릴(머리+ㄹ)

4) 관형격 조사는 'ᄋᆡ/의' 계열과 'ㅅ'계열이 존재한다

ⓐ 'ᄋᆡ/의' 계열

① 평칭의 유정 명사일 때

㉠ 사ᄉᆞᄆᆡ(사ᄉᆞᆷ+ᄋᆡ) 갗 → 사슴의 가죽

거부븨(거붑+의) 터리 → 거북의 털이

ⓑ 'ㅅ' 계열

① 높임의 유정 명사일 때

㉠ 부텻(부텨+ㅅ) 모미 → 부처의 몸이

② 무정 명사일 때

㉠ 나못(나모+ㅅ) 불휘 → 나무의 뿌리

5) 호격 조사로 높임의 뜻을 나타내는 '하'가 있었다.

㉠ 님금하 아ᄅᆞ쇼셔

6) 주어가 1인칭일 때는 선어말 어미 '-오-'가 나타난다.

㉠ 닐고라(닑+오+라)

7) 의문문 표현

ⓐ 설명 의문문 : 의문사에 대한 대답을 요구하는 설명 의문문은 체언 뒤에 바로 의문 보조사 '고/오'가 붙거나, '-뇨', '-료' 등의 종결 어미에 의해 실현된다.

㉠ 이 엇던 사ᄅᆞᆷ고

므슴 마롤 니ᄅᆞᄂᆞ뇨

ⓑ 판정 의문문 : 가부(可否)를 묻는 판정 의문문은 체언 뒤에 바로 의문 보조사 '가/아'가 붙거나, '-녀', '-려' 등의 종결 어미에 의해 실현된다.

㉠ 이 ᄯᆞ리 너희 죵가

져므며 늘구미 잇ᄂᆞ녀

4 어휘

• 점차 한자어가 늘어나기는 했으나 지금보다는 고유어가 더 많이 쓰였을 것으로 짐작된다.

1) 한자어가 침투하여 고유어와의 경쟁이 계속되었다.
   ㉎ 뫼-산(山), 슈룹-우산(雨傘)

2) 한자어 이외에도 몽골어, 여진어 등에서 어휘가 차용되기도 하였다.
   ㉎ 보라매, 송골매

문자의 운용

연서(連書)
훈민정음에서, 순경음(脣輕音)을 표기하기 위하여 순음자(脣音字) 밑에 'ㅇ'을 이어 쓰는 일. 'ㅱ', 'ㅸ', 'ㆄ', 'ㅹ' 따위가 있다.
병서(竝書)
훈민정음에서, 초성자 두 글자 또는 세 글자를 가로로 나란히 붙여 쓰는 일. 각자 병서 'ㄲ, ㄸ' 따위와 합용 병서 'ㅺ, ㅴ' 따위가 있다.
부서(附書)
훈민정음에서, 중성(中聲)인 모음은 초성(初聲)의 아래나 오른쪽에 붙여 쓰는 일
성음(成音)
훈민정음에서, 낱글자(음운)는 반드시 합해져야 음절이 된다는 규정

단어의 의미 변화

축소	확대	이동
의미 영역이 좁아지는 경우 ㉎ 얼굴 : 모습 > 낯	의미 영역이 넓어지는 경우 ㉎ 박 : 표주박 > 여러 가지 그릇	다른 것으로 바뀌는 경우 ㉎ 어리다 : 어리석다 > 나이가 적다

근대 국어 03

- 17세기 초에 이르면 우리말은 점차 현대 국어와 가까운 모습을 보이게 된다.
- 한글 사용이 점차 확대되어 일상적인 언어생활과 문학 작품의 창작 등에도 한글이 광범위하게 사용된다. 한글이 가장 광범위하게 활용된 분야는 언간(諺簡)이라는 편지글이다.

1 표기

1) 받침으로 8종성을 적던 중세 국어와 달리 7종성만을 적는다.

   ㉐ ᄀᆞᆺᄒᆞᆫ(같은)

   ⇨ **7종성법** : 'ㄱ,ㄴ,ㄹ,ㅁ,ㅂ,ㅅ,ㅇ'의 자음으로 모든 받침을 표기할 수 있다는 종성법. 8종성에서 7종성으로 줄어든 이유는 17세기 말부터 'ㄷ'과 'ㅅ'의 받침이 구별되지 않아 'ㄷ'을 'ㅅ'으로 통일하여 표기했기 때문이다.

2) 중세의 이어적기 표기가 현대의 끊어적기 표기로 가는 과도기로 거듭적기 표기가 나타난다.

   ㉐ 니믈(이어적기) > 님믈(거듭적기) > 님을(끊어적기)

2 음운

1) 'ᅀ'이 16세기부터 약화되다가 없어진다.

   ㉐ ᄆᆞᅀᆞᆯ>ᄆᆞᄋᆞᆯ>ᄆᆞ을>마을, 어버ᅀᅵ>어버이

2) 'ᅌ'이 종성에서만 나타나고 표기도 'ㅇ'으로 바뀐다.

   ㉐ 바ᅌᅩᆯ>방올(방울)

3) 'ㅂ'계, 'ㅄ'계 어두 자음군이 사라지면서 된소리로 바뀐다.

   ㉐ ᄣᅢ>ᄦᅢ(때), ᄠᅳᆮ>ᄯᅳᆮ(뜻)

4) 거센소리되기와 된소리되기가 나타났다.

   ㉐ 고키리>코키리(코끼리), 곶>ᄭᅩᆽ(꽃)

5) **두음법칙의 변화** : 모음 'ㅣ'나 반모음 'ㅣ̆'앞에 오는 어두의 'ㄴ'이 탈락되기 시작한다.

   ㉐ 님금>임금

6) 17~18세기에 구개음화가 점진적으로 나타났다.

   ㉐ 티다>치다

7) 종성에서 발음되는 자음의 종류가 7개(ㄱ,ㄴ,ㄷ,ㄹ,ㅁ,ㅂ,ㅇ)로 줄어들었다.

8) 중세 국어 당시 이중 모음이었던 'ㅐ,ㅔ'가 단모음화하여 8개의 단모음 체계(ㅡ,ㅣ,ㅏ,ㅓ,ㅗ,ㅜ,ㅐ,ㅔ)가 됨. 19세기에는 'ㅚ,ㅟ'의 단모음화가 일어난다.

9) 'ㆍ'가 점차 음가를 잃게 된다. 'ㆍ'가 16세기부터 둘째 음절 이하에서 주로 'ㅡ'로 바뀌고, 18세기 무렵 첫째 음절에서 'ㅏ'로 바뀐다.('ㆍ'의 소멸로 모음 조화가 문란해진다.)

㉑ ᄀᆞᄅᆞ치다>ᄀᆞ르치다>가르치다

10) 원순 모음화가 일어난다

⇨ 원순 모음화 : 양순음 'ㅂ·ㅃ·ㅍ·ㅁ' 다음에서 평순 모음 'ㅡ'가 원순 모음 'ㅜ'로 바뀌는 음운 현상. 중세국어 '믈[水]·블[火]·플[草]'이 17세기 말엽 이후 '물·불·풀'로 바뀐 따위.

11) 성조가 사라져 더 이상 방점을 표기하지 않는다.

3 문법

1) 주격 조사 '가'가 생겨나서 '이'와 구별되어 사용된다.

㉑ ᄇᆡ가 올 거시니(배가 올 것이니)

2) 주어가 1인칭일 때 선어말 어미 '-오-'가 기능을 잃게 된다.

3) 불규칙 활용 : 'ㅿ'이 사라지면서 'ㅅ'불규칙 활용으로 변한다.

㉑ 지ᅀᅥ>지어

4) 객체 높임 선어말 어미 '-ᅀᆞᆸ-, -ᄌᆞᆸ-, -ᅀᆞᆸ-'이 화자의 겸양을 나타내는 선어말 어미 '-ᅀᆞ오-, -ᄌᆞ오-, -오-'로 변화한다.

5) 과거 시제 선어말 어미 '-앗-, -엇-'이 확립된다.

4 어휘

1) 한자어가 점차 늘어가고 고유어와 한자어의 경쟁이 계속되며, 고유어가 사라지기도 한다.

㉑ ᄀᆞᄅᆞᆷ > 강(江), 뫼 > 산(山)

2) 근대 문물이 도입되면서 외래어의 유입이 많아진다.

확인문제 04

01

〈보기〉의 밑줄 친 단어에 대한 이해로 가장 적절한 것은?

보기

<u>永同</u>郡 本<u>吉同</u>郡 景德王改名 今因之

* 永: 길 영, 同: 한가지 동, 吉: 길할 길

현대어 풀이 '영동군'은 본래 '길동군'인데, 경덕왕이 이름을 고쳤으며, 지금 이를 그대로 쓰고 있다.

① 고유어 '길-'의 뜻이 한자로 '永'이라는 것을 의미하는군.
② 고대국어에도 현대국어와 마찬가지로 '길다'라는 단어가 존재했었군.
③ '吉'은 고유어 '길-'을 한자의 음을 이용하여 표기한 것이겠군.
④ '永同'은 고유명사를 한자를 이용하여 차자 표기한 것이군.
⑤ '吉同'은 고유명사를 한자를 이용하여 차자 표기한 것이군.

02

〈보기〉에서 한자를 빌려 쓰는 방식이 <u>다른</u> 하나는?

보기

善 化 公 主 主 隱　　선 화 공 주 님 은
　 ㉠ ㉡ ㉢ ㉣ ㉤

\- <서동요>중에서

03

<보기>에 대한 설명으로 적절하지 <u>않은</u> 것은?

보기

ᄉᆡ미 기픈 므른 ᄀᆞᄆᆞ래 아니 그츨ᄊᆡ 내히 이러 바ᄅᆞ래 가ᄂᆞ니

현대어 풀이 샘이 깊은 물은 가뭄에도 그치지 않고 솟아나므로, 내가 되어서 바다에 가느니

- <용비어천가> 제2장 중에서

① ‘ᄉᆡ미’에서 주격조사 ‘이’가 사용되고 있음을 확인할 수 있다.
② ‘기픈’을 통해 받침에는 8개의 자음만이 사용되고 있음을 알 수 있다.
③ ‘므른’이 현대국어의 ‘물은’에 해당되는 것으로 볼 때, 원순모음화가 진행되었음을 알 수 있다.
④ ‘ᄀᆞᄆᆞ래’의 ‘애’는 ‘원인’에 해당하는 부사격 조사임을 알 수 있다.
⑤ ‘내’는 종성 옆에 늘 ‘ㅎ’ 자음이 붙어있는 체언임을 알 수 있다.

04

<보기>에 쓰인 관형격 조사는 어떤 환경에서 사용된 것인지 간략히 서술하시오.

보기

나·랏 :말ᄊᆞ·미 中듕國·귁·에 달·아

05

<보기>의 ㉠과 ㉡을 통해서 알 수 있는 중세국어와 근대국어의 차이점에 대해 간략히 서술하시오.

보기

중세국어 : 언매나 갑슬 받고져 ㉠<u>ᄒᆞᄂᆞᆫ다</u>.
(얼마나 값을 받고자 하느냐?)
근대국어 : 쥬인이 닐오ᄃᆡ 다리ᄅᆞᆯ ㉡<u>알ᄂᆞᆫ다</u> ᄒᆞ거늘
(주인이 이르기를 다리를 앓는다 하거늘)

기출문제 05

2016년 11월 고1 전국연합학력평가

01 <보기>의 ㉠~㉤을 탐구한 것으로 적절하지 않은 것은?

보기

붉은 ㉠<u>긔운이</u> 명낭ᄒᆞ야 첫 ㉡<u>홍ᄉᆡᆨ을</u> 헤앗고 텬듕의 징반 ᄀᆞᆺᄒᆞᆫ 것이 수레박희 ᄀᆞᆺᄒᆞ야 믈속으로셔 치미러 밧치ᄃᆞ시 올나븟흐며 항 독 ㉢<u>ᄀᆞᆺᄒᆞᆫ</u> 긔운이 스러디고 처엄 븕어 것출 빗최던 ㉣<u>거ᄉᆞᆫ</u> 모혀 소 혀텨로 드리워 믈속의 풍덩 ㉤<u>ᄲᅡ디ᄂᆞᆫ</u> 듯시브더라

- 의유당,「동명일기」(1772년)

[현대어 풀이]

붉은 기운이 명랑하여 첫 홍색을 헤치고, 하늘 한가운데 쟁반 같은 것이 수레바퀴 같아서 물속에서 치밀어 받치듯이 올라붙으며, 항아리, 독 같은 기운이 없어지고, 처음 붉게 겉을 비추던 것은 모여 소의 혀처럼 드리워 물속에 풍덩 빠지는 듯싶더라.

	탐구 대상	비교 자료	탐구 결과
①	㉠	기운이	'긔운'과 '이'를 끊어 적었군.
②	㉡	홍색을	현대 국어와 같은 형태의 '을'이 사용되었군.
③	㉢	같은	현대에는 소실된 'ㆍ'가 당시에는 사용되었군.
④	㉣	것은	앞 글자의 받침 'ㅅ'을 거듭 적었군.
⑤	㉤	빠지는	현대 국어에서 쓰이지 않는 'ㅄ'이 사용되었군.

2018년 3월 고1 전국연합학력평가

02 <보기>의 ㉠~㉤에 나타난 중세 국어의 특징을 현대 국어와 비교하여 이해한 내용으로 적절하지 않은 것은?

보기

나·랏 :말ᄊᆞ·미 ㉠<u>中듕國·귁·에</u> 달·아 文문字·ᄍᆞᆼ·와·로 서르 ᄉᆞᄆᆞᆺ·디 아니ᄒᆞᆯ·ᄊᆡ ·이런 젼·ᄎᆞ·로 ㉡<u>어·린</u> 百·ᄇᆡᆨ姓·셩·이 니르·고·져 ·홇 ·배 이·셔·도 ᄆᆞ·ᄎᆞᆷ :내 제 ㉢<u>·ᄠᅳ·들</u> 시·러 펴·디 :몯ᄒᆞᇙ ·노·미 하·니·라·내·이·ᄅᆞᆯ爲·윙·ᄒᆞ·야 :어엿·비너·겨·새 ·로·스·믈여·듧 字·ᄍᆞᆼ·ᄅᆞᆯ ᄆᆡᇰ·ᄀᆞ노·니 :사ᄅᆞᆷ:마·다:ᄒᆡ·ᅇᅧ:수 ·ᄫᅵ 니·겨·날 ·로·ᄡᅮ·메 ㉣<u>便뼌安한·킈</u>ᄒᆞ·고·져ᄒᆞᇙ㉤<u>ᄯᆞᄅᆞ·미니·라</u>

- 『세종어제훈민정음(世宗御製訓民正音)』

[현대어 풀이]

우리나라의 말이 **중국과** 달라 한자와는 서로 통하지 아니하여서 이런 까닭으로 **어리석은** 백성이 말하고자 하는 바가 있어도 마침내 제 **뜻을** 능히 펴지 못하는 사람이 많다. 내가 이를 위하여 가엾게 여겨 새로 스물여덟 자를 만드니, 사람마다 하여금 쉽게 익혀 날마다 쓰는 데 **편하게** 하고자 할 **따름이다**.

① ㉠ : 조사 '에'는 앞말이 사건의 원인이 됨을 나타낸다.
② ㉡ : 현대 국어의 '어리다'와 단어의 의미가 서로 다르다.
③ ㉢ : 단어의 초성에 서로 다른 두 자음자를 나란히 적었다.
④ ㉣ : 현대 국어에서 사용되지 않는 자음자가 있었다.
⑤ ㉤ : 한 음절의 종성을 다음 자의 초성에 옮겨 표기하였다.

2019년 11월 고1 전국연합학력평가

[03] 다음 글을 읽고 물음에 답하시오.

현대 국어의 표기는 '표준어를 소리대로 적되, 어법에 맞도록 함을 원칙으로 한다.'라는 한글맞춤법 규정을 따른다. 표준어를 소리대로 적는다는 것은 표준어를 발음 나는 대로 적는 표음주의를, 어법에 맞도록 한다는 것은 각 형태소의 본 모양을 밝혀 적는 표의주의를 채택한 것이다. 그런데 일반적인 활용 규칙에서 어긋나는 경우, 합성어나 파생어를 구성함에 있어서 구성 요소가 본뜻에서 멀어진 경우 등에는 표음주의가 채택된다.

이러한 표기 원칙이 제정되기 전 국어의 표기 방식은 이어적기, 끊어적기, 거듭적기 등의 다양한 방식으로 나타났다. 자음으로 끝나는 체언이 모음으로 시작되는 조사를 만나거나 자음으로 끝나는 용언의 어간이나 어근이 모음으로 시작되는 어미나 접사를 만날 때, 이어적기는 앞 형태소의 끝소리를 뒤 형태소의 첫소리로 옮겨 적는 방식이고, 끊어적기는 실제 발음과는 달리 형태소의 본 모양을 밝혀서 끊어 적는 방식이다. 그리고 거듭적기는 앞 형태소의 끝소리를 뒤 형태소의 첫소리에도 다시 적는 표기 방식으로, '말쌈+이'를 '말쌈미'와 같은 방식으로 적는 것이다. 한편 'ㅋ, ㅌ, ㅍ'을 'ㄱ, ㄷ, ㅂ'과 'ㅎ'으로 나누어 표기하는 방식인 재음소화 표기가 나타나기도 했는데, '깊이'를 '깁히'와 같이 적는 경우를 예로 들 수 있다.

03 **윗글을 바탕으로 〈보기〉의 ⓐ~ⓖ를 탐구한 내용으로 적절하지 않은 것은?**

보기

◦ 머리셔 ᄇᆞ라매 ⓐ노피 하ᄂᆞᆯ해 다핫고 갓가이셔 보니 아ᄉᆞ라히 하ᄂᆞᆯ햇 ⓑ므레 ᄌᆞᆷ겻ᄂᆞ니
(멀리서 바람에 높이 하늘에 닿았고 가까이서 보니 아스라이 하늘의 물에 잠겼나니)
-『번역박통사』

◦ 고경명은 광쥐 ⓒ사ᄅᆞᆷ이니 임진왜난의 의병을 슈챵ᄒᆞ야 금산 ⓓ도적글 티다가 패ᄒᆞ여
(고경명은 광주 사람이니 임진왜란에 의병을 이끌어 금산 도적을 치다가 패하여)
-『동국신속삼강행실도』

◦ ⓔ붉은 긔운이 하ᄂᆞᆯ을 ᄯᅱ노더니 이랑이 소ᄅᆡ를 ⓕ놉히 ᄒᆞ야 나를 불러 져긔 믈 밋ᄎᆞᆯ 보라 웨거ᄂᆞᆯ 급히 눈을 ⓖ드러 보니
(붉은 기운이 하늘을 뛰놀더니 이랑이 소리를 높이 하여 나를 불러 저기 물 밑을 보라 외치거늘 급히 눈을 들어 보니)
-『의유당관북유람일기』

① ⓐ는 이어적기를 하고 있는 반면 ⓕ는 거듭적기를 하고 있군.
② ⓑ는 앞 형태소의 끝소리를 뒤 형태소의 첫소리로 옮겨 적고 있군.
③ ⓒ는 체언과 조사가 결합할 때 형태소의 본 모양을 밝혀서 끊어 적고 있군.
④ ⓓ는 앞 형태소의 끝소리를 뒤 형태소의 첫소리에도 다시 적고 있군.
⑤ ⓔ와 ⓖ는 용언의 어간이 모음으로 시작하는 어미를 만날 때 표기하는 방식이 서로 다르군.

2018년 11월 고1 전국연합학력평가

04 **<보기1>을 바탕으로 <보기2>의 ㉠~㉤을 탐구한 내용으로 적절하지 <u>않은</u> 것은?**

보기1

조사와 어미는 앞말의 뒤에 붙어서 문장 안에서 문법적 의미를 표시한다는 점에서 유사한 특징을 지닌다.

보기2

나랏 말ᄊᆞ미 ㉠<u>**中듀ᇰ國귁에**</u> 달아 文문字ᄍᆞᆼ와로 서르 ᄉᆞᄆᆞᆺ디 ㉡<u>**아니ᄒᆞᆯᄊᆡ**</u> 이런 젼ᄎᆞ로 ㉢<u>**어린**</u> 百ᄇᆡᆨ姓셩이 니르고져 홇 ㉣<u>**배**</u> 이셔도 ᄆᆞᄎᆞᆷ내 제㉤<u>**ᄠᅳ들**</u> 시러 펴디 몯홇 노미 하니라

– 『훈민정음』언해

[현대어 풀이]

우리나라의 말이 중국과 달라 문자와 서로 통하지 아니하므로 이런 까닭으로 어리석은 백성이 말하고자 하는 바가 있어도 마침내 제 뜻을 능히 펴지 못하는 사람이 많다.

	탐구 대상	비교 자료	탐구 결과
①	㉠의 '에'	'중국과'의 '과'	'에'는 앞말이 장소임을 표시하는 조사이다.
②	㉡의 '-ㄹᄊᆡ'	'아니하므로'의 '-므로'	'-ㄹᄊᆡ'는 앞말이 뒤에 오는 내용과 인과 관계로 연결됨을 표시하는 어미이다.
③	㉢의 '-ㄴ'	'어리석은'의 '-은'	'-ㄴ'은 앞말이 뒤에 오는 말을 수식함을 표시하는 어미이다.
④	㉣의 'ㅣ'	'바가'의 '가'	'ㅣ'는 앞말이 문장의 주어임을 표시하는 조사이다.
⑤	㉤의 '을'	'뜻을'의 '을'	'을'은 앞말이 문장의 목적어임을 표시하는 조사이다.

2020년 11월 고1 전국연합학력평가

05 **<보기>를 바탕으로 중세 국어의 특징을 탐구한 내용으로 적절하지 <u>않은</u> 것은?**

보기

ᄒᆞᆯᄅᆞᆫ 조심 아니 ᄒᆞ샤 브를 **ᄢᅳ긔** ᄒᆞ야시ᄂᆞᆯ 그 아비 그 **ᄯᆞ니**ᄆᆞᆯ 구짓고 北(북)녁 堀(굴)애 **브리ᅀᆞᄫᅡ** 블 가져오라 ᄒᆞ야ᄂᆞᆯ 그 ᄯᆞ니미 아ᄇᆡ 말 드르샤 北堀(북굴)로 **가시니 거름**마다 발 드르신 ᄧᅡ해 다 蓮花(연화)ㅣ 나니 **자최**ᄅᆞᆯ **조차**

– 「석보상절」

[현대어 풀이]

하루는 조심하지 아니하시어 불을 꺼지게 하시거늘, 그 아비가 그 따님을 꾸짖고, 북녘 굴에 시켜서 불을 가져오라고 하거늘, 그 따님이 아비의 말을 들으시어 북굴로 가시니, 걸음마다 발을 드신 땅에 다 연꽃이 나니, 자취를 좇아

① 'ᄢᅳ긔'를 보니 현대 국어와 달리 초성에 어두 자음군이 쓰였음을 알 수 있군.
② 'ᄯᆞ니ᄆᆞᆯ, 자최ᄅᆞᆯ'을 보니 중세 국어에서도 앞말의 받침 유무에 따라 목적격 조사의 형태가 다르게 쓰였음을 알 수 있군.
③ '브리ᅀᆞᄫᅡ'를 보니 현대 국어와 달리 'ᅀ'과 'ᄫ'이 표기에 사용되었음을 알 수 있군.
④ '가시니'를 보니 중세 국어에서도 주체를 높이는 특수 어휘가 사용되었음을 알 수 있군.
⑤ '거름, 조차'를 보니 현대 국어와 달리 이어 적기를 하였음을 알 수 있군.

2021년 11월 고1 전국연합학력평가

06 <보기>에 대한 이해로 적절하지 않은 것은?

보기

ㄱ. **羅睺羅(라후라)ㅣ** 得道(득도)ᄒᆞ야 도라가사 **어미**
ᄅᆞᆯ 濟渡(제도)ᄒᆞ야
(라후라가 득도하여 돌아가서 어미를 제도하여)

ㄴ. **瞿曇(구담)이** 오ᄉᆞᆯ 니브샤 **深山(심산)애** 드러 **果實**
(과실)와 믈와 좌시고
(구담의 옷을 입으시어 깊은 산에 들어 과일과 물을 자시고)

ㄷ. **南堀(남굴)ㅅ 仙人(선인)이** ᄒᆞᆫ ᄯᆞᄅᆞᆯ 길어 내니 ……
時節(시절)에 자최마다 蓮花(연화)ㅣ 나ᄂᆞ니이다
(남굴의 선인이 한 딸을 길러 내니 …… 시절에 자취마다 연꽃이 납니다.)

ㄹ. 네가짓 受苦(수고)ᄂᆞᆫ 生(생)과 老(로)와 **病(병)과** 死(사)왜라
(네 가지 괴로움은 태어남과 늙음과 병듦과 죽음이다.)

① ㄱ의 '羅睺羅(라후라)ㅣ'와 ㄷ의 '仙人(선인)이'에는 주어의 자격을 부여해 주는 조사의 형태가 서로 다르게 사용되었군.
② ㄱ의 '어미ᄅᆞᆯ'과 ㄷ의 'ᄯᆞᄅᆞᆯ'에는 목적어의 자격을 부여해 주는 조사의 형태가 서로 동일하게 사용되었군.
③ ㄴ의 '瞿曇(구담)이'와 ㄷ의 '南堀(남굴)ㅅ'에는 모두 관형어의 자격을 부여해 주는 조사가 사용되었군.
④ ㄴ의 '深山(심산)애'와 ㄷ의 '時節(시절)에'에는 모두 부사어의 자격을 부여해 주는 조사가 사용되었군.
⑤ ㄴ의 '果實(과실)와'와 ㄹ의 '病(병)과'에는 모두 단어와 단어를 이어주는 조사가 사용되었군.

2015년 3월 고2 전국연합학력평가

07 <보기>를 읽고 중세 국어에 대해 탐구한 내용으로 적절하지 않은 것은? [3점]

보기

[중세 국어]

녯 ㉠마리 ㉡닐오ᄃᆡ ㉢어딘 일 ㉣조초미 ㉤노ᄑᆞᆫ ᄃᆡ 올옴 ᄀᆞᆮ고 사오나온 일 조초미 아래로 믈어딤 ᄀᆞᆮᄒᆞ니라

- 『번역소학』(1518년)에서

[현대어 풀이]

옛말에 이르되 어진 일 좇음이 높은 데 오름 같고, 사나운 일 좇음이 아래로 무너짐 같으니라.

① 현대 국어의 '말에'를 보니, ㉠은 이어 적기를 하였군.
② 현대 국어의 '이르되'를 보니, ㉡에는 두음 법칙이 적용되지 않았군.
③ 현대 국어의 '어진'을 보니, ㉢에는 구개음화가 일어나지 않았군.
④ 현대 국어의 '좇음이'를 보니, ㉣은 끊어 적기를 하였군.
⑤ 현대 국어의 '높은'을 보니, ㉤은 모음 조화가 지켜졌군.

2015년 9월 고2 전국연합학력평가

08 **〈보기〉의 ㉠~㉤에 나타난 중세 국어의 특징을 이해한 내용으로 옳지 않은 것은?**

> **보기**
>
> 世·솅宗종 御·엉製·젱 訓·훈民민正·졍音흠
>
> 나·랏:말싹·미 ㉠<u>中듕國·귁·에</u> 달·아 文문字·쫑·와·로 서르 ᄉᆞᄆᆞᆺ·디 아니ᄒᆞᆯ·씨 ·이런 젼·ᄎᆞ·로 어·린 百·ᄇᆡᆨ姓·셩·이 니르·고·져 ·홇 ·배 이·셔·도 ᄆᆞᄎᆞᆷ:내 ㉡<u>제</u> ㉢<u>·ᄠᅳ·들</u> 시·러 펴·디 :몯홇 ㉣<u>·노·미</u> 하·니·라·내·이·ᄅᆞᆯ 爲·윙·ᄒᆞ·야 :어엿·비 너·겨 ·새·로 ·스·믈여·듧 字·쫑·ᄅᆞᆯ ᄆᆡᇰ·ᄀᆞ노·니 :사ᄅᆞᆷ:마·다:ᄒᆡ·ᅇᅧ:수 ·ᄫᅵ 니·겨·날 ·로·ᄡᅮ·메 ㉤<u>便뼌安한·킈</u>ᄒᆞ·고·져 ᄒᆞᇙᄯᆞᄅᆞ·미니·라
>
> – 『월인석보(月印釋譜)』, 세조(世祖) 5년(1459)
>
> **[현대어 풀이]**
>
> 나라의 말이 중국과 달라 한자와 서로 통하지 아니하여서 이런 까닭으로 어리석은 백성이 말하고자 하는 바가 있어도 마침내 자기의 뜻을 펴지 못하는 사람이 많다. 내가 이를 가엾게 생각하여 새로 스물여덟 글자를 만드니, 모든 사람으로 하여금 쉽게 익혀서 날마다 쓰는 데 편하게 하고자 할 따름이다.

① ㉠ : '에'가 비교의 의미로 사용되었군.
② ㉡ : 'ㅣ'가 주격조사로 사용되었군.
③ ㉢ : 단어의 첫머리에 서로 다른 자음이 함께 쓰였군.
④ ㉣ : 이어적기가 사용되었군.
⑤ ㉤ : 현대 국어에는 없는 자음이 쓰였군.

2016년 9월 고2 전국연합학력평가

09 **〈보기〉를 바탕으로 중세 국어의 특징을 탐구한 내용으로 적절하지 않은 것은?**

> **보기**
>
> [중세 국어] 잣 ㉠<u>앉</u> ㉡<u>보ᄆᆡ</u> 플와 나모ᄲᅮᆫ
> [현대 국어] 성(城) 안의 봄에 풀과 나무만
>
> [중세 국어] 烽火ㅣ ㉢<u>석ᄃᆞᄅᆞᆯ</u> ㉣<u>니ᅀᅦ시니</u>
> [현대 국어] 봉화가 석 달을 이어지니
>
> [중세 국어] 첫소리ᄅᆞᆯ ㉤<u>ᄡᅳᄂᆞ니라</u>
> [현대 국어] 첫소리를 <u>쓰느</u>니라.

① ㉠을 보니 'ㅅ'은 현대 국어의 '의'에 해당하는 관형격 조사로 쓰였군.
② ㉡을 보니 체언과 조사를 구분하여 그 형태를 밝혀 적었군.
③ ㉢을 보니 'ᄃᆞᄅᆞᆯ'은 현대 국어 '달을'과 달리 모음조화를 지켜 표기하였군.
④ ㉣을 보니 현대 국어에서 쓰이지 않는 자음을 사용하였군.
⑤ ㉤을 보니 첫 음절 초성에 서로 다른 자음을 가로로 나란히 붙여 썼군.

2016년 11월 고2 전국연합학력평가

[10] 다음은 형태소 및 단어에 관한 교과서 내용과 학습 활동이다. 물음에 답하시오.

(가) 교과서 내용

의미를 가지고 있는 가장 작은 말의 단위를 '형태소'라고 한다. 형태소는 자립성을 기준으로 명사처럼 문장에서 홀로 사용될 수 있는 '자립 형태소'와 용언의 어간이나 어미, 조사처럼 다른 형태소와 결합해야만 사용될 수 있는 '의존 형태소'로 나눌 수 있다. 그리고 의미를 기준으로 분류하면, 체언이나 용언의 어간처럼 실질적인 의미를 가진 '실질 형태소'와 조사, 어미, 접사처럼 문법적 의미를 가진 '형식 형태소'로 나눌 수 있다.

형태소가 의미를 가진 말의 최소 단위라면, '단어'는 의미를 가진 최소의 자립 형식이다. 그런데 '조사'는 자립성이 없는 형태소임에도 불구하고 홀로 쓰일 수 있는 말에 붙어 쉽게 분리되는 특성이 있기 때문에 단어로 인정하고 있다. 그리고 의존명사도 자립성은 없지만 명사와 마찬가지로 꾸미는 말의 꾸밈을 받을 수 있고, 꾸미는 말과 늘 띄어 쓰며 조사가 붙어 문장 안에서 주어, 목적어 등으로 쓰이기 때문에 단어로 인정하고 있다.

(나) 학습활동

<자료>는 '용비어천가'의 일부입니다. 아래의 '옛말사전'을 활용하여 <자료>의 형태소와 단어에 대해 탐구해 봅시다.

보기

- 불휘 기픈 남ᄀᆞᆫ ᄇᆞᄅᆞ매 아니 뮐ᄊᆡ
  (현대어 풀이) 뿌리가 깊은 나무는 바람에 아니 움직이므로
- ᄉᆡ미 기픈 므른 ᄀᆞᄆᆞ래 아니 그츨ᄊᆡ
  (현대어 풀이) 샘이 깊은 물은 가뭄에 아니 끊어지므로

옛말사전

나모	명사	'나무'의 옛말. 휴지(休止) 앞에서나 자음으로 시작하는 조사와 공동격 조사 '와' 앞에서 나타나며, 그밖에 모음으로 시작하는 조사 앞에서는 '낡'으로 나타난다.
ᄋᆞᆫ	조사	(끝음절의 모음이 'ㆍ, ㅏ, ㅗ'이고 받침 있는 체언류 뒤에 붙어) 은.
ᄇᆞᄅᆞᆷ	명사	'바람'의 옛말.
애	조사	(일부 체언류 뒤에 붙어) 에.
뮈다	동사	'움직이다'의 옛말.
-ㄹᄊᆡ	어미	(동사, 형용사 어간이나 어미 뒤에 붙어) -기에. -므로.
믈	명사	'물'의 옛말.
ᄀᆞᄆᆞᆯ	명사	'가물(=가뭄)'의 옛말.
긏다	동사	'끊어지다'의 옛말.

10 (가)를 바탕으로 (나)의 학습활동을 수행한 것으로 적절하지 않은 것은? [3점]

① '남ᄀᆞᆫ'은 실질 형태소 '나모'가 형식 형태소 'ᄋᆞᆫ' 앞에서 '낡'으로 나타난 것이겠군.

② 'ᄇᆞᄅᆞ매'와 'ᄀᆞᄆᆞ래'는 각각 두 개의 형태소로 이루어진 말이겠군.

③ '뮐ᄊᆡ'는 의존 형태소 '뮈-'와 의존 형태소 '-ㄹᄊᆡ'로 이루어진 말이겠군.

④ '므른'의 '믈'은 의미를 가진 말의 최소 단위이면서 동시에 최소의 자립 형식이기도 하겠군.

⑤ '그츨ᄊᆡ'는 형식 형태소 '긏-'에 형식 형태소 '-ㄹᄊᆡ'가 결합한 단어이겠군.

2017년 3월 고2 전국연합학력평가

11 <보기>에 제시된 '선생님'의 질문에 대한 답으로 적절한 것은?

보기

선생님 : 중세 국어에서는 각 글자의 왼편에 점을 찍어 소리의 높낮이를 표시하였습니다. 점이 없으면 낮은 소리, 점이 한 개면 높은 소리, 점이 두 개면 처음은 낮고 나중이 높은 소리를 나타냈습니다. 가령 ':말ᄊᆞ·미'는 다음과 같이 소리의 높낮이를 표시할 수 있습니다.

:말ᄊᆞ·미 → 말 ᄊᆞ 미

자, 그럼 다음의 밑줄 친 ⓐ는 소리의 높낮이를 어떻게 표시할 수 있을까요?

불·휘기·픈남·ᄀᆞᆫᄇᆞᄅᆞ·매 ⓐ<u>아·니:뮐·ᄊᆡ</u>

- 『용비어천가(龍飛御天歌)』 제2장 중에서

① 

② 

③ 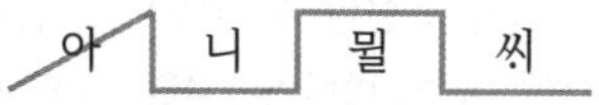

④ 

⑤ 

2017년 6월 고2 전국연합학력평가

12 <보기>의 설명을 참고할 때, ㉠과 ㉡에 들어갈 단어로 적절한 것은?

보기

중세 국어 의문문의 종결어미는 인칭의 종류와 물음말의 유무에 따라 달라진다. 주어가 1, 3인칭일 경우, 물음말이 있는 의문문에는 '-ㄴ고', '-ㄹ고'와 같은 '오'형 어미가 사용되었고, 물음말이 없는 의문문에는 '-ㄴ가', '-ㄹ가'와 같은 '아'형 어미가 사용되었다. 그리고 주어가 2인칭일 경우, 물음말의 유무와 상관없이 '-ㄴ다'가 사용되었다.

- 부톄 世間애 ___㉠___
  (부처가 세간에 나신 것인가?)
- 네 뉘손ᄃᆡ 글 ___㉡___
  (너는 누구에게서 글을 배웠는가?)
- 어느 사ᄅᆞ미 少微星이 잇다 니ᄅᆞ던고
  (어떤 사람이 소미성이 있다고 말하던가?)

	㉠	㉡
①	나샤미신가	ᄇᆡ혼다
②	나샤미신가	ᄇᆡ호ᄂᆞᆫ고
③	나샤미신고	ᄇᆡ혼다
④	나샤미신다	ᄇᆡ호ᄂᆞᆫ고
⑤	나샤미신다	ᄇᆡ호ᄂᆞᆫ가

2017년 9월 고2 전국연합학력평가

13 <보기>를 바탕으로 현대국어와 중세국어의 특징을 비교한 내용으로 적절하지 <u>않은</u> 것은? [3점]

보기

◦ ㉠<u>효도ᄒᆞᆷ</u>과 공슌호ᄆᆞᆯ
(효도함과 공손함을)

◦ 兄(형)ㄱ ㉡<u>ᄠᅳ디</u> 일어시ᄂᆞᆯ ㉢<u>聖孫(성손)ᄋᆞᆯ</u> ㉣<u>내시니이다</u>
(형의 뜻이 이루어지시매 (하늘이) 성손을 내셨습니다.)

◦ 世尊(세존)ㅅ 安否(안부) ㉤<u>묻ᄌᆞᆸ고</u> 니르샤ᄃᆡ <u>ᄆᆞᄉᆞᄆ</u>라 오시니잇고
(세존의 안부를 여쭙고 이르시되 무슨 까닭으로 오셨습니까?)

① ㉠을 보니 현대국어와 달리 명사형 어미 '-옴'이 사용되었군.
② ㉡을 보니 현대국어와 달리 어두자음군이 사용되었군.
③ ㉢을 보니 현대국어와 달리 목적격 조사 'ᄋᆞᆯ'이 사용되었군.
④ ㉣을 보니 현대국어와 마찬가지로 주체높임 선어말 어미 '-시-'가 사용되었군.
⑤ ㉤을 보니 현대국어와 마찬가지로 청자를 높이는 특수어휘가 사용되었군.

2017년 11월 고2 전국연합학력평가

[14] 다음 글을 읽고 물음에 답하시오.

시제란 발화시를 기준으로 사건시의 선후 관계에 따라 과거, 현재, 미래를 구분하는 문법 범주를 가리킨다. 이때 발화시는 말하는 시점을, 사건시는 사건이 일어나는 시점을 말한다.

과거 시제는 일반적으로 사건시가 발화시에 선행하는 시간 표현으로 규정되는데, 선어말 어미 '-았-/-었-'과 관형사형 어미 '-(으)ㄴ' 등을 통해 실현된다. 그리고 '어제', '옛날'과 같은 시간 부사어와 결합하여 그 의미가 구체화되기도 한다. 현재와 단절된 상황이나 먼 과거는 '-았었-/-었었-'을 통해 표현되기도 한다. 과거 시제 선어말 어미 중 '-더-'는 발화자가 과거에 경험한 일을 회상할 때 쓰이는데, 주어가 1인칭인 경우 쓰임에 제약이 따르기도 한다. '-았-/-었-'이 사용되었다고 해도 경우에 따라 사건시가 발화시와 일치하는 현재의 일이나 사건시가 발화시 이후인 미래의 일을 표시하는 데에도 쓰일 수 있다.

현재 시제는 일반적으로 사건시와 발화시가 일치하는 시간 표현이다. 동사의 경우 선어말 어미 '-는-/-ㄴ-'을 통해, 형용사와 서술격 조사의 경우에는 선어말 어미 없이 현재 시제를 표현한다. 또한 관형사형 어미 '-는', '-(으)ㄴ'을 통해서도 현재 시제를 표현할 수 있으며, '지금'과 같은 시간 부사어와 결합하여 그 의미가 구체화되기도 한다. 현재 시제가 사용된 표현은 보편적인 사실과 미래에 예정된 일을 나타낼 때에도 사용된다.

미래 시제는 사건시가 발화시 이후인 시간 표현이다. 이를 표현하는 선어말 어미로는 보편적으로 '-겠-'이 사용되며, '-(으)리-'가 사용되어 예스러운 의미를 나타내기도 한다. 그리고 관형사형 어미로는 '-(으)ㄹ'이 사용된다. 미래 시제는 '내일'과 같은 시간 부사어와 결합하여 의미가 구체화되기도 한다.

중세 국어도 과거, 현재, 미래의 삼분 체계를 가진다는 점에서 현대 국어와 동일하다. 다만 이를 표현하는 방식에 있어서는 차이가 있었다. 중세 국어에서 동사의 경우, 과거 시제는 선어말 어미 없이 표현하거나 선어말 어미 '-더-'를 사용하여 표현하였다. 중세에는 '-더-'가 현대 국어와는 달리 모든 인칭에 두루 쓰였으며, 1인칭 주

어와 함께 쓰이는 경우에는 '-다-'로 나타났다. 현재 시제는 선어말 어미 '-ᄂᆞ-/-ㄴ-'을 써서 표현하였으며, 이는 보편적인 사실을 나타내기도 한다. 미래 시제는 '-리-'를 써서 표현하였다.

14 윗글을 바탕으로 <보기>의 밑줄 친 부분에 나타난 중세 국어의 특징을 이해한 내용으로 적절하지 않은 것은?

보기

(가) 주거미 닐오ᄃᆡ "내 ᄒᆞ마 **명종(命終)호라**" 〈월인석보〉

[현대어 풀이] 주검이 말하기를, "내가 이미 죽었다."

(나) 내 **롱담ᄒᆞ다라** 〈석보상절〉

[현대어 풀이] 내가 농담하였다.

(다) 네 이제 또 **묻ᄂᆞ다** 〈월인석보〉

[현대어 풀이] 네가 이제 또 묻는다.

(라) 하ᄂᆞᆯ히며 사ᄅᆞᆷ 사ᄂᆞᆫ ᄯᅡ훌 다 뫼호아 세계(世界)라 **ᄒᆞᄂᆞ니라** 〈월인석보〉

[현대어 풀이] 하늘이며 사람 사는 땅을 다 모아서 세계라 한다.

(마) 내 이제 분명(分明)히 너ᄃᆞ려 **닐오리라** 〈석보상절〉

[현대어 풀이] 내가 이제 분명히 너에게 말하겠다.

① (가) : 시제를 나타내는 선어말 어미 없이 과거의 의미를 나타내고 있군.
② (나) : 주어가 1인칭이므로 선어말 어미 '-다-'를 사용하여 과거의 의미를 나타내고 있군.
③ (다) : 선어말 어미 '-ᄂᆞ-'를 통해 현재의 의미를 나타내고 있군.
④ (라) : 현재형 선어말 어미가 사용되어 보편적인 사실을 나타내고 있군.
⑤ (마) : 오늘날 사용되지 않는 선어말 어미를 통해 미래의 의미를 나타내고 있군.

2018년 3월 고2 전국연합학력평가

[15] 다음 글을 읽고 물음에 답하시오.

다른 문장 속에 들어가 하나의 문장 성분처럼 쓰이는 문장을 안긴문장이라고 하며, 이 안긴문장을 포함한 문장을 안은문장이라고 한다. 안긴문장에는 명사절, 관형절, 부사절, 서술절, 인용절이 있는데, 이 가운데 명사절은 서술어로 쓰인 용언의 어간에 명사형 어미 '-(으)ㅁ', '-기'가 붙어 만들어진다. 명사형 어미는 안긴문장에서 서술어로 쓰이는 용언이 서술 기능을 그대로 유지하면서 명사처럼 기능하도록 용언의 문법적인 기능을 바꾼다.

ㄱ. **그것이 사실임**이 틀림없다.
ㄴ. 나는 **그것이 사실이기**를 바란다.

명사절은 문장에서 주어, 목적어, 부사어 등 다양한 문장 성분으로 쓰이는데, 위의 예문에서 ㄱ의 명사절은 주어의 기능을 하고, ㄴ의 명사절은 목적어의 기능을 한다.

한편 중세 국어에서도 다양한 명사형 어미가 사용되어 만들어진 명사절이 문장에서 여러 가지 문장 성분으로 쓰였다. 중세에 사용된 명사형 어미로는 '-옴 / 움'과 '-기', '-디' 등이 있었다. 이 가운데 '-옴'과 '-움'은 모음 조화에 따라 양성 모음 뒤에서는 '-옴'이, 음성 모음 뒤에서는 '-움'이 쓰였다.

15 윗글을 참고할 때, ⓐ~ⓔ 중 명사절이 포함되어 있지 <u>않은</u> 것은? [3점]

보기

ⓐ 날로 ᄡᅮ메 뼌한킈 ᄒᆞ고져
(나날이 씀에 편하게 하고자)
ⓑ 구르믜 축추기 둡ᄃᆞᆺ ᄒᆞ시니라
(구름이 축축하게 덮듯 하시니라)
ⓒ 부모ᄅᆞᆯ 현뎌케 홈이 효도ᄋᆡ ᄆᆞᄎᆞᆷ이니라
(부모를 드러나게 함이 효도의 끝이니라)
ⓓ 본향(本鄕)애 도라옴만 ᄀᆞᆮ디 몯ᄒᆞ니라
(본향에 돌아옴만 같지 못하니라)
ⓔ 내 겨지비라 가져 가디 어려ᄫᅳᆯᄊᆡ
(내가 계집이라 가져가기 어려우니)

① ⓐ ② ⓑ ③ ⓒ ④ ⓓ ⑤ ⓔ

2018년 9월 고2 전국연합학력평가

16 <보기>의 설명을 참고할 때, ㉠~㉢에 들어갈 말로 적절한 것은?

보기

일반적으로 중세 국어의 주격 조사는 앞에 결합하는 체언의 끝소리에 따라 달라졌다. 체언의 끝소리가 자음일 때 '이'가 나타났고, 체언의 끝소리가 모음 'ㅣ'도, 반모음 'ㅣ'도 아닌 모음일 때는 'ㅣ'가 나타났다. 그런데 체언의 끝소리가 모음 'ㅣ'이거나, 반모음 'ㅣ'일 때는 아무런 형태가 나타나지 않았다.

○ ___㉠___ 가칠 므러 (뱀이 까치를 물어)
○ ___㉡___ 기픈 남ᄀᆞᆫ (뿌리가 깊은 나무는)
○ ___㉢___ 세상에 나매 (대장부가 세상에 나와)

	㉠	㉡	㉢
①	ᄇᆞ얌	불휘ㅣ	대장뷔
②	ᄇᆞ얌	불휘ㅣ	대장뷔ㅣ
③	ᄇᆞ야미	불휘	대장뷔
④	ᄇᆞ야미	불휘	대장뷔ㅣ
⑤	ᄇᆞ야미	불휘ㅣ	대장뷔

2018년 6월 고2 전국연합학력평가

[17~18] 다음 글을 읽고 물음에 답하시오.

현대 국어와 중세 국어는 문법적으로 많은 차이가 있는데, 격 조사의 차이도 그중 하나이다. 현대 국어에서는 주격 조사로 '이 / 가'를, 목적격 조사로 '을 / 를'을, 관형격 조사로 '의'를 사용하고 있지만, 중세 국어에서는 음운 환경에 따라 주격 조사, 목적격 조사, 관형격 조사가 오늘날보다 다양하게 사용되었다.

먼저 주격 조사는 '이'만 사용하였는데, 이때 '이'는 음운 환경에 따라 그 형태가 조금씩 달랐다. 앞말이 자음으로 끝나면 '이'를 썼지만, 'ㅣ'를 제외한 모음으로 끝나면 'ㅣ'를 붙여 썼고, 'ㅣ'로 끝나면 주격 조사를 표기하지 않았다. 예를 들어, '사ᄅᆞᆷ'에는 '이'가 붙고, '부텨'에는 'ㅣ'가 붙는다. 그러나 '비'와 같은 경우에는 따로 주격 조사를 붙이지 않는다.

다음으로 목적격 조사는 'ᄋᆞᆯ / 을 / ᄅᆞᆯ / 를'을 사용하였다. 앞말이 자음으로 끝날 경우 'ᄋᆞᆯ / 을', 모음으로 끝날 경우 'ᄅᆞᆯ / 를'로 표기하였다. 또 앞말의 모음이 양성 모음이면 'ᄋᆞᆯ / ᄅᆞᆯ'로, 음성 모음이면 '을 / 를'로 표기하였다. 각각의 상황을 예로 들면, 'ᄆᆞᅀᆞᆷ'에는 'ᄋᆞᆯ'이, '구름'에는 '을'이, '나'에는 'ᄅᆞᆯ'이, '너'에는 '를'이 붙는다.

[A] 끝으로 관형격 조사는 단어의 의미와 음운 환경에 따라 'ᄋᆡ / 의'와 'ㅅ'을 사용하였다. 'ᄋᆡ / 의'는 앞에 오는 명사가 사람이나 동물일 때 사용하였는데, 앞말의 모음이 양성 모음일 때는 'ᄋᆡ'를, 음성 모음일 때는 '의'를 사용하였다. 'ㅅ'은 앞에 오는 명사가 사람이면서 높임의 대상이거나, 사람도 아니고 동물도 아닐 때 사용하였다. 예를 들어, 'ᄂᆞᆷ'은 사람이고 'ㆍ(아래아)'가 양성 모음이기 때문에 'ᄋᆡ'가 붙고, '벌'은 동물이고 'ㅓ'가 음성 모음이기 때문에 '의'가 붙는다. 반면에 '부텨'는 사람이면서 높임의 대상이기 때문에 'ㅅ'이 붙는다.

17 윗글에 대한 이해로 적절하지 <u>않은</u> 것은?

① 현대 국어의 주격 조사 중에는 중세 국어에서 사용하지 않았던 것이 있다.
② 중세 국어에는 음운 환경에 따라 주격 조사를 표기하지 않는 경우도 있었다.
③ 현대 국어보다 중세 국어에서 사용된 목적격 조사의 형태가 더 다양하였다.
④ 중세 국어에서 앞말이 모음으로 끝나면 예외 없이 주격 조사 'ㅣ'가 사용되었다.
⑤ 중세 국어에서 앞말의 모음이 양성 모음이고 자음으로 끝나면 목적격 조사로 'ᄋᆞᆯ'을 사용하였다.

18 [A]를 참고할 때, <보기>의 ㉠과 ㉡에 들어갈 조사로 적절한 것은?

보기

[중세 국어] 거붑 + ㉠ 터리 ᄀᆞᆮ고
[현대 국어] 거북의 털과 같고

[중세 국어] 하ᄂᆞᆯ + ㉡ 光明이 문득 번ᄒᆞ거늘
[현대 국어] 하늘의 광명이 문득 훤하거늘

	㉠	㉡
①	의	ㅅ
②	ᄋᆡ	ᄋᆡ
③	의	ᄋᆡ
④	ᄋᆡ	ㅅ
⑤	의	의

2018년 11월 고2 전국연합학력평가

19 **<보기1>은 중세 국어를 학습하기 위한 자료이고, <보기2>는 현대 국어사전의 일부이다. <보기2>를 참고하여 ㉠~㉤을 탐구한 내용으로 적절하지 <u>않은</u> 것은?**

보기1

[중세 국어] 보살(菩薩)이 ㉠<u>어느</u> 나라해 ᄂᆞ리시게 ᄒᆞ려뇨
[현대 국어] 보살이 어느 나라에 내리시도록 하려는가?
[중세 국어] ㉡<u>어늬</u> 구더 병불쇄(兵不碎)ᄒᆞ리잇고
[현대 국어] 어느 것이 굳어 군대가 부수어지지 않겠습니까?
[중세 국어] 져믄 아ᄒᆡ ㉢<u>어느</u> 듣ᄌᆞ보리잇고
[현대 국어] 어린 아이가 어찌 듣겠습니까?
[중세 국어] 미혹(迷惑) ㉣<u>어느</u> 플리
[현대 국어] 미혹한 마음을 어찌 풀겠는가?
[중세 국어] 이 두 말ᄋᆞᆯ ㉤<u>어늘</u> 종(從)ᄒᆞ시려뇨
[현대 국어] 이 두 말을 어느 것을 따르시겠습니까?

보기2

어느 01 「관형사」 둘 이상의 것 가운데 대상이 되는 것이 무엇인지 물을 때 쓰는 말.
어느 02 「대명사」『옛말』 어느 것.
어느 03 「부사」『옛말』 '어찌'의 옛말.

① 체언을 수식하는 역할을 하는 것으로 보아 ㉠은 <보기2>의 '어느 01'과 품사가 같다고 할 수 있겠군.
② ㉡은 <보기2>의 '어느 02'에 주어의 자격을 부여하는 조사가 결합한 것이라고 할 수 있겠군.
③ ㉢은 <보기2>의 '어느 03'으로 쓰여 뒤에 오는 용언을 수식한다고 할 수 있겠군.
④ <보기2>의 '어느 01'과 '어느 03'을 참고해 보니 ㉣과 '어느 01'은 품사가 서로 다르다고 할 수 있겠군.
⑤ ㉤에 사용된 '어느'는 둘 이상의 것 가운데 대상이 되는 것이 무엇인지 물을 때 쓰는 말인 <보기2>의 '어느 01'에 해당한다고 볼 수 있겠군.

2019년 3월 고2 전국연합학력평가

[20~21] 다음 글을 읽고 물음에 답하시오.

반모음과 관련된 대표적인 음운 현상으로 '반모음 첨가'와 '반모음화'가 있다. 현대 국어에서 반모음 첨가는 모음으로 끝나는 형태소 뒤에 모음으로 시작하는 형태소가 올 때 일어난다. 어간 '피-'에 어미 '-어'가 결합할 때 '피어'가 [피여]로 소리 나는 경우가 대표적인데 이때 어미에는 'ㅣ'계 반모음인 'ㅣ̆'가 첨가된다. 어미 '-어'에 'ㅣ̆'가 첨가되어 '되어[되여]', '쥐어[쥐여]'로 발음되는 경우도 마찬가지이다. 이렇게 어간이 'ㅣ, ㅚ, ㅟ'로 끝날 때 어미에 반모음 'ㅣ̆'가 첨가되어 발음되는 경우는 표준 발음으로 인정되지만 표기할 때는 음운 변동이 일어나지 않은 형태로 해야 한다.

한편 '피어'는 [펴:]로 발음되기도 한다. '피 + 어 → [펴:]'의 경우처럼 두 개의 단모음이 나란히 놓일 때 하나의 단모음이 반모음으로 교체되는 음운 현상을 반모음화라고 부른다. 반모음화는 반모음과 성질이 비슷한 단모음에 적용되는 것으로, [펴:]의 경우 단모음 'ㅣ'가 소리가 유사한 반모음 'ㅣ̆'로 교체된 것이다. [펴:]와 같이 반모음화가 일어난 경우도 규범상 표준 발음으로 인정된다.

15세기 국어 자료에서도 반모음 첨가나 반모음화가 일어난 것으로 추정되는 흔적을 찾을 수 있다. 15세기에는 표음적 표기*를 지향했기 때문에 문헌의 표기 상태를 통해 당시의 음운 현상을 추론할 수 있는데, 15세기 국어 자료에서 반모음 첨가나 반모음화가 일어난 것으로 보이는 표기들이 관찰되는 것이다. 어간 '쉬-'에 어미 '-어'가 결합할 때 '쉬여'로 표기된 사례나 어간 '흐리-'에 어미 '-어'가 결합할 때 '흐리여'로 표기된 것은 반모음 첨가가 일어난 사례로 생각된다. 여기서 '쉬여'는 현대 국어의 [피여]와는 다른 음운 환경에서 반모음 첨가가 일어난 것인데, 15세기에는 'ㅟ' 표기가 'ㅜ'와 'ㅣ̆'가 결합한 이중 모음을 나타냈을 것으로 추정되기 때문이다. 'ㆎ, ㅐ, ㅔ, ㅚ, ㅢ' 표기도 'ㅟ'와 마찬가지 방식으로 이중 모음을 나타냈을 것으로 추정된다. 따라서 '쉬여'는 ㉠<u>**'ㆎ, ㅐ, ㅔ, ㅚ, ㅟ, ㅢ'가 이중 모음을 나타낸 것이라고 할 경우 반모음 'ㅣ' 뒤에서 일어난 반모음 첨가**</u>의 사례인 것이다. 이와 달리 어간 'ᄭᅮ미-'에 어미 '-어'가 결합할 때 'ᄭᅮ며'로 표기된 경우는 현대 국어의 [펴:]처럼 ㉡<u>**어간**</u>

이 'ㅣ'로 끝나는 용언에서 일어난 반모음화의 사례라고 할 수 있다. 또한 15세기 국어에서 체언 '바' 뒤에 주격 조사 '이'가 붙을 때 '배'로 표기된 사례도 반모음화로 설명할 수 있다.

* 표음적 표기 : 발음 형태대로 적는 표기 방식.

20 윗글에 대한 이해로 적절하지 않은 것은?

① 현대 국어에서 '피어'를 [펴:]로 발음하는 것은 표준 발음으로 인정된다.

② 현대 국어에서 '피어'를 [펴:]로 발음할 때는 어간의 단모음이 반모음으로 교체된다.

③ 현대 국어에서 '피어'에 반모음 첨가가 일어나도 '피여'라고 적는 것은 허용되지 않는다.

④ 15세기 국어의 'ㅚ' 표기는 단모음 'ㅗ'와 반모음 'ǐ'가 결합한 이중 모음을 나타냈을 것으로 추정된다.

⑤ 15세기 국어의 체언 '바'에 주격 조사 '이'가 붙어 '배'로 표기된 사례에서는 체언의 단모음이 반모음으로 교체되었을 것으로 추정된다.

21 <보기>의 ⓐ~ⓓ 중 윗글의 ㉠과 ㉡에 해당하는 사례로 적절한 것은?

보기

15세기 국어 자료 (현대어 풀이)	밑줄 친 부분의 음운 변동 과정
ⓐ내 이롤 爲윙ᄒᆞ야 (내가 이를 위하여)	나 + 이 → 내
수ᄫᅵ ⓑ니겨 (쉽게 익혀)	니기 + 어 → 니겨
ᄇᆡᆺ 바다ᄋᆞ로 ⓒ긔여 (배의 바닥으로 기어)	긔 + 어 → 긔여
ᄯᅡ해 ⓓ디여 (땅에 거꾸러져)	디 + 어 → 디여

	㉠	㉡
①	ⓑ	ⓐ
②	ⓒ	ⓑ
③	ⓒ	ⓓ
④	ⓓ	ⓐ
⑤	ⓓ	ⓒ

2019년 6월 고2 전국연합학력평가

22 **<보기1>을 바탕으로 <보기2>를 분석한 것으로 적절하지 <u>않은</u> 것은?**

보기1

[중세 국어의 주체 높임법과 객체 높임법]

- **주체 높임법** : 문장의 주어에 해당하는 대상을 높이는 것이다. 주체 높임법은 주로 선어말 어미 '-시-/-샤-'를 통해 실현된다. 또한 특수 어휘나 조사에 의해 실현되기도 한다.
- **객체 높임법** : 문장의 목적어나 부사어에 해당하는 대상을 높이는 것이다. 객체 높임법은 주로 선어말 어미 '-ᅀᆞᆸ-/-ᄌᆞᆸ-/ -ᄉᆞᆸ-'을 통해 실현된다. 또한 특수 어휘나 조사에 의해 실현되기도 한다.

보기2

㉠ <u>世尊(세존)ㅅ 安否(안부) 묻ᄌᆞᆸ고 니르샤ᄃᆡ</u>
[A]
<u>므스므라 오시니잇고</u>
[B]
[세존의 안부를 여쭙고 이르시되 무슨 까닭으로 오셨습니까?]

㉡네 아ᄃᆞ리 各各(각각) 어마님내 뫼ᅀᆞᆸ고
[네 아들이 각각 어머님을 모시고]

① ㉠의 [A]에서 주체 높임은 실현되었으나 그 주체가 생략되었다.

② ㉠의 [A]에서 선어말 어미를 사용하여 객체 높임이 실현되었다.

③ ㉠의 [B]에서는 주체를 높이기 위해 선어말 어미가 사용되었다.

④ ㉡에서 특수 어휘를 사용하여 주체인 '아ᄃᆞᆯ'을 존대하였다.

⑤ ㉡에서는 객체인 '어마님'을 높이기 위해 선어말 어미를 사용하였다.

2019년 9월 고2 전국연합학력평가

23 **<보기>를 참고할 때, ㉠과 ㉡에 해당하는 사례로 적절한 것은?**

보기

중세국어에서 'ᄋᆡ/의'는 ㉠**<u>관형격 조사</u>**와 ㉡**<u>부사격 조사</u>**로 모두 사용되는 양상을 보인다. 대체로 높임을 나타내지 않는 유정 명사 뒤에서는 관형격 조사로 쓰이고, 시간이나 장소 등을 나타내는 일부 체언 뒤에서는 부사격 조사로 사용되었다. 한편 'ᄋᆡ/의'는 모음조화의 양상에 따라 'ᄋᆡ' 또는 '의'로 실현되었다.

	㉠	㉡
①	겨틔 서서 (곁에 서서)	거부븨 터리 ᄀᆞᆮ고 (거북의 털과 같고)
②	거부ᄇᆡ 터리 ᄀᆞᆮ고 (거북의 털과 같고)	겨틔 서서 (곁에 서서)
③	거부븨 터리 ᄀᆞᆮ고 (거북의 털과 같고)	바ᄆᆡ 비취니 (밤에 비치니)
④	바믜 비취니 (밤에 비치니)	사ᄅᆞᄆᆡ ᄠᅳ들 (사람의 뜻을)
⑤	사ᄅᆞᄆᆡ ᄠᅳ들 (사람의 뜻을)	겨ᄐᆡ 서서 (곁에 서서)

2019년 11월 고2 전국연합학력평가

24 **〈보기〉의 '교사가 제시한 과제'에 대해 학생들 이 보인 반응으로 적절하지 <u>않은</u> 것은?**

보기

〈교사가 알려 준 내용〉

현대 국어와 마찬가지로 중세 국어에서도 어말 어미 앞에서 문법적인 기능을 하는 어미가 있었다. 그중 하나인 '-오-'는 현대 국어에서 쓰이지 않는 어미로 문장의 주어가 화자임을 표현하기 위해 쓰였는데, 음성 모음 뒤에서는 '-우-'로 나타났다. 또한 '-오-'는 과거 시제를 나타내는 '-더-'와 결합하면 '-다-'로, 현재 시제를 나타내는 '-ᄂᆞ-'와 결합하면 '-노-'로 나타났다.

〈교사가 제시한 과제〉

※ 다음 예문들을 보고 ㉠~㉢의 어미에 대해 탐구해 보자.

- 내 어저ᄢᅴ 다ᄉᆞᆺ 가짓 ᄭᅮ믈 ㉠<u>ᄭᅮ우니</u>
  [내가 어저께 다섯 가지의 꿈을 꾸니]
- 내 이ᄅᆞᆯ 爲윙ᄒᆞ야 … 새로 스믈여듧 字ᄍᆞᆼᄅᆞᆯ ㉡<u>ᄆᆡᇰᄀᆞ노니</u>
  [내가 이를 위하여 … 새로 스물여덟 자를 만드니]
- 太子ㅣ 닐오ᄃᆡ 내 ㉢<u>롱담ᄒᆞ다라</u>
  [태자가 말하되, "내가 농담하였다."]

① ㉠의 '-우-'는 어간 'ᄭᅮ-'에 있는 음성 모음 때문에 나타난 형태이군.
② ㉡의 '-노-'는 '-ᄂᆞ-'와 '-오-'가 결합되어 나타난 형태이군.
③ ㉢의 '-다-'는 '-더-'가 어말 어미와 결합하여 나타난 형태이군.
④ ㉡과 ㉢에는 모두 문장의 시제를 나타내는 기능을 하는 어미가 사용되었군.
⑤ ㉠, ㉡, ㉢ 모두에는 주어가 화자임을 표현하기 위한 어미가 사용되었군.

2020년 3월 고2 전국연합학력평가

[25] 다음 글을 읽고 물음에 답하시오.

한 음운이 다른 음운의 속성을 닮아 가는 음운 현상을 '동화'라고 한다. 이때 동화를 일으키는 음운을 '동화음', 동화음을 닮아 가는 음운을 '피동화음'이라고 한다. 동화 현상의 하나인 구개음화는, 경구개가 아닌 위치에서 발음되는 자음이 단모음 'ㅣ'나 반모음 'ǐ' 앞에서 경구개음으로 바뀌는 음운 현상으로, 피동화음인 자음이 동화음 'ㅣ'나 반모음 'ǐ'가 경구개 부근에서 발음되는 속성을 닮아 가는 것이다.

구개음화는 피동화음의 종류에 따라 분류할 수 있는데 피동화음이 'ㄷ, ㅌ, ㄸ'인 경우는 'ㄷ-구개음화', 피동화음이 'ㄱ, ㅋ, ㄲ'인 경우는 'ㄱ-구개음화'로 부른다. 현대 국어에서 표준 발음으로 인정되는 구개음화는 'ㄷ-구개음화' 중 다음 두 가지이다. 우선 음절 끝소리가 'ㄷ, ㅌ'인 형태소가 단모음 'ㅣ'로 시작하는 조사나 접사 같은 형식 형태소와 결합하여 'ㅈ, ㅊ'으로 변하는 경우이다. 그리고 음절 끝소리가 'ㄷ'이고 뒤에 접사 '-히-'가 올 때 'ㄷ'과 'ㅎ'이 축약되어 'ㅌ'이 되고, 이것이 구개음 'ㅊ'으로 되는 경우이다.

과거에는 'ㄱ-구개음화'도 일어났다. 방언에서 '기름'이 '지름'으로 변화된 경우가 이에 해당한다. 이 사례에서 알 수 있듯이 과거에는 구개음화가 형태소 내부에서도 일어날 수 있었으며, 이는 근대 국어 시기에 활발하게 일어났다.

그런데 현대 국어에는 '마디', '견디다'와 같이 과거에 구개음화가 일어났을 법한데 그렇지 않은 단어들이 남아 있다. 이런 단어들은 'ㄷ' 뒤에 오는 모음이 원래 'ㅣ'가 아닌 다른 모음이었다는 공통점이 있다. 예를 들어 '마디'는 과거에 '마듸'였는데, 형태소 내부에서의 구개음화가 사라진 후에 'ㅢ'가 'ㅣ'로 바뀌었기 때문에 구개음화가 일어나지 않은 채로 남게 된 것이다.

[A] 과거에 일어났던 구개음화와 관련하여 잘못된 교정이 일어나기도 했다. 예를 들어 문헌상으로 '김치'의 과거 형태는 '딤치'였는데 구개음화가 일어난 이후 '짐치'로 나타난다. 그런데 언중이 구개음화가 일어난 형태를 원래 형태로 교정하고자 하는 과정에서 원래 형태를 잘못 생각하여 '김치'의 형태로 교정하게 되고 이것이 현재의 '김치'가 되었다.

25 [A]를 이해한 내용으로 적절하지 <u>않은</u> 것은? [3점]

① '딤ᄎᆡ'가 '짐ᄎᆡ'로 변하는 과정에서 일어난 구개음화는 'ㄷ-구개음화'에 해당한다.

② 딤ᄎᆡ'가 '짐ᄎᆡ'로 변하는 과정에서 일어난 구개음화는 형태소 내부에서 일어났다.

③ '·김치'의 '치'에서 구개음화가 일어나지 않은 것은 '치'의 모음이 본래 'ㆎ'였기 때문이다.

④ '짐ᄎᆡ'가 '김ᄎᆡ'로 변하는 과정에서 언중은 '짐ᄎᆡ'를 'ㄱ-구개음화'가 일어난 형태라고 생각했다.

⑤ '김치'의 본래 형태가 '딤ᄎᆡ'였고 형태소 내부에서의 'ㄷ-구개음화'가 사라진 후에 'ㆎ'가 'ㅣ'로 변화했다면 구개음화는 일어나지 않았을 것이다.

2020년 6월 고2 전국연합학력평가

26 〈보기〉의 중세 국어 자료에 나타난 특징을 탐구한 내용으로 적절하지 <u>않은</u> 것은?

보기

[중세 국어] 불·휘**기·픈**남·ᄀᆞᆫᄇᆞᄅᆞ·매아·니**:뮐·ᄊᆡ**
[현대 국어] 뿌리가 깊은 나무는 바람에 아니 움직이므로
〈용비어천가〉

[중세 국어] ·첫소·리·ᄅᆞᆯ어·울·워**ᄡᅳ·디·면**ᄀᆞᆯ·**ᄫᅡ**·쓰·라
[현대 국어] 첫소리를 합하여 쓸 것이면 나란히 쓰라.
〈훈민정음언해〉

[중세 국어] ·몸·이며**얼굴**·이며머·리털·이·며·ᄉᆞᆯ·ᄒᆞᆫ
[현대 국어] 몸과 형체와 머리털과 살은
〈소학언해〉

① '기·픈'은 '깊은'과 견주어 보니, 소리 나는 대로 적었음을 알 수 있군.

② ':뮐·ᄊᆡ'는 '움직이므로'에 대응하는 것을 보니, 현대 국어에서는 쓰이지 않는 단어임을 알 수 있군.

③ '·ᄅᆞᆯ'은 '를'과 견주어 보니, 현대 국어와 단어의 형태가 달랐음을 알 수 있군.

④ 'ᄡᅳ·디·면'은 '쓸 것이면'에 대응하는 것을 보니, 초성에 서로 다른 두 개의 자음이 함께 사용되었음을 알 수 있군.

⑤ '얼굴'은 '형체'라는 의미였던 것을 보니, 현대 국어로 오면서 단어의 의미가 확대되었음을 알 수 있군.

2020년 9월 고2 전국연합학력평가

27 〈보기〉의 ㉠~㉢에 들어갈 말로 적절한 것은?

보기

중세국어에는 용언의 어간에 붙어서 실현되는 의문형 어미와는 달리, 체언 뒤에 직접 실현되어서 의문의 뜻을 나타내면서 문장을 끝맺는 조사가 있다. 이를 '의문 보조사'라고 하는데, 의문 보조사로는 판정 의문문에 실현되는 '가/아'와 설명 의문문에 실현되는 '고/오'가 있다. 그런데 '가, 고'는 모음 또는 'ㄹ' 다음에는 '아, 오'로 쓰인다.

○ 얻논 藥(약)이 (㉠)
[얻는 약이 무엇인가?]
○ 이 ᄯᆞ리 너희 (㉡)
[이 딸이 너의 종인가?]
○ 엇뎨 일훔의 (㉢)
[어찌 이름이 선야인가?]

	㉠	㉡	㉢
①	므스것고	죵가	船若(선야)오
②	므스것고	죵가	船若(선야)고
③	므스것고	죵고	船若(선야)오
④	므스것가	죵고	船若(선야)오
⑤	므스것가	죵아	船若(선야)고

2020년 11월 고2 전국연합학력평가

[28] 다음 글을 읽고 물음에 답하시오.

국어에서는 시간을 언어적으로 표현한 것을 시간 표현이라고 한다. 시간 표현에는 시제와 동작상이 있는데, 시제는 말하는 시점인 발화시를 기준으로 어떤 동작이나 상태가 일어난 시점인 사건시와의 관계를 과거, 현재, 미래와 같은 시간으로 나타내는 문법 요소이다.

동작상은 시간의 흐름 속에서 동작이 일어나는 양상을 표현하는 문법 요소이다. 일반적으로 동작상은 '-고 있다', '-아/어 있다' 등과 같이 보조적 연결 어미와 보조 용언의 결합으로 실현된다. 또한 '-(으)면서', '-고서' 등과 같은 연결 어미를 통해서 실현되기도 한다. 동작상은 어떤 사건이 특정 시간의 흐름 속에서 계속 이어지고 있음을 나타내는 진행상과, 어떤 사건이 끝났거나 끝난 후의 결과가 지속되고 있음을 나타내는 완료상으로 구분할 수 있다.

그런데 '그가 넥타이를 매고 있다.'라는 문장에서처럼 진행상을 나타내는 대표적인 표현이 완료상으로도 해석되는 경우가 있다. 이 문장은 그가 넥타이를 매는 중이라는 진행상으로 해석할 수도 있지만, 넥타이를 맨 채로 있다는 완료상으로 해석할 수도 있다. 이와 같이 신체에 무언가를 접촉하는 행위 중 어느 정도 시간의 폭을 요구하는 동사에, '-고 있다'가 쓰이면 중의적인 의미를 가지게 된다.

중세 국어에서도 '-아/어 잇다' 등과 같이 보조적 연결 어미와 보조 용언의 결합이나, '-(으)며셔', '-고셔' 등과 같은 연결 어미를 통해 동작상이 실현되었음을 확인할 수 있다. 한편 중세 국어의 '-아/어 잇다'는 현대 국어의 '아/어 있다'와 달리 진행상을 실현할 때와 완료상을 실현할 때 모두 사용되었다. 그리고 어간과 결합하는 보조적 연결 어미 '-아'는 'ᄒᆞ-' 뒤에서 '-야'의 형태로 바뀌어 나타났다.

28 **윗글을 참고하여 <보기>를 이해한 내용으로 적절하지 <u>않은</u> 것은?**

보기

[중세 국어 자료]

ㄱ. 고ᄌᆞ기 안자 잇거늘
[현대어] 꼿꼿하게 앉아 있거늘

ㄴ. 서늘ᄒᆞᆫ ᄃᆡ 쉬며셔 자더니
[현대어] 서늘한 곳에 쉬면서 잤는데

ㄷ. 누늘 長常(장상) ᄲᆞᆯ아 잇더라
[현대어] 눈을 항상 쳐다보고 있었다.

ㄹ. ᄣᆡ 무든 옷 닙고 시름ᄒᆞ야 잇더니
[현대어] 때 묻은 옷을 입고 걱정하고 있더니

ㅁ. 문 닫고셔 오직 닐오ᄃᆡ
[현대어] 문을 닫고서 오직 이르되

① ㄱ에는 '-아 잇다'가 활용된 형태로 완료상이 표현되어 있음을 확인할 수 있겠군.

② ㄴ에는 연결 어미가 사용되어 동작상이 표현되어 있음을 확인할 수 있겠군.

③ ㄷ에는 '-아 잇다'의 활용된 형태가 현대 국어의 '-아 있다'와 달리 진행의 의미로 표현되어 있음을 확인할 수 있겠군.

④ ㄷ과 ㄹ을 비교해 보니 보조적 연결 어미 '-아'가 'ᄒᆞ-' 뒤에서는 '-야'의 형태로 나타나 있음을 확인할 수 있겠군.

⑤ ㄹ과 ㅁ에서는 보조적 연결 어미와 보조 용언이 결합된 형태로 동작상이 표현되어 있음을 확인할 수 있겠군.

2021년 3월 고2 전국연합학력평가

29 한글 맞춤법과 중세 국어 자료를 함께 참고하여 탐구한 결과로 적절하지 <u>않은</u> 것은? [3점]

한글 맞춤법	【제31항】 두 말이 어울릴 적에 'ㅎ' 소리가 덧 나는 것은 소리대로 적는다. ◦ 수캐(○) / 수개(×) ◦ 살코기(○) / 살고기(×)
관련 자료	중세 국어에서는 '숧', '암ㅎ[雌]', '수ㅎ[雄]', '안ㅎ[內]', '나라ㅎ' 등의 'ㅎ 종성 체언'이 있었다. 'ㅎ 종성 체언'은 단독형으로 쓰일 때에는 'ㅎ'이 나타나지 않지만, 아래와 같은 경우 'ㅎ'이 나타나기도 하였다. ('ㅎ'이 나타나는 경우 / 예) · 모음으로 시작하는 말과 결합하는 경우 'ㅎ'을 이어 적음. — 하ᄂᆞᆯㅎ + 이 → 하ᄂᆞᆯ히(하늘이) · 자음 'ㄱ, ㄷ, ㅂ'으로 시작하는 말과 결합하는 경우 'ㅋ, ㅌ, ㅍ'이 됨. — 고ㅎ + 기리 → 고키리(코끼리) 현대 국어에서는 몇 개의 복합어에서만 'ㅎ' 종성 체언의 흔적이 남아 있는데, '수캐', '살코기', '암평아리' 등이 그에 해당한다.

'ㅎ'이 나타나는 경우	예
모음으로 시작하는 말과 결합하는 경우 'ㅎ'을 이어 적음.	하ᄂᆞᆯㅎ + 이 → 하ᄂᆞᆯ히(하늘이)
자음 'ㄱ, ㄷ, ㅂ'으로 시작하는 말과 결합하는 경우 'ㅋ, ㅌ, ㅍ'이 됨.	고ㅎ + 기리 → 고키리(코끼리)

① '안팎'은 'ㅎ 종성 체언'인 '안ㅎ'에 '밖'이 결합한 흔적이 남아 있는 경우이겠군.

② '수캐'는 'ㅎ'이 'ㄱ'과 어울려 'ㅋ'으로 되는 거센소리되기가 이루어진 것이겠군.

③ '살코기'의 '살'은 중세 국어에서 단독으로 쓰일 경우 '숧'의 형태로 사용되었겠군.

④ '나라'는 중세 국어에서 조사 '이'와 결합하는 경우 '나라히'의 형태로 사용되었겠군.

⑤ '암평아리'는 중세 국어에서 'ㅎ 종성 체언' '암ㅎ'에 '병아리'가 결합한 흔적일 수 있겠군.

2021년 6월 고2 전국연합학력평가

[30] 다음 글을 읽고 물음에 답하시오.

의문문은 일반적으로 화자가 청자에게 질문하여 대답을 요구하는 문장이다. 의문문은 상대 높임에 따라 다양한 의문형 종결 어미로 표현되며, 의문사가 함께 나타내기도 한다. 의문문의 가장 대표적인 유형이 판정 의문문과 설명 의문문이다.

판정 의문문은 화자의 질문에 대하여 긍정이나 부정의 대답을 요구하는 의문문이다. 판정 의문문이 부정문일 때는 질문하는 사람에 긍정적이면 '응/예/네'로, 부정적이면 '아니(요)'로 대답한다. 판정 의문문 중 화자가 이미 알고 있거나 믿고 있는 사실에 대하여 청자의 동의를 구하거나 확인을 할 때는 어미 '-지' 또는 '-지 않-'을 활용한다. 예를 들어, 청자가 밥을 먹은 것을 확인하기 위해, "밥은 먹었지?" 또는 "밥은 먹었지 않니?"라는 의문문을 쓸 수 있다. 한편 "너는 학교에 갔니 안 갔니?"처럼 선택을 요구하는 의문문도 가부의 답변을 요구한다는 점에서 판정 의문문에 포함한다.

설명 의문문은 주로 의문사가 사용되어 그 의문사가 가리키는 내용에 대하여 청자가 구체적으로 설명해 주기를 요구하는 의문문이다. 의문사에는 '누구, 무엇, 어디, 언제' 등의 의문 대명사, '몇, 어떤'과 같은 의문 관형사, '왜, 어찌'와 같은 의문 부사, '어떠하다, 어찌하다'와 같은 의문 용언 등이 있다. 예를 들어, "어디 가니?"의 경우, "학교 가요."와 같은 대답을 요구하면 설명 의문문이다. 의문 대명사가 포함된 의문문의 경우, 상황에 따라 판정 의문문으로 사용되기도 한다. 이때의 의문 대명사는 정해지지 아니한 사람, 물건, 방향, 장소 따위를 가리키는 부정칭 대명사로 볼 수 있다. 앞의 "어디 가니?"의 경우, "예." 또는 "아니요."의 대답을 요구하면 판정 의문문이 되며, 이때의 '어디'는 부정칭 대명사로 사용된 것이다.

한편, 중세 국어에서는 현대 국어에서와 달리 보조사를 사용해서도 의문문을 만들 수 있었다. 즉, 의문사나 '-녀', '-뇨'와 같은 종결 어미 외에도 '가'와 '고'와 같은 보조사를 이용하여 의문문을 만들었다.

30 윗글을 참고하여 〈보기〉의 중세 국어를 이해한 내용으로 가장 적절한 것은? [3점]

보기

중세 국어에서는 과거 시제는 선어말 어미 '-더-'를 사용하여, 미래 시제는 선어말 어미 '-리-'를 사용하여 표현하였다. 하지만 현재 시제는 품사에 따라 다르게 표현했는데, 동사는 선어말 어미 '-ᄂᆞ-'를 사용하였고 형용사와 '체언+이다'는 특정한 선어말 어미를 사용하지 않았다.

○ 내 (㉠)
[내가 가겠습니다.]
○ 사ᄅᆞᄆᆡ (㉡)
[사람의 스승이시다.]
○ 네 이제 ᄯᅩ (㉢)
[네가 이제 또 묻는다.]

① 판정 의문문과 달리 설명 의문문에서는 종결 어미를 활용하였다.
② 긍정이나 부정의 대답을 요구할 때 사용하는 의문사가 따로 있었다.
③ 판정 의문문을 만들 때는 보조사와 종결 어미를 동시에 사용하였다.
④ 판정 의문문에 사용되는 보조사와 종결 어미의 형태가 설명 의문문과 달랐다.
⑤ 의문사를 포함한 의문문이 청자에게 선택을 요청하는 의문문으로 쓰이기도 했다

2021년 9월 고2 전국연합학력평가

31 〈보기〉의 ㉠~㉢에 들어갈 말로 바르게 짝지어진 것은?

보기

중세 국어에서는 과거 시제는 선어말 어미 '-더-'를 사용하여, 미래 시제는 선어말 어미 '-리-'를 사용하여 표현하였다. 하지만 현재 시제는 품사에 따라 다르게 표현했는데, 동사는 선어말 어미 '-ᄂᆞ-'를 사용하였고 형용사와 '체언+이다'는 특정한 선어말 어미를 사용하지 않았다.

○ 내 (㉠)
[내가 가겠습니다.]
○ 사ᄅᆞᄆᆡ (㉡)
[사람의 스승이시다.]
○ 네 이제 ᄯᅩ (㉢)
[네가 이제 또 묻는다.]

	㉠	㉡	㉢
①	가리이다	스스이시다	묻ᄂᆞ다
②	가리이다	스스이시다	묻다
③	가리이다	스스이시ᄂᆞ다	묻ᄂᆞ다
④	가더이다	스스이시다	묻ᄂᆞ다
⑤	가더이다	스스이시ᄂᆞ다	묻다

2021년 11월 고2 전국연합학력평가

[32] 다음 글을 읽고 물음에 답하시오.

부사어는 문장 구성에 부속적인 성분으로 주로 용언을 꾸며 주는 말이다. 부사어는 수식 범위에 따라서 성분 부사어와 문장 부사어로 나눌 수 있다. 성분 부사어는 문장의 특정한 성분을 수식하는 부사어이다. 이때 문장의 특정한 성분이란 서술어나 관형어, 부사어 등을 일컫는다. 문장 부사어는 문장 전체를 수식하는 부사어인데 이들 중 일부는 특정 표현과 호응 관계를 이루기도 한다. 부사어 중에는 문장과 문장을 이어 주는 기능을 하는 접속 부사어도 있는데, 일반적으로 문장 부사어에 포함된다.

부사어는 수의적 성분이지만 간혹 서술어가 필수적으로 요구하는 성분이 되기도 한다. '동생이 귀엽게 군다.'와 '민들레는 씀바귀와 비슷하다.'에서 '귀엽게'와 '씀바귀와'가 없으면 각각의 문장은 불완전한 문장이 된다.

부사어는 주로 세 가지 방식으로 형성된다. 첫 번째는 부사가 그대로 부사어가 되는 것이다. 두 번째는 용언의 어간에 부사형 어미가 붙어 부사어가 되는 것이다. 세 번째는 체언에 부사격 조사가 붙어 부사어가 되는 것이다. 이때 부사격 조사는 종류가 매우 다양하며, 같은 형태의 부사격 조사라고 해도 문맥에 따라 다양한 의미로 사용되기도 한다. '바람에 꽃이 지다.'에서 '에'는 '원인'을 의미하지만, '오후에 운동을 한다.'에서 '에'는 '시간'을 의미하는 것이 이와 같은 예이다.

[A] 중세 국어의 부사격 조사는 현대 국어와 유사한 방식으로 나타나는 경우가 많았지만, 일부 부사격 조사에서는 현대 국어와 다른 양상을 보이기도 한다. 그중 대표적인 것으로는 '애/에/예, ᄋᆡ/의', 'ᄋᆞ로/으로', '라와', '이' 등이 있다. 첫 번째로 '장소'의 의미를 나타내는 부사격 조사인 '애/에/예'는 결합한 체언의 끝음절 모음이 양성 모음이면 '애', 음성 모음이면 '에', 'ㅣ'나 반모음 'ㅣ'이면 '예'가 쓰였는데, 특정 체언들 뒤에서는 'ᄋᆡ/의'로 쓰이기도 했다. 두 번째로 'ᄋᆞ로/으로'는 '출발점'의 의미를 나타내는 부사격 조사로 쓰였는데, 현대 국어에서는 '으로'가 '출발점'을 나타내는 의미로 쓰이지 않는다. 세 번째로 '비교'의 의미를 가지고 있는 부사격 조사인 '라와'는 현대 국어에는 나타나지 않으며, 마찬가지로 '비교'의 의미를 가지고 있는 부사격 조사인 '이'는 현대 국어에서는 사용되지 않는다.

32 [A]를 참고할 때, 〈보기〉의 ⓐ~ⓔ에 들어갈 내용으로 적절하지 <u>않은</u> 것은? [3점]

보기

[탐구 과제]

○ 중세 국어의 부사격 조사에 대해 탐구해 보자.

[탐구 자료]

예		성분분석		탐구 결과
내히 이러 **바ᄅᆞ래** 가ᄂᆞ니 (내가 이루어져 바다에 가느니)	→	바ᄅᆞᆯ+애	→	ⓐ
뎌 **지븨** 가려 ᄒᆞ시니 (저 집에 가려 하시니)	→	집+의	→	ⓑ
貪欲앳 브리 이 **블라와** 더으니라 (탐욕의 불은 이 불보다 더한 것이다)	→	블+라와	→	ⓒ
거부븨 **터리** ᄀᆞᆮ고 (거북의 털과 같고)	→	털+이	→	ⓓ
이에셔 사던 **저그로** 오ᄂᆞᆳ날 ᄀᆞ장 (여기에서 살던 때로부터 오늘날까지)	→	적+으로	→	ⓔ

① ⓐ : '애'는 선행 체언의 끝음절 모음이 양성 모음이기 때문에 사용된 것이겠군.

② ⓑ : '의'는 특정 체언 뒤에 붙어 장소를 나타내는 부사격 조사로 사용된 것이겠군.

③ ⓒ : '라와'는 현대 국어에서 쓰이지 않는 부사격 조사가 비교의 의미로 사용된 것이겠군.

④ ⓓ : '이'는 현대 국어와 달리 'ㅣ'모음 뒤에서 부사격 조사로 사용된 것이겠군.

⑤ ⓔ : '으로'는 현대 국어에서의 의미와 달리 출발점의 의미로 사용된 것이겠군.

알앤비
RNB

패턴국어
고등문법

- 기본편 -

- 정답과 해설 -

알앤비

패턴국어 고등문법

- 기본편 -

- 정답과 해설 -

제1강 음운론(음운)

확인문제

본문 29~35쪽

1 ② 2 ㅏ, ㅜ 3 의미 4 ① 5 ①
6 ② 7 ④ 8 ㄱ, ㄴ, ㄷ, ㄹ, ㅁ, ㅂ, ㅇ
9 ③ 10 [뜨딘는] 11 ③ 12 ②
13 ① 14 ④ 15 [고지드를] 16 ⑤
17 ㉠: [올라갈쑤록] ㉡: [소길쭈른] 18 ④
19 ③ 20 곳간, 셋방, 숫자, 찻간, 툇간, 횟수
21 [나탄때]

기출문제

본문 36~59쪽

1 ①	2 ④	3 ①	4 ①	5 ⑤
6 ①	7 ④	8 ②	9 ②	10 ①
11 ①	12 ③	13 ①	14 ④	15 ⑤
16 ⑤	17 ①	18 ⑤	19 ⑤	20 ③
21 ②	22 ③	23 ⑤	24 ④	25 ②
26 ④	27 ①	28 ①	29 ①	30 ⑤
31 ①	32 ①	33 ⑤	34 ②	35 ④
36 ④	37 ③	38 ③	39 ②	40 ③
41 ④	42 ①	43 ⑤	44 ⑤	45 ⑤
46 ①	47 ①	48 ③	49 ②	50 ⑤
51 ①	52 ②	53 ⑤		

1 ①

정답 해설 | '값'과 '넋'은 각각 [갑]과 [넉]으로 발음되므로 끝소리에 위치한 두 자음 중 뒤에 있는 자음(ㅅ)이 탈락하여 앞에 있는 자음만 발음되는 자음군단순화가 일어나는 단어에 해당한다.

오답 체크 | '닭'과 '삶'은 각각 [닥]과 [삼]으로 발음되므로 끝소리에 위치한 두 자음 중 앞에 있는 자음(ㄹ)이 탈락하여 뒤에 있는 자음만 발음되는 자음군단순화가 일어나는 단어에 해당한다.

2 ④

정답 해설 | <보기>에서 ㉠은 비음화에 대한 설명이고, ㉡은 유음화에 대한 설명이다. '닫는'은 'ㄷ'이 'ㄴ' 앞에서 비음 'ㄴ'으로 바뀌어 [단는]으로, '권리'는 비음 'ㄴ'이 'ㄹ' 앞에서 유음 'ㄹ'로 바뀌어 [궐리]로 발음되므로 ㉠ [단는]은 비음화, ㉡ [궐리]는 유음화의 예에 해당된다.

오답 체크 |

① '먹물'은 'ㄱ'이 'ㅁ' 앞에서 비음 'ㅇ'으로 바뀌어 [멍물]로 발음되는 비음화에 해당하고, '중력'은 'ㄹ'이 'ㅇ' 뒤에서 비음 'ㄴ'으로 바뀌어 [중녁]으로 발음되는 비음화에 해당한다.

② '국밥[국빱]'은 된소리되기의 예이고, '설날[설랄]'은 유음화의 예에 해당하는 단어이다.

③ '입는'은 'ㅂ'이 'ㄴ' 앞에서 비음 'ㅁ'으로 바뀌어 [임는]으로 발음되는 비음화에 해당하고, '막내'는 'ㄱ'이 'ㄴ' 앞에서 비음 'ㅇ'으로 바뀌어 [망내]로 발음되는 비음화에 해당하는 단어이다.

⑤ '솜이불[솜니불]'은 'ㄴ' 첨가의 예에 해당하는 단어이고, '물난리'는 비음 'ㄴ'이 'ㄹ'의 앞과 뒤에서 'ㄹ'로 바뀌어

[물랄리]로 발음되는 유음화에 해당하는 단어이다.

3 ①

정답 해설 | 'ㅐ'는 저모음(개모음)이고, 'ㅔ'는 중모음(반개모음)이므로 'ㅐ'는 'ㅔ'보다 입을 더 크게 벌리고 혀의 높이는 'ㅔ'보다 낮춰서 발음해야 한다.

오답 체크 |

② 'ㅐ'와 'ㅔ'는 모두 평순 모음이기 때문에 입술을 평평하게 하여 발음해야 한다. 입술을 동그랗게 오므려서 발음하는 것은 원순 모음이다.

③ 'ㅐ'는 저모음(개모음)이고, 'ㅔ'는 중모음(반개모음)이므로 'ㅐ'는 'ㅔ'보다 혀의 높이를 높아지게 하는 것이 아니라 낮아지게 해야 한다.

④ 'ㅐ'와 'ㅔ'는 모두 전설 모음이면서 평순 모음이기 때문에 둘 다 혀의 최고점을 앞에 놓아야 한다.

⑤ 'ㅐ'와 'ㅔ'는 모두 평순 모음이기 때문에 입술의 모양에는 변화가 없다. 하지만 'ㅐ'는 '저모음(개모음)'이고 'ㅔ'는 '중모음(반개모음)'이기 때문에 혀의 높낮이에 차이가 있다.

4 ①

정답 해설 | 화자가 빛이[비지]로 발음해야 할 상황에서 [비시]로 발음하여 청자가 빗이[비시]로 잘못 이해한 상황이다. 이는 앞말의 받침이 다음 음절의 첫소리로 옮겨가며 나는 발음을 잘못 발음하였기 때문이다. '빛이'와 같이 체언('빛') 다음에 오는 말이 모음으로 시작하는 형식 형태소일 때는 앞말의 받침을 다음 음절의 첫소리로 옮겨서 발음해야 하는데 이를 연음 법칙이라고 한다.

5 ⑤

정답 해설 | ㉡은 조사이므로 ㉡의 'ㅢ'는 단모음으로 발음될 경우 [ㅔ]로 발음되고 ㉢의 'ㅢ'는 단어의 첫음절이 아니므로 단모음으로 발음될 경우 [ㅣ]로 발음된다.

오답 체크 |

① ㉠의 'ㅢ'는 단어의 첫음절이기 때문에 이중 모음으로만 발음해야 하므로 적절한 설명이다.

② ㉡의 'ㅢ'는 조사이기 때문에 단모음 [ㅔ]로 발음하는 것도 허용하므로 적절한 설명이다.

③ ㉢의 'ㅢ'는 단어의 첫음절이 아니기 때문에 [ㅣ]로 발음되는 것도 허용하므로 적절한 진술이다.

④ 단모음으로 발음될 때 ㉠의 'ㅢ'는 [ㅔ]로 ㉢의 'ㅢ'는 [ㅣ]로 발음되므로 적절한 진술이다.

6 ①

정답 해설 | '종로[종노]'는 뒤의 음운이 앞의 음운에 영향을 받아 그와 비슷하거나 같게 소리 나는 순행 동화이다.

오답 체크 |

② 작년[장년] ③ 신라[실라] ④ 밥물[밤물] ⑤ 국민[궁민]은 앞의 음운이 뒤의 음운의 영향을 받는 역행 동화이다.

7 ④

정답 해설 | <보기>에 주어진 음운 규칙을 실제 단어에 적용한다. ㉠은 어간 받침이 'ㄴ(ㄵ), ㅁ(ㄻ)'인 용언의 활용 과정에서 나타나는 된소리되기의 예를 찾는 것이다. '담다'는 ㉠에 따라 [담따]로 발음한다. ㉡은 한자어에서 'ㄹ' 받침 뒤에 결합되는 자음 'ㄷ, ㅅ, ㅈ'에서 일어나는 된소리되기의 예를 찾는 것이다. '발전'은 ㉡에 따라 [발쩐]으로 발음한다.

오답 체크 |

① '신다'는 ㉠의 조건에 맞기 때문에 [신따]로 발음하지만, '굴곡(屈曲)'은 'ㄹ' 뒤에 결합되는 자음이 'ㄱ'이므로 ㉡의 조건에 맞지 않아 된소리되기가 일어나지 않는다.

② '앉다'는 ㉠의 조건에 맞으므로 [안따]로 발음되지만, '불법(不法)'은 'ㄹ' 뒤에 결합되는 자음이 'ㅂ'이므로 ㉡의 조건에 맞지 않아 된소리되기가 일어나지 않는다.

③ '넓다'에서는 어간 받침이 'ㄼ'이므로 ㉠의 조건에 맞지 않는다. '갈등(葛藤)'은 ㉡에 따라 [갈뜽]으로 발음한다.

⑤ '곯다'는 어간 받침이 'ㅀ'이므로 ㉠의 조건에 맞지 않아 된소리되기가 일어나지 않는다. '월세(月貰)'는 ㉡에 따라 [월쎄]로 발음한다.

8 ②

정답 해설 | ㉡에서 'ㄴ'은 'ㄹ' 앞이나 뒤에서 'ㄹ'로 발음하기에 [대괄령]이라고 읽는다.

9 ②

정답 해설 |

'내복+약'은 ⓑ에 따라 [ㄴ] 소리가 첨가되고, ⓒ에 따라 받침소리 [ㄱ]이 [ㅇ]으로 발음되어 [내:봉냑]으로 발음되므로 적절하다.

오답 체크 |

① '눈+요기'는 ⓑ에 따라 [ㄴ] 소리가 첨가되어 [눈뇨기]로 발음되므로 적절하지 않다.

③ '색+연필'은 ⓑ에 따라 [ㄴ] 소리가 첨가되고, ⓒ에 따라 받침소리 [ㄱ]이 [ㅇ]으로 발음되어 [생년필]로 발음되므로 적절하지 않다.

④ '들+일'은 ⓑ에 따라 [ㄴ] 소리가 첨가되고, ⓓ에 따라 첨가되는 [ㄴ] 소리가 [ㄹ]로 발음되어 [들:릴]로 발음되므로 적절하지 않다.

⑤ '칼+날'은 [ㄴ] 소리가 첨가되지 않고 원래의 [ㄴ] 소리가 앞 음절의 [ㄹ] 소리의 영향을 받아 [칼랄]로 발음되는 것이므로 적절하지 않다.

10 ①

정답 해설 | '국물'이 [궁물]로 발음되는 현상은 '국'의 종성인 'ㄱ'이 그 뒤에 오는 '물'의 초성인 'ㅁ'의 영향을 받아 'ㅇ'으로 바뀐 것이다. 따라서 '국물[궁물]'에서 일어나는 음운 변동은 한 음운이 다른 음운으로 바뀌는 현상인 '교체'에 해당한다. '몫'이 [목]으로 발음되는 현상은 '몫'의 종성에 있는 두 자음 중에서 'ㅅ'이 없어진 것이다. 따라서 '몫[목]'에서 일어나는 음운 변동은 있던 음운이 없어지는 현상인 '탈락'에 해당한다.

11 ①

정답 해설 | '물약'에서 '[물냑]'이 되면서 없던 음운인 'ㄴ'이 추가되었다.(첨가) 이는 앞말이 자음으로 끝나고 뒷말의 첫 음절이 모음 '이, 야, 여, 요, 유'로 시작하는 경우에는 뒷말의 초성 자리에 'ㄴ'이 첨가되어 '니, 냐, 녀, 뇨, 뉴'로 발음되는 'ㄴ' 첨가에 해당한다. '[물냑]'이 '[물략]'이 되는 것은 'ㄴ'이 앞이나 뒤에 오는 유음 'ㄹ'의 영향으로 'ㄹ'로 바뀌는 현상인 유음화에 해당한다. 이는 한 음운이 다른 음운으로 바뀌는 교체에 해당한다.

12 ③

정답 해설 | <보기>에 나타난 승리 조건 중 첫 번째는 전설 모음을, 두 번째는 평순 모음을, 세 번째는 고모음을 의미한다. 이를 모두 만족시키는 모음은 'ㅣ'이다.

13 ①

정답 해설 | 제시된 자료에서 'ㅁ'은 비음이자 울림소리로, 'ㅃ'은 파열음이자 안울림소리로 설명하였다. 따라서 비음인 'ㅁ'이 파열음인 'ㅃ'보다 강하게 파열되며 나는 소리라는 이해는 적절하지 않다.

오답 체크 |

② 'ㅁ'은 울림소리이고, 'ㅃ'은 안울림 예사소리로 파열음에 해당한다.

③ 'ㅁ'은 코로 공기를 내보내는 울림소리에 해당한다.

④ 'ㅁ'과 'ㅃ'은 모두 두 입술 사이에서 나는 소리에 해당한다.

⑤ 'ㅁ'과 'ㅃ'은 모두 자음으로 공기의 흐름이 방해를 받는 소리이다.

14 ④

정답 해설 | '색연필[생년필]'에는 앞말이 자음으로 끝나고 뒷말이 모음 'ㅣ'나 반모음 'ㅣ'로 시작할 때 'ㄴ'이 덧붙는 '첨가(연→년)'와 'ㄱ'이 첨가된 'ㄴ'의 영향을 받아 'ㅇ'로 바뀌는 '교체(색→생)'가 나타난다. 이는 '잡일[잠닐]'에서 일어나는 음운 변동과 같다.

오답 체크 |

① '법학[버팍]'에 나타나는 음운 변동은 '축약(ㅂ+ㅎ→ㅍ)'이다.

② '담요[담뇨]'에 나타나는 음운 변동은 '첨가(요→뇨)'이며 '교체'는 나타나지 않는다.

③ '국론[궁논]'에 나타나는 음운 변동은 '교체(국→궁, 론→논)'이며 '첨가'는 나타나지 않는다.

⑤ '한여름[한녀름]'에 나타나는 음운 변동은 '첨가(여→녀)'이며 '교체'는 나타나지 않는다.

15 ⑤

정답 해설 | '땀받이[땀바지]'는 앞말의 끝소리 'ㄷ'이 연음되어 뒷말의 가운뎃소리 'ㅣ'와 만나 앞의 음운인 'ㄷ'이 'ㅈ'으로 바뀌는 교체 현상이 일어난다. 따라서 ㉡이면서 ⓐ에 해당하므로 적절하지 않다.

오답 체크 |

① '마천루[마철루]'는 앞말의 끝소리 'ㄴ'과 뒷말의 첫소리 'ㄹ'이 만나 앞의 음운인 'ㄴ'이 'ㄹ'로 바뀌는 교체 현상이 일어난다. 따라서 ㉠이면서 ⓐ에 해당하므로 적절하다.

② '목덜미[목떨미]'는 앞말의 끝소리 'ㄱ'과 뒷말의 첫소리 'ㄷ'이 만나 뒤의 음운인 'ㄷ'이 'ㄸ'으로 바뀌는 교체 현상이 일어난다. 따라서 ㉠이면서 ⓑ에 해당하므로 적절하다.

③ '박람회[방남회]'는 앞말의 끝소리 'ㄱ'과 뒷말의 첫소리 'ㄹ'이 만나 앞의 음운인 'ㄱ'이 'ㅇ'으로, 뒤의 음운인 'ㄹ'이 'ㄴ'으로 바뀌는 교체 현상이 일어난다. 따라서 ㉠이면서 ⓒ에 해당하므로 적절하다.

④ '쇠붙이[쇠부치]'는 앞말의 끝소리 'ㅌ'이 연음되어 뒷말의 가운뎃소리 'ㅣ'와 만나 앞의 음운인 'ㅌ'이 'ㅊ'으로 바뀌는 교체 현상이 일어난다. 따라서 ㉡이면서 ⓐ에 해당하므로 적절하다.

16 ⑤

정답 해설 | 셋째 문단에서 '구개음화는 끝소리 'ㄷ, ㅌ'이 모음 'ㅣ'로 시작되는 조사나 접미사 앞에서 구개음 'ㅈ, ㅊ'으로

발음되는 현상'이라고 하였다. 이때 바뀌는 음운은 'ㄷ, ㅌ'에 만 해당하므로, 구개음화는 모음의 소리는 그대로인 채 자음의 소리만 바뀌는 현상이라고 할 수 있다.

오답 체크 |

① 첫째 문단에서 '음운의 동화는 인접한 두 음운 중 어느 한 쪽 또는 양쪽이 서로 비슷하거나 같은 소리로 바뀌는 현상'이라고 하였으므로 적절하다.
② 비음화, 유음화, 구개음화가 일어나면 인접한 두 음운의 성격이 비슷하거나 같은 소리로 바뀐다. 다섯째 문단에서 '성격이 비슷하거나 같은 소리가 연속되면 발음할 때 힘이 덜 들게' 된다고 하였으므로 음운의 동화가 일어날 때 조음 위치나 조음 방식이 바뀌면 발음의 경제성이 높아짐을 알 수 있다.
③ 둘째 문단에서 비음화는 '비음이 아닌 'ㅂ, ㄷ, ㄱ'이 'ㅁ, ㄴ' 앞에서' 바뀌는 현상이고, 유음화는 '비음 'ㄴ'이 유음 'ㄹ'의 앞이나 뒤에서' 바뀌는 현상이라 하였으므로 비음화와 유음화가 일어나는 인접한 두 음운은 모두 자음이라는 것을 알 수 있다.
④ 셋째 문단에서 구개음화는 '모음 'ㅣ'로 시작되는 조사나 접미사 앞'에 'ㄷ, ㅌ'이 인접할 때 일어나는 현상이라고 하였으므로, 자음으로 시작하는 조사나 접미사 앞에서는 구개음화가 일어날 수 없다는 것을 알 수 있다.

17 ①

정답 해설 | <보기>의 a는 파열음 'ㅂ'이 비음 'ㅁ'의 영향으로 비음 'ㅁ'으로 바뀌는 비음화의 예이고, b는 비음 'ㄴ'이 유음 'ㄹ'의 영향으로 유음 'ㄹ'로 바뀌는 유음화의 예이다. 비음화와 유음화 모두 조음 방식이 바뀌는 현상이다. 이와 달리 c는 끝소리 'ㄷ'이 접미사 'ㅣ' 앞에서 'ㅈ'으로 발음되는 구개음화의 예이다. 잇몸소리이면서 파열음인 'ㄷ'이 센입천장소리이면서 파찰음인 'ㅈ'로 바뀌었으므로 조음 위치와 조음 방식이 모두 바뀐 경우에 해당한다.

18 ⑤

정답 해설 | '활동 1'과 '활동 2'에 따르면 '000100'로 표시하는 경우는 순행 동화이고 '001000'으로 표시하는 경우는 역행 동화이다. '활동 자료'의 발음을 바탕으로 단어를 숫자로 표시하면 '잡념[잠념]'은 '001000'로 표시할 수 있으므로 이는 역행 동화에 해당한다.

오답 체크 |

① '국민'은 '001000'으로 표시할 수 있으므로 역행 동화이다.
② '글눈'은 '000100'으로 표시할 수 있으므로 순행 동화이다.
③ '명량'은 '000100'으로 표시할 수 있으므로 순행 동화이다.
④ '신랑'은 '001000'으로 표시할 수 있으므로 역행 동화이다.

19 ⑤

정답 해설 | '옷 한 벌[오탄벌]'이 발음될 때에는 'ㅅ'이 'ㄷ'으로 교체된 후 'ㅎ'과 만나 'ㅌ'으로 축약되는 현상이 일어난다.

20 ③

정답 해설 | ㉠설명을 통해 활용정보에는 구개음화가 일어날 때의 발음이 제시된다는 것을 알 수 있으므로, '밭'의 경우 활용정보인 '밭이[바치]'를 통해 구개음화가 일어나는 것을 확인할 수 있다. 그러나 '낮'의 경우, 활용정보인 '낮이[나치]'는 연음될 때의 발음으로 구개음화가 일어나는 것을 확인할 수 없으므로 적절하지 않다.

오답 체크 |

① 설명을 통해 발음정보에는 음절의 끝소리 규칙이 일어나는 체언의 발음이 제시된다는 것을 알 수 있으므로 '낮'의 경우, 발음정보인 [낟]을 통해 음절의 끝소리 규칙이 일어나는 것을 확인할 수 있다고 한 진술은 적절하다.
② 설명을 통해 발음정보에는 자음군 단순화가 일어나는 체언의 발음이 제시된다는 것을 알 수 있으므로 '흙'의 경우, 발음정보인 [흑]을 통해 자음군 단순화가 일어나는 것을 확인할 수 있다고 한 진술은 적절하다.
④ 설명을 통해 활용정보에는 음절의 끝소리 규칙이나 자음군 단순화가 일어나는 체언이 연음될 때의 발음이 제시된다는 것을 알 수 있으므로 '밭'과 '흙'의 경우, 활용정보인 '밭을[바틀]'과 '흙이[흘기]'를 통해 연음될 때 발음 양상을 확인할 수 있다고 한 진술은 적절하다.
⑤ 설명을 통해 활용정보에는 비음화가 일어나는 경우의 발음이 제시된다는 것을 알 수 있으므로 '낮', '밭', '흙'의 경우, 활용정보인 '낮만[난만]', '밭만[반만]', '흙만[흥만]'을 통해 비음화가 일어나는 양상을 확인할 수 있다는 진술은 적절하다.

21 ②

정답 해설 | '색연필'은 'ㄴ 첨가'에 의해 [색년필]이 된 후, 비음화에 의해 [생년필]이 되므로, 첨가와 교체 현상이 한 번씩 일어난다. 이를 좌표에 적용하면, 첨가의 경우 위쪽으로, 교체의 경우 오른쪽으로 이동해야 한다. 각 현상이 한 번씩 일어났으므로 '색연필[생년필]'은 별표에서 ㉯로 이동하게 된다. 그 결과 음운의 수가 한 개 늘어남을 좌표를 통해 파악할 수 있다.

22 ③

정답 해설 | 이 글에 제시된 음운 변동 중 ⓐ에는 거센소리되

기, ⓑ에는 비음화가 일어나는 단어가 들어가야 한다. '맏형[마텽]'은 'ㄷ'과 'ㅎ'이 합쳐져 거센소리 'ㅌ'으로 발음되므로 ⓐ에 해당하고, '식물[싱물]'은 'ㄱ'이 비음 'ㅁ'의 영향을 받아 비음 'ㅇ'으로 바뀌어 발음되므로 ⓑ에 해당한다.

오답 체크 |

① '창밖[창박]'은 음절 끝의 자음 'ㄲ'이 'ㄱ'으로 발음된다. '능력[능녁]'은 비음화가 일어난다.

② '놓다[노타]'는 거센소리되기가 일어난다. '다섯[다섣]'은 음절 끝의 자음 'ㅅ'이 'ㄷ'으로 발음된다.

④ '쓰-+-어→써[써]'는 모음 탈락이, '법학[버팍]'은 거센소리되기가 일어난다.

⑤ '타-+-아라→타라[타라]'는 모음 탈락이, '집념[짐념]'은 비음화가 일어난다.

23 ⑤

정답 해설 | '섞는[성는]'은 음절 끝의 자음 'ㄲ'이 'ㄱ'으로 바뀐 후, 비음화가 일어나므로 ㉠의 예에 해당한다.

오답 체크 |

① '굽히지[구피지]'는 거센소리되기만 일어난다.

② '작년[장년]'은 비음화만 일어난다.

③ '않고[안코]'는 거센소리되기만 일어난다.

④ '장미꽃[장미꼳]'은 음절 끝의 자음 'ㅊ'이 'ㄷ'으로 발음되는 음운 변동만 일어난다.

24 ④

정답 해설 | '옛이야기[옌:니야기]'는 첨가에 해당하는 'ㄴ첨가'와 교체에 해당하는 '음절의 끝소리 규칙, 비음화'가 적용되었다. 이때 음운의 개수가 늘어났으므로 적절하다.

오답 체크 |

① '풀잎[풀립]'은 첨가에 해당하는 'ㄴ첨가'와 교체에 해당하는 '유음화'가 적용되었고, 음운의 개수는 늘어났다. 하지만 축약은 나타나지 않는다.

② '흙화덕[흐콰덕]'은 탈락에 해당하는 '자음군단순화'와 축약에 해당하는 '거센소리되기'가 적용되었고, 음운의 개수는 줄어들었다. 하지만 교체는 나타나지 않는다.

③ '맞춤옷[맏추몯]'은 교체에 해당하는 '음절의 끝소리법칙'이 적용되었다. 하지만 음운의 개수에는 변화가 없고, 축약과 탈락은 나타나지 않는다.

⑤ '달맞이꽃[달마지꼳]'은 교체에 해당하는 '음절의 끝소리법칙'이 적용되었다. 하지만 음운의 개수에는 변화가 없고, 축약은 나타나지 않는다.

25 ②

정답 해설 | ㉠의 '떠'는 어간 '뜨-'의 모음 'ㅡ'가 '-아/-어'로 시작하는 어미와 결합하여 탈락하는 경우로 음운 변동이 표기에 반영된 것이고, ㉡의 '가서'는 어간 '가-'의 모음 'ㅏ'가 '-아/-어'로 시작하는 어미가 결합할 때 'ㅏ'가 탈락한 경우로 음운 변동이 표기에 반영된 것이므로 적절하지 않다.

오답 체크 |

① ㉠의 '서라'는 어간 '서'의 모음 'ㅓ'와 '-아/-어' 로 시작하는 어미가 결합할 때 'ㅓ'가 탈락하는 경우로 음운 변동이 표기에 반영된 것이고, ㉡의 '끊어라' 는 어간 '끊-'의 끝소리 'ㅎ'이 모음으로 시작하는 어미 앞에서 탈락하는 경우로 음운 변동이 표기에 반영되지 않은 것이므로 적절하다.

③ ㉠의 '꺼'는 어간 '끄-'의 모음 'ㅡ'가 '-아/-어'로 시작하는 어미와 결합하여 탈락하는 경우로 음운 변동이 표기에 반영된 것이고, ㉡의 '신고'는 어간의 끝소리 'ㄴ' 뒤에서 어미의 첫소리가 된소리로 교체되는 경우로 음운 변동이 표기에 반영되지 않은 것이므로 적절하다.

④ ㉠의 '마는'은 어간 '말-'의 끝소리 'ㄹ'이 'ㄴ'으로 시작하는 어미 앞에서 탈락하는 경우로 음운 변동이 표기에 반영된 것이고, ㉡의 '쌓은'은 어간 '쌓-'의 끝소리 'ㅎ'이 모음으로 시작하는 어미 앞에서 탈락하는 경우로 음운 변동이 표기에 반영되지 않은 것이므로 적절하다.

⑤ ㉠의 '너는'은 어간 '널-'의 끝소리 'ㄹ'이 'ㄴ'으로 시작하는 어미 앞에서 탈락하는 경우로 음운 변동이 표기에 반영된 것이고, ㉡의 '담고'는 어간의 끝소리 'ㅁ' 뒤에서 어미의 첫소리가 된소리로 교체되는 경우로 음운 변동이 표기에 반영되지 않은 것이므로 적절하다.

26 ④

정답 해설 | 'ㅘ'는 이중 모음으로 반모음 '[w]'가 단모음 'ㅏ' 앞에서 결합한 소리이다.

오답 체크 |

① 'ㅠ'는 이중 모음으로, 반모음과 단모음이 결합한 소리이다. 이중 모음은 입술 모양이나 혀의 위치가 발음 도중에 변한다.

② 'ㅐ'는 단모음으로, 발음할 때 입술 모양이나 혀의 위치가 변하지 않는다.

③ 'ㅖ'의 발음은 'ㅣ'를 짧게 발음하는 것과 유사한 소리인 반모음 '[j]' 뒤에서 'ㅔ'가 결합한 것이다.

⑤ 반모음은 홀로 쓰일 수 없는 소리이고 이중 모음의 발음은 반모음이 단모음과 결합한 것이다.

27 ①

정답 해설 | '표준어 규정'에 따르면 'ㅚ'와 'ㅟ'는 단모음으로 발음하는 것이 원칙이지만 이중 모음으로 발음하는 것도 허용한다. 'ㅚ'를 이중 모음으로 발음할 경우에는 반모음 '[w]'와 'ㅔ' 소리를 연속하여 발음하며 이 소리는 'ㅞ'의 발음에 해당한다. 따라서 ㉠에 들어갈 발음으로 적절한 것은 [차뭬]이다. 'ㅟ'를 이중 모음으로 발음할 경우에는 반모음 '[w]'와 'ㅣ' 소리를 연속하여 발음하며 이 소리는 'ㅑ, ㅒ, ㅕ, ㅖ, ㅘ, ㅙ, ㅛ, ㅝ, ㅞ, ㅠ, ㅢ'의 발음 중에 없으므로 ㉡은 '포함되어 있지 않아'가 적절하다.

28 ①

정답 해설 | '굳히다'는 'ㄷ'과 'ㅎ'이 'ㅌ'으로 축약(거센소리되기)되어 [구티다]가 된 후, 'ㅌ'이 'ㅊ'으로 교체(구개음화)되어 [구치다]로 발음된다.

오답 체크 |

② '미닫이'는 'ㄷ'이 'ㅈ'으로 교체(구개음화)되어 [미다디]가 [미다지]로 발음된다. 이때 축약은 일어나지 않는다.

③ '빨갛다'는 'ㅎ'과 'ㄷ'이 'ㅌ'으로 축약(거센소리되기)되어 [빨가타]로 발음된다. 이때 교체는 일어나지 않는다.

④ '솜이불'은 'ㄴ'이 첨가되어 [솜니불]로 발음된다. 이때 교체와 축약은 둘 다 일어나지 않는다.

⑤ '잡히다'는 'ㅂ'과 'ㅎ'이 'ㅍ'으로 축약(거센소리되기)되어 [자피다]로 발음된다. 이때 교체는 일어나지 않는다.

29 ①

정답 해설 | '맨입'은 '맨-'과 '입'이 결합하면서 'ㄴ' 첨가가 일어나고, '쌓아'에서는 'ㅎ'의 탈락이 일어난다. '입학'은 'ㅂ'과 'ㅎ'의 두 음운이 합쳐져 한 음운 'ㅍ'으로 줄어드는 축약이 일어나고, '칼날'은 'ㄴ' 이 'ㄹ'을 만나 'ㄹ'로 교체되는 현상이 일어난다.

30 ⑤

정답 해설 | '중력'은 [중녁]으로 발음되어 뒤 음절의 초성 자리에 놓인 음운이 바뀌고, '칼날'은 [칼랄]로 발음되어 뒤 음절의 초성 자리에 놓인 음운이 바뀌고, '톱밥'은 [톱빱]으로 발음되어 뒤 음절의 초성 자리에 놓인 음운이 바뀌므로 '중력', '칼날', '톱밥'은 ㉠에 해당한다. '먹물'은 [멍물]로 발음되어 앞 음절의 종성 자리에 놓인 음운이 바뀌고, '집념'은 [짐념]으로 발음되어 앞 음절의 종성 자리에 놓인 음운이 바뀌므로 '먹물', '집념'은 ㉡에 해당한다.

31 ①

정답 해설 | ㉠의 '꽃잎'은 [꼳닙](제29항)->[꼰닙](제18항)으로, ㉡의 '색연필'은 [색년필](제29항)->[생년필](제18항)로 음운이 바뀌어 발음된다. 따라서 <보기1>의 두 조항이 모두 적용되었다.

오답 체크 | ㉢의 '식용유'는 [시공뉴]로 발음되므로 제29항과 연음이 적용된 사례이고, ㉣의 '직행열차'는 [지캥녈차]로 발음되므로 제29항과 거센소리되기가 적용된 사례이다. 따라서 ㉢과 ㉣에는 제18항이 적용되지 않았다.

32 ①

정답 해설 | '맨입'은 ㄴ 첨가가 일어나 [맨닙]으로 발음되고, '국민'은 비음화가 일어나 [궁민]으로 발음된다. ㄴ 첨가 와 비음화가 모두 일어나는 단어는 '막일'이다. '막일'은 ㄴ 첨가를 통해 [막닐]로, 비음화를 통해 [망닐]로 발음된다.

오답 체크 |

② '담요'는 [담ː뇨]로 발음되어 ㄴ 첨가만 일어난다.

③ '낙엽'은 연음을 통해 [나겹]으로 발음된다. 참고로 연음은 음운 변동 현상에 해당하지 않는다.

④ '곡물'은 [공물]로 발음되어 비음화만 일어난다.

⑤ '강약'은 [강약]으로 발음되어 음운 변동 현상이 일어나지 않는다.

33 ⑤

정답 해설 | ㉤은 'ㄴ'으로 끝나는 형태소와 'ㅣ' 모음으로 시작하는 형태소가 결합할 때 없던 음운 'ㄴ'이 추가된 것이므로 첨가에 해당한다.

오답 체크 |

① ㉠은 'ㅂ'의 영향을 받아 'ㄱ'이 'ㄲ'으로 바뀐 현상이므로 교체에 해당한다.

② ㉡은 'ㅎ'으로 끝나는 어간과 모음으로 시작하는 어미가 결합하여 'ㅎ'이 없어진 현상이므로 탈락에 해당한다.

③ ㉢은 'ㄱ'이 'ㄴ'의 영향을 받아 'ㅇ'으로 바뀐 현상이므로 교체에 해당한다.

④ ㉣은 'ㅎ'과 'ㅈ'이 합쳐져서 'ㅊ'이 된 현상이므로 축약에 해당한다.

34 ②

정답 해설 | '물약'의 표준 발음은 [물략]이다. 이렇게 발음되는 데는 ⓐ가 적용된다.

오답 체크 |

① '색연필'은 ⓐ를 적용하여 '연'을 [년]으로 발음하고 ⓑ를 적

용하여 '색'을 [생]으로 발음하는 것이다.
③ '잡는다'는 ⓑ를 적용하여 [잠는다]로 발음하는 것이다.
④ '강릉'은 ⓒ를 적용하여 [강능]으로 발음하는 것이다.
⑤ '물난리'의 '난'은 앞뒤에 'ㄹ'이 이어지므로 ⓓ를 적용하여 [물랄리]로 발음하는 것이다.

35 ④
정답 해설 | '크- + -어서 → 커서'의 경우 어간의 모음 'ㅡ'가 탈락한 것이다(㉡, ㉣).
오답 체크 |
① '싫다[실타]'는 'ㅎ'과 'ㄷ'이 만나 'ㅌ'이 되는 축약 현상이 일어난 경우이다(㉠, ㉢).
② '좋아요[조아요]'는 'ㅎ'이 탈락하는 현상이 일어난 경우이다(㉡, ㉢).
③ '울- + -는 → 우는'은 'ㄹ'이 탈락하는 현상이 일어난 경우이다(㉡, ㉢).
⑤ '나누- + -었다 → 나눴다'는 'ㅜ'와 'ㅓ'가 만나 'ㅝ'가 되는 축약 현상이 일어난 경우이다(㉠, ㉣).

36 ④
정답 해설 | '국민→[궁민]'에서 'ㄱ'이 'ㅇ'으로 변하였는데, 'ㄱ'은 파열음이고 'ㅇ'은 비음이므로 조음 방법이 변하였다. '물난리→[물랄리]'에서 'ㄴ'이 'ㄹ'로 변하였는데, 'ㄴ'은 비음이고 'ㄹ'은 유음이므로 조음 방법이 변하였다.
오답 체크 |
① '국민→[궁민]'에서 파열음 'ㄱ'이 'ㅇ'으로 바뀐 것은 뒤 자음 'ㅁ'의 영향을 받은 것이다. 그리고 바뀐 음운 'ㅇ'은 유음이 아니라 비음이다.
② '물난리→[물랄리]'는 비음 'ㄴ'이 유음 'ㄹ'의 영향으로 유음 'ㄹ'로 바뀐 '유음화'가 일어났다.
③ '굳이→[구지]'에는 잇몸소리 'ㄷ'이 'ㅣ' 모음 앞에서 센입천장소리 'ㅈ'으로 변하는 '구개음화'가 일어났다.
⑤ '굳이→[구지]'에서 'ㄷ'이 'ㅈ'으로 변하였는데 'ㄷ'은 잇몸소리이고 'ㅈ'은 센입천장소리이므로 조음 위치가 변하였다. 그러나 '물난리→[물랄리]'에서는 'ㄴ'이 'ㄹ'로 변하였는데 둘 다 잇몸소리이므로 조음 위치가 변하지 않았다.

37 ③
정답 해설 | '불여우[불려우]'는 [ㄴ]이 첨가되어 [불녀우], [ㄴ]이 [ㄹ]로 교체되어 [불려우]로 발음된다. 따라서 ㉠은 ⓑ, ㉡은 ⓐ에 해당한다.

38 ③
정답 해설 | '맛없다[마덥따]'는 '맛'의 받침 'ㅅ'이 'ㄷ'으로 교체되는 '음절의 끝소리 규칙'과 '없-'의 받침 'ㅄ'중 'ㅅ'이 탈락되고 'ㅂ'이 남는 '자음군 단순화'가 일어나고, '-다'의 첫소리 'ㄷ'이 'ㄸ'으로 교체되는 '된소리되기'가 일어나므로 '교체'와 '탈락' 현상이 일어난다. 그리고 '영업용[영엄뇽]'은 '용'에 'ㄴ'이 첨가되는 'ㄴ첨가'와 '업'의 받침 'ㅂ'이 'ㅁ'으로 교체되는 '비음화'가 일어나므로 '첨가'와 '교체' 현상이 일어난다. 또한 '깨끗하다[깨끄타다]'는 '끗'의 받침 'ㅅ'이 'ㄷ'으로 교체되는 '음절의 끝소리 규칙', 교체된 받침인 'ㄷ'과 '하다'의 첫소리 'ㅎ'이 만나 'ㅌ'으로 축약되는 '자음 축약'이 일어나므로 '교체'와 '축약'이 일어난다. 마지막으로 '급행열차[그팽녈차]'는 '급'의 받침 'ㅂ'과 '행'의 첫소리 'ㅎ'이 축약되어 'ㅍ'이 되므로 '자음 축약'이 일어나고, '열차'의 '열'에 'ㄴ첨가'가 일어나므로 '축약'과 '첨가'가 일어난다. 그러므로 ⓐ에는 '맛없다'가, ⓑ에는 '깨끗하다'가, ⓒ에는 '영업용'이, ⓓ에는 '급행열차'가 적절하다.

39 ②
정답 해설 | '옷깃'은 명사 '옷'과 명사 '깃'이 결합하여 만들어진 합성 명사이다. 그리고 발음은 [옫낃]으로 둘째 어근의 첫소리 'ㄱ'이 된소리 'ㄲ'으로 바뀌는 현상이 나타난다. 하지만 이 때 나타나는 현상은 [ㄱ, ㄷ, ㅂ]으로 발음되는 받침 'ㄱ(ㄲ, ㅋ, ㄳ, ㄺ), ㄷ(ㅅ, ㅆ, ㅈ, ㅊ, ㅌ), ㅂ(ㅍ, ㄼ, ㄿ, ㅄ)' 뒤에서 'ㄱ, ㄷ, ㅂ, ㅅ, ㅈ'은 된소리인 [ㄲ, ㄸ, ㅃ, ㅆ, ㅉ]으로 각각 발음되는 된소리되기에 해당하는 것으로, 사잇소리 현상의 앞 어근의 끝소리가 울림소리이고 뒤 어근의 첫소리가 안울림 예사소리이면 뒤의 예사소리가 된소리로 바뀌는 현상과는 다르다.
오답 체크 |
① '빨랫돌'은 '빨래'와 '돌'이 결합하여 만들어진 합성 명사로, 앞 어근의 끝소리가 울림소리인데 뒤 어근의 첫소리인 안울림 예사소리가 된소리로 바뀐다는 점으로 볼 때, ㉮에 해당하는 예이다.
③ '홑이불'의 발음은 [혼니불]로, 발음할 때 'ㄴ'의 첨가가 나타난다. 하지만 '홑이불'은 접사 '홑-'과 명사 '이불'이 결합하여 만들어진 파생 명사이다.
④ '뱃머리'는 '배'와 '머리'가 결합하여 만들어진 합성 명사로, 'ㅁ'으로 시작하는 뒤 어근의 앞에서 모음으로 끝난 앞 어근의 끝소리에 'ㄴ'이 첨가된다는 점으로 볼 때, ㉯에 해당하는 예이다.
⑤ '깻잎'은 '깨'와 '잎'이 결합하여 만들어진 합성 명사로, 앞 어근이 모음으로 끝나고 뒤 어근이 'ㅣ'로 시작되는데 앞

어근의 끝소리와 뒤 어근의 첫소리에 모두 'ㄴ'이 첨가된다는 점으로 볼 때, ㉯에 해당하는 예이다.

40 ③

정답 해설 | 구개음화는 끝소리가 'ㄷ, ㅌ'인 형태소가 모음 'ㅣ'나 반모음 'ㅣ'로 시작되는 형식 형태소와 만나면 그것이 구개음인 'ㅈ, ㅊ'이 되는 현상이다. '굳히다[구치다]'와 '닫히다[다치다]'는 끝소리 'ㄷ'이 뒤에 이어지는 'ㅎ'과 만나 축약이 이루어져 'ㅌ'으로 되고, 그 'ㅌ'이 'ㅣ'모음의 영향을 받아 'ㅊ'으로 바뀐 것이다.

41 ④

정답 해설 | ㉠은 첨가, ㉡은 교체, ㉢은 탈락, ㉣은 축약에 대한 설명이다. '구급약[구:금냑]'은 'ㄴ'이 첨가된 후 'ㅂ'이 'ㄴ'과 만나 'ㅁ'으로 교체되었다. 물엿[물렫]은 'ㄴ'이 첨가된 후 'ㄹ'의 영향으로 'ㄴ'이 'ㄹ'로 교체되었으며, 'ㅅ'은 'ㄷ'으로 교체되었으므로 적절하다.

오답 체크 |

① '설날[설:랄]'은 교체만 일어나므로 적절하지 않다.
② '없을[업:쓸]'은 교체만 일어나므로 적절하지 않다.
③ '끓이다[끄리다]'는 탈락만 일어나므로 적절하지 않다.
⑤ '꿋꿋하다[꾿꾸타다]'는 교체와 축약이 일어나므로 적절하지 않다.

42 ①

정답 해설 | '읽느라'가 [잉느라]로 발음될 때, 어간의 겹받침 중 'ㄹ'이 탈락하고(자음군 단순화), 'ㄱ'이 뒤의 'ㄴ'의 영향을 받아 'ㅇ'으로 교체된다(비음화).

오답 체크 |

② '훑고서'가 [훌꼬서]로 발음될 때, 'ㄱ'이 'ㄲ'으로 교체되고(된소리되기), 어간의 겹받침 중 'ㅌ'이 탈락된다(자음군 단순화).
③ '예삿일'이 [예산닐]로 발음될 때, 'ㄴ'이 첨가되며, 둘째 음절의 받침인 'ㅅ'이 'ㄷ'으로 교체되고(음절의 끝소리 규칙), 첨가된 'ㄴ'의 영향으로 'ㄷ'이 'ㄴ'으로 교체된다(비음화).
④ '알약을'이 [알랴글]로 발음될 때, 'ㄴ'이 첨가되고, 첨가된 'ㄴ'이 첫째 음절의 받침인 'ㄹ'의 영향으로 'ㄹ'로 교체된다(유음화). [알랴글]은 [알략을]이 연음된 것으로 연음은 음운 변동에 포함되지 않는다.
⑤ '앓았다'가 [아랃따]로 발음될 때, 어간의 겹받침 중 'ㅎ'이 탈락하며(자음군 단순화), 둘째 음절의 받침인 'ㅆ'이 'ㄷ'으로 교체되고(음절의 끝소리 규칙), 'ㄷ'의 영향으로, 'ㄷ'이 'ㄸ'으로 교체된다(된소리되기). [아랃따]는 [알앋따]가 연음된 것으로 연음은 음운 변동에 포함되지 않는다.

43 ⑤

정답 해설 | ㄷ의 '올여름'은 ㄴ첨가, 유음화가 일어나므로 두 번 이상의 음운 변동이 일어나지만, ㄹ의 '해돋이'는 구개음화만 일어나므로 두 번 이상의 음운 변동이 일어나지 않는다.

오답 체크 |

① ㄱ의 '신라'는 앞의 음운인 'ㄴ'이 뒤의 음운인 유음 'ㄹ'의 성질을 닮아 유음 'ㄹ'로 변동되었고, ㄴ의 '국물'은 앞의 음운인 'ㄱ'이 뒤의 음운인 비음 'ㅁ'의 성질을 닮아 비음 'ㅇ'으로 변동되었다.
② ㄱ의 '신라'는 'ㄴ'이 'ㄹ'로 바뀌는 교체 현상이 일어나고, ㄷ의 '올여름'은 ㄴ첨가가 일어나 [올녀름]이 되고 뒤의 음운 'ㄴ'이 앞의 음운 'ㄹ'의 영향으로 'ㄹ'로 바뀌는 교체(유음화)가 일어나 [올려름]이 된다.

44 ⑤

정답 해설 | ⓒ의 '꽃이슬'은 [꼰니슬]로, ⓓ의 '솜이불'은 [솜니불]로 발음될 때 'ㄴ'이라는 새로운 음운이 생기는 '첨가'가 공통적으로 일어나므로 적절하다.

오답 체크 |

③ ⓐ의 '굳히다'는 [구치다]로 발음될 때 끝소리 'ㄷ'이 뒤에 오는 'ㅎ'과 축약(거센소리되기)이 일어나서 'ㅌ'이 된 후 'ㅣ'모음의 영향을 받아 'ㅊ'으로 바뀌는 교체(구개음화)가 일어난다. ⓑ의 '훑이다'는 [훌치다]로 발음될 때 받침의 'ㅌ'이 'ㅣ'모음의 영향을 받아 'ㅊ'으로 바뀌는 교체(구개음화)가 일어난다. 따라서 ⓐ와 ⓑ에서 공통적으로 일어나는 음운 변동은 '축약'이 아니라 '교체'이다.

45 ⑤

정답 해설 | 현대 국어에서 표준 발음으로 인정되는 구개음화는 음절 끝소리가 'ㄷ, ㅌ'인 형태소가 단모음 'ㅣ'로 시작하는 조사나 접사 같은 형식 형태소와 결합하여 'ㅈ, ㅊ'으로 변하는 경우나, 음절 끝소리가 'ㄷ'이고 뒤에 접사 '-히-'가 올 때 'ㄷ'과 'ㅎ'이 축약되어 'ㅌ'이 되고 이것이 구개음 'ㅊ'으로 되는 경우이다. '끝인사'를 [끄친사]로 발음하지 않는 이유는 '끝' 뒤에 붙는 '인사'가 형식 형태소가 아니기 때문이다.

오답 체크 |

① '같이'를 [가치]로 발음하는 이유는 표준 발음으로 인정되는 'ㄷ-구개음화'가 일어나기 때문이다.
② '많지만'을 [만치만]으로 발음하는 이유는 자음 축약이 일어나기 때문이다. 이 경우는 현대 국어에서 표준 발음으로 인정되는 구개음화의 사례가 될 수 없다.

③ '맏이'를 [마디]로 발음하지 않는 이유는 'ㄷ-구개음화'가 일어난 [마지]가 표준 발음으로 인정되기 때문이다.
④ '곁으로'를 [겨츠로]로 발음하지 않는 이유는 연음하여 발음한 [겨트로]가 표준 발음이기 때문이다. 이 경우 현대 국어에서 표준 발음으로 인정되는 구개음화의 사례가 될 수 없다.

46 ①

정답 해설 | '놓는[논는]'은 받침 'ㅎ'이 'ㄷ'으로 교체되고, 앞의 'ㄷ'이 뒤의 'ㄴ'의 영향을 받아 'ㄴ'으로 교체된다. '칼날[칼랄]'은 뒤의 'ㄴ'이 앞의 'ㄹ'의 영향을 받아 'ㄹ'로 교체된다. 두 단어는 교체만 일어났으므로 음운 변동 전후 음운의 수가 동일하다. '닳아[다라]'는 앞 음절의 겹받침 중 'ㅎ'이 탈락하고, 앞 음절의 'ㄹ'이 뒤 음절로 연음된다. '막일[망닐]'은 뒤 음절에 'ㄴ'이 첨가되며, 첨가된 'ㄴ'의 영향으로 앞 음절의 'ㄱ'이 'ㅇ'으로 교체된다. 두 단어는 각각 탈락, 첨가가 일어났으므로 음운 변동 전후 음운의 수가 동일하지 않다.

오답 체크 |
② 모두 자음의 변동만 일어났다.
③ 모두 음운 변동의 결과가 표기에 반영되지 않았다.
④ '놓는[논는]'과 '닳아[다라]'에서는 앞 음절에서만, '칼날[칼랄]'에서는 뒤 음절에서만, '막일[망닐]'에서는 앞 음절과 뒤 음절 모두에서 음운 변동이 일어났다.
⑤ '놓는[논는]', '칼날[칼랄]', '막일[망닐]'에서만 조음 방법이 같아지는 음운 변동이 일어났다.

47 ①

정답 해설 | '달님[달림]'은 한 음운이 '앞'의 음운의 영향을 받아 '유음'으로 바뀌어 '조음 방법'이 바뀐 것이다. '공론[공논]'은 한 음운이 '앞'의 음운의 영향을 받아 '비음'으로 바뀌어 '조음 방법'이 바뀐 것이다. '논리[놀리]'는 한 음운이 '뒤'의 음운의 영향을 받아 '유음'으로 바뀌어 '조음 방법'이 바뀐 것이다.

48 ③

정답 해설 | '작년[장년]'은 음운 'ㄱ'이 비음 'ㄴ' 앞에서 비음 'ㅇ'으로 바뀌므로 ㉠의 예에 해당한다. 그리고 '칼날[칼랄]'은 음운 'ㄴ'이 유음 'ㄹ' 뒤에서 유음 'ㄹ'로 바뀌어 ㉡의 예에 해당하므로 적절하다.

오답 체크 |
① '겹눈[겸눈]'은 음운 'ㅂ'이 비음 'ㄴ' 앞에서 비음 'ㅁ'으로 바뀌므로 ㉠의 예에 해당하지만, '맨입[맨닙]'은 첨가가 나타나 ㉡의 예에 해당하지 않으므로 적절하지 않다.
② '실내[실래]'는 음운 'ㄴ'이 유음 'ㄹ' 뒤에서 유음 'ㄹ'으로 바뀌므로 ㉡의 예에 해당하고, '국물[궁물]'은 음운 'ㄱ'이 비음 'ㅁ' 앞에서 비음 'ㅇ'으로 바뀌어 ㉠의 예에 해당하므로 적절하지 않다.
④ '백마[뱅마]'는 음운 'ㄱ'이 비음 'ㅁ' 앞에서 비음 'ㅇ'으로 바뀌므로 ㉠의 예에 해당하지만, '잡히다[자피다]'는 음운의 축약이 나타나 ㉡의 예에 해당하지 않으므로 적절하지 않다.
⑤ '끓이다[끄리다]'는 음운의 탈락이 나타나므로 ㉠의 예에 해당하지 않고, '물놀이[물로리]'는 음운 'ㄴ'이 유음 'ㄹ' 뒤에서 유음 'ㄹ'로 바뀌어 ㉡의 예에 해당하므로 적절하지 않다.

49 ②

정답 해설 | '살피- + -어'가 [살펴]로 발음되는 경우, 'ㅕ'는 반모음 'ǐ'와 단모음 'ㅓ'가 결합된 것이므로, 어간의 단모음 'ㅣ'가 반모음 'ǐ'로 교체되었음을 알 수 있다.

오답 체크 |
① '[뛰여]'는 반모음 'ǐ'가 어미의 단모음 'ㅓ'에 첨가되는 현상에 해당한다.
③ '[치러]'는 어간의 모음 'ㅡ'가 탈락되는 현상에 해당한다.
④ '[끼여]'는 반모음 'ǐ'가 어미의 단모음 'ㅓ'에 첨가되는 현상에 해당한다.
⑤ '[자서]'는 어간의 단모음 'ㅏ'가 탈락되는 현상에 해당한다.

50 ⑤

정답 해설 | '팥빵[팓빵]'은 받침 'ㅌ'이 'ㄷ'으로 바뀌는 평파열음화(교체)가 일어나고, '많던[만턴]'은 'ㅎ'과 뒤의 'ㄷ' 이 'ㅌ'으로 합쳐지는 거센소리되기(축약)가 일어난다. '애틋한[애트탄]'은 받침 'ㅅ'이 'ㄷ'으로 바뀌는 평파열음화(교체)가 일어나고, 앞의 'ㄷ'과 뒤의 'ㅎ'이 'ㅌ' 으로 합쳐지는 거센소리되기(축약)가 일어난다.

오답 체크 |
① '낯설고[낟썰고]'는 받침 'ㅊ'이 'ㄷ'으로 바뀌는 평파열음화(교체)가 일어나고, 'ㄷ' 뒤의 'ㅅ'이 'ㅆ'으로 바뀌는 된소리되기(교체)가 일어난다.
② '놓더라[노터라]'는 'ㅎ'과 뒤의 'ㄷ'이 'ㅌ'으로 합쳐지는 거센소리되기(축약)가 일어난다.
③ '맞는지[만는지]'는 받침 'ㅈ'이 'ㄷ'으로 바뀌는 평파열음화(교체)가 일어나고, 'ㄷ'이 'ㄴ'의 영향을 받아 'ㄴ'으로 바뀌는 비음화(교체)가 일어난다.
④ '먹히는[머키는]'은 'ㄱ'과 뒤의 'ㅎ'이 'ㅋ'으로 합쳐지는 거센소리되기(축약)가 일어난다.

51 ①

정답 해설 | 4문단에 따르면 '믿는'의 '믿-'은 비음인 'ㄴ' 앞에 평파열음인 'ㄷ'이 올 수 없어 '민-'으로 교체되었으므로 자동적 교체에 해당한다. 5문단에 따르면 '안고'는 비음으로 끝나는 어간 '안-' 뒤에서 '-고'가 '-꼬'로 교체되는 경우로, '-고'는 비음인 'ㄴ' 뒤에 'ㄱ, ㄷ, ㅈ'과 같은 자음이 오지 못해 '-꼬'로 교체된 것이 아니므로 비자동적 교체에 해당한다.

52 ②

정답 해설 | 'ⓑ의 '책'은 환경에 따라 '책이[채기]', '공책은[공채근]', '책도[책또]'에서는 '[책]'으로 '책만[챙만]'에서는 '[챙]'으로 실현된다. 따라서 '책'은 기본형을 따로 정할 필요가 없는 경우에 해당하는 것이 아니라, 이형태가 복수로 존재하여 기본형을 정해 주는 경우에 해당한다.

오답 체크 |

① ⓐ의 '닭'은 환경에 따라 '[닥]', '[당]' 등으로 실현되며 상보적 분포를 보인다.

⑤ ⓔ의 '잎'은 환경에 따라 '[입]', '[임]' 등으로 실현되므로 이들을 대표할 수 있는 형태인 '잎'을 기본형으로 설정한다.

53 ⑤

정답 해설 |

㉠의 '꽃잎[꼰닙]'은 교체와 첨가가 일어났으며 음운의 개수는 늘었다. ㉡의 '맑지[막찌]'는 탈락과 교체가 일어났으며 음운의 개수는 줄었다. ㉢의 '막힘없다[마키멉따]'는 축약과 탈락과 교체가 일어났으며 음운의 개수는 줄었다. 따라서 '㉡과 ㉢은 음운의 개수가 줄었습니다.'라는 진술은 적절하다.

제2강 형태론(단어)

확인문제 본문 82~86쪽

1 ⑤	2 나 / 는 / 버스 /를 / 타 / 고 / 학 / 교 / 에 / 가- / -ㄴ- / -다			
3 ③	4 ②	5 ③	6 성질	7 ⑤
8 ②	9 명사, 조사		10 제일, 첫째	
11 ⑤	12 치뤘다 → 치렀다			13 ⑤
14 ③	15 ㉠, ㉡, ㉢, ㉤			

기출문제 본문 87~108쪽

1 ⑤	2 ①	3 ⑤	4 ⑤	5 ③
6 ③	7 ③	8 ④	9 ④	10 ③
11 ①	12 ②	13 ⑤	14 ④	15 ②
16 ①	17 ②	18 ②	19 ③	20 ①
21 ⑤	22 ④	23 ④	24 ②	25 ③
26 ②	27 ②	28 ⑤	29 ⑤	30 ④
31 ③	32 ⑤	33 ④	34 ④	35 ③
36 ②	37 ⑤	38 ②	39 ⑤	40 ④
41 ④	42 ①	43 ⑤	44 ①	45 ②
46 ①				

1 ⑤

정답 해설 | '겁먹다'는 '겁'과 '먹다'가 결합하여 만들어진 말로, 목적어 '겁(을)'과 서술어 '먹다'의 관계를 나타내고 있는 합성어이다.

오답 체크 |

① '혼나다'는 주어 '혼(이)'과 서술어 '나다'의 관계를 나타내고 있다.

② '빛나다'는 주어 '빛(이)'과 서술어 '나다'의 관계를 나타내고 있다.

③ '힘들다'는 주어 '힘(이)'과 서술어 '들다'의 관계를 나타내고 있다.

④ '앞서다'는 부사어 '앞(에)'과 서술어 '서다'의 관계를 나타내고 있다.

2 ①

정답 해설 | <보기>를 통해 어근, 접사의 개념과 단어의 구성 방식을 이해한 뒤 구체적인 단어를 분석한다. '새해'는 관형사 어근 '새'와 명사 어근 '해'가 결합한 합성어이다.

오답 체크 |

② '밤낮'은 명사 어근 '밤'과 명사 어근 '낮'이 결합한 합성어이다.

③ '구경꾼'은 명사 어근 '구경'과 접사 '-꾼'이 결합한 파생어이다.

④ '이슬비'는 명사 어근 '이슬'과 명사 어근 '비'가 결합한 합성어이다.

⑤ '민들레'는 하나의 어근으로 이루어진 단일어이다.

3 ⑤

정답 해설 | '수'는 의존 명사이므로 앞말과 띄어 써야 한다. 그러므로 '수'를 조사로 보아 '기여할수'의 띄어쓰기가 적절하다고 판단한 것은 적절하지 않다.

4 ⑤

정답 해설 | '윗집, 위쪽, 위층'의 자료에서 '윗-'과 '위-'의 쓰임의 차이를 확인할 수 있다. 'ㅈ'은 예사소리이고, 'ㅉ,ㅊ'은 각각 된소리와 거센소리이므로 예사소리 앞에서는 '윗-', 된소리나 거센소리 앞에서는 '위-'를 사용함을 확인할 수 있다.

오답 체크 | '윗사람'과 '웃어른'의 자료에서 '윗-'과 '웃-'의 차이를 확인할 수 있다. '아랫사람'은 사용하는 단어이나 '아랫어른'이라는 단어는 사용하지 않으므로, '윗-'과 '웃-'의 차이는 '위 아래의 대립의 유무'임을 확인할 수 있다.

5 ③

정답 해설 | '달리기'는 '달리-'의 어근과 '-기'의 접사로 이루어진 단어이다.

6 ③

정답 해설 | 앞말에 조사가 붙을 때 그 뒤에 오는 보조 용언은 띄어 쓴다. ⓒ '웃고만 있었다'의 본용언 '웃고'에 보조사 '만'이 붙었기 때문에 뒤에 오는 보조 용언 '있었다'를 띄어 쓴 것이다.

오답 체크 |

④ '척'은 '그럴 듯하게 꾸미는 거짓 태도나 모양'을 뜻하는 의존 명사이므로 앞말과 띄어 쓴다.

7 ③

정답 해설 | '검붉다'는 두 어근 '검-'과 '붉-'이 결합하였으므로 합성어이지만, '나무꾼'은 어근 '나무'에 접사 '-꾼'이 결합한 파생어이다.

오답 체크 |

① 어근 '솟-'에 접사 '치-'가 결합하였다.

② 실질적인 뜻을 가진 두 어근 '밤'과 '하늘'의 결합이다.

③ '지우개'는 어근 '지우-'에 접미사 '-개'가 결합한 것이므로 파생어이고, '닭고기'는 두 어근 '닭'과 '고기'의 결합이므로 합성어이다.

⑤ '개살구'는 어근 '살구'에 '야생 상태의', '질이 떨어지는'의 의미를 가진 접두사 '개-'가, '부채질'은 어근 '부채-'에 접미사 '-질'이 결합한 파생어이다.

8 ④

정답 해설 | '이다'의 활용 양상은 대체로 형용사의 활용 양상과 유사하다. 따라서 동사는 형용사에 비해 '이다'와 활용 양상이 유사하다는 것은 윗글에 대한 이해로 적절하지 않다.

오답 체크 |

① 국어 문장에서 서술어로 쓰이는 것은 동사와 형용사, 그리고 체언에 '이다'가 붙어서 이루어지는 표현이다. 따라서 동사와 형용사는 문장에서 서술어로 쓰일 수 있다는 것은 적절하다.

② 형용사가 활용할 때는 '예쁘구나'와 같이 '-구나'가 쓰이고, '예뻐라!'와 같이 '-어라'가 쓰이기도 한다. 따라서 형용사는 활용할 때 감탄형 어미와 결합할 수 있다는 것은 적절하다.

③ 용언 어간에 여러 가지 어미가 붙는 일을 활용이라 한다. 따라서 용언이 활용할 때 어간에 붙는 부분을 어미라고 한다는 것은 적절하다.

⑤ '이다'가 활용할 때는 명령형 어미 '-아라/어라', 청유형 어미 '-자'와는 결합하지 않는다. 따라서 '이다'는 활용할 때 명령형 어미나 청유형 어미와는 결합하지 않는다는 것은 적절하다.

9 ④

정답 해설 | '열어라'는 어간 '열-'과 어미 '-어라'로 분석할 수 있다. 명령형 어미 '-아라/어라'는 동사 어간에만 결합하고 형용사 어간에는 결합할 수 없으므로, '열어라'는 어간이 명령형 어미 '-어라'와 결합한 것으로 보아 형용사가 아니라 동사이다.

오답 체크 |

① '씻는다'는 어간 '씻-'과 어미 '-는다'로 분석할 수 있다. '-는다'는 동사 활용에 쓰이는 어미이므로, '씻는다'는 어간이 '-는다'와 결합한 것으로 보아 동사이다.

② '춥구나'는 어간 '춥-'과 어미 '-구나'로 분석할 수 있다. '-구나'는 형용사 활용에 쓰이는 어미이므로, '춥구나'는 어간이 '-구나'와 결합한 것으로 보아 형용사이다.

③ '먹자'는 어간 '먹-'과 어미 '-자'로 분석할 수 있다. 청유형 어미 '-자'는 동사 어간에만 결합하고 형용사 어간에는 결합할 수 없으므로, '먹자'는 어간이 '-자'와 결합한 것으로 보아 동사이다.

⑤ '사람이냐'는 '사람이-+-냐'로 분석할 수 있다. 체언 '사람'에 '이다'가 결합한 말인 '사람이다'의 어간에 '-(으)냐'가 결합한 것이다.

10 ③

정답 해설 | '두'는 관형사로 문장 안에서 수식의 기능을 하는 단어이지만, '하나'는 수사로 문장 안에서 수식의 기능을 하지 않으므로 적절하지 않다.

오답 체크 |

① '도'와 '만'은 조사로, 형태가 변하지 않는 단어이므로 적절하다.

② '이루었다'와 '그린'은 동사로, 형태가 변하는 단어이므로 적절하다.

④ '나무'와 '꽃'은 명사로, 사물의 이름을 나타내므로 적절하다.

⑤ '넓게'와 '희미하다'는 형용사로, 대상의 상태를 나타내므로 적절하다.

11 ①

정답 해설 | '하늘이 매우 높고 푸르다'의 자립 형태소는 '하늘', '매우'로 2개이다.

오답 체크 |

② 형식 형태소는 '이, -고, -다'로 3개이다.

③ 의존 형태소는 '이, 높-, -고, 푸르-, -다'로 5개이다.

④ 실질 형태소이면서 의존 형태소는 '높-, 푸르-'로 2개이다.

⑤ 실질 형태소이면서 자립 형태소는 '하늘, 매우'로 2개이다.

12 ②

정답 해설 | '묻다'는 '일을 드러내지 아니하고 속 깊이 숨기어 감추다'의 뜻으로 사용되는 낱말로 '묻고, 묻어, 묻게, 묻으며' 등으로 규칙적으로 활용된다.

오답 체크 |

①의 '퍼'는 '우'가 모음 어미 앞에서 탈락하는 경우로 '우' 불규칙이다.(푸-+-어→퍼)

③의 '들으면서'는 'ㄷ'이 모음 어미 앞에서 'ㄹ'로 변하는 'ㄷ' 불규칙이다.(듣-+-으면서→들으면서)

④의 '도와'는 'ㅂ'이 모음 어미 앞에서 '오/우'로 변하는 'ㅂ' 불규칙이다.(돕-+-아→도와)

⑤의 '올라'는 '르'가 모음 어미 앞에서 'ㄹㄹ' 형태로 변하는 '르' 불규칙이다.(오르-+-아→올라)

13 ⑤

정답 해설 | 제시된 자료를 통해 '-쟁이'는 어떤 일을 직업으로 하는 사람이나 그런 사람을 낮잡아 이를 때 쓰이는 말이고, '-장이'는 '관련된 기술을 가진 기술자'의 뜻일 때 붙는 말임을 알 수 있다. 따라서 ㅁ에서 '대장쟁이'는 수공업적인 방법으로 쇠를 달구어 연장 따위를 다루는 일인 '대장일'을 하는 '기술자'를 의미하므로 '-장이'가 붙고 '중매장이'는 결혼이 이루어지도록 중간에서 소개하는 일인 '중매'를 하는 사람을 의미하므로 '-쟁이'가 붙는다. 따라서 (1), (2), (3)의 예로 '욕심쟁이, 중매쟁이, 대장장이'를 추가할 수 있다.

오답 체크 |

③ 자료 (1)~(3)에서 '-쟁이'와 '-장이'는 '고집, 거짓말, 노래, 그림, 땜, 옹기'의 명사와 결합하여 새로운 단어를 만든다.

④ 자료 (1)~(3)에서 '-쟁이'와 '-장이'는 명사인 '고집, 거짓말, 노래, 그림, 땜, 옹기'와 결합하여 '고집쟁이, 거짓말쟁이, 노래쟁이, 그림쟁이, 땜장이, 옹기장이'의 단어를 만들었다. 결합 전후를 비교할 때 품사는 변화하지 않는다.

14 ④

정답 해설 | '먹을 만큼'에서 '만큼'은 '먹을'이라는 용언의 관형사형 뒤에서 '앞의 내용에 상당한 수량이나 정도임을 나타내는 말'을 뜻하는 의존명사이므로 앞말과 띄어 쓴다.

오답 체크 |

① '아는대로'에서 '대로'는 '아는'이라는 용언의 관형사형 뒤에서 '어떤 모양이나 상태와 같이'를 뜻하는 의존명사이므로 앞말과 띄어 써야 한다.

② '약해질대로'에서 '대로'는 '약해질'이라는 용언의 관형사형 뒤에서 '어떤 상태가 매우 심하다는 뜻을 나타내는 말'을 뜻하는 의존명사이므로 앞말과 띄어 써야 한다.

③ '생각 대로'에서 '대로'는 '생각'이라는 체언 뒤에서 '앞에 오는 말에 근거하거나 달라짐이 없음'을 뜻하는 조사이므로 앞말에 붙여 써야 한다.

⑤ '말 만큼'에서 '만큼'은 '말'이라는 체언 뒤에서 '앞말과 비슷한 정도나 한도임'을 뜻하는 조사이므로 앞말에 붙여 써야 한다.

15 ②

정답 해설 | 둘째 문단에 따르면 '어간'은 용언 등이 활용될 때 형태가 변하지 않는 부분을 가리키는 개념이다. '높다'는 '높고', '높지'와 같이 활용하는데, 이때 형태가 변하지 않는 부분이 바로 '높-'이다. 반면 셋째 문단에 따르면 '어근'은 단어를 구성할 때, 실질적 의미를 나타내는 부분을 가리키는 개념이다. 또한 어근을 분석할 때에는 어간만을 대상으로 하는데, '높다'는 어간과 어근 모두 '높-'으로 동일하다.

16 ①

정답 해설 | [자료]에서 a에 들어갈 수 있는 단어는 '자라다'이다. '자라다'의 어간과 어근 모두 '자라-'로 동일하다. b에 들어갈 수 있는 단어는 '먹히다', '치솟다', '휘감다'이다. '먹히다'의 어간은 '먹히-'이고, 어근은 '먹-'이다. '먹히-'는 어근 '먹-'에 접사 '-히-'가 결합된 단어이다. '치솟다'의 어간은 '치솟-'이고 어근은 '솟-'이다. '치솟-'은 어근 '솟-'에 접사 '치-'가 결합된 단어이다. '휘감다'의 어간은 '휘감-'이고 어근은 '감-'이다. '휘감-'은 어근 '감-'에 접사 '휘-'가 결합된 단어이다. c에 들어갈 수 있는 단어는 '검붉다'이다. '검붉다'는 어간은 '검붉-'이고 어근은 '검-', '붉-'이다. '검붉-'은 어근 '검-'과 어근 '붉-'이 결합된 단어이다.

17 ②

정답 해설 | 명사 '경찰'은 실질적 의미가 있는 실질 형태소이므로 ㉠에는 '예'라는 답이 적절하다. '을'은 조사로서 홀로 쓰일 수 없는 의존 형태소이므로 ㉡에는 '아니요'라는 답이 적절하다. 마지막으로 '잡-'은 용언의 어간인데, 홀로 쓰이지 못하지만 '달아나지 못하게 하다'라는 실질적 의미를 지닌 실질 형태소이다. 따라서 ㉢에는 '예'라는 답이 적절하다.

18 ②

정답 해설 | 동사와 형용사의 품사 파악하기'밝다'는 동사와 형용사로 모두 쓸 수 있다. 그런데 ㉡에서는 현재 시제 선어말어미 '-는-'이 결합하였으므로 이때 '밝다'는 동사이다. ㉡의 '밝는다'는 '밤이 지나고 환해지며 새날이 오다'라는 뜻으로, 시간의 변화에 따라 환해진다는 '작용(어떤 현상을 일으키거나 영향을 미침)'을 나타내므로 동사이다.

19 ③

정답 해설 | '콧날'은 '코'와 '날'이 결합해 [콘날]로 발음되므로 '뒷말의 첫소리 'ㄴ, ㅁ' 앞에서 'ㄴ' 소리가 덧나는 경우'에 해당하기 때문에 적절하지 않다.

오답 체크 |

① '아랫마을'은 '아래'와 '마을'이 결합된 형태로 뒷말의 첫소리 'ㅁ'앞에서 'ㄴ'소리가 덧나는 경우에 사이시옷이 표기된 것이므로 적절하다.

② '해장국'은 '해장'과 '국'이 결합된 형태로 앞말 '해장'이 모음이 아니라 자음으로 끝났기 때문에 사이시옷이 표기되지 않는 경우에 해당하므로 적절하다.

④ '우윳빛'은 한자어 '우유'와 고유어 '빛'이 결합된 형태이고, '오렌지빛'은 외래어 '오렌지'와 고유어 '빗'이 결합된 형태이다. '오렌지빛'은 '우윳빛'과 달리 '외래어가 포함된 합성어'로 사이시옷을 표기하지 않는 경우에 해당하기 때문에 적절하다.

⑤ '모래땅'은 '모래'와 '땅'이 결합된 형태로 뒷말의 첫소리가 본래 된소리이다. '모랫길'은 '모래'와 '길'이 결합하여 [모래낄/모랟낄]로 발음되므로 '뒷말의 첫소리가 된소리로 바뀌는 경우'에 해당하여 사이시옷이 표기된 것이므로 적절하다.

20 ①

정답 해설 | '해'와 '살'이 결합할 때, 이때의 '살'은 [탐구 자료]의 '살[2]'에 해당하는 명사이므로 ㉠은 합성어이다. 합성어에서 뒷말의 첫소리가 된소리로 바뀌는 경우 사이시옷을 표기하는데, '해'와 '살'이 결합할 때, 뒷말의 첫소리가 된소리로 바뀌므로 ㉠에 들어갈 말은 '햇살'이다. '해'와 '님'이 결합할 때, 이때의 '님'은 [탐구 자료]의 '-님[4]'에 해당하는 접사이므로, ㉡은 파생어이다. 합성어와 달리 접사가 결합하여 만들어진 단어인 파생어에는 사이시옷이 표기되지 않으므로 '해님'의 형태가 적절하다. 따라서 ㉡에 들어갈 말은 '해님'이고 ㉢에 들어갈 말은 '접사'이다.

21 ⑤

정답 해설 | '앞서다'는 체언 '앞'과 용언 '서다'의 연결을 통해 만들어진 통사적 합성어에 해당된다.

오답 체크 |

① '낯설다'는 체언 '낯'과 용언 '설다'의 연결을 통해 만들어진 통사적 합성어로, ㉠의 적절한 예에 해당된다.

② '첫사랑'은 관형사 '첫'과 체언 '사랑'의 연결을 통해 만들어진 통사적 합성어로, ㉡의 적절한 예에 해당된다.

③ '뜬소문'은 용언 '뜨다'의 관형사형 '뜬'과 체언 '소문'의 연결을 통해 만들어진 통사적 합성어로, ㉢의 적절한 예에 해당된다.

④ '덮밥'은 용언의 어간 '덮-'에 체언 '밥'이 연결되어 만들어진 비통사적 합성어로, ㉣의 적절한 예에 해당된다.

22 ④

정답 해설 | '치르다'는 '치르+어→치러'와 같이 활용하는데, 여기서 'ㅡ'가 탈락한다. 이것은 일정한 환경에서 예외 없이 'ㅡ'가 탈락하는 일반적인 음운 규칙으로 설명할 수 있으므로 규칙 활용에 해당한다. 반면 '흐르다'는 활용할 때 '흐르+어→흘러'와 같이 모음 어미 앞에서 어간의 '르'가 'ㄹㄹ' 형태로 변하는 '르' 불규칙 활용이므로 ㉠에 해당한다.

오답 체크 |

① '낫다'는 모음 어미 앞에서 어간의 'ㅅ'이 탈락하는 'ㅅ' 불규칙 활용에 해당한다.

② '엿듣다'는 모음 어미 앞에서 어간의 'ㄷ'이 'ㄹ'로 바뀌는 'ㄷ' 불규칙 활용에 해당한다.

③ '하다'는 어간 '하-' 뒤에 어미 '-아' 대신에 '-여'가 붙는 '여' 불규칙 활용에 해당한다.

⑤ '파랗다'는 'ㅎ' 불규칙 활용에 해당하는 것으로, 'ㅎ'으로 끝나는 어간 '파랗-'에 어미 '-아'가 올 때 어간과 어미가 모두 변해 '파래'가 된다.

23 ④

정답 해설 | '아홉'은 수사이고, '학생'은 명사이므로 서로 다른 품사이다.

오답 체크 |

① '착실한'과 '이다'는 활용하여 그 형태가 변하는 가변어이다.

② '열'은 수사이고, '학생'은 명사이므로 둘 다 체언에 해당한다.

③ '은'은 보조사이고, '이다'는 서술격 조사로 둘 다 관계언이다.

⑤ '매우'는 부사이고, '착실한'은 형용사이다.

24 ②

정답 해설 | ⓐ '이'는 명사 '사과'를, ⓑ '그'는 명사 '책'을 수식하는 관형사이다. ⓒ '여기'는 장소를 나타내는 대명사이다. ⓓ '이리'는 용언 '오게'를, ⓔ '그리'는 용언 '보내겠습니다'를 수식하는 부사이다.

25 ③

정답 해설 | ㉡은 명사이고, ㉣은 의존명사이다. 명사와 의존명사는 조사가 붙어 문장 안에서 주어, 목적어 등으로 사용되므로 적절하다.

오답 체크 |

① ㉠은 조사이기 때문에 꾸미는 말의 꾸밈을 받을 수 없으므로 적절하지 않다.

② ㉠은 조사이고 ㉣은 의존명사이다. 조사와 의존명사는 자립하여 쓰일 수 없지만 단어로 인정되므로 적절하지 않다.

④ ㉤은 의존명사로 문장 안에서 홀로 사용될 수 없으므로 적절하지 않다.

⑤ 홀로 쓰일 수 있는 말에 붙어 쉽게 분리되는 특징이 있는 것은 조사이다. ㉢과 ㉤은 모두 의존명사이기 때문에 적절하지 않다.

26 ②

정답 해설 | '탐구 관련 지식'을 고려할 때, 문장 성분의 경우 ㉠, ㉡은 체언인 명사 '글'을 한정하고 있고, ㉢, ㉣은 용언인 동사 '달린다'를 한정하고 있음을 알 수 있다. 그러므로 문장 성분에 따라 분류할 때, '㉠, ㉡'(관형어)과 '㉢, ㉣'(부사어)로 구분할 수 있다. 또한 품사의 경우 ㉠, ㉢은 활용할 수 있음을 알 수 있고, ㉡은 명사 '글'을, ㉣은 동사 '달린다'를 수식하고 있음을 알 수 있다. 그러므로 품사에 따라 분류할 때, '㉠, ㉢'(형용사), '㉡'(관형사), '㉣'(부사)로 구분할 수 있다.

27 ②

정답 해설 | '깨달은'의 어간을 '깨닫-'이 아닌 '깨달-'로 잘못 파악하면 '-은'을 잘못 붙인 것으로 오해할 수 있다. 하지만 '깨달은'은 어간 '깨닫-'에 관형사형 어미 '-은'이 붙어 형성된 단어로, 어간의 끝소리가 'ㄹ'인 경우에 해당하지 않는다. 어간의 끝소리 'ㄷ'이 'ㄹ'로 바뀐 것은 ㄷ 불규칙에 의한 것으로, '깨달은'은 옳은 표기에 해당한다.

28 ⑤

정답 해설 | 실질 형태소는 자립 형태소인 경우(사과)도 있고 의존 형태소인 경우(먹-)도 있으므로 실질 형태소가 모두 자립적인 성격을 지니는 것은 아니다.

오답 체크 |

① 형태소는 뜻을 가진 가장 작은 말의 단위(1문단)이므로 이를 쪼개면 뜻이 사라진다(2문단).
② '를'은 조사이므로 의존 형태소에 해당하며 단어이다. 또 '먹었다'는 '먹-', '-었-', '-다'라는 의존 형태소만으로 단어가 형성된 경우에 해당한다.
③ '사과', '를'은 형태소 하나가 단어 하나를 형성하는 경우이다.
④ '를', '-었-', '-다'는 문법적인 기능만 수행하는 형식 형태소이다.

29 ⑤

정답 해설 | <보기>의 문장에서 형태소는 '그, 가, 풀, 밭, 을, 맨-, 발, 로, 뛰-, -ㄴ-, -다'로 분석할 수 있다. 형식 형태소에는 어미, 조사, 접사가 있는데(4문단), '-ㄴ-, -다'는 어미이고 '가, 을, 로'는 조사이다. '맨-'은 다른 말에 붙어서 의미를 더하는 성질을 지니는 접사이다. 따라서 형식 형태소는 모두 6개(가, 을, 맨-, 로, -ㄴ-, -다)이다.

오답 체크 |

① 다른 말을 넣어서 뜻이 달라진다면 그 단위는 뜻을 지니고 있는 것이다. 따라서 '풀', '밭'은 형태소이다.
② '맨-'의 유무로 단어의 뜻이 달라지므로 '맨-'은 형태소이다.
③ '-ㄴ-'이 현재 시제를 나타내는 문법적인 뜻이 있으므로 하나의 형태소이다.
④ 자립 형태소는 문장에서 다른 말이 없어도 쓰일 수 있는 형태소이므로(5문단), <보기> 문장에는 자립 형태소가 4개(그, 풀, 밭, 발)이다.

30 ④

정답 해설 | '아주'는 뒤에 이어지는 관형사 '새'를 수식하고 있으므로 적절하다.

오답 체크 |

① '매우'는 뒤에 이어지는 부사 '빨리'를 수식하고 있으므로 적절하지 않다.
② '설마'는 '나에게 맞는 옷이 없을까?'를 수식하는 문장 부사이므로 적절하지 않다.
③ '바로'는 뒤에 오는 명사인 '옆'을 수식하고 있으므로 적절하지 않다.
⑤ '과연'은 '그 아이는 재능이 정말 뛰어나군.'을 수식하고 있는 문장 부사이다. 그러나 '정말'은 뒤에 이어지는 형용사 '뛰어나군'을 수식하므로 적절하지 않다.

31 ③

정답 해설 | 보조사는 앞말에 특별한 뜻을 더해주는 조사이다. 하지만 '나는 개와 고양이를 좋아한다.'에서 '와'는 '개'와 '고양이'가 같은 자격으로 서술어의 목적어가 되도록 이어서 하나의 명사구를 형성하는 기능을 하고 있다. 따라서 '와'는 보조사가 아니라 접속 조사이다.

오답 체크 |

① '오직 새소리만 들렸다.'에서 '만'은 '다른 것으로부터 제한하여 어느 것을 한정함.'의 뜻을 더해 주는 보조사이다.
② '시험까지 한 달도 안 남았다.'에서 '도'는 체언류나 부사어, 연결 어미 '-아 / 어, -게, -지, -고' 등의 뒤에 붙어 '이미 어떤 것이 포함되고 그 위에 더함.'의 뜻을 더해 주는 보조사이다.
④ '할아버지께서는 신문을 보셨다.'에서 '는'은 받침 없는 체언이나 부사어, 일부 연결 어미 뒤에 붙어 '강조'의 뜻을 더해 주는 보조사이다.
⑤ '그는 평생 가족밖에 모르고 살았다.'에서 '밖에'는 주로 체언이나 명사형 어미 뒤에 붙어 '그것 말고는', '그것 이외에는', '기꺼이 받아들이는', '피할 수 없는'의 뜻을 더해 주는 보조사

32 ⑤

정답 해설 | ㉢은 부사 '딸꾹'에 접사 '-질'이 결합하여 명사가 된 것으로, 품사가 바뀌는 경우인 [A]로 구분할 수 있다. ㉣은 부사 '일찍'에 접사 '-이'가 결합하여 부사가 된 것으로, 품사가 바뀌지 않는 경우인 [B]로 구분할 수 있다.

오답 체크 | ㉠은 형용사 '높다'의 어근 '높-'에 접미사 '-이-'가 결합하여 동사가 된 것으로, 품사가 바뀌는 경우인 [A]로 구분할 수 있다. ㉡은 형용사 '깊다'의 어근 '깊-'에 접미사 '-이'가 결합하여 부사가 된 것으로, 품사가 바뀌는 경우인 [A]로 구분할 수 있다.

33 ④

정답 해설 | '깊이'의 '-이'는 어미가 아니라 파생 접사에 해당되는 예이다.

오답 체크 |

② '말썽꾸러기'는 '자주 트집이나 시비를 일으키는 사람을 낮잡아 이르는 말'이고, '말썽'은 '일을 들추어내어 트집이나 문젯거리를 일으키는 말이나 행동'을 의미하는 말로 '말썽꾸러기'와 '말썽'은 별개의 단어이다.

③ '되었다'의 '-었-'은 과거시제 선어말어미로 ㉡에 해당한다.

⑤ '흐르고'의 '-고'는 어간 '흐르-'에 붙어 문법적 기능을 표시하는 어미이다. 따라서 기본형인 '흐르다'가 사전에 표제어로 등재된다.

34 ④

정답 해설 | ㉮는 어근과 결합하여 새로운 단어를 만들 때 어근의 품사를 바꾸는 지배적 접사이다. '높다랗다'는 형용사 어근 '높-'에 접미사 '-다랗-'이 붙어 이루어진 형용사로, 접미사 '-다랗-'은 품사를 바꾸지 않는 한정적 접사임을 알 수 있다.

오답 체크 |

① '행복하다'는 명사 '행복'에 파생 접사 '-하다'가 붙어서 형용사가 된 것이다.

② '찰랑거리다'는 부사인 어근 '찰랑'에 파생 접사 '-거리-'가 붙어 동사가 된 것이다.

③ '좁히다'는 형용사 '좁다'의 어근 '좁-'에 파생 접사 '-히-'가 붙어 동사가 된 것이다.

⑤ '자랑스럽다'는 명사 '자랑'에 파생 접사 '-스럽다'가 붙어서 형용사가 된 것이다.

35 ③

정답 해설 | ㉠은 '피'라는 명사와 '땀'이라는 명사가 결합한 합성 명사이고, ㉣은 '송이'라는 명사 두 개가 결합한 합성부사이므로 적절하지 않다.

오답 체크 |

① ㉠은 사람이나 동물의 혈액을 의미하는 '피'와 사람이나 동물의 피부에서 분비되는 액체를 의미하는 '땀'이 결합하여 문맥상 '노력과 수고'라는 새로운 의미로 사용된 융합 합성어이므로 적절하다.

② ㉢은 '봄'과 '비'가 결합한 합성 명사이며, 의미상 선행 어근이 후행 어근을 수식하는 종속 합성어이므로 적절하다.

④ ㉡은 대등 합성어이면서 합성 명사이고, ㉢은 종속 합성어이면서 합성 명사이므로 적절하다.

⑤ ㉡은 대등 합성어이면서 합성 명사이지만, ㉣은 대등 합성어이면서 합성 부사이므로 적절하다.

36 ②

정답 해설 | '하루빨리'는 명사 '하루'와 부사 '빨리'가 결합한 비통사적 합성어이므로 적절하지 않다.

오답 체크 |

① '또다시'는 부사 '또'와 부사 '다시'가 결합한 통사적 합성어이므로 적절하다.

③ '첫사랑'은 관형사 '첫'과 명사 '사랑'이 결합한 통사적 합성어이므로 적절하다.

④ '붙잡다'는 용언 '붙다'와 '잡다'의 어간이 연결어미 없이 직접 결합한 비통사적 합성어이므로 적절하다.

⑤ '굳세다'는 용언 '굳다'와 '세다'의 어간이 연결어미 없이 직접 결합한 비통사적 합성어이므로 적절하다.

37 ⑤

정답 해설 | 2문단에서 보조 용언 '않다'는 앞에 오는 본용언의 품사를 따름을 알 수 있다. 따라서 ⓐ의 '않겠다'는 보조 형용사로, ⓒ의 '않았다'는 보조 동사로 보아야 한다. 2문단에서 보조 용언 '보다'가 어떤 일을 경험한다는 의미를 나타내는 경우에는 보조 동사이고, 앞말이 뜻하는 행동이나 상태에 대한 걱정이라는 의미를 나타내는 경우에는 보조 형용사임을 알 수 있다. 따라서 ⓑ의 '봐'는 보조 형용사로, ⓔ의 '보지'는 보조 동사로 보아야 한다. 2문단에서 보조 용언 '하다'는 앞말의 행동이나 상태에 대한 바람이라는 의미를 나타내는 경우에는 보조 동사임을 알 수 있다. 따라서 ⓓ의 '한다'는 보조 동사로 보아야 한다.

38 ②

정답 해설 | Ⓑ의 '먹어 치우고 일어났다'는 본용언 '먹어', 보조 용언 '치우고', 본용언 '일어났다'의 순서로 연결된 경우이므로 ㉠이 아니라 ㉡에 해당한다.

오답 체크 |

① Ⓐ의 '던져서 베어 버렸다'는 본용언 '던져서', 본용언 '베어', 보조 용언 '버렸다'의 순서로 연결된 경우이므로 적절하다.

③ Ⓒ의 '깨어 있어 행복했다'는 본용언 '깨어', 보조 용언 '있어', 본용언 '행복했다'의 순서로 연결된 경우이므로 적절하다.

④ Ⓓ의 '앉아 있게 생겼다'는 본용언 '앉아', 보조 용언 '있게', 보조 용언 '생겼다'의 순서로 연결된 경우이므로 적절하다.

⑤ Ⓔ의 '먹고 싶게 되었다'는 본용언 '먹고', 보조 용언 '싶게', 보조 용언 '되었다'의 순서로 연결된 경우이므로 적절하다.

39 ⑤

정답 해설 | '수꿩, 숫양'은 주위 환경에 따라 다른 형태를 가지는 접두사 '수-/숫-'이 결합하여 만들어진 단어이지만(㉣), 접두사가 결합하는 단어 '꿩'과 '양'이 모두 명사이므로 둘 이상의 품사에 결합하여 새로운 단어를 만든다는 설명(㉢)에는 해당하지 않는다.

오답 체크 |

① '군-(접두사) + 기침(명사)', '군-(접두사) + 살(명사)'이므로 ㉠에 해당한다.

② '빗-(접두사) + 나가다(동사)', '빗-(접두사) + 맞다(동사)'이며, 동사는 용언이므로 ㉡에 해당한다.

③ '헛-(접두사) + 디디다(동사)', '헛-(접두사) + 수고(명사)'이므로 ㉢에 해당한다.

④ '새-(접두사) + 빨갛다(형용사)', '샛-(접두사) + 노랗다(형용사)'이며, 형용사는 용언이므로 ㉡과 ㉣에 모두 해당한다.

40 ④

정답 해설 | '-음1'의 용례 '믿었음' 뒤에 결합한 '이'는 주격 조사이며, '옳음' 뒤에 결합한 '을'은 목적격 조사이다. '-음2'의 용례 '믿음', '묶음' 뒤에 결합한 '을'은 목적격 조사로 '-음2'의 뒤에도 '-음1'과 마찬가지로 격조사가 결합할 수 있음을 확인할 수 있다.

오답 체크 |

① '-음1'의 뜻풀이 중 '어미 '-었-', '-겠-' 뒤에 붙어'와 제시된 용례인 '믿었음'을 통해 확인할 수 있다.

② '-음1'은 용언의 어간 뒤에 붙는 어미로, '-음1'이 결합한 말은 용언의 활용형이므로 본래의 품사는 그대로 유지된다.

③ '-음2'의 용례 '그는 서랍에서 종이 한 묶음을 꺼냈다.'에서 '묶음'을 수식하는 관형어 '한'을 통해 확인할 수 있다.

⑤ '-음1'의 뜻풀이를 보면 '-음1'은 용언이 명사 구실을 하게 하는 명사형 어미로서, 제시된 용례인 '믿었음'과 '옳음'은 각각 주어인 '그는'과 '그의 판단이'와 어울려 명사절을 형성함을 알 수 있다. 반면, '-음2'의 뜻풀이를 보면 '-음2'는 명사를 만드는 접미사로 명사절을 만들 수는 없다.

41 ④

정답 해설 | <보기>에 제시된 순화어의 사례 중 ⓑ에서 '깜짝'은 부사, '출연'은 명사로 '부사+명사(체언)' 구성의 비통사적 합성어이다. ⓓ에서 '덮-'은 동사의 어간, '지붕'은 명사로 '동사(용언)의 어간+명사(체언)' 구성의 비통사적 합성어에 해당한다.

오답 체크 | ⓐ에서 '뜨는'은 동사의 어간 '뜨-'에 관형사형 전성 어미 '-는'이 결합한 용언의 관형사형이며, '곳'은 명사로 '용언의 관형사형+체언' 구성의 통사적 합성어에 해당한다. ⓒ에서 '생각'과 '그물'은 각각 명사로 '체언+체언' 구성의 통사적 합성어이다.

42 ①

정답 해설 | 국어에서 '아니다' 앞에 조사 '이/가'를 취하여 나타나는 문장 성분을 보어라고 말한다. ㉠의 문장 중 조사 '이'는 체언인 '인물'에 붙어 보어가 되게 하는 격 조사이다. 따라서 주어의 자격을 갖게 한다는 설명은 적절하지 않다.

오답 체크 |

② '이니'는 서술격 조사 '이다'가 활용한 것이다.

③ '도'는 '놀라움이나 감탄, 실망 따위의 감정을 강조하는 데 쓰이는 보조사'에 해당한다.

④ '의'는 관형격 조사로 '동생'에 붙어서 관형어의 자격을 갖게 한다.

⑤ '랑'은 '둘 이상의 사물을 같은 자격으로 이어 주는 접속 조사'에 해당한다.

43 ⑤

정답 해설 | '너는 부산에서 몇 시에 출발할 예정이냐?'에 사용된 조사 '에서'는 체언인 '부산' 뒤에 붙어서 앞말이 문장에서 부사어 자격을 갖게 한다. 그러나 '우리 학교에서 올해도 우승을 차지했다.'에 쓰인 조사 '에서'는 단체를 나타내는 명사인 '학교' 뒤에 붙어 앞말이 문장에서 주어의 자격을 갖게 한다. 따라서 ⑤의 두 문장에 쓰인 조사 '에서'는 형태는 같지만 문장에서 서로 다른 기능을 하고 있음을 알 수 있다.

오답 체크 |

① 두 문장에 쓰인 조사 '가'는 모두 앞말을 강조하는 뜻을 나타내고 있다.

② 두 문장에 쓰인 조사 '를'은 모두 체언 뒤에 붙어 앞말이 문장에서 목적어 자격을 갖게 한다.

③ 두 문장에 쓰인 조사 '에'는 모두 체언 뒤에 붙어 앞말이 문장에서 부사어 자격을 갖게 한다.

④ 두 문장에 쓰인 조사 '과'는 모두 체언 뒤에 붙어 앞말이 문장에서 부사어 자격을 갖게 한다.

44 ①

정답 해설 | '만큼'은 관형어 '노력한'의 수식을 받는 의존 명사이므로, 앞말과 띄어 써야 한다.

오답 체크 |

② '만큼'은 체언 '형' 뒤에 붙는 조사이므로 앞말과 붙여 써야 한다.

③ '만큼'은 관형어 '몰랐던'의 수식을 받는 의존 명사이므로, 앞말과 띄어 써야 한다.

④ '만큼'은 관형어 '바랄'의 수식을 받는 의존 명사이므로 앞말과 띄어 써야 한다.

⑤ '만큼'은 체언 '고향' 뒤에 붙는 조사이므로 앞말과 붙여 써야 한다.

45 ②

정답 해설 | 의존 명사 '만'을 수식하는 관형어는 관형사형 어미 '-(으)ㄹ'과만 결합할 수 있으므로 선행어 제약이 있다.

오답 체크 |

① 의존 명사 '바'는 '바가'와 같이 목적격 조사 이외에 다른 조사와도 결합할 수 있으므로 후행어 제약이 없다.

③ 의존 명사 '무렵'은 '무렵에'와 같이 서술격 조사 이외에 다른 조사와도 결합할 수 있으므로 후행어 제약이 없다.

④ 의존 명사 '리'는 주격 조사와만 결합할 수 있으므로 후행어 제약이 있다.

⑤ 의존 명사 '채'를 수식하는 관형어는 관형사형 어미 '-(으)ㄴ'과만 결합할 수 있으므로 선행어 제약이 있다.

46 ①

정답 해설 | '울음보'는 ㉠에서 어근 '울음'과 접사 '-보'로 분석되고 ㉡에서 어근 '울-'과 접사 '-(으)ㅁ'으로 분석되므로 적절하다.

오답 체크 |

② '헛웃음'은 ㉠에서 어근 '웃음'과 접사 '헛-'으로 분석되고 ㉡에서 어근 '웃-'과 접사 '-(으)ㅁ'으로 분석된다. 따라서 ㉠에서 어근과 어근으로 분석된다는 진술은 적절하지 않다.

③ '손목뼈'는 ㉠에서 어근 '손목'과 어근 '뼈'로 분석되고 ㉡에서 어근 '손'과 어근 '목'으로 분석된다. 따라서 ㉠에서 어근과 접사로 분석된다는 진술은 적절하지 않다.

④ '얼음길'은 ㉠에서 어근 '얼음'과 어근 '길'로 분석되고 ㉡에서 어근 '얼-'과 접사 '-(으)ㅁ'으로 분석된다. 따라서 ㉠에서 어근과 접사로 분석되고, ㉡에서 어근과 어근으로 분석된다는 진술은 적절하지 않다.

⑤ '물놀이'는 ㉠에서 어근 '물'과 어근 '놀이'로 분석되고 ㉡에서 어근 '놀-'과 접사 '-이'로 분석된다. 따라서 ㉡에서 어근과 어근으로 분석된다는 진술은 적절하지 않다.

제3강 문장론(문장)

확인문제

본문 136~140쪽

1 ② 2 ③ 3 ①

4 진희는 나에게 자기가 동철이를 좋아한다고 말했다.

5 비가 와서, 길이 질다. 6 ③ 7 ⑤

8 ④ 9 ④

10 나는(주어), 대학에(부사어), 원서를(목적어)

11 ④ 12 ④ 13 ④ 14 ② 15 ⑤

16 (어머니가) 아이에게 옷을 입힌다.

17 (선생님이) 진영이에게 노래를 부르게 한다.

18 ⑤

기출문제

본문 141~174쪽

1 ③	2 ③	3 ②	4 ②	5 ⑤
6 ⑤	7 ①	8 ②	9 ①	10 ④
11 ②	12 ③	13 ②	14 ③	15 ③
16 ②	17 ①	18 ②	19 ④	20 ③
21 ③	22 ③	23 ②	24 ④	25 ①
26 ④	27 ⑤	28 ①	29 ④	30 ③
31 ④	32 ②	33 ⑤	34 ②	35 ①
36 ②	37 ①	38 ③	39 ②	40 ④
41 ①	42 ④	43 ⑤	44 ②	45 ⑤
46 ①	47 ②	48 ⑤	49 ③	50 ③
51 ④	52 ④	53 ③	54 ①	55 ②
56 ②	57 ②	58 ③	59 ③	60 ②
61 ③	62 ③	63 ③	64 ④	65 ②
66 ②				

1 ③

정답 해설 | ㄴ에서 '못'은 능력 부정을 나타내는 부사로, 축구를 하고 싶어도 할 수 없는 '그'의 능력을 부정하고 있다.

오답 체크 |

① ㄱ에서 '안'을 '못'으로 바꾸면 '나팔꽃이 못 예쁘다.'가 되어 어색한 문장이 된다.

② ㄱ에서 '안'은 상태 부정을 나타내는 부사로, '예쁘다'라는 상태를 부정하고 있다.

④ ㄴ을 '그는 다리를 다쳐 축구를 하지 못한다.'로 바꾸어도 어법상에 문제가 생기지는 않는다.

⑤ ㄷ의 '아니다'는 부정 형용사로, '고래'가 '어류'라는 것을 부정하고 있다.

2 ③

정답 해설 | 관형어는 체언을 수식하는 기능을 한다. ⓒ에서 관형격 조사 '-의'가 붙지 않은 '시골'은 관형격 조사가 없어도 뒤에 있는 체언 '풍경'을 수식하고 있으므로 관형어이다.

오답 체크 |

① '파란'은 체언 '옷'의 의미 범위를 축소하고 있다.

② '이 우산은 새 것이다.'에서 관형어 '새'가 없으면 문장이 성립되지 않는다.

④ '읽은'에서 '-은'은 과거, '읽을'에서 '-을'은 미래를 나타낸다.

⑤ '내가 읽은(안긴 문장)'이 다른 문장(안은 문장)의 '책'을 수식하는 관형어의 기능을 하고 있다.

3 ②

정답 해설 | ㄱ, ㄷ은 '암벽 등반은 재미있고 힘들다.', '암벽 등반은 재미있지만 힘들다.' 라고 앞 절과 뒤 절의 순서를 바꾸어도 의미에 변화가 생기지 않으므로 대등하게 이어진 문장이고, ㄴ은 '암벽 등반은 재미있어서 힘들다.' 라고 앞 절과 뒤 절의 순서를 바꾸면 의미에 변화가 생기므로 종속적으로 이어진 문장이다. 따라서 ㄱ, ㄴ, ㄷ이 모두 앞 절과 뒤 절의 순서를 바꾸어도 의미에 변화가 생기지 않는다는 설명은 적절하지 않다.

오답 체크 |

① ㄱ, ㄴ, ㄷ은 '암벽 등반은 힘들다'와 '암벽 등반은 재미있다'라는 두 홑문장이 이어진 문장이다.

③ 두 홑문장의 주어가 '암벽 등반'으로 같으므로, 뒤 절의 주어는 생략 가능하다.

4 ②

정답 해설 | <보기>를 통해 부사절의 개념에 대해 이해한 뒤 부사절을 찾는다. '이가 시리도록'은 원래 '이가 시리다.'라는 문장에 부사형 어미 '-도록'이 결합하여 서술어 '차가웠다'를 수식하기 때문에 부사절로 볼 수 있다.

오답 체크 |

① 밑줄 친 부분은 서술어를 수식하지 않으며, 주격 조사 '가'가 결합하여 체언처럼 쓰이기 때문에 명사절이다.

③ 밑줄 친 부분은 조사 '고'가 사용되어 자신의 말을 간접 인용한 것이므로 인용절이다.

④ 밑줄 친 부분은 '마음이 따뜻하다'라는 문장에 관형사형 어미 '-ㄴ'이 결합하여 명사 '사람'을 수식하기 때문에 관형절이다.

⑤ 밑줄 친 부분은 '우리가 어제 돌아오다.'라는 문장에 관형사형 어미 '-ㄴ'이 결합하여 명사 '사실'을 수식하기 때문에 관형절이다.

5 ⑤

정답 해설 | ㄴ의 부사어 '동생으로'는 서술어 '삼았다'가 반드시 필요로 하는 필수적인 성분이므로 적절하지 않다.

오답 체크 |

① ㄱ의 '색종이를'은 목적어로서 필수적인 성분이므로 적절하다.

② ㄱ의 '꼼꼼한'과 ㄴ의 '옆집의'는 모두 관형어로서 필수적이지 않은 성분이고 문장 안에서 뒤에 오는 체언을 수식하는 기능을 하므로 적절하다.

③ ㄱ의 '소윤이가'와 ㄴ의 '경민이는'은 주어로서 필수적인 성분이므로 적절하다.

④ ㄱ의 '잘랐다'와 ㄴ의 '삼았다'는 서술어로서 필수적인 성분이므로 적절하다.

6 ⑤

정답 해설 | 서술의 주체인 '할머니'를 높이고 있으므로 주체 높임에 해당한다.

오답 체크 |

① 부사어가 나타내는 대상인 '할머니'를 높여 '줄' 대신 '드릴'을 사용하고 있으므로 객체 높임에 해당한다.

② 목적어가 나타내는 대상인 '할머니'를 높여 '보고' 대신 '뵙고'를 사용하고 있으므로 객체 높임에 해당한다.

③ 목적어가 나타내는 대상인 '할머니'를 높여 '데리고' 대신 '모시고'를 사용하고 있으므로 객체 높임에 해당한다.

④ 부사어가 나타내는 대상인 '큰아버지'를 높여 '에게' 대신 '께'를 사용하고 있으므로 객체 높임에 해당한다.

7 ①

정답 해설 | 시험에 합격하겠다는 '나'의 의지가 드러나 있다.

오답 체크 | ②, ③ 가능성 ④, ⑤ 추측의 의미를 가지고 있다.

8 ②

정답 해설 | 문장성분 부사어 중 '필수 부사어'에 관한 문항이다. ②의 서술어 '주다'는 주어, 목적어와 함께 부사어를 필수 성분으로 요구한다. 따라서 '철수에게'라는 부사어가 있어야 문법적으로 완전한 문장을 이룬다.

9 ①

정답 해설 | "나는 그 책도 샀다."라는 문장의 구문 도해를 나타내기 위해서는 해당 문장의 짜임을 이해해야 한다. 이 문장은 주어 '나는', 관형어 '그', 목적어 '책도', 서술어 '샀다'로 이루어진 문장이다. 그러므로 중간에 내리그은 세로줄 왼편에는 주성분인 주어(나는), 목적어(책도), 서술어(샀다)를, 오른편에는 부속 성분인 관형어(그)를 배치해야 한다. 이때 서로 다른 두 성분 사이에는 가로로 외줄을 그어야 하고, 주어인 '나는'과 그 외의 부분을 구분할 때에는 가로로 쌍줄을 그어야 한다. 또한 '는', '도'와 같은 조사는 앞말과의 사이에 짧은 세로줄을 그어 표시해야 한다.

10 ④

정답 해설 | '야호'는 독립어, '우리가'는 주어, '드디어'는 부사어, '힘든'은 관형어, '관문을'은 목적어, '통과했어'는 서술어이므로 주성분에는 '우리가', '관문을', '통과했어'가, 부속 성분

에는 '드디어', '힘든'이, 독립 성분에는 '야호'가 해당되므로 적절하다.

11 ②

정답 해설 | '형은 어머니께 그 책을 드렸다'는 객체 높임법이 사용된 문장으로 '께'와 '드렸다'를 통해 문장의 목적어 '어머니'에 대한 높임의 태도를 나타낸다.

오답 체크 |

① '선생님께서는 댁에 계십니다'는 문장의 주체인 '선생님'을 높여 주는 주체 높임법이다.

③ '할아버지께서는 눈이 밝으십니다'는 문장의 주체인 '할아버지'의 신체 일부를 간접적으로 높여 주는 주체 높임법이다.

④ '할머니, 아버지가 지금 막 도착했어요'는 주체(아버지)가 화자보다는 높임의 대상이지만 청자(할머니)가 주체(아버지)보다 높임의 대상이므로 주체에 대해 높임 표현을 사용하지 않은 문장이다.

⑤ '윤우야, 선생님께서 빨리 교무실로 오라고 하셔'는 문장의 주체인 '선생님'을 높여 주는 주체 높임법이다.

12 ③

정답 해설 | ⓒ의 '듣는다'는 주어 '그들은' 이외에 목적어 '농담을'과 부사어 '진담으로'를 더 필요로 하므로 '주어 외에 두 개의 문장 성분을 필요로 한다.'는 올바른 이해이다.

오답 체크 |

① ⓐ는 주어와 목적어를 필수적으로 요구하는 두 자리 서술어이다.

② ⓑ는 주어와 목적어 외에 부사어를 필수적으로 필요로 한다. 부사어 '누나에게'를 생략할 경우 불완전한 문장이 된다.

④ ⓐ는 주어와 목적어를 필요로 하는 서술어이고, ⓓ는 주어와 부사어를 필요로 하는 서술어이므로, ⓐ와 ⓓ는 서로 다른 문장 성분을 필요로 하는 서술어이다.

⑤ ⓑ와 ⓓ는 사전적 의미가 서로 다른 동음이의어이다. ⓑ는 주어, 목적어, 부사어를 필요로 하는 세 자리 서술어이고, ⓓ는 주어, 부사어를 필요로 하는 두 자리 서술어이다.

13 ②

정답 해설 | '교수님'의 소유물인 '책'을 높임으로써 높여야 할 대상인 '교수님'을 간접적으로 높이고 있다.

14 ③

정답 해설 | 특수 어휘 '뵙다'를 사용하여 서술의 객체인 '선생님'을 높이고 있으므로 객체 높임이 실현된 것이다.

15 ③

정답 해설 | ㄷ은 화자인 '형'이 조사 '께서'와 특수한 어휘 '계시다'를 사용하여 주체인 '할아버지'를 높이고 있으므로 적절하지 않다.

오답 체크 |

① ㄱ은 화자인 '회장'이 학급회의라는 공적인 상황에서 종결 어미 '하십시오체'를 사용하여 상대인 '학급 친구들'을 높이고 있으므로 적절하다.

② ㄴ은 화자인 '언니'가 특수한 어휘 '뵙다'를 사용하여 객체인 '할머니'를 높이고 있으므로 적절하다.

④ ㄹ은 화자인 '학생'이 선어말 어미 '-시-'를 사용하여 '선생님'을 간접적으로 높이고 있으므로 적절하다.

⑤ ㅁ은 화자인 '아들'이 조사 '께'를 사용하여 객체인 '아버지'를 높이고 있으므로 적절하다.

16 ②

정답 해설 | '버려지는'은 어간 '버리-'에 어미 '-어지다'가 쓰인 피동 표현이다. 피동 접미사 '-리-'가 결합하지 않았으므로 적절하지 않다.

오답 체크 |

① '담긴'은 능동의 동사 어근 '담-'에 피동 접미사 '-기-'가 결합하여 실현된 피동 표현이므로 적절하다.

③ 명사 '구조' 뒤에 '-되다'가 결합하여 주어 '강아지들'이 '구조' 행위를 당하는 것을 표현하고 있으므로 적절하다.

④ '쓴다고'와 같이 능동 표현으로 바뀔 경우 '쓰인다고'의 주어인 '성금이'는 목적어 '성금을'로 바뀌므로 적절하다.

⑤ '열리는'은 행사를 여는 주체보다 '유기견 보호 행사'가 주어로서 강조되는 효과가 있으므로 적절하다.

17 ①

정답 해설 | <보기>에 제시된 문장들에서 ㄱ은 부사격 조사 '께'와 서술어 '드리다'를 활용하여 객체인 '할아버지'를 높이고 있고, ㄴ은 주격 조사 '께서'와 서술어 '계시다'를 활용하여 주체인 '할아버지'를 높이고 있고, ㄷ은 주격 조사 '께서'와 서술어 '가시다'를 활용해서는 주체인 '어머니'를 높이고, 서술어 '모시다'를 활용해서는 객체인 '할아버지'를 높이고 있다. 따라서 객체 높임법만 사용된 문장은 ㄱ, 주체 높임법만 사용된 문장은 ㄴ, 객체 높임법과 주체 높임법이 모두 사용된 문장은 ㄷ임을 알 수 있다.

18 ②

정답 해설 | 품사는 단어를 의미, 형태, 기능으로 분류한 갈래를

의미한다. 현행 학교 문법에서는 단어의 품사를 명사, 대명사, 수사, 동사, 형용사, 관형사, 부사, 조사, 감탄사로 분류한다. 문장 성분은 문장을 구성하는 성분으로, 주성분에 주어, 서술어, 목적어, 보어가 있고, 부속 성분에 관형어, 부사어가 있으며, 독립 성분에 독립어가 있다. <자료>의 1문단은 관형어가 '문장을 구성하는 성분', 즉 문장 성분에 따라 분류된 것임을 밝히고, '체언 앞에서 그 뜻을 꾸며 주는 기능'을 하는 것이라고 정의하고 있다. 또한 <자료>의 5문단은 관형사에 대해 '체언 앞에서 체언의 뜻을 꾸며주는 품사'라고 정의하면서, 관형사가 품사에 따른 분류임을 밝히고 있다. 그리고 관형사의 특성으로서 조사와 결합하지 않는다는 점과 활용이 불가능하다는 점을 제시하고 있다.

19 ④

정답 해설 | c에서 '남자의 친구'는 '성별이 남자인 이와 친구 관계에 있는 사람'을 가리키는 것으로 해석된다. 하지만 '의'를 생략하여 '남자 친구'가 되면, '성별이 남자인 친구'나 '이성 교제의 대상으로서의 남자'를 가리키는 것으로 해석되어 의미에 변화가 생긴다.

오답 체크 |

① a ~ d는 체언 '친구'를 꾸며 주어 어떠한 친구가 여기 있는지 구체적으로 밝혀주고 있다.

② 체언 '고향'은 관형격 조사 '의' 없이 체언 '친구'를 꾸며 주고 있으므로 관형어로 볼 수 있다.

③ '예쁜'의 기본형은 '예쁘다'로, 어간 '예쁘-'에 관형사형 어미가 결합하여 '예쁜', '예쁠' 등의 관형어를 만들 수 있다.

⑤ '옛'은 '친구'의 의미를 꾸며주면서 조사가 결합하지 않고 활용이 불가능한 단어이므로 관형사가 관형어가 된 경우로 볼 수 있다.

20 ③

정답 해설 | ⓒ의 '말씀'은 서술의 주체인 '부모님'을 높이는 특수 어휘이다.

21 ③

정답 해설 | ⓒ의 직접 인용문에서 쓰인 주체 높임 표현 '계시다'가 간접 인용문에서는 '있다'로 바뀌어 주체 높임 표현과 객체 높임 표현이 모두 실현되지 않았다.

22 ③

정답 해설 | <보기 2>에서 조사 '께서'는 주체인 '어머니'를 높이고 있고, '가셨다'는 '가-+-시-+-었-+-다'로 분석할 수 있는데, 선어말 어미 '-시-'가 주체인 '어머니'를 높이고 있다. 또한 '모시다'라는 특수 어휘를 통해 객체인 '할머니'를 높이는 객체 높임법을 사용하고 있다.

23 ②

정답 해설 | '만지다'의 경우는 피동 접미사 '-이-, -히-, -리-, -기-'를 붙여서 짧은 피동표현을 만들지 못하는 동사이므로 적절하다.

오답 체크 |

① 동사의 어근에 피동 접미사 '-기-'를 붙여 '낚싯줄이 물고기에 의해 끊겼다.'와 같이 짧은 피동을 만들 수 있으므로 적절하지 않다.

③ 동사의 어근에 피동 접미사 '-이-'를 붙여 '동생의 이름이 민수에 의해 불렸다.'와 같이 짧은 피동을 만들 수 있으므로 적절하지 않다.

④ 동사의 어근에 피동 접미사 '-히-'를 붙여 '도토리가 다람쥐에 의해 땅에 묻혔다.'와 같이 짧은 피동을 만들 수 있으므로 적절하지 않다.

⑤ 동사의 어근에 피동 접미사 '-기-'를 붙여 '음식이 요리사에 의해 접시에 담겼다.'와 같이 짧은 피동을 만들 수 있으므로 적절하지 않다.

24 ④

정답 해설 | '비가 내리지 않았다'에는 '-지 아니하다'라는 긴 부정 표현이 사용되었다. 또한 비가 내리지 않은 현상을 나타낸 것이므로, 이는 의지나 능력이 아닌 단순히 사실이나 상태를 부정하는 의미로 사용되었다고 할 수 있다.

오답 체크 |

① '못'을 사용한 짧은 부정 표현으로, 단순한 사실 부정에 해당한다.

② '안'을 사용한 짧은 부정 표현으로, 의지 부정에 해당한다.

③ '-지 못하다'를 사용한 긴 부정 표현으로, 능력 부정에 해당한다.

⑤ '-지 아니하다'를 사용한 긴 부정 표현으로, 의지 부정에 해당한다.

25 ①

정답 해설 | '산책을'은 체언 '산책'에 목적격 조사 '을'이 결합된 경우로 '체언 + 목적격 조사 '을/를'의 경우에 해당한다.

오답 체크 |

② '이사도'는 체언 '이사'에 '역시'라는 의미를 더해 주는 보조사 '도'가 붙은 경우로 ㄱ에 해당한다.

③ '꽃구경'은 체언 '꽃구경'이 단독으로 쓰인 경우로 ㄴ에 해당한다.
④ '배낭여행'은 체언 '배낭여행'이 단독으로 쓰인 경우로 ㄴ에 해당한다.
⑤ '한길만을'은 체언 '한길'에 '단독'이라는 의미를 더해 주는 보조사 '만'과 목적격 조사 '을'이 함께 쓰인 경우로 ㄷ에 해당한다.

26 ④
정답 해설 | 시간 부사 '어제'와 선어말 어미 '-았-'을 사용하여 과거 시제를 표현하고 있다.
오답 체크 |
① '잔다'에 현재 시제 선어말어미 '-ㄴ-'이 쓰였다. 현재 시제는 발화시와 사건시가 일치하는 시제이다.
② '잔다'에 현재 시제 선어말어미 '-ㄴ-'이 쓰였으나 관형사형 어미는 찾을 수 없다.
③ 시간 부사 '어제'와 '봤다'에 쓰인 과거 시제 선어말어미 '-았-'을 통해 과거 시제임을 알 수 있다. 발화시와 사건시가 일치하는 것은 현재 시제이므로 적절하지 않다.
⑤ '내리겠습니다'에 미래 시제 선어말어미 '-겠-'이 쓰였고, '곧'이라는 시간 부사로 미래 시제를 나타내고 있다. 미래 시제는 발화시보다 사건시가 나중인 시간 표현이다.

27 ⑤
정답 해설 | 과거 시제 선어말어미 '-았-/-었-'은 대체로 과거 시제를 표현하지만 반드시 그런 것은 아니다. ⑤에서와 같이 '어머니께 혼나는 일'은 아직 실현되지 않은 미래에 벌어질 일인데, 그것을 마치 이미 정해진 사실인 것처럼 확신을 가지고 표현할 때에도 과거 시제 선어말어미 '-았-/-었-'을 사용하기도 한다.
오답 체크 | ①, ②, ④ '-았-/-었-'이 과거 시제를 표현하고 있다.
③ 본문의 '-았-/-었-'이 '과거에 이루어진 어떤 상태가 현재까지 지속되는 경우'에 해당하는 문장으로 볼 수 있다.

28 ①
정답 해설 | 높임 표현은 발신자와 수신자의 관계 및 의도, 사회 문화적 상하 관계, 이야기 장면과 같이 담화 상황에 따라 사용 여부가 달라진다. ①과 같이 문장의 주체가 높임의 대상이 될 때 주격조사 '가'를 '께서'로 고쳐 말하는 것이 바람직하다.
오답 체크 |
② 부사격조사 '께'는 문장의 객체를 높이는 표현이다.
③ '주시는'의 '-시-'는 주체를 높이는 표현이다. ㉡은 문장의 객체이므로 '드리는'으로 고치는 것이 적절하다.
④ '보셨어'에 포함된 형태소 '-시-'는 주체를 높이는 표현으로, ㉡과 같은 문장의 객체를 높일 때에는 사용되지 않는다. <보기>의 문장에서 서술어 '보았어'의 주어는 화자인 '나'이다. '보셨어'는 화자인 자기 자신을 높이는 표현이다.
⑤ '보았습니다'는 대화 상대방(듣는이)을 높이는 표현이므로, 문장의 객체를 높일 때에는 사용되지 않는다.

29 ④
정답 해설 |
ㄹ의 '적었었다'는 '적다'에 선어말 어미 '-었었-'이 결합된 말로, 현재와 다르거나 단절되어 있는 과거의 사건을 나타내고 있다. ⑤ '잤다'는 '자다'에 선어말 어미 '-았-'이 결합된 말이지만, 과거 사실을 말하는 것이 아니라 미래의 상황을 나타내기 위해 쓰인 것이다.

30 ③
정답 해설 | '안겼다'는 '두 팔로 감싸게 하거나 그렇게 하여 품 안에 있게 하다'의 의미로 주어가 다른 주체에 의해 동작을 당하는 피동 표현이 실현된 것이 아니므로 적절하지 않다. ① '풀렸다'는 '모르거나 복잡한 문제 따위가 밝혀지거나 해결되다'의 의미로 피동 표현이 실현된 것이므로 적절하다. ② '읽혔다'는 '글에 담긴 뜻이 헤아려져 이해되다'의 의미로 피동 표현이 실현된 것이므로 적절하다. ④ '깎였다'는 '풀이나 털 따위가 잘리다'의 의미로 피동 표현이 실현된 것이므로 적절하다. ⑤ '이용되다'는 '대상이 필요에 따라 이롭게 쓰이다'의 의미로 피동 표현이 실현된 것이므로 적절하다.

31 ④
정답 해설 | ㉣은 '날이 추워지다.'와 '방한 용품이 필요하다.'가 연결 어미 '-면'을 통해 종속적으로 이어진 문장이다. 연결어미 '-면'은 '날이 추워지다.'가 '방한 용품이 필요하다'의 조건임을 나타낸다.
오답 체크 |
① ㉠은 '우리와 함께 일하기'가 명사절로서 안은문장에서 목적어의 역할을 하고 있다.
② ㉡은 '후각이 훨씬 예민하다'가 서술절로서 안은문장에서 서술어의 역할을 하고 있다.
③ ㉢은 '그가 우리를 도와 준'이 관형절로서 안은문장에서 명사 '일'을 꾸며 주는 관형어의 역할을 하고 있다.
⑤ ㉤은 '관객들이'가 주어이고 '메웠다'가 서술어인, 주어와 서술어의 관계가 한 번 나타나는 홑문장이다.

32 ②

정답 해설 | ㉡은 명사절로 안긴문장으로, 절 전체가 명사처럼 쓰여 서술어 '알리며'의 목적어 역할을 한다.

33 ⑤

정답 해설 | 앞 절인 '갑자기 문이 열리다'와 뒤 절인 '사람들이 놀랐다'가 연결 어미 '-어서'로 이어지며, 앞 절이 뒤 절에 대해 '원인'의 종속적인 의미 관계로 해석된다.

오답 체크 |

① 앞 절인 '무쇠도 갈다'와 뒤 절인 '바늘이 된다'가 연결 어미 '-면'으로 이어지며, 앞 절이 뒤 절에 대해 '조건'의 종속적인 의미 관계로 해석된다.

② 앞 절인 '하늘도 맑다'와 뒤 절인 '바람도 잠잠하다'가 연결 어미 '-고'로 이어지며, 앞 절과 뒤 절이 '나열'의 대등한 의미 관계로 해석된다.

③ 앞 절인 '나는 시험공부를 하다'와 뒤 절인 '(나는) 학교에 간다'가 연결 어미 '-러'로 이어지며, 앞 절이 뒤 절에 대해 '목적'의 종속적인 의미 관계로 해석된다.

④ 앞 절인 '함박눈이 내렸다'와 뒤 절인 '날씨가 따뜻하다'가 연결 어미 '-만'으로 이어지며, 앞 절과 뒤 절이 '대조'의 대등한 의미 관계로 해석된다.

34 ②

정답 해설 | ㉠은 동사 '내리다'에 선어말 어미 '-ㄴ-'이 결합한 '내린다'와 부사어 '지금'을 통해 현재 시제임을 알 수 있다. ㉡은 동사의 어간 '내리-'에 관형사형 어미 '-ㄹ'과 의존 명사 '것'이 결합한 '내릴 것'과 부사어 '내일'을 통해 미래 시제임을 알 수 있다. 하지만 선어말 어미를 활용한 시간 표현은 나타나지 않는다. ㉢은 동사의 어간 '찾아가-'에 관형사형 어미 '-ㄴ'이 결합한 '찾아간'과 동사 '내리다'에 선어말 어미 '-었-'이 결합한 '내렸다'를 통해 과거 시제임을 알 수 있다.

35 ①

정답 해설 | '잠시 후 결과가 발표된다.'에서 선어말 어미 '-ㄴ-'은 미래를 나타내는 경우에 해당하며, '일찍 출발하느라 고생했겠다.'에서 선어말 어미 '-겠-'은 추측을 나타내는 경우에 해당한다.

오답 체크 |

② ⓐ의 선어말 어미 '-ㄴ-'은 미래를 나타내는 경우, ⓑ의 선어말 어미 '-겠-'은 완곡한 표현을 나타내는 경우에 해당한다.

⑤ ⓐ의 선어말 어미 '-는-'은 현재를 나타내는 경우, ⓑ의 선어말 어미 '-겠-'은 추측을 나타내는 경우에 해당한다.

36 ②

정답 해설 | ⓑ에서 객체 높임의 대상은 서술의 객체인 '아버지'이고, 상대 높임의 대상은 대화의 청자인 '아버지'이므로, 객체 높임과 상대 높임의 대상이 다르다는 진술은 적절하지 않다.

오답 체크 |

① ⓐ에서 주체 높임의 대상은 서술의 주체인 '아버지'이고, 상대 높임의 대상은 대화의 청자인 '아버지'로 동일하므로, 주체 높임과 상대 높임의 대상이 같다는 진술은 적절하다.

③ ⓒ에서 객체 높임의 대상은 서술의 객체인 '아버지'이고, 상대 높임의 대상은 대화의 청자인 '아버지'이므로, 객체 높임과 상대 높임의 대상이 같다는 진술은 적절하다.

④ ⓓ에서 주체 높임의 대상은 생략된 서술의 주체인 '할머니'이고, 상대 높임의 대상은 대화의 청자인 '아버지'이므로, 주체 높임과 상대 높임의 대상이 다르다는 진술은 적절하다.

⑤ ⓔ에서 주체 높임의 대상은 서술의 주체인 '어머니'이고, 객체 높임의 대상은 서술의 객체인 '할머니'이고, 상대 높임의 대상은 대화의 청자인 '아버지'이다. 그러므로 주체 높임, 객체 높임, 상대 높임의 대상이 모두 다르다는 진술은 적절하다.

37 ①

정답 해설 | <보기 2>의 문장은 주어에 해당하는 인물은 '영희'이며 서술어에는 주체 높임 선어말 어미 '-시-'가 쓰이지 않았으므로, [주체 높임-]로 실현되었다. 문장의 목적어가 가리키는 대상은 '할머니'이며 그 인물을 높이는 표현인 '모시고'가 쓰였으므로, [객체 높임+]로 실현되었다. 문장에 말을 듣는 상대를 높이는 '요'가 쓰였으므로, [상대 높임+]로 실현되었다.

38 ③

정답 해설 | ㉢은 '영수는 학교로 가 버렸다.'와 '영수는 말도 없었다.'가 결합된 문장이다. 이때 안긴문장인 '말도 없이'는 안은문장의 서술어인 '가 버렸다'를 수식하고 있는 부사절이다. 따라서 부사어인 '학교에'를 수식한다는 것은 잘못된 설명이다.

오답 체크 |

① '키가 매우 크다'가 서술절로, 안은문장의 주어인 '영수는'을 서술한다.

② '꽃이 핀'이 관형절로, 체언인 '사실'을 수식하여 의미를 제한하고 있다.

④ 명사절인 '공원에 가기'의 주어는 '영수는'으로 안은문장과 동일하다.
⑤ 인용절인 '빨리 오라'는 안은문장의 주어인 '영수'의 말을 따온 것이다.

39 ②

정답 해설 | '제가 할머니를 모시고 왔습니다.'라는 문장의 종결어미 '-습니다'를 통해 상대를 높였다는 것을 확인할 수 있다. 또한 객체에 해당하는 '할머니'를 높였다는 것을 특수 어휘 '모시고'를 통해 확인할 수 있다.

오답 체크 |

① 종결어미 '-어요'가 붙은 형태이므로 상대를 높였음을 확인할 수 있으나, 그 외의 높임 표현은 확인할 수 없다.
③ 객체가 지시하는 대상인 '할아버지'를 높였다는 것을 조사 '께'와 특수 어휘 '드려'를 통해 확인할 수 있으나, 종결어미 '-어'가 붙은 형태이므로 상대는 낮추어 표현한 것임을 확인할 수 있다.
④ 종결어미 '-죠'는 '-지요'의 줄임말로 이를 통해 상대를 높였음을 확인할 수 있으며, 선어말어미 '-시-'를 통해 주체를 높였음을 확인할 수 있다. 그러나 이 문장에서 객체 높임은 쓰이지 않았다.
⑤ 종결어미 '-어'를 통해 상대를 낮췄음을 확인할 수 있으며, 조사 '께서'와 선어말어미 '-시-'를 통해 주체를 높이고 있음을 확인할 수 있다.

40 ④

정답 해설 | 연결 어미 '-(으)려고'는 '어떤 행동을 할 의도나 욕망을 가지고 있음'을 나타내는 연결 어미이다. ㄹ에 제시된 사례를 통해, 연결 어미 '-(으)려고'가 선어말 어미 '-었/았-'이나 '-겠-'과는 결합할 수 없으나, 선어말 어미 '-(으)시-'와는 결합할 수 있음을 알 수 있다. '가시려고'는 '가-+-시-+-려고', '가셨으려고'는 '가-+-시-+-었-+-으려고', '가시겠으려고'는 '가-+-시-+-겠-+-으려고'로 분석된다. 따라서 ④의 진술은 적절하지 않다.

오답 체크 |

① ㄱ에 제시된 사례를 통해, 의도의 의미를 나타내는 연결 어미 '-(으)려고'로 연결된 문장에서는 앞 절의 주어('영희가')와 뒤 절의 주어('철호가')가 같지 않으면 문법적으로 잘못된 문장이 될 수 있음을 알 수 있다.
⑤ ㅁ에 제시된 사례를 통해, 연결 어미 '-(으)려고'가 동사 어간('하-') 뒤에는 붙을 수 있지만 형용사 어간('건강하-') 뒤에는 붙지 않음을 알 수 있다.

41 ①

정답 해설 | 연결 어미 '-으면'은 앞의 절과 뒤의 절이 조건의 의미 관계임을 나타낸다.

오답 체크 |

② '-(으)려고'는 의도
③ '-어도'는 양보
④ '-는데'는 배경
⑤ '-어서'는 인과의 의미 관계를 나타내는 연결 어미이다.

42 ④

정답 해설 | '단풍잎이 바람이 불면 흔들린다.'는 ㄹ인 '단풍잎이 흔들린다.'에 ㄱ인 '바람이 분다.'가 관형절로 안겨 있지 않으므로 적절하지 않다.

오답 체크 |

① '바람이 불어서 단풍잎이 흔들린다.'는 ㄱ과 ㄹ이 종속적 연결어미 '-어서'로 연결된 이어진 문장이므로 적절하다.
② '차가운 바람이 분다.'는 ㄴ이 ㄱ에 관형절로 안기면서 ㄴ의 주어가 생략된 문장이므로 적절하다.
③ '바람이 차갑고 단풍잎이 빨갛다.'는 ㄴ과 ㄷ이 대등적 연결어미 '-고'로 연결된 이어진 문장이므로 적절하다.
⑤ '흔들리는 단풍잎이 빨갛다.'는 ㄹ이 ㄷ에 관형절의 형태로 안겨 이루어진 문장이므로 적절하다.

43 ⑤

정답 해설 | '철수는 물고기를 많이 잡았다'에서 '잡았다'는 주어(철수는)와 목적어(물고기를)를 필수적으로 요구하는 두 자리 서술어이다. 부사어 '많이'는 생략 가능한 문장 성분이다.

오답 체크 |

① '콩쥐가'와 '어머니는'은 서술어 '만들었다'의 주체를 나타내는 말이기 때문에 필요한 성분이다.
② '옷을'과 '아들을'은 생략하면 문장이 성립하지 않으므로 생략할 수 없다.
③ '의사로'는 부사어라도 '~을 ~(으)로 만들다'는 문장에 꼭 필요한 성분이지만, '예쁘게'는 '만들었다'를 꾸며주는 부사어로 생략이 가능하다.
④ '친구는 내 손을 살며시 잡았다'에서 '잡았다'는 주어 '누가', 목적어 '무엇을'이라는 문장 성분을 필수적으로 요구하는 두 자리 서술어이다.

44 ②

정답 해설 | '되었다'는 주어와 보어가 필요한 서술어이다. ㄴ에서 '올해'는 시간을 나타내는 부사어로서 '되었다'가 꼭 필

요로 하는 성분이 아니다.

오답 체크 |

① ㄱ에서 '찍었다'는 '동생'의 동작을 나타내므로 서술어이다.

③ ㄱ에서 '찍었다'는 동작의 대상이 필요한 말이며 이때 대상은 '사진'이므로 '사진을'이 목적어이다. '되었다'는 동작의 대상이 필요하지 않은 서술어이므로 ㄴ에는 목적어가 없다.

④ ㄱ에서 '찍었다'의 주체는 '동생'이므로 '동생이'가 주어이다. ㄴ에서 '되었다'의 주체는 '언니'이므로 '언니가'가 주어이다. '대학생이'는 '되었다'가 주어 외에 필요로 하는 보어이다.

⑤ ㄱ에 쓰인 주성분은 주어, 목적어, 서술어이고, ㄴ에 쓰인 주성분은 주어, 보어, 서술어이다. 따라서 주성분의 종류는 세 가지이다.

45 ⑤

정답 해설 | '여겼다'는 주어(그는), 목적어(직업을), 부사어(천직으로)를 필수적으로 요구하므로 세 자리 서술어이다.

오답 체크 |

① '되었다'는 주어(계절이), 보어(가을이)를 필수적으로 요구하므로 두 자리 서술어이다.

② '닮았다'는 주어(오빠는), 부사어(아빠와)를 필수적으로 요구하므로 두 자리 서술어이다.

③ '피었다'는 주어(장미꽃이)만을 필수적으로 요구하므로 한 자리 서술어이다.

④ '고치셨다'는 주어(아버지께서), 목적어(집을)를 필수적으로 요구하므로 두 자리 서술어이다.

46 ①

정답 해설 | ㄱ에서 안은문장의 주어는 '누나는'이고, 안긴문장의 주어는 '마음이'이다.

47 ②

정답 해설 | 능동문인 ㉡ '나는 그림을 보았다'에서 목적어 '그림을'은 피동문인 ㉢ '그림이 나에게 보였다'에서 주어인 '그림이'로 바뀐다. 따라서 ㉡과 ㉢를 보니 능동문의 목적어가 피동문에서도 목적어가 된다는 진술은 적절하지 않다.

오답 체크 |

① 능동문 ㉠에 나타나는 주어 '언니가'는 피동문인 ⓐ에서 부사어 '언니에게'로 바뀌고 있으므로 적절하다.

③ 주동문 ㉡이 사동문인 ⓓ로 바뀔 때 '형이'라는 새로운 주어가 나타나고 있으므로 적절하다.

④ 피동문 ⓐ에서 피동사 '안겼다'와 사동문 ⓑ에서 사동사 '안겼다'의 형태가 같으므로 적절하다.

⑤ 사동문 ⓑ에서 '안겼다'는 '-기-'라는 접미사에 의해, 사동문 ⓓ에서 '보게 했다'는 '-게 하다'에 의해 만들어지고 있으므로 적절하다.

48 ⑤

정답 해설 | '이제 나무 아래에서 낮잠은 다 잤다.'는 과거 시제 선어말 어미 '-았-'을 사용하였지만, 그 의미는 '앞으로는 나무 아래에서 낮잠을 잘 수 없다.'는 의미를 나타낸다. 따라서 사건시가 발화시 이후인 미래의 의미를 나타내므로 적절하지 않다.

오답 체크 |

① '나는 묘목을 심는다.'는 선어말 어미 '-는-'을 사용한 현재형 표현이므로 적절하다.

② '묘목이 자라면 나무 아래에서 잘 수 있겠지.'는 선어말 어미 '-겠-'을 사용하여 사건시가 발화시 이후임을 나타내므로 적절하다.

③ '나는 묘목을 심었었지.'는 선어말 어미 '-었었-'을 사용하여 시간적으로 거리가 먼 과거를 나타낸 표현이므로 적절하다.

④ '나는 나무 아래에서 자더라.'에는 선어말 어미 '-더-'가 사용되었는데, 주어가 1인칭인 경우에 '-더-'의 쓰임에 제약이 따르는 경우로 볼 수 있으므로 적절하다.

49 ③

정답 해설 | ㉠ '비가 오기'는 명사형 어미 '-기'가 붙어 만들어진 명사절로 목적격 조사와 결합하여 안은문장에서 목적어로 쓰인다. ㉡ '집에 가기'는 명사형 어미 '-기'가 붙어 만들어진 명사절로 부사격 조사 '에'와 결합하여 안은문장에서 부사어로 쓰인다. ㉢ '그는 1년 후에 돌아오기'는 명사형 어미 '-기'가 붙어 만들어진 명사절로 부사격 조사 '로'와 결합하여 안은문장에서 부사어로 쓰인다. ㉣ '어린 아이들은 병원에 가기'는 명사형 어미 '-기'가 붙어 만들어진 명사절로 안은문장에서 목적어로 쓰인다. 이때 목적격 조사는 생략되기도 한다. 따라서 ㉠과 ㉣은 안은문장에서 목적어로 쓰이는 명사절이고, ㉡과 ㉢은 안은문장에서 부사어로 쓰이는 명사절이다.

50 ③

정답 해설 | '돕다'는 피동사로 파생되지 않는다. '동생이 부모님께 칭찬을 들었다.'는 '들리었다(들-+-리-+-었-+-다)'로 서술어의 피동사가 존재함에도 불구하고 파생적 피동문으로

바꿀 수 없는 능동문이다. '칭찬이 부모님에 의해 동생에게 들렸다.'는 어색한 문장이다.

오답 체크 |

① '주다'는 피동사로 파생되지 않는다. '고양이가 쥐를 잡았다.'에서, '잡다'는 '잡히다'라는 피동사가 있고, '쥐가 고양이에게 잡혔다(잡-+-히-+-었-+-다).'로 파생적 피동문이 가능하다.

② '먹다'는 '먹히다'로 파생된다. '사람들이 열심히 풀을 뽑았다.'의 '뽑다'는 '뽑히다'라는 피동사가 있지만 '풀이 열심히 사람들에게 뽑혔다.'라는 파생적 피동문은 어색한 문장이 된다.

④ '만나다'는 피동사로 파생되지 않는다. '학생들이 벽화를 멋지게 그렸다.'의 '그리다'는 '그려지다'로 '-어지다'가 결합하는 통사적 피동사로 변해, '벽화가 학생들에 의해 멋지게 그려졌다.'라는 통사적 피동문은 되지만 파생적 피동문은 없다.

⑤ '나누다'는 '나뉘다(나누-+-이-+-다)'로 파생된다. '누나가 일부러 문을 세게 닫았다.'에서 '닫다'는 '닫히다'로 피동사는 존재하지만 파생적 피동문으로 바꾸면 '문이 일부러 누나에게 세게 닫혔다.'로 어색한 문장이 된다.

51 ④

정답 해설 | 겹문장은 절과 절이 이어지거나 절이 전체 문장의 한 성분으로 안기면서 이루어진다. (나)와 (다)에서 ㉢과 ㉤은 전체 문장의 관형어와 목적어 기능을 하며 안기어 있다. (가)는 ㉠과 ㉡의 절이 이어져 이루어진 겹문장이다.

오답 체크 |

① ㉠은 ㉡에 대하여 '조건'의 의미를 갖는다. 따라서 두 절의 위치를 바꾸면 의미가 달라진다.

② ㉢은 관형절로 '마을'을 꾸며 주는 역할을 한다. ③ ㉤은 명사절로 전체 문장의 목적어 역할을 한다. 따라서 목적어가 생략될 경우 전체 문장의 의미는 불완전해진다.

⑤ (가)~(다)는 모두 '주어+서술어'의 관계가 문장 속에 두 번씩 나타나고 있는 겹문장이다.

52 ④

정답 해설 | '나는 꽃이 활짝 핀 봄이 오기를 기다린다.'에서 관형절 '꽃이 활짝 핀'이 '봄'을 수식하고 있고, 명사절 '봄이 오기'가 전체 문장에서 목적어로 쓰이고 있다. 관형절이 수식하는 명사와 동일한 명사는 관형절 속에서는 생략되어 나타나지 않는다.

53 ③

정답 해설 | ㉠의 주동문의 주어 '철수가'는 사동문에서 '철수를'이라는 목적어로 바뀌었지만, ㉡의 주동문의 주어 '동생이'는 사동문에서 '동생에게'라는 부사어로 바뀌었으므로 적절하지 않다.

오답 체크 |

① ㉡의 사동문은 '-이-'라는 사동 접미사를 활용한 형태를 보이고 있다. 하지만 ㉠은 사동 접미사를 활용한 사동문을 만들 수 없으므로 적절하다.

② ㉢의 사동문에서 사동 접미사 '-기-' 대신 '-게 하다'를 활용해 사동문을 만들면 '인부들이 이삿짐을 방으로 옮게 하다.'와 같이 어색한 문장이 되므로 적절하다.

④ ㉠과 ㉡은 모두 주동문이 사동문으로 되면서 '내가'와 '누나가'라는 새로운 주어가 생겼으므로 적절하다.

⑤ ㉠, ㉡과 달리 ㉢은 사동문에 대응하는 주동문이 비문이므로 적절하다.

54 ①

정답 해설 | 관형절 '그가 여행을 간'과 이 관형절이 안긴 '그녀는 사실을 몰랐다.'라는 문장에는 서로 중복된 단어가 없다. 따라서 생략된 문장 성분 없이 관형절이 안은문장의 체언 '사실'을 수식하고 있으므로 ㉠의 예에 해당하지 않는다.

오답 체크 |

② 관형절 '내가 사는'의 부사어 '마을에'가 관형절이 수식하는 체언 '마을'과 동일하여 생략되었다.

③ 관형절인 '책장에 있던'의 주어 '소설책이'가 관형절이 수식하는 '소설책'과 중복되어 생략되었다.

④ 관형절인 '동생이 먹을'의 목적어 '딸기를'이 관형절이 수식하는 체언 '딸기'와 중복되어 생략되었다.

⑤ 관형절인 '골짜기에 흐르는'의 주어 '물이'가 관형절이 수식하는 체언 '물'과 중복되어 생략되었다.

55 ②

정답 해설 | 제시된 탐구 과정을 보면 A는 주동문은 존재하여도 그것을 사동문으로 바꿀 수 없는 경우이다. ㉡이 A에 해당하는데, ㉡을 사동문으로 만든 'X(?)가 그에게 한여름에 더위를 먹였다.'는 비문법적인 문장이기 때문이다. B는 주동문의 서술어로 쓰인 용언의 어간을 어근으로 삼아 사동 접미사를 붙여 파생적 사동문으로 바꿀 수 있는 경우이다. ㉠이 B에 해당하는데, ㉠은 '그가 물통에 물을 가득 채웠다.'와 같이 파생적 사동문으로 바꿀 수 있기 때문이다. C는 주동문을 사동문으로 바꿀 수는 있으나, 파생적 사동문으로 바꿀 수 없는 경우이다. ㉢이 C에 해당하는데, 서술어인 '모았다(모으다)'의 어간

'모으-'에 '-게 하다'를 붙여 '모으게 했다'와 같이 통사적 사동문으로 바꿀 수는 있으나, '모았다(모으다)'는 어간 '모으-'를 어근으로 삼아 사동 접미사가 붙어 사동사로 파생되지 않으므로 파생적 사동문으로는 바꿀 수 없기 때문이다.

56 ②

정답 해설 | 조사 '께서'와 선어말 어미 '-시-'를 통해 주체 높임이 실현되었다. '할머니'를 높이기 위해 특수 어휘 '모시고'를 활용하여 객체 높임을 실현하였다. '영희'에게는 '해체'를 사용하여 낮추고 있다.

57 ②

정답 해설 | ㉠ '누나가 주인임이 밝혀졌다.'에서 '누나가 주인임'은 명사절이고 안은문장 안에서 주어의 기능을 한다. ㉡ '삼촌은 농담을 던짐으로써 분위기를 풀었다.'에서 '(삼촌이) 농담을 던짐'은 명사절이고 안은문장 안에서 부사어의 기능을 한다. ㉢ '형은 동생이 고향으로 돌아오기만 기다렸다.'에서 '동생이 고향으로 돌아오기'는 명사절이고 안은문장 안에서 목적어의 기능을 한다. ㉠ ~ ㉢의 안긴문장은 모두 명사절로 종류는 동일하다. ㉠의 안긴문장은 주어, ㉡의 안긴문장은 부사어, ㉢의 안긴문장은 목적어로 안은문장 안에서 각각 다른 기능을 한다.

58 ③

정답 해설 | ㄷ에서는 연결 어미 '-(으)면서'를 사용하여 노래를 부르는 동작이 시간의 흐름 속에서 계속 이어지고 있음을 나타내는 진행상을 표현하고 있다. 따라서 연결 어미를 통해 사건이 완료되었음을 표현한다는 진술은 적절하지 않다.

오답 체크 |

① ㄱ은 '동생'이 책을 읽는 사건이 일어난 시점인 사건시와 발화시가 일치하는 현재 시제가 나타나며 '-고 있다'를 통해 진행상을 표현하고 있으므로 적절하다.

② ㄴ은 '-어 있다'를 통해 '꽃'이 핀 후의 결과가 지속되고 있음을 나타내는 완료상이 실현되어 있으므로 적절하다.

④ ㄹ은 그는 빨간 티셔츠를 입는 중이라는 진행상으로 해석할 수도 있지만 빨간 티셔츠를 입은 채로 있다는 완료상으로도 해석할 수 있으므로 적절하다.

⑤ ㅁ에서는 '나'가 밥을 먹고 집을 나서는 사건이 일어난 시점인 사건시가 발화시보다 앞서있는 과거 시제가 나타난다. 그리고 연결 어미 '-고서'를 통해 '나'가 밥을 먹는 동작이 끝났음을 나타내는 완료상을 표현하고 있으므로 적절하다.

59 ③

정답 해설 | ㄱ은 서술어가 필요로 하는 문장 성분의 개수가 주어, 부사어로 2개이며, ㄷ은 서술어가 필요로 하는 문장 성분의 개수가 주어 1개이므로 적절하지 않다.

오답 체크 |

① ㄱ의 능동문은 '엄마가 아기를 안았다.'로 서술어가 필요로 하는 문장 성분의 개수는 주어, 목적어로 2개이므로 적절하다.

② ㄴ의 주동문은 '엄마가 아기를 안았다.'로 서술어가 필요로 하는 문장 성분의 개수는 주어, 목적어로 2개이므로 적절하다.

④ ㄴ의 주동문은 '엄마가 아기를 안았다.'로 서술어가 필요로 하는 문장 성분의 개수가 주어, 목적어로 2개이고, ㄹ의 주동문은 '학생들이 사진첩을 보았다.'로 서술어가 필요로 하는 문장 성분의 개수가 주어, 목적어로 2개이므로 적절하다.

⑤ ㄷ은 서술어가 필요로 하는 문장 성분의 개수가 주어 1개이고, ㄹ은 서술어가 필요로 하는 문장 성분의 개수가 주어, 부사어, 목적어로 3개이므로 적절하다.

60 ②

정답 해설 | ㄴ은 안긴문장 '사진이 벽에 걸려 있다.'와 안은문장 '나는 사진을 떠올렸다.'에서 공통된 체언인 '사진'이 생략된 관형절을 안은 문장이라는 점에서 Ⓐ와 같은 유형이므로 적절하지 않다.

오답 체크 |

① ㄱ은 안긴문장 '그가 시를 지었다.'에서 안은문장'시는 감동적이었다.'와의 공통된 체언인 '시'를 생략하여 관형절 '그가 지은'을 만들었다는 점에서 적절하다.

③ ㄷ은 '그가 한국에 돌아왔다.'라는 안긴문장이 생략된 성분 없이 체언 '소문'을 수식하는 관형어로 쓰이고 있다는 점에서 적절하다.

④ ㄹ은 관형절인 '그 사람이 나를 속일'이 문장의 필수 성분을 모두 갖추고 있다는 점에서 적절하다.

⑤ ㅁ은 안긴문장 '땀이 이마에 흘렀다.'와 안은문장 '나는 수건으로 땀을 닦았다.'의 공통된 체언인 '땀'이 관형절 '이마에 흐르는'에서 생략되어 있다는 점에서 적절하다.

61 ③

정답 해설 | '가다'의 경우 ㉠은 주어 '친구가'와 부사어 '서울로'를 필요로 하는 두 자리 서술어이고, ㉡은 주어 '구김이'와 부사어 '바지에'를 필요로 하는 두 자리 서술어이다. 이와

달리 ㉢은 주어 '시계가'만 필요로 하는 한 자리 서술어이다. '생각하다'의 경우 ㉣은 주어 '학생이'와 목적어 '진로를'을 필요로 하는 두 자리 서술어이고, ㉤은 주어 '우리가'와 목적어 '투표를', 부사어 '의무로'를 필요로 하는 세 자리 서술어이다.

62 ③

정답 해설 | ㉢은 의문사 '무엇'이 포함된 의문문으로, 맥락에 따라 설명 의문문으로도, 판정 의문문으로도 쓰일 수 있다. ㉢의 경우, 청자의 반응이 '아니'이므로 판정 의문문으로 사용된 것으로 판단할 수 있으며, 의문사 '무엇'도 부정칭 대명사로 사용한 것이다. 따라서 의문사가 가리키는 내용을 설명해 달라는 의도를 드러낸 것으로 보기 어렵다.

오답 체크 |

① ㉠은 대답 '응'으로 보아 판정 의문문으로 사용된 것이므로 청자에게 긍정이나 부정의 대답을 요구하고 있다.

② ㉡은 종결 어미 '-지'를 사용하여 청자도 자신처럼 아침을 못 먹었을 것이라고 믿는 바를 확인하기 위한 판정 의문문이다.

④ ㉣은 청자의 반응에 따라 의문문의 유형이 달라질 수 있다. 청자에게 긍정이나 부정의 대답을 요구할 수도 있고, 의문사가 가리키는 내용을 설명해 주기를 요구할 수도 있다.

⑤ ㉤은 의문사 '왜'가 가리키는 내용에 대하여 청자가 설명하는 대답을 하고 있으므로 설명 의문문으로 판단할 수 있다.

63 ③

정답 해설 | ㄴ은 홑문장으로 서술어는 '좋아한다' 1개이며, ㄷ은 겹문장 중 이어진문장으로 서술어는 '시인이자'와 '선생님이다' 2개이다.

오답 체크 |

① ㄱ은 서술절을 가진 안은문장으로 주어 '나는'과 서술어의 역할을 하는 서술절 '키가 크다'로 이루어져 있고, '키가 크다'는 주어 '키가'와 서술어 '크다'로 이루어져 있다. ㄷ은 이어진문장으로 앞 절의 주어 '그녀는', 서술어 '시인이자', 뒤 절의 주어 '그녀는', 서술어 '선생님이다'로 이루어져 있다. 따라서 ㄱ과 ㄷ을 이루고 있는 문장 성분은 주어와 서술어로 동일하다.

② ㄱ은 '나는'이 안은문장의 주어이고 '키가 크다'라는 서술절이 서술어의 역할을 하는, 서술절을 가진 안은문장이다. ㄹ은 '그녀가 사과를 먹고'와 '나는 배를 먹는다'라는 2개의 절이 대등하게 이어져 있다. 따라서 ㄱ, ㄹ은 모두 주어와 서술어의 관계가 두 번 나타나 있다.

④ ㄴ의 '나는'은 주어, '여름만'은 목적어이고, ㄹ의 '그녀가', '나는'은 주어, '사과를', '배를' 은 목적어이므로 ㄴ과 ㄹ은 모두 주어와 목적어를 포함하고 있다.

⑤ ㄷ과 ㄹ은 대등하게 연결된 이어진문장으로, ㄷ은 '-자'라는 대등적 연결 어미를, ㄹ은 '-고'라는 대등적 연결 어미를 포함하고 있다.

64 ④

정답 해설 | ㉣에서 '대통령'을 뽑은 행위의 주체는 '국민들'이다. ㉣은 행위의 주체가 누구나 아는 사람이어서 말할 필요가 없을 때 피동 표현을 사용할 수 있는 경우이다.

오답 체크 |

① ㉠에서 쏘는 행위의 주체는 '벌'이고 행위의 대상은 '그'이다. ㉠은 '그'를 부각하기 위해 피동표현을 사용한 경우이다.

② ㉡은 피동 표현을 통해 '편지'를 찢은 주체인 '나'를 밝히지 않고 있다.

③ ㉢은 행위의 주체인 '기자'가 중요하지 않을 때 피동 표현을 사용할 수 있는 경우이다.

⑤ ㉤은 '날씨'를 푼 행위의 주체를 분명히 설정하기 어려워 피동 표현을 사용한 경우이다.

65 ②

정답 해설 | ㉡의 '친구와'는 '싸우다'가 필수적으로 요구하는 문장 성분이지만, ㉢의 '설마'는 없어도 문장의 성립에 영향을 미치지 않는 수의적 성분이므로 적절하지 않다.

오답 체크 |

① ㉠의 '에'는 '아침'과 결합하여 '시간'의 의미를 나타내며, ㉤의 '에'는 '때문'과 결합하여 '원인'의 의미를 나타낸다. 같은 형태의 부사격 조사가 서로 다른 의미로 사용되고 있으므로 적절하다.

③ ㉣의 '결코'는 문장에서 '그렇지 않아'를 수식하고 있으며, 부정 표현과 호응을 이루고 있으므로 적절하다.

④ ㉥의 '그런데'는 앞 문장과 뒤 문장을 이어주는 접속 부사어이므로 적절하다.

⑤ ㉦의 '편하게'는 어간 '편하-'에 어미 '-게'가 붙어 '대했던'을 수식하고 있으므로 적절하다.

66 ②

정답 해설 | ㉡의 '데리고'를 '모시고'로 수정한 것은 주체인 삼촌이 아니라 객체인 할머니를 직접적으로 높인 것이므로 적절하지 않다.

오답 체크 |

① ㉠의 '계신가요'를 '있으신가요'로 수정한 것은 주체인 아버지를 간접적으로 높인 것이므로 적절하다.

③ ㉢의 '이'를 '께서'로, '온다고'를 '오신다고'로 수정한 것은 주체인 부장님을 직접적으로 높인 것이므로 적절하다.

④ ㉣의 '한테'를 '께'로, '주라고'를 '드리라고'로 수정한 것은 객체인 할아버지를 직접적으로 높인 것이므로 적절하다.

⑤ ㉤의 '한테'를 '께'로, '물어봐'를 '여쭤봐'로 수정한 것은 객체인 선생님을 직접적으로 높인 것이므로 적절하다.

제4강 의미론(의미)

확인문제 본문 190~193쪽

1 ⑤ 2 ③ 3 ① 4 ① 5 ⑤

6 유의어 또는 비슷한 말 7 ⑤ 8 ②

9 ㉠: 나는 학교 정문의 왼쪽에 있었다.
㉡: 정수가 그 물건을 안 훔쳤어요.
정수가 그 물건을 훔치지 않았어요.

10 제가 그것을 하나도 먹지 않았어요.
제가 그것을 일부만 먹었어요.

11 모자를 쓰고 있는 동작을 나타낼 수 있고, 모자를 쓰고 있는 상태가 지속되고 있는 것을 의미할 수도 있다.

12 ⑤ 13 ④

기출문제

본문 194~211쪽

1 ⑤	2 ④	3 ③	4 ④	5 ④
6 ④	7 ⑤	8 ①	9 ②	10 ⑤
11 ③	12 ②	13 ④	14 ③	15 ①
16 ⑤	17 ③	18 ③	19 ③	20 ①
21 ②	22 ②	23 ⑤	24 ④	25 ③
26 ④	27 ③	28 ⑤	29 ③	30 ③
31 ③	32 ④	33 ④	34 ②	

1 ⑤

정답 해설 | '맡다'에는 '느끼다', '눈치채다'와 같이 주체의 능동적 행위를 나타내는 의미가 나타나 있다. 피동의 의미는 포함되어 있지 않다.

오답 체크 |

① '맞다'와 '맡다'는 서로 표기를 다르게 하지만 모두 [맏따]로 발음된다.

② '맞다'와 '맡다'는 모두 동사라는 정보가 있으므로 적절하다.

③ '맞다'와 '맡다'의 표제어에는 각각 두 가지 이상의 의미가 등재되어 있으므로 다의어임을 알 수 있다.

④ '맞다' (1)의 '…에게 …을', (2)의 '…에 …을'을 통해 '맞다'는 부사어와 목적어를 필요로 하는 단어임을 알 수 있다. 그러나 '맡다'는 '…을'을 통해 목적어만을 필요로 하는 단어임을 알 수 있다.

2 ④

정답 해설 | '차다^{1}'은 '일정한 공간에 사람, 사물, 냄새 따위가 더 들어갈 수 없이 가득하게 되다.'라는 의미이므로 '물이 가득 차다.'라는 예문을 추가하는 것은 적절하다.

오답 체크 |

① '비다^{1}'의 ㉠과 ㉡은 다의 관계이다.

② '빈 수레가 요란하다.'라는 속담의 '빈'은 '차다^{1}' ㉠의 반의어를 활용한 것이다.

③ '차다^{1}'과 '비다^{1}'은 모두 목적어가 필요 없는 용언이다.

⑤ '차다^{1}' ㉡의 반의어는 '비다^{1}'에 존재하지 않는다.

3 ③

정답 해설 | (다)의 각 어휘들은 그 세분화된 의미가 모두 다르므로 문장 속에서 서로 바꿔 쓸 수 없다.

4 ④

정답 해설 | (가)에서 (나)로의 변화는 직업의 전문성에 대한 의식이 강화되면서 직업의 명칭이 변한 사례이다.

5 ④

정답 해설 | '국토가 산으로 되어 있다'의 '되다'는 되다^{1} [2]와 같이 '어떤 재료나 성분으로 이루어지다'의 의미이다.

오답 체크 |

① 되다^{1}과 되다^{2}는 형태는 같지만 사전에 각기 다른 표제어로 수록되어 있는 별개의 단어이다.

② 되다^{1} [1]은 주어 이외에 보어를 필요로 하며, [2]는 필수적으로 부사어를 필요로 한다.

③ 되다^{1}은 동사로 사물이나 사람의 동작이나 작용을 나타내며, 되다^{2}는 형용사로 사물이나 사람의 성질이나 상태를 나타낸다.

⑤ 되다^{2} [2]는 '일이 힘에 벅차다'이므로 유의어로 '힘들다'를 쓸 수 있다. 따라서 유의어를 활용하여 '일이 힘들면 쉬어 가면서 해라.' 와 같은 문장을 만들 수 있다.

6 ④

정답 해설 | 사전에 드러난 여러 가지 정보를 활용한다. '들다^{01}'의 중심적 의미는 ㉠이다.

오답 체크 |

① '들다^{01}'과 '들다^{04}'는 여러 주변적 의미를 가지고 있음을 <보기>에서 확인할 수 있으므로 다의어이다.

② '그가 방으로 들자 잠자던 아이가 깨어났다.'의 '들다'는 밖에서 안으로 향한 행동이므로 '들다^{01}㉠'의 예문이다.

③ '들다^{01}㉡'은 예문과 설명을 통해 주어와 필수적 부사어를 반드시 요구하는 두 자리 서술어임을 알 수 있으며, '들다^{04}㉠'은 예문과 설명을 통해 주어와 목적어, 필수적 부사어를 반드시 요구하는 세 자리 서술어임을 알 수 있다.

⑤ '들다^{04}㉡'의 예문을 통해 ⓐ에 들어갈 문장성분은 '…을'임을 알 수 있다.

7 ⑤

정답 해설 | '끌다②'는 '끌다①'과 달리【…에서 …을】의 문장 구조를 취하고 있으므로, 문장 구조상 부사어를 필요로 한다.

8 ①

정답 해설 | '벗다'는 문맥에 따라 여러 가지 뜻을 가진다. '누명을 벗다.'에서 '벗다'는 '누명이나 치욕 따위를 씻다.'라는 뜻이다. 이때 '벗다'의 반의어는 '사람이 죄나 누명 따위를 가지거나 입게 되다.'라는 뜻의 '쓰다'가 될 수 있다. '배낭을 벗다.'에서 '벗다'는 '메거나 진 배낭이나 가방 따위를 몸에서 내려놓다.'라는 뜻이다. 이때 '벗다'의 반의어는 '어깨에 걸치거나 올려놓다.'라는 뜻의 '메다'가 될 수 있다.

오답 체크 |

② '안경을 벗다.'에서 '벗다'는 '사람이 자기 몸 또는 몸의 일부에 착용한 물건을 몸에서 떼어 내다.'라는 뜻이다. 이때 '벗다'의 반의어는 '얼굴에 어떤 물건을 걸거나 덮어쓰다.'라는 뜻의 '쓰다'가 될 수 있다. 그러나 '끼다'가 '배낭을 벗다.'에서 '벗다'의 반의어라고 할 수 없다.

⑤ '허물을 벗다.'에서 '벗다'는 '동물이 껍질, 허물, 털 따위를 갈다.'의 뜻이다. 이때 '벗다'의 반의어는 '쓰다'가 될 수 없다.

9 ②

정답 해설 | '어리다[1]'은 【 …에 】의 문장 구조를 취하고 있으므로, 문장 구조상 '필수 부사어'를 필요로 한다.

오답 체크 |

① '어리다[1]'과 '어리다[2]'는 각각 한 단어가 두 가지 이상의 의미를 가지고 있으므로 '다의어'이다.

③ '어리다[1]'과 '어리다[2]'는 형태는 같지만 서로 다른 의미를 지니고 있으므로 동음이의 관계에 있다.

④ '입가에 미소가 어리다.'의 '어리다'는 '어리다[1]'의 ㉡의 의미로 사용되고 있다.

⑤ '어린 소견'의 '어린'은 '어리다[2]'의 ㉡의 의미로 사용되고 있다.

10 ⑤

정답 해설 | 국어사전에 제시된 정보에 비추어 볼 때, '없다'는 '없어, 없으니, 없는'으로 활용하고, '있다'는 '있어, 있으니, 있는'으로 활용하고 있음을 알 수 있다. 어간 '없-'과 '있-'의 형태에 변화가 없는 것으로 보아 활용할 때 어간의 형태가 불규칙적으로 변하는 단어가 아님을 알 수 있다.

오답 체크 |

① '없다'는 '[업:따]'와 같이 장음 부호(:)를 표시하여 어간이 긴소리로 발음된다는 것을 나타내고 있다.

② '있다'는 하나의 표제어 아래에 '사람이나 동물이 어느 곳에서 떠나거나 벗어나지 아니하고 머물다.'와 '사람, 동물, 물체 따위가 실제로 존재하는 상태이다.'라는 의미를 나타내고 있다. 이로 보아 '있다'는 두 가지의 뜻을 제시한 다의어이다.

③ '있다 (1)'은 '【…에】'와 같이 주어 외에 필수적으로 갖추어야 하는 문장 성분에 대한 정보를 나타내고 있다.

④ '없다'는 '사람, 동물, 물체 따위가 실제로 존재하지 않는 상태이다.'라는 의미의 형용사, '있다 (2)'는 '사람, 동물, 물체 따위가 실제로 존재하는 상태이다.'라는 의미의 형용사이다. 이로 보아 품사가 서로 같고, 의미상 반의 관계에 있음을 알 수 있다.

11 ③

정답 해설 | '빼다'는 '속에 들어 있는 것을 밖으로 나오게 하다.'의 의미이므로 무르다[2]의 [1]-㉠의 유의어로 적절하지 않다.

12 ②

정답 해설 | '기분이 개다.'는 '(비유적으로) 언짢거나 우울한 마음이 개운하고 홀가분해지다.'의 의미로 개다[1] 「2」의 용례에 해당한다.

13 ④

정답 해설 | 사전 활용하기 '길이가 얼마나 되는지를 재어 보아라.'는 '자, 저울 따위의 계기를 이용하여 길이, 너비, 높이, 깊이, 무게, 온도, 속도 따위의 정도를 알아보다.'의 의미이므로 재다[1]- 의 용례에 해당한다.

14 ③

정답 해설 | ㉡은 '주다'의 높임말로 '드리다'[1]의 의미이고, '할머니께 말씀을 드리다.'의 '드리다'는 '윗사람에게 그 사람을 높여 말을 하다'인 '드리다'[2]의 의미로 사용되었다.

오답 체크 |

① ㉠은 '밖에서 속이나 안으로 향해 가거나 오게 하다.'의 의미로 ㉠이 포함된 문장은 '들이다'[1]의 용례라고 할 수 있다.

② ㉠은 '들이다'[1]의 의미인 '밖에서 속이나 안으로 향해 가게 하거나 오게 하다.'에 해당하므로 <보기 1>에 제시된 '들이다'[1]의 문형 정보【…을 …에】를 참고하면 ㉠이 포함된 문장에 목적어가 생략되어 있음을 알 수 있다. 따라서 목적어 '우리를'을 추가하여 문장을 수정하였다.

④ ㉢은 '들이다'[2]의 의미인 '어떤 일에 돈, 시간, 노력, 물자 따위를 쓰다'의 의미로 쓰인 것이므로 '들여'라고 고쳐 써야 한다.

⑤ <보기 1>에 제시된 사전의 뜻풀이를 보면 '드리다'와 '들이다'는 다의어이다. 따라서 ㉠과 ㉡의 의미는 사전의 표제어 아래 제시된 여러 뜻풀이 중 하나에 해당된다.

15 ①

정답 해설 | ㉠의 '열어'는 '닫히거나 잠긴 것을 트거나 벗기다'라는 중심적 의미로, ㉡의 '열어'는 '모임이나 회의 따위를 시작하다'라는 주변적 의미로 사용되었다.

오답 체크 |

② ㉠의 '먹고'는 '어떤 마음이나 감정을 품다'라는 주변적 의미로, ㉡의 '먹지'는 '음식을 입을 통해 배 속에 들여보내다'라는 중심적 의미로 사용되었다.

③ ㉠의 '잡고'는 '사람이 시간이나 장소, 방향 따위를 골라 정하거나 차지하다'라는 주변적 의미로, ㉡의 '잡았다'는 '일, 기회 따위를 얻다'라는 주변적 의미로 사용되었다.

④ ㉠의 '갔다'는 '직책이나 자리를 옮기다'라는 주변적 의미로, ㉡의 '갔다'는 '한 곳에서 다른 곳으로 장소를 이동하다'라는 중심적 의미로 사용되었다.

⑤ ㉠의 '멀었다'는 '시간적으로 사이가 길거나 오래다'라는 주변적 의미로, ㉡의 '멀었다'는 '거리가 많이 떨어져 있다'라는 중심적 의미로 사용되었다.

16 ⑤

정답 해설 | '차다1'의 '【…에】,【…으로】'를 보면 '차다1'은 주어 이외에 부사어가 반드시 필요하다는 점을 알 수 있다. 하지만 '차다2'는 주어만 필요로 한다.

17 ③

정답 해설 | ㉢은 문맥상 '어떠한 일을 이루고자 하는 마음'을 의미하므로 '의지'로 바꾸어야 한다.

18 ③

정답 해설 | '화살이 포물선을 그리며 날아간다.'에 쓰인 '그리다'는 '어떤 모양을 일정하게 나타내다.'의 의미이므로, 그리다[2] ①의 의미를 보여주는 예문으로 넣기에는 부적절하다.

오답 체크 |

① '그리다[1]'이 사물의 동작이나 작용을 나타내므로 ㉠에 들어갈 말은 동사가 적절하다.

② '그리다[2]' ①과 ②의 '약도를', '일대기를', '애환을'과 같은 용례를 살펴볼 때, ㉡에 들어갈 말은 '…을'이 적절하다.

④ '그리다[2]' ②의 용례에서 '영화'와 '소설'이라는 말로 미루어 ㉣에는 '생각, 현상 따위를 말, 글, 음악 등으로 나타내다.'는 의미가 들어가는 것이 적절하다.

⑤ ㉤에 제시된 '한동안 쉬었더니 돈 몇 푼이 그립다.'는 '어떤 것이 매우 필요하거나 아쉽다.'의 의미에 해당하는 예이므로 적절하다.

19 ③

정답 해설 | ㉢의 '발걸음이 늦다.'는 '늦다[Ⅱ][3]'의 의미에 해당하므로 적절하지 않다.

오답 체크 |

① '~시간에'와 같은 용례를 살펴볼 때, ㉠에 들어갈 말은【…에】가 적절하다.

② 형용사는 성질이나 상태를 나타내는 말이므로 [Ⅱ][1] [2] [3]을 볼 때 ㉡에 들어갈 말은 형용사가 적절하다.

④ ㉣에 제시된 '그는 다른 사람보다 서류 작성이 늦다.'는 '곡조, 동작 따위의 속도가 느리다.'의 의미에 해당하는 예이므로 적절하다.

⑤ '이르다'는 대중이나 기준을 잡은 때보다 앞서거나 빠르다는 의미이므로 그것의 반의어는 '늦다[Ⅱ][1]'이 적절하다.

20 ①

정답 해설 | <보기>는 '-음'과 결합하여 파생 명사가 되는 경우와 용언의 명시형이 되는 경우에 대해 설명하고 있다. 파생 명사는 어근에 명사화 접미사가 결합하여 새로운 명사를 만든 것이므로 사전에 등재된다. ①의 '수줍음'은 어근 '수줍-'에 접사 '-음'이 결합하여 명사가 된 것으로 관형어 '그녀의'의 수식을 받을 수 있는 것이다. 따라서 사전의 표제어이다.

오답 체크 |

② '없음'은 '없다'의 어간 '없-'에 명사형 어미 '-음'이 결합한 것이다.

③ '먹음'은 '먹다'의 어간 '먹-'에 명사형 어미 '-음'이 결합한 것이다.

④ '많음'은 '많다'의 어간 '많-'에 명사형 어미 '-음'이 결합한 것이다.

⑤ '걸음'은 '걷다'의 어간 '걷-'에 명사형 어미 '-음'이 결합한 것이다.

21 ②

정답 해설 | '그들의 만남은 우연적이었다.'의 '우연적'은 '아무런 인과 관계 없이 뜻하지 아니하게 일어나는 것'이라는 뜻의 명사이다. '그들의 만남은 우연적이었다.'의 '우연적'이 체언이나 체언 구실을 하는 말 뒤에 붙어 서술어 자격을 가지게 하는 격 조사인 '-이다'와 결합하고 있는 것에서도 '우연적'이 관형사가 아니라 명사에 해당한다는 것을 알 수 있다.

오답 체크 |

③ '우연하다'의 용례로 형용사 '우연하다'가 관형사형으로 바뀌어 명사 '계기'를 꾸며 준 '우연한 계기'를 추가할 수 있다.

22 ②

정답 해설 | 용례의 '벌써', '~ㄴ지 오래', '이미' 등의 시간 표지나 '-었-'의 선어말어미를 통해 그르다[01]이 [Ⅱ]-「1」의 의미로 사용될 경우에는 주로 과거 시제에 쓰인다는 것을 확인할 수 있다.

23 ⑤

정답 해설 | (가)의 '뿐'은 의존 명사와 조사, (나)의 '뿐'은 불완전명사(의존 명사)에 해당한다는 점에 비추어 볼 때, (가)와

(나)의 '뿐'은 모두 다른 말에 기대어 쓰이는 말로, 자립하여 쓰일 수 없다.

오답 체크 |

① (가)의 '뿐01'은 앞에 오는 말과 띄어 쓰이고 있지만, (나)의 '뿐'은 앞에 오는 말과 붙여 쓰이고 있다.

② (가)의 '뿐01'과 (나)의 '뿐'은 각각 (1)과 (2)의 두 가지 뜻을 가지고 있음을 확인할 수 있다.

③ '내가 가진 것은 이것뿐이다.'에서 '뿐'은 '그것만이고 더는 없다.'는 뜻으로 쓰이므로, (가)의 '뿐02', (나)의 '뿐' (1)의 뜻에 해당한다.

④ (가)에서는 용언 뒤의 '뿐'은 의존 명사, 체언 뒤의 '뿐'은 조사로 보아 서로 다른 표제어 '뿐01', '뿐02'로 등재하고 있다. 반면 (나)에서는 모두 불완전명사로 보아 하나의 표제어 '뿐'으로 등재하고 있다.

24 ④

정답 해설 | '김치가 잘 숙성되었다.'의 '숙성되다'는 '효소나 미생물의 작용에 의하여 발효된 것이 잘 익다.'의 의미이므로, '열매나 씨가 여물다.'의 의미인 '익다①'의 유의어가 아니다.

25 ③

정답 해설 | '버스가 고장이 나 승객들이 차표를 도로 물리는 소동이 있었다.'는 물리다1의 용례가 아니라 물리다3[1]「1」의 용례에 해당하므로 적절하지 않다.

오답 체크 |

① 물리다1, 물리다2, 물리다3은 사전에 별개의 표제어로 등재되어 있는 것으로 보아 서로 동음이의 관계이므로 적절하다.

② 물리다2의 경우 [1], [2], 물리다3의 경우 [1], [2]를 보아 하나의 단어가 두 가지 이상의 뜻을 가진 다의어임을 알 수 있으므로 적절하다.

④ 물리다2[1]의 【…에/에게 …을】, 물리다1의 【…에/에게】를 볼 때 물리다2[1]의 서술어 자릿수가 더 많다는 것을 알 수 있으므로 적절하다.

⑤ '약속 날짜를 이틀 뒤로 물리다.'라는 용례를 볼 때 '정해진 시기를 뒤로 늦추다.'가 들어가는 것은 적절하다.

26 ④

정답 해설 | ④는 '받치다2'의 뜻 중 '비나 햇빛과 같은 것이 통하지 못하도록 우산이나 양산을 펴 들다'의 예이다. ㉣의 적절한 예로는 '배경 음악이 그 장면을 잘 받쳐 주어서 훨씬 감동적이었다.'가 있다.

27 ③

정답 해설 | '수식 구문'에 따른 구조적 중의성은 하나의 수식어가 둘 이상의 피수식어를 수식할 수 있는 상황에서 발생한다. 즉, 둘 이상의 수식어가 하나의 피수식어를 수식하는 상황에서는 구조적 중의성이 나타나지 않는다.

오답 체크 |

① 광고와 유머 등에서 의도적으로 중의적 표현을 사용하는 경우도 있다.

② '차'의 경우, '車'와 '茶'의 표기를 병행하여 동음이의어에 따른 중의성을 해소할 수 있다.

28 ⑤

정답 해설 | '학생들이 컴퓨터 한 대를 사용한다.'는, '한 대의 컴퓨터를 학생들이 함께 사용한다.'는 의미도 되고, '학생들이 각각 컴퓨터 한 대씩을 사용한다.'는 의미도 되기 때문에 중의성이 발생한다. 이때, '모든'을 '학생들이' 앞에 추가한다고 해도 중의성은 해소되지 않는다.

오답 체크 |

① 다의어인 '길'을 '도로'로 바꾸면 중의성을 해소할 수 있다.

② '착한 주희의 동생을 만났다.'에서 '착한'은 '주희'와 '동생'을 모두 수식할 수 있다. 그런데 '착한'과 '주희의'의 어순을 바꾸면, '착한'이 '동생'만 수식하기 때문에 중의성을 해소할 수 있다.

③ '나는 영호와 민주를 보았다.'는 '나와 영호'가 함께 '민주'를 보았다는 의미도 되고, '나'가 '영호와 민주' 두 명을 보았다는 의미도 된다. 그런데 '나는' 뒤에 쉼표(문장 부호)를 찍으면, '나'가 '영호와 민주' 두 명을 만났다는 의미가 되어 중의성을 해소할 수 있다.

④ '회원들이 다 오지 않았다.'는 '회원들이 한 명도 오지 않았다.'는 의미도 되고, '회원들 중 일부만 왔다.'는 의미도 된다. 그런데 '회원들이 다는 오지 않았다.'처럼 보조사 '는'을 추가하면, '회원들 중 일부만 왔다.'는 의미가 되어 중의성을 해소할 수 있다.

29 ③

정답 해설 | '차가 경적을 울리며 멈추다.'에서 '멈추다'는 '사물의 움직임이나 동작이 그치다.'라는 의미를 지니므로 '멈추다 [1] 「1」'의 용례에 해당한다.

오답 체크 |

① '그치다 「1」'의 문형 정보 '【(…을)】'에서 '그치다 「1」'은 주어만을 필요로 하는 자동사로도 쓰이고, 대상이 되는 목적어를 필요로 하는 타동사로도 쓰임을 알 수 있으며, 이는

'그치다 「1」'이 자동사로 쓰일 때의 용례 '비가 그치다.'와 타동사로 쓰일 때의 용례 '아이가 울음을 그치다.'에서 재확인할 수 있다.

② '그치다 「2」'의 문형 정보 '【…에】【…으로】'에서 '그치다 「2」'가 부사어를 반드시 필요로 함을 알 수 있으며, 이는 용례의 부사어 '절반 정도에', '예감으로'를 통해 재확인할 수 있다.

④ 다의어란 두 가지 이상의 뜻을 가진 단어로, '그치다'와 '멈추다'는 하나의 표제어 아래에 두 가지 이상의 의미가 제시되어 있으므로 다의어이다.

⑤ '그치다 「1」'과 '멈추다 '의 뜻풀이와 용례를 보면 '그치다 「1」'은 '일이나 움직임이 멈추거나 끝나다. 또는 그렇게 하다.'라는 뜻을, '멈추다'는 '사물의 움직임이나 동작이 그치다. 또는 그치게 하다.'라는 유사한 의미를 지니고 있음을 확인할 수 있으므로 두 단어는 유의 관계에 있다.

30 ③

정답 해설 | '뜯어먹다'는 '뜯어'와 '먹다' 사이에 '서'를 넣을 수 있으므로 ㉠에 해당하여 사전에 표제어로 실리지 않는다.

오답 체크 |

① '헌가방'은 '헌 내 가방'과 같이 중간에 다른 말이 끼어들 수 있으므로 ㉠에 해당하며 사전에 표제어로 실리지 않는다.

② '놓고가다'는 '놓고'와 '가다' 사이에 '서'를 넣을 수 있으므로 ㉠에 해당하며 사전에 표제올 실리지 않는다.

④ '뜬소문'은 '근거 없이 떠도는 소문'이라는 의미로 중간에 다른 말이 끼어들면 의미가 변하므로 ㉡에 해당하여 사전에 표제어로 실린다.

⑤ '알아듣다'는 '남의 말을 듣고 그 뜻을 알다'의 의미로 구성 요소의 배열이 순차적이지 않아 ㉢에 해당하는 합성어이며, 합성어는 사전에 표제어로 실리므로 적절하다.

31 ③

정답 해설 | '읽는데'의 '데'는 데 「의존 명사」 「2」의 '일'이나 '것'의 의미이며 '읽는'이라는 용언의 관형사형인 관형어의 수식을 받고 있는 의존 명사이므로 '읽는'과 '데' 사이를 띄어 '읽는∨데'로 써야 한다.

오답 체크 |

② '가는데'의 '데'는 뒤 절에서 비가 오기 시작한 것을 설명하기 위하여 상관되는 상황인 '학교에 가는 상황'을 미리 말하기 위해 사용한 연결 어미 '-는데'의 일부이다. 따라서 어간 '가-'에 '-는데'라는 어미가 결합한 것이므로 '가는데'로 붙여 써야 한다.

32 ④

정답 해설 | ㄱ은 '친구가 일부가 오지 않았다'와 '친구가 한 명도 오지 않았다'로 해석된다. 이를 해소하기 위해 '모두'를 '아무도'나 '일부' 등의 단어로 교체하거나 '친구가 모두 오지는 않았다.'와 같이 본용언 뒤에 보조사 '는'을 사용한다. ㄴ은 '울면서'의 주체가 '그'나 '그녀'로 해석된다. 이를 해소하기 위해 '그가 떠나는 그녀를 울면서 안아 주었다.'와 같이 어순을 바꾼다.

33 ④

정답 해설 | 3문단에 따르면 등급 반의어는 한쪽 단어의 긍정이 다른 쪽 단어의 부정을 함의하지만, 이것의 역(逆)은 성립하지 않는다. 따라서 '영수 집은 학교에서 가깝다.'에서 '가깝다'를 부정하면 '가깝지 않다'가 되는데, 이때 '가깝지 않다'고 해서 반드시 '멀다'는 것은 아니므로 '멀다'의 의미와 동일하다는 추론은 적절하지 않다.

오답 체크 |

① '좋다/나쁘다'는 등급 반의어이므로, 2문단에 근거하여 '올해는 사과의 품질이 작년보다 더 좋다.'와 같이 비교 표현을 쓸 수 있다.

② '무겁다/가볍다'는 등급 반의어이므로, 2문단에 근거하여 사람들이 생각하는 가방의 무게는 다를 수 있다.

③ '멀다/가깝다'는 등급 반의어이므로, 2문단에 근거하여 '기차역은 여기에서 아주 멀다.'와 같이 정도부사의 수식을 받을 수 있다.

⑤ 4문단에 따르면 등급 반의어의 경우 '중간 정도'에 해당하는 부분을 나타내는 별도의 말이 존재하기도 한다. '뜨겁다/차갑다'는 등급 반의어로 중간 정도를 나타내는 별도의 말인 '미지근하다'가 존재한다.

34 ②

정답 해설 | ⓐ, ⓑ의 '오다/가다'는 등급 반의어가 아닌 방향 반의어이다. ⓒ, ⓓ의 '크다/작다'는 등급 반의어이다. 어떤 대상의 크기에 대한 사전 지식이 없어서 대상의 '크거나 작은 정도'를 물을 때, '문학관이 작아?'보다 '문학관이 커?'와 같이 묻는 것이 일반적이다. 즉, '크다'(ⓒ)가 '작다'에 비해 언어적으로 더 일반적인 경향을 나타내는 의미로 쓰인다. ⓔ, ⓕ의 '길다/짧다'는 등급 반의어이다. 어떤 대상의 길이에 대한 사전 지식이 없어서 대상의 '길거나 짧은 정도'를 물을 때, '줄이 짧아?'보다 '줄이 길어?'와 같이 묻는 것이 일반적이다. 즉, '길다'(ⓔ)가 '짧다'에 비해 언어적으로 더 일반적인 경향을 나타내는 의미로 쓰인다.

제5강 화용론(담화)

확인문제

본문 219~220쪽

1 ⑤	2 맥락	3 먼저, 다음으로, 끝으로
4 ⑤	5 ④	6 ④

기출문제

본문 221~224쪽

1 ②	2 ③	3 ②	4 ④	5 ③
6 ⑤	7 ③			

1 ②

정답 해설 | 효과적인 담화를 위해 사용하는 '이', '그', '저'는 대상과 말하는 이, 듣는 이 사이의 거리에 따라 선택되는 지시·대용표현이다. ㉡은 화자인 '효준'과 청자인 '유로'에게 모두 멀리 떨어져 있는 진열대를 지칭하는 표현이고, ㉤은 화자인 '유로'와 청자인 '효준'이 있는 장소에서는 현재 보이지 않는 □□매장을 가리키는 표현이다. 따라서 ㉡을 사용하여 '효준'이 지시한 장소는 ㉤이 나타내는 장소와 동일하지 않다.

오답 체크 |

① ㉠은 화자인 '효준'과 청자인 '유로'에게 모두 멀리 떨어져 있는 진열대의 운동화를 가리키므로 적절한 진술이다.

③ ㉢은 화자인 '효준'에게 가까이 있는 운동화를 가리키므로 적절한 진술이다.

④ ㉣은 화자인 '유로'에게는 멀지만, 청자인 '효준'에게 가까운 운동화를 가리키는 표현이고, ㉢도 '효준'에게 가까운 운동화를 가리키는 표현이므로 적절한 진술이다.

⑤ 화자인 '유로'와 청자인 '효준'이 있는 장소에서는 현재 보이지 않는 □□매장을 가리키므로 적절한 진술이다.

2 ③

정답 해설 | ㉣은 '원장님'의 말을 높이기 위해 사용한 것이고 ㉧은 '학생'이 자신의 말을 낮추기 위해 사용한 것이므로 적절하지 않다.

오답 체크 |

① ㉠과 ㉡은 모두 '원장님'을 높이기 위해 사용한 것이므로 적절하다.

② ㉢과 ㉦은 모두 학생과 원장님이 전화로 약속을 잡았던 날을 지칭하므로 적절하다.

④ ㉤은 화자와 청자 모두로부터 멀리 떨어져 있는 곳을 가리키므로 적절하다.

⑤ ㉥은 현재의 담화 상황에 참여하지 않는 학생의 아버지를 지칭하므로 적절하다.

3 ②

정답 해설 | 어머니와 지영이의 대화에서 청소년들이 사용하는 어휘로 인해 어머니와의 의사소통에 장애가 발생하는 상황이 드러난다. 이는 청소년이라는 특정 세대의 문화가 반영된 '생선(생일 선물)', '문상(문화 상품권)'으로 인해 발생한 것이다.

4 ④

정답 해설 | ㉣은 언어적 맥락을 중심으로 상대방의 발화를 이해한 것이다.

오답 체크 |

① '영수'의 발화는 '조금 춥다'라는 앞선 두 사람의 발화를 상황 맥락을 중심으로 이해한 것이다.
② '철호'의 발화는 "나도 조금 추워!"라는 앞선 자신의 발화를 '영수'가 상황 맥락을 중심으로 정확히 이해했다는 것을 알려주고 있다.
③ '선희'의 발화는 "조금 춥구나!"라는 앞선 자신의 발화가 언어적 맥락을 중심으로 이해되어야 한다는 것을 밝히고 있다.
⑤ '승객 1'은 "내립시다."라는 앞선 자신의 발화를 '승객 2'가 제대로 이해하지 못하자 언어적 맥락을 중심으로 자신의 발화가 이해될 수 있도록 다시 말하였다.

5 ③

정답 해설 | ㉢은 딸의 발화 이전에 아버지가 이야기한 '저 옷이랑 같이 입으면'의 내용을 대신하여 표현하고 있는 대용 표현이다. 그러므로 '아버지가 앞에서 한 말과 관련된 세부 사항이 뒤에 추가될 것임을 나타낸다.'라는 진술은 적절하지 않다.

오답 체크 |

① '이거'는 가리키는 대상이 화자와 가깝게 위치할 때 쓰이는 지시 표현이므로 '지시하는 대상이 청자인 은주에 비해 화자인 아버지에게 가까이 있음을 나타낸다.'라는 진술은 적절하다.
② '저'는 상황 맥락 속에 존재하는 대상을 직접적으로 가리키는 지시 표현으로 아버지와 딸 사이에 진행되고 있는 대화의 맥락으로 볼 때 '지시하는 대상을 청자인 은주도 볼 수 있음을 전제로 한다.'라는 진술은 적절하다.
④ '그렇게'는 앞서 아버지가 이야기한 내용을 대신하는 대용 표현이므로 고모한테 고맙다고 전화 한 통 드리라는 말을 대신하여 담화의 중복을 피한다는 진술은 적절하다.
⑤ '그런데'는 고모한테 전화 한 통 드리라는 화제에서 영화를 보러 가자는 화제로 바꾸고 있으므로 화제를 다른 데로 돌리는 기능을 한다는 진술은 적절하다.

6 ⑤

정답 해설 | 청유형 종결 어미는 말하는 이가 듣는 이에게 같이 행동할 것을 제안하거나(예 함께 공부하자), 말하는 이의 행동 수행을 제안하기도 하지만(예 나도 한마디 하자), 말 듣는 이의 행동 수행을 촉구하기도 한다(예 표 좀 빨리 팝시다). 주어진 담화에서는 '아들'에게 '심호흡'해 볼 것을 권하는 것이지 함께 행동할 것을 제안하는 것은 아니다.

7 ③

정답 해설 | '잠깐, 내가 안경을 어디다 뒀더라?'는 의문문이지만 청자에게 요청하는 것이 아니다. 'B'의 대답을 고려했을 때, 'A'의 말은 혼자 있는 상황에서 화자가 안경을 찾으면서 하는 혼잣말이다.

오답 체크 |

① 조용히 해 줄 것을 청자에게 요청하는 문장이다.
② 창문을 열어줄 것을 청자에게 요청하는 문장이다.
④ 비켜 줄 것을 청자에게 요청하는 문장이다.
⑤ 차를 세워줄 것을 청자에게 요청하는 문장이다.

제6강 국어 어문 규정

확인문제

본문 244~247쪽

1 ⑤	2 ⓐ-기역, ⓑ-키읔, ⓒ-디귿, ⓓ-티읕			
3 ⑤	4 ④	5 ③	6 ④	7 ⑤
8 ③	9 ②	10 케이크, 주스, 세미나		
11 ②	12 국어의 표준 발음법		13 ③	

기출문제

본문 248~283쪽

1 ③	2 ⑤	3 ⑤	4 ④	5 ⑤
6 ⑤	7 ②	8 ③	9 ⑤	10 ④
11 ③	12 ②	13 ①	14 ⑤	15 ①
16 ③	17 ①	18 ④	19 ⑤	20 ①
21 ④	22 ①	23 ④	24 ①	25 ①
26 ②				

1 ③

정답 해설 | '일찍'은 '-하다'가 붙어서 '일찍하다'가 되지 않는다. 그러므로 ㉠을 근거로 할 수 없다. 또한 부사 어근 '일찍'과 접사 '-이'로 분석되기 때문에 ㉢을 근거로 할 수 없다. 해당 예는 '일찍'에 접사 '-이'가 붙어 의미를 더하고 있는 경우이므로, ㉡에 근거하여 부사의 원형을 밝혀 적는 것이 옳은 표기이다.

2 ⑤

정답 해설 | 나-2의 '반드시'는 '반듯-'을 어근으로 볼 경우, 여기에 '-이'가 붙어서 '꼭, 기필코' 등의 의미를 지닌 말을 만들어 낸다고 설명하기 어렵다. 따라서 '반드시'는 어휘화된 산물로 판단하여 소리 나는 대로 표기하도록 하고 있다.

3 ⑤

정답 해설 | ⓔ는 체언 '그것'과 조사 '이'가 어울려 줄어진 경우로 ㄴ(제33항)의 규정을 적용한 적절한 사례이다.

오답 체크 |

① 체언 '무엇'과 조사 '을'이 어울려 준 대로 적은 경우로 ㄴ에 해당한다.

② 체언 '이것'과 조사 '은'이 어울려 준 대로 적은 경우로 ㄴ에 해당한다.

③ 체언이 단독으로 쓰인 경우로 ㄱ과 ㄴ 어디에도 해당하지 않는다.

④ 체언 '여기'와 조사 '에'를 구별하여 적었으므로 ㄱ에 해당한다.

4 ④

정답 해설 | '무심하지'는 ㉠의 규정에 따라 'ㅎ'이 다음 음절의 첫소리와 어울려 거센소리로 되는 경우이므로 '무심지'가 아니라 '무심치'로 적어야 하므로 적절하지 않다.

5 ⑤

정답 해설 | 소리대로 적은 것은 발음 형태대로 적은 것을 의미한다. 하늘의 발음은 [하늘]로 발음 형태대로 표기한 것이므로 소리대로 적은 것에 해당한다.

6 ⑤

정답 해설 | 제시문에서 '이[齒]'가 합성어에서 '니'로 소리가 날 경우에는 어근의 의미 유지와 관계없이 '니'로 적는다고 하였다. 따라서 합성어인 '사랑니'의 경우 어근인 이[齒]는 본래의 의미를 유지하고 있지만 이와 관계없이 [니]로 소리가 나기 때문에 '사랑니'로 적은 것이다.

7 ②

정답 해설 | 표준 발음법 제23항에 따르면 받침 'ㄷ'뒤에 연결되는 'ㄷ'은 된소리로 발음한다. 따라서 '뻗대도'는 [뻗때도]로 발음하므로 적절하지 않다.

오답 체크 |

① 표준 발음법 제23항에 따르면 '국밥'을 [국빱]으로 발음하므로 적절하다.

③ 표준 발음법 제24항에 따르면 '껴안다'를 [껴안따]로 발음하므로 적절하다.

④ 표준 발음법 제24항에 따르면 '삼고'를 [삼:꼬]로 발음하므로 적절하다.

⑤ 표준 발음법 제26항에 따르면 '갈등(葛藤)'은 [갈뜽]으로 발음한다. 하지만, '결과(結果)'는 이 규정에 해당되지 않아 [결과]로 발음하므로 적절하다.

8 ③

정답 해설 | [ㄱ, ㄷ, ㅂ]으로 발음되는 받침 'ㄱ(ㄲ, ㅋ, ㄳ, ㄺ), ㄷ(ㅅ, ㅆ, ㅈ, ㅊ, ㅌ), ㅂ(ㅍ, ㄼ, ㄿ, ㅄ)' 뒤에서 'ㄱ, ㄷ, ㅂ, ㅅ, ㅈ'은 된소리인 [ㄲ, ㄸ, ㅃ, ㅆ, ㅉ]으로 각각 발음되는 된소리되기를 규정한 표준 발음법 제23항에 따라 '없단다'는 [업딴다]로 발음해야 하므로 제14항과는 관련이 없다.

9 ⑤

정답 해설 | '무엇이든지 주저하지 말고 시작해 봐.'에서의 '-든지'는 물건이나 일의 내용을 가리지 아니하다의 뜻으로 쓰였기 때문에 '제56항 2'에 따라 '무엇이든지'로 쓴다.

오답 체크 |

① 물건이나 일의 내용을 가리지 아니하는 뜻을 나타내기 때문에 '가든가'가 적절하다.

② 지난 일을 나타내기 때문에 '잘하던데'가 적절하다.

③ 지난 일을 나타내기 때문에 '놀랐던지'가 적절하다.

④ 물건이나 일의 내용을 가리지 아니하는 뜻을 나타내기 때문에 '어찌하든지'가 적절하다.

10 ④

정답 해설 | '높이'의 어근 '높-'에 '-하다'나 '-거리다'가 붙을 수 없으므로, 한글 맞춤법 제23항을 적용해, '노피'를 '높이'로 정정해야겠다고 판단한 것은 적절하지 않다. '높이'는 어간 '높-'에 '-이'가 결합해 만들어진 명사이므로, 제19항을 적용하여 '노피'를 '높이'로 정정하는 것이 적절하다.

오답 체크 |

① '돌아가다'는 앞말인 '돌다'와 뒷말인 '가다'가 결합한 합성 동사로, 앞말인 '돌다'의 본뜻을 유지하고 있다. 따라서 한글 맞춤법 제15항 [붙임 1]을 적용해, '도라가다'를 '돌아가다'로 정정해야겠다고 판단한 것은 적절하다.

② '드러나다'는 두 개의 용언이 어울려 한 개의 용언이 될 적에 그 본뜻에서 멀어진 합성 동사이다. 따라서 한글 맞춤법 제15항 [붙임 1]을 적용해 '드러났다'로 표기한 것이 적절하다고 판단한 것은 적절하다.

③ '얼음'은 어간 '얼-'에 '-음'이 결합해 만들어진 명사이다. 따라서 한글 맞춤법 제19항을 적용해 '얼음'으로 표기한 것이 적절하다고 판단한 것은 적절하다.

⑤ '홀쭉이'는 어근 '홀쭉-'에 '-이'가 결합해 만들어진 명사이고, 어근 '홀쭉-'에 '-하다'가 결합할 수 있다. 따라서 한글 맞춤법 제23항을 적용해 '홀쭈기'를 '홀쭉이'로 정정해야겠다고 판단한 것은 적절하다.

11 ③

정답 해설 | '수'는 의존 명사이므로 실질 형태소, '만'과 '은'은 보조사이므로 형식 형태소이다. 따라서 형태를 밝히어 적었다.

12 ②

정답 해설 | '높이'는 용언의 어간 '높-'에 접미사 '-이'가 붙어서 부사가 된 경우이므로 ㉡의 예에 해당한다.

13 ①

정답 해설 | '늦게[늗께]'는 <보기>의 ㉠에서 받침 'ㅈ' 뒤에 연결되는 'ㄱ'이 된소리로 발음되는 경우에, '얹다[언따]'는 <보기>의 ㉡에서 어간 받침 'ㄵ'뒤에 결합되는 어미의 첫소리 'ㄷ'이 된소리로 발음되는 경우에 해당하는 단어이다.

오답 체크 |

② '있고[읻꼬]'는 <보기>의 ㉠에 해당하는 단어이다.

③ '늙다[늑따]'는 <보기>의 ㉠에 해당하는 단어이다.
④ '묶어[무꺼]'는 연음이 된 것으로 <보기>의 규정과는 상관이 없다.
⑤ '앉다[안따]'는 <보기>의 ㉡에 해당하는 단어이다.

14 ⑤

정답 해설 | 1문단에서 일반적인 활용 규칙에서 어긋나는 경우에는 표음주의를 채택함을 알 수 있다. ㉤은 이에 해당하는 예로서, 어간에 어미 '-아'가 붙을 때 '갈라'와 같이 형태소의 본 모양을 밝혀 적지 않는 표음주의 표기를 하고 있으므로 적절하지 않다.

오답 체크 |

① ㉠인 '먹고'는 형태소 '먹-'과 '-고'가 합쳐진 것이고, 기본형 '먹다'는 형태소 '먹-'과 '-다'가 합쳐진 것이다. 따라서 '먹고'와 '먹다'는 각 형태소의 본 모양을 밝혀 적은 표의주의 표기를 하고 있으므로 적절하다.
② ㉡인 '좋아'는 어간인 '좋-'과 어미인 '-아'의 형태를 밝혀 적고 있는 표의주의 방식을 채택하고 있으므로 적절하다.
③ ㉢인 '사라지다'는 '살다'와 '지다'가 연결어미 '-아'에 의해 어울려 한 개의 용언이 된 합성어로, 앞말이 본뜻에서 멀어져서 원형을 밝혀 적지 않고 소리 나는 대로 적는 표음주의 표기를 하고 있으므로 적절하다.
④ ㉣인 '쉽다'는 어간에 어미 '-고'가 붙을 때는 '쉽고'와 같이 형태소의 본 모양을 밝혀 적는 표의주의 표기를 사용하고 있는데, 어간에 어미 '-으니'가 붙을 때는 '쉬우니'와 같이 형태소의 본 모양을 밝혀 적지 않는 표음주의 표기를 사용하고 있으므로 적절하다.

15 ①

정답 해설 | 표준 발음법 제23항부터 26항까지는 된소리되기의 환경을 다룬다. '옷고름'은 '옷[옫]'의 ㄷ(ㅅ) 받침 뒤에 연결되는 '고름'의 1음절 첫소리 'ㄱ'을 된소리로 발음해야 하므로 ㉠의 사례로 볼 수 있다. '젊고'는 어간 '젊-'의 받침 'ㅁ(ㄻ)' 뒤에 결합되는 어미 '-고'의 첫소리 'ㄱ'이 된소리로 발음되는 경우이므로 ㉡의 사례로 볼 수 있다.

오답 체크 |

② '문고리'는 표준 발음법 제23항부터 제25항의 어느 것으로도 된소리되기가 나타나는 이유를 설명하지 못한다(제28항 참고).
③ '갈등[갈뜽]'은 표준 발음법 제23항부터 제25항의 어느 것으로도 된소리되기가 나타나는 이유를 설명하지 못한다(제26항 참고).
④ '언짢게[언짠케]'에서는 된소리되기가 나타나지 않았다.
⑤ '술잔[술짠]'은 제23항부터 제25항의 어느 것으로도 된소리되기가 나타나는 이유를 설명하지 못한다(제28항 참고).

16 ③

정답 해설 | '마당의 눈이 희다.'에서 '희다'는 ㉠에 따라 어간 '희-'에 어미 '-어'가 결합해 '희어'로 적는다.

17 ①

정답 해설 | '안개꽃 밖에'의 '밖에'는 조사로 한글맞춤법 제41항을 적용해 '안개꽃밖에'로 써야 한다. 따라서 제41항을 적용해 '안개꽃밖에'로 정정해야겠다는 진술은 적절하다.

18 ④

정답 해설 | '지붕'은 명사 '집'과 접미사 '-웅'이 결합하여 만들어진 말로, ㉢ 규정에 따라 명사의 원형을 밝히어 적지 않은 것이고, '마감'은 '막다'의 어간인 '막-'과 접미사 '-암'이 결합하여 만들어진 말로 ㉡ 규정에 따라 어간의 원형을 밝히어 적지 않은 것이다.

19 ⑤

정답 해설 | 제25항은 용언 어간 뒤에 결합되는 어미의 첫소리 'ㄱ, ㄷ, ㅅ, ㅈ'에 관한 것으로 ⑤의 '여덟과'와는 관계가 없다. '여덟과'는 명사가 조사와 결합한 경우로 [여덜과]로 발음해야 한다.

오답 체크 |

④ '신기다'는 '신다'에 사동접미사 '-기-'가 붙은 것으로 표준어 규정 제24항의 '다만' 조항에 해당한다. 따라서 '신기다'는 [신기다]로 발음해야 한다.

20 ①

정답 해설 | 심리[심니]는 받침 'ㅁ'의 영향을 받아 'ㄹ'이 'ㄴ'으로 발음되므로 제19항에 따른 것이고, 두통약[두통냑]은 합성어로서 앞 단어의 끝이 자음 'ㅇ'이고, 뒤 단어의 첫음절이 '야'이므로 'ㄴ'을 첨가하여 [두통냑]으로 발음된다. 이것은 제29항에 따른 것이다.

오답 체크 |

②의 점령[점녕], 상록수[상녹쑤]는 제19항,
③의 콩엿[콩녇], 한여름[한녀름]은 제29항,
④의 국물[궁물]은 <보기>에 제시되어 있지 않은 비음화, 눈요기[눈뇨기]는 제29항,
⑤의 종로[종노]는 제19항, 물난리[물랄리]는 <보기>에 제시되어 있지 않은 유음화의 사례이다.

21 ④

정답 해설 | '씩씩'은 'ㄱ' 받침 뒤에서 나는 된소리로, 같은 음절이 겹쳐 나는 경우에 해당하므로 ⓒ로 설명할 수 있다. 따라서 ⓑ에 따라 '씩씩'으로 표기한다는 것은 적절한 진술이 아니다.

오답 체크 |

① '으뜸'은 두 모음 사이에 된소리가 나므로 적절한 진술이다.

② '거꾸로'는 두 모음 사이에 된소리가 나므로 적절한 진술이다.

③ '살짝'은 'ㄹ' 받침 뒤에서 된소리가 나므로 적절한 진술이다.

⑤ '낙찌'는 'ㄱ' 받침 뒤에서 된소리가 나지만, 같은 음절이나 비슷한 음절이 겹쳐나는 경우가 아니므로 된소리로 적지 않는다. 따라서 ⓒ에 따라 '낙지'로 표기하는 것은 적절한 진술이다.

22 ①

정답 해설 | '깎아'는 쌍받침이 모음으로 시작되는 어미 '-아'와 결합되는 경우이므로, 제13항에 따라 [까까]로 발음해야 한다.

오답 체크 | ④, ⑤의 발음은 제13항과, ②, ③의 발음은 제14항과 관련된다.

23 ④

정답 해설 | 제14항의 'ㅅ'은 된소리로 발음한다는 규정에 의거하여 '값이'는 [갑씨]라고 발음해야 한다.

24 ①

정답 해설 | '할게요'의 '요'는 상대 높임을 나타내는 보조사이다. 국어에서 문장의 종결 형태는 어미로 끝나야 하기 때문에 '할게요'는 어간 '하-'에 어미 '-ㄹ게'가 결합된 형태에 상대 높임을 나타내는 보조사 '요'가 결합된 것이다.

오답 체크 |

② '-든지'가 올바른 표기이다.

③ '어떡해'가 올바른 표기이다.

④ '바라'나 '바란다'가 올바른 표기이다.

⑤ '넉넉지'가 올바른 표기이다.

25 ①

정답 해설 | <보기>의 제13항에서 홑받침이 모음으로 시작된 조사와 결합되는 경우에는 제 음가대로 뒤 음절 첫소리로 옮겨 발음함을 알 수 있다. 그런데 ㉠인 '들녘이'는 '들녘'의 받침 'ㅋ'이 모음으로 시작된 조사 '이'와 결합되는 경우이다. 따라서 '들녘이'의 'ㅋ'은 제 음가대로 뒤 음절 첫소리로 옮겨 발음되어 [들려키]로 발음해야 한다. ㉠에서 '들녘'의 'ㅋ'이 제13항이 적용되어 [ㄱ]으로 발음된다는 진술은 적절하지 않다.

오답 체크 |

② <보기>의 제9항에서 받침 'ㅋ'은 자음 앞에서 대표음 [ㄱ]으로 발음함을 알 수 있다. 그런데 ㉡인 '들녘도'는 '들녘'의 받침 'ㅋ'이 'ㄷ'과 결합되는 경우이다. 그러므로 ㉡에서 '들녘'의 'ㅋ'이 제9항이 적용되어 [ㄱ]으로 발음된다는 진술은 적절하다.

③ <보기>의 제23항에서 받침 'ㄱ(ㄲ, ㅋ, ㄳ, ㄺ)' 뒤에 연결되는 'ㄷ'은 된소리로 발음함을 알 수 있다. 그런데 ㉡인 '들녘도'는 받침 'ㅋ' 뒤에 'ㄷ'이 연결되는 경우이다. 그러므로 ㉡인 '들녘도'의 '도'에서 'ㄷ'이 제23항이 적용되어 [ㄸ]으로 발음된다는 진술은 적절하다.

④ <보기>의 제18항에서 받침 'ㄱ(ㄲ, ㅋ, ㄳ, ㄺ)'은 'ㄴ, ㅁ' 앞에서 [ㅇ]으로 발음함을 알 수 있다. 그런데 ㉢인 '들녘만'은 받침 'ㅋ'이 'ㅁ' 앞에 있는 경우이다. 그러므로 ㉢인 '들녘만'의 'ㅋ'이 제18항이 적용되어 [ㅇ]으로 발음된다는 진술은 적절하다.

⑤ <보기>의 제20항에서 'ㄴ'은 'ㄹ'의 앞이나 뒤에서 [ㄹ]로 발음함을 알 수 있다. 그런데 ㉠, ㉡, ㉢의 공통된 단어인 '들녘'은 받침 'ㄹ' 뒤에 'ㄴ'이 이어지는 경우임을 알 수 있다. 그러므로 ㉠, ㉡, ㉢에서 '들녘'의 'ㄴ'이 제20항이 적용되어 [ㄹ]로 발음된다는 진술은 적절하다.

26 ②

정답 해설 | '저 친구, 저러다가 큰일 한번 내겠어.'는 쉼표를 '문장 앞부분에서 조사 없이 쓰인 제시어나 주제어의 뒤에 쓰'는 예에 해당한다. ㉡의 '문장의 연결 관계를 분명히 하고자 할 때 절과 절 사이에 쓴다.'에 해당하는 예는 '콩 심은 데 콩 나고, 팥 심은 데 팥 난다.' 등이다.

제7강 바른 국어 생활

확인문제

본문 273~277쪽

1 ⑤ 2 ③ 3 [흐귀] 4 ②
5 피동 또는 사동 6 ③
7 그V사람은V차를V살V만한V형편이V못V된다.
8 ④ 9 ③ 10 ⑤ 11 ③ 12 ③
13 ④ 14 ④

기출문제

본문 278~283쪽

1 ① 2 ① 3 ③ 4 ⑤ 5 ②
6 ④ 7 ① 8 ⑤ 9 ① 10 ①
11 ④

1 ①

정답 해설 | ①은 문장에서 '귀여운'이 수식하는 말이 '동생'인지, '동생의 강아지'인지 불분명하여 중의적으로 해석되는 문장이다.

오답 체크 |

② '좋아한다'의 비교 대상이 불분명한 데서 중의적으로 해석된다.
③ '신고 계신다'가 진행인지 완료인지 불분명한 데서 중의적으로 해석된다.
④ '나'와 '그녀'가 결혼한 것인지 '나'와 '그녀'가 각각 다른 사람과 결혼한 것인지 불분명한 데서 중의적으로 해석된다.
⑤ '사과'와 '귤'이 각각 하나씩 두 개인지, '사과'와 '귤'이 각각 두 개인지 불분명한 데서 중의적으로 해석된다.

2 ①

정답 해설 | '나는 형과 누나가 추천한 영화를 보았다.'라는 문장은 '누나가 추천한 영화를 형과 내가 본 것'과, '형과 누나가 추천한 영화를 내가 본 것'으로 중의적 해석이 가능하다. 여기에 '집에서'를 넣는다고 해서 중의성이 해소되는 것은 아니다.

3 ③

정답 해설 | ㄷ의 '아파서'가 '만약'과 호응하지 않는 것은 적절하지만 '만약'과 호응하려면 '아파서'를 '아프면'으로 바꾸어야 한다.

4 ⑤

정답 해설 | 중의성이 있는 문장이 명확하게 해석되지 못하는 이유를 구체적으로 파악한다. 문장 ⓜ은 지훈이가 웃으면서 소민이를 맞이했는지, 소민이가 웃으면서 들어왔는지가 모호하기 때문에 명확하게 해석하기 어렵다. '지훈이와 소민이'가 동시에 웃으며 만났다는 의미는 이 문장에서 찾을 수 없다.

오답 체크 |

① ㉠의 예문에서는 경준이의 신체 중 손이 큰지, 경준이의 씀씀이가 큰지 명확하지 않다.
② 효정이가 구두를 신고 있는 중인지, 구두를 신은 상태인지 명확하지 않다.

③ 아름다운 사람이 그녀인지 어머니인지 명확하지 않다.
④ 접속 조사 '와'의 결합 때문에, ㉣은 어머니께서 나에게 주신 것이 사과 하나와 귤 하나인지, 사과와 귤이 각각 두 개인지, 사과 하나와 귤 두 개인지 명확하지 않다.

5 ②

정답 해설 | '형은 나보다 어머니를 더 좋아한다.'는 '형은 나와 어머니 중에서 어머니를 더 좋아한다.'와 '내가 어머니를 좋아하는 것보다 형이 어머니를 더 좋아한다.'로 중의적으로 해석된다.

6 ④

정답 해설 | '할아버지께서 어제 입학 선물을 주셨다.'에서 서술어 '주셨다'가 반드시 필요로 하는 부사어가 생략되었으므로 적절하지 않다.

오답 체크 |
① '그는 친구에게 보냈다.'에서 서술어 '보냈다'가 반드시 필요로 하는 목적어가 생략되었으므로 적절하다.
② '이번 일은 결코 성공해야 한다.'에서 부사어 '결코'는 서술어 '성공해야 한다'와 어울리지 않으므로 적절하다.
③ '그의 뛰어난 점은 필기를 잘한다.'에서 주어 '그의 뛰어난 점은'은 서술어 '잘한다'와 어울리지 않으므로 적절하다.
⑤ '사람들은 즐겁게 춤과 노래를 부르고 있다.'에서 목적어 '춤과 노래를'은 서술어 '부르고 있다'와 어울리지 않으므로 '사람들은 즐겁게 춤을 추고 노래를 부르고 있다.'가 적절하다.

7 ①

정답 해설 | '그녀는 학교에서 회장이 되었다'에서 '회장이'는 서술어 '되었다'가 반드시 필요로 하는 보어이다.

오답 체크 |
② '그'와 '나' 둘 중에 누가 낚시를 더 좋아하는지 분명하지 않기 때문에 '내가 낚시를 좋아하는 것보다 그가 더 낚시를 좋아하다'로 의미가 분명하도록 고친 것이다.
③ 주어인 '우리 집의 특징은'과 서술어가 호응을 이루도록 문장을 고친 것이다.
④ 환경은 '개선시켜야' 할 대상이 아니라 우리가 환경을 '개선해야' 하는 것으로 지나친 사동 표현을 주동 표현으로 고친 것이다.
⑤ '조용히'와 조용하고 엄숙함을 뜻하는 '정숙'이 의미가 중복되기 때문에 '조용히'를 삭제한 것이다.

8 ⑤

정답 해설 | 문장을 어법에 맞게 쓰기 위해서는 어휘의 적절한 사용, 서술어의 자릿수, 문장 성분 사이의 호응, 수식어와 피수식어의 호응, 문장 사이의 접속 표현 등을 고려해야 한다. ㉤은 '남에게 고통을 주다.'와 '남의 마음을 상하게 하다.'라는 문장이 이어지며 문장 성분을 과도하게 생략한 경우이다.

오답 체크 |
① ㉠은 '-던지'나 '-든지'가 적절히 사용되었는가를 판단해야 하는 문장이다. '-던지'의 '-더-'는 과거 회상을 나타내는 선어말 어미가 결합한 것이며, 어미 '-든지'는 여러 동작이나 상태, 대상을 늘어놓고 그 가운데 어느 것이든 선택될 수 있음을 나타내는 어미이다.
② ㉡은 문장에서 나타내고자 하는 의미에 적절한 단어가 사용되었는가를 고려해야 하는 문장이다. 기차의 속도를 나타낼 때에는, 어떤 동작을 하는 데 걸리는 시간이 짧다는 의미를 나타내는 '빠르다'를 사용하는 것이 적절하다.
③ ㉢은 '내가 하고 싶은 말은'과 서술어가 호응을 이루지 않아 문장이 어색하다.
④ ㉣에서 '한결같이'의 수식의 대상이 '어려운'인지 '돕는'인지 불분명하여 중의적으로 해석된다.

9 ①

정답 해설 | '상의하다'는 '어떤 일을 서로 의논하다.'는 의미를 지닌 서술어로, 의논의 대상이 되는 부사어를 필요로 한다. 따라서 '약사에게'가 아니라 공동의 의미를 지닌 부사격 조사 '와'가 결합된 '약사와'가 적절하다.

10 ①

정답 해설 | '주다'는 부사어와 목적어를 필수적으로 요구하는 서술어이다. 따라서 부사어 '우리에게'를 추가하여 수정하였다. 그런데 수정한 이유를 보면 목적어가 없다고 진술하였으므로 이는 적절하지 않다.

오답 체크 |
② '믿겨지다'는 '믿다'의 이중 피동 표현이므로 이중 피동 표현을 사용하여 수정하였다는 진술은 적절하다.
③ '추고'가 빠져 있었으므로 목적어의 하나인 '춤'과 호응하는 서술어가 없어 수정하였다는 것은 적절하다.
④ 직접 인용을 나타내는 조사는 '라고'이며, 간접 인용을 나타내는 '고'이므로 조사가 잘못 사용되어 수정하였다는 것은 적절하다.
⑤ '온정'은 '따뜻한 사랑이나 인정'이란 뜻이므로 의미가 중복된 표현을 사용하여 수정하였다는 것은 적절하다.

11 ④

정답 해설 | (가)는 '지원이의 꿈은'과 '되고 싶다'가 호응을 이루지 못하고 있는 문장이다. 즉 주어와 서술어 간의 호응이 이루어지지 않은 문장이다. (나)는 '이용하면서' 앞에 '자연을'이라는 목적어가 생략된 문장이다. 즉 필요한 문장 성분이 누락된 문장이다. (다)는 '형이' 만나고 싶어 하는 것인지, '형을' 만나고 싶어 하는 것인지 분명하지 않은 중의적 문장이다.

제8강 국어사

확인문제 본문 291~292쪽

1 알타이 어족 2 ③ 3 ③
4 문자의 유무 5 종성부용초성

기출문제 본문 293~294쪽

1 ③ 2 ① 3 ②

1 ③

정답 해설 | <보기>에서 기본자에 가획을 하여 만든 것이 가획자라고 설명했다. 그러나 이체자 'ㆁ, ㄹ, ㅿ'은 각각 'ㄱ, ㄴ, ㅅ'과 소리 나는 위치는 같지만 가획의 방법에 따라 만든 글자가 아니라고 하였으므로 이체자 '△'이 가획하여 만들었다는 것은 적절하지 않다.

오답 체크 |

① <보기>의 표로 볼 때 'ㅋ'은 기본자 'ㄱ'을 가획한 것이므로 적절한 진술이다.

② <보기>의 표로 볼 때 'ㄴ'과 'ㄹ'은 같은 위치에서 소리가 나는 혓소리이므로 적절한 진술이다.

④ <보기>의 설명으로 볼 때 가획자 'ㅎ'은 기본자 'ㅇ'을 가획한 것으로 더 세게 소리가 나므로 적절한 진술이다.

⑤ <보기>의 설명으로 볼 때 자음은 발음 기관을 상형한 것이므로 적절한 진술이다.

2 ①

정답 해설 | ⓐ는 발음할 때 소리가 깊으므로 적절하지 않다.

오답 체크 |

② ⓑ는 평평한 모양이지만 ⓐ는 둥근 모양이므로 적절하다.

③ ⓒ는 혀를 오그라들지 않게 발음하지만 ⓐ는 오그라지게 해서 발음하므로 적절하다.

④ ⓐ, ⓑ, ⓒ는 가운뎃소리 열한 자의 일부이므로 적절하다.

⑤ ⓐ는 하늘을, ⓑ는 땅을, ⓒ는 사람을 각각 본뜬 모양이므로 적절하다.

3 ②

정답 해설 | 훈민정음의 초성 중에서 이[齒]의 모양을 본뜬 기본자는 잇소리 'ㅅ'이며, 여기에 '가획'의 원리에 따라 획을 더하여 만든 글자는 가획자 'ㅈ, ㅊ'이다. 중성 중에서 초출자 'ㅗ'에 기본자 'ㆍ'를 결합하여 만든 글자는 재출자 'ㅛ'이다. '상형'이나 '가획'의 원리를 적용하지 않고 별도로 만든 이체자는 'ㆁ, ㄹ, ㅿ'이다. 이러한 조건을 모두 만족하는 글자는 '죨'이다.

제9강 국어의 변천

확인문제 본문 305~306쪽

1 ④ 2 ④ 3 ②

4 '나랏'의 'ㅅ'은 무정 명사인 '나라' 다음에 사용된 관형격 조사에 해당한다.

5 중세국어에서는 '-ㄴ다'가 의문형 어미로 사용되었으나, 근대국어에서는 '-ㄴ다'가 현대국어와 같이 평서형 어미로 사용되고 있다.

기출문제 본문 307~326쪽

1 ④	2 ①	3 ①	4 ①	5 ④
6 ②	7 ④	8 ②	9 ②	10 ⑤
11 ②	12 ①	13 ⑤	14 ⑤	15 ②
16 ③	17 ④	18 ①	19 ⑤	20 ⑤
21 ②	22 ④	23 ⑤	24 ③	25 ③
26 ⑤	27 ①	28 ⑤	29 ③	30 ④
31 ①	32 ④			

1 ④

정답 해설 | 현대 국어의 '것은'과 비교해 볼 때 근대 국어의 '거산'은 앞 글자의 받침 'ㅅ'을 이어 적은 것에 해당하므로 적절하지 않다.

2 ①

정답 해설 | '中듕國·귁·에'의 현대어 풀이가 '중국과'인 것에 비추어 볼 때, 비교 부사격 조사로 사용된 것임을 알 수 있다. 따라서 조사 '에'가 앞말이 사건의 원인이 됨을 나타낸다는 것은 적절하지 않은 설명이다.

오답 체크 |

② 중세 국어에서 '어리다'는 현대어 풀이에 비추어 볼 때 '어리석다'라는 의미로 사용되었음을 알 수 있다. 현대 국어에서 '나이가 적다.'라는 의미로 쓰이는 '어리다'와 의미가 서로 다름을 알 수 있다.

③ '·ᄠᅳ·들'에서는 'ㅳ'과 같이 단어의 초성에 서로 다른 두 자음자를 나란히 적었음을 알 수 있다.

④ '便뼌安ᅙᅡᆫ·킈'에서 'ㆆ'과 같이 중세국어에서는 현대 국어에서 사용되지 않는 자음자가 있었음을 알 수 있다.

⑤ 'ᄡᅮ·미니·라'에서 한 음절의 종성 'ㅁ'을 다음 자의 초성에 옮겨 표기하는 방식이 활용되었음을 알 수 있다.

3 ①

정답 해설 | 'ㅐ'는 ⓐ인 '노피'의 경우는 '높-'과 '-이'가 결합할 때 '높-'의 끝소리인 'ㅍ'이 '-이'의 첫소리로 옮겨 적는 이어적기를 하고 있는 예이다. 그러나 ⓕ인 '놉히'의 경우는 '높이'에서 'ㅍ'을 'ㅂ'과 'ㅎ'으로 나누어 표기하는 재음소화 표기에 해당하는 예이므로 이를 거듭적기라고 한 진술은 적절하지 않다.

오답 체크 |

② ⓑ인 '므레'는 체언 '믈'에 조사 '에'가 붙은 것으로, '믈'의 끝소리인 'ㄹ'이 '에'의 첫소리로 옮겨 적은 이어적기에 해당하므로 적절하다.

③ ⓒ인 '사롬이니'는 체언 '사롬'과 조사 '이니'가 결합할 때 형태소의 본 모양을 밝혀 적은 끊어적기에 해당하므로 적절하다.

④ ⓓ인 '도적글'은 '도적'의 끝소리인 'ㄱ'을 '을'의 첫소리에도 다시 적는 거듭적기에 해당하므로 적절하다.

⑤ ⓔ인 '븕은'은 어간 '븕-'과 어미 '-은'의 형태를 밝혀 적는 끊어적기에 해당하고, ⓖ인 '드러'는 어간 '들-'과 어미 '-어'가 결합할 때, '들-'의 끝소리 'ㄹ'이 '-어'의 첫소리로 옮겨 적은 이어적기에 해당하므로 적절하다.

<재음소화>
근대 국어의 표기법 중의 하나이다. 공식적으로 정해진 표기법은 아니다. 거센소리되기와 반대되는 현상이다.
ㅋ → ㄱ + ㅎ, ㅌ → ㄷ + ㅎ, ㅍ → ㅂ + ㅎ, ㅊ → ㅈ+ ㅎ
현대 국어 '깊은'은 중세 국어에서는 '기픈'이라고 적는데, 이 '기픈'을 '깁흔'이라고 적는 게 재음소화이다. 'ㅍ'을 'ㅂ'과 'ㅎ'의 두 음소로 나누어 적은 것이다. 이런 예들은 다음과 같이 더 들 수 있다.
노피 → 놉히, 부터 → 붇허, 가튼 → 갇흔

4 ①

정답 해설 | ㉠인 '中듕國귁에'는 현대어 풀이 '중국과'로 해석되므로, 중세 국어에서는 '에'가 비교를 의미하는 조사로 쓰였음을 알 수 있다. 따라서 앞말이 장소임을 표시하는 조사라는 진술은 적절하지 않다.

오답 체크 |

② ㉡에서 중세 국어의 '-ㄹ씨'는 현대어 풀이 '-므로'에 해당하며, 이는 앞말이 뒤에 오는 내용과 인과 관계로 연결됨을 표시하는 어미이므로 적절하다.

③ ㉢에서 중세 국어의 '-ㄴ'은 현대어 풀이 '-은'에 해당하며, 이는 앞말이 뒤에 오는 말을 수식함을 표시하는 어미이므로 적절하다.

④ ㉣에서 중세 국어의 'ㅣ'는 현대어 풀이 '가'에 해당하며, 이는 앞말이 문장의 주어임을 표시하는 조사이므로 적절하다.

⑤ ㉤에서 중세 국어의 '울'은 현대어 풀이에서 '을'에 해당하며, 이는 앞말이 문장의 목적어임을 표시하는 조사이므로 적절하다.

5 ④

정답 해설 | '가시니'는 어간 '가-'뒤에 주체 높임의 선어말 어미 '-시-'에 의해 높임 표현이 실현된 것으로 특수 어휘가 사용된 것이 아니므로 적절하지 않다.

오답 체크 |

① 'ᄢᅳ긔'는 초성에 어두 자음군 'ㅴ'가 쓰였으므로 적절하다.

② 'ᄯᆞ니ᄆᆞᆯ'은 목적격 조사 'ᄋᆞᆯ'이 쓰였고, '자최ᄅᆞᆯ'은 목적격 조사 'ᄅᆞᆯ'이 쓰였으므로 적절하다.

③'브리ᅀᆞᄫᅡ'의 'ᅀ, ᄫ'은 현대 국어에는 사용되지 않는 문자이므로 적절하다.

⑤ '거름, 조차'는 '걸음, 좇아'를 이어 적기한 것이므로 적절하다.

6 ②

정답 해설 | ㄱ의 '어미ᄅᆞᆯ'은 '어미'에 'ᄅᆞᆯ'이, ㄷ의 'ᄯᆞᄅᆞᆯ'은 'ᄯᆞᆯ'에 'ᄋᆞᆯ'이 결합하고 있으며 이때 'ᄅᆞᆯ'과 'ᄋᆞᆯ'은 현대어 풀이에서 각각 목적격 조사 '를'과 '을'에 대응하고 있으므로 조사의 형태가 서로 동일하게 사용되었다는 것은 적절하지 않다.

오답 체크 |

① ㄱ의 '羅睺羅(라후라)ㅣ'는 '羅睺羅(라후라)'에 'ㅣ'가, ㄷ의 '仙人(선인)이'는 '仙人(선인)'에 '이'가 결합하고 있으며 이때 'ㅣ'와 '이'는 현대어 풀이에서 각각 주격 조사 '가'와 '이'에 대응하고 있으므로 적절하다.

③ ㄴ의 '瞿曇(구담)ᄋᆡ'는 '瞿曇(구담)'에 'ᄋᆡ'가, ㄷ의 '南堀(남굴)ㅅ'은 '南堀(남굴)'에 'ㅅ'이 결합하고 있으며 이때 'ᄋᆡ'와 'ㅅ'은 모두 현대어 풀이에서 관형격 조사 '의'에 대응하고 있으므로 적절하다.

④ ㄴ의 '深山(심산)애'는 '深山(심산)'에 '애'가 ㄷ의 '時節(시절)에'는 '時節(시절)'에 '에'가 결합하고 있으며 이때 '애'와 '에'는 현대어 풀이에서 모두 부사격 조사 '에'에 대응하고 있으므로 적절하다.

⑤ ㄴ의 '果實(과실)와'는 '果實(과실)'에 '와'가, ㄹ의 '病(병)과'는 '病(병)'에 '과'가 결합하고 있으며 이때 '와'와 '과'는 모두 현대어 풀이에서 조사 '과'에 대응하고, 각각 '果實(과실)'과 '믈', '病(병)'과 '死(사)'를 이어주고 있으므로 적절하다.

7 ④

정답 해설 | '끊어 적기'란 받침을 가진 실질 형태소가 형식 형태소와 만날 때, 실질 형태소와 형식 형태소를 구별해서 적는 방식을 일컫는 말이다. 반면 '이어 적기'란, 소리 나는 대로 적는 표음적 표기를 말한다. 예를 들어 '사람'+'이'를 '사람이'라고 표기한다면 '끊어 적기', '사라미'라고 표기한다면 '이어 적기'에 해당된다. ㉣의 '조초미'는 '조촘+이'로 분석될 수 있는데, 이를 이어 적기하여 '조초미'로 표기한 것이다. 그러므로 '끊어 적기'로 파악한 ④는 적절한 탐구 내용으로 볼 수 없다.

오답 체크 |

① ㉠ '말ᄋᆡ'가 아닌 '마리'로 표기하였으므로, '이어 적기'에 해당된다.

② '두음 법칙'은 일부 소리가 단어의 첫머리에 발음되는 것을 꺼려 다른 소리로 발음되는 것으로, 'ㅣ, ㅑ, ㅕ, ㅛ, ㅠ' 앞에서의 'ㄹ'과 'ㄴ'이 'ㅇ'이 되고, 'ㅏ, ㅓ, ㅗ, ㅜ, ㅡ, ㅐ, ㅔ, ㅚ' 앞의 'ㄹ'은 'ㄴ'으로 변하는 것이다. ㉡ '닐오ᄃᆡ'는 'ㄴ'음이 'ㅣ'모음 앞에서 'ㅇ'으로 변하지 않고, 'ㄴ'을 유지하고 있으므로 '두음 법칙'이 적용되지 않았음을 알 수 있다.

③ '어딘'에 '구개음화'가 일어났다면 '어진'이라고 해야 한다. 하지만 '어딘'으로 표기된 것을 볼 때, '구개음화'가 일어나지 않았다.

⑤ ㉤ '노ᄑᆞᆫ'은 '높- + -ᄋᆞᆫ'으로 양성 모음의 어미인 '-ᄋᆞᆫ'이 사용되었으므로 '모음 조화'가 지켜진 것이다. '모음 조화'가 지켜지지 않았다면, '노픈'으로 표기되어야 한다.

8 ②

정답 해설 | ㉡의 '제'는 '저+ㅣ'로 현대어 풀이를 참고하면 '자기의'와 같은 의미로 사용되었다. 따라서 'ㅣ'는 주격 조사가 아니라 관형격 조사이다.

오답 체크 |

③ 'ᄠᅳ들'에는 단어의 첫머리에 현대 국어와 달리 'ㅳ'과 같이 어두 자음군이 사용되었다.

⑤ '便뼌安한·킈'에는 현대 국어에는 쓰이지 않는 자음인 'ㆆ'이 사용되었다.

9 ②

정답 해설 | ㉡ '보ᄆᆡ'는 체언 '봄'과 조사 형태를 밝혀 적지 않고 이어적기를 한 것이다.

오답 체크 |

④ '니ᅀᅦ시니'에는 현대 국어에 쓰이지 않는 자음인 'ᅀ'이 사용되었다.

⑤ 'ᄡᅳᄂᆞ니라'에는 현대 국어와 달리 단어의 첫머리에 'ㅄ'과 같이 어두 자음군이 사용되었다.

10 ⑤

정답 해설 | '그츨ᄊᆡ'는 실질 형태소 '긏-'에 형식 형태소 '-ㄹᄊᆡ'가 결합한 단어이므로 적절하지 않다.

오답 체크 |

① '나모'는 모음으로 시작하는 조사 앞에서 '낡'으로 나타나는 실질 형태소이므로 적절하다.

② 'ᄇᆞᄅᆞ매'는 명사 'ᄇᆞᄅᆞᆷ'과 조사 '애', 'ᄀᆞᄆᆞ래'는 명사 'ᄀᆞᄆᆞᆯ'과 조사 '애'로 이루어진 말이므로 적절하다.

③ '뮐ᄊᆡ'는 동사 어간 '뮈-'와 어미 '-ㄹᄊᆡ'로 이루어진 말이므로 적절하다.

④ '므른'은 명사 '믈'과 조사 '은'으로 이루어진 말로, '믈'은 하나의 형태소이자 하나의 단어이므로 적절하다.

11 ②

정답 해설 | 중세 국어에서는 각 글자의 왼편에 점을 찍어 소리의 높낮이를 표시하였다. '아·니:뮐·씨'에서 '아'는 점이 없으므로 낮은 소리(평성), '니'와 '씨'는 점이 한 개이므로 높은 소리(거성), '뮐'은 점이 두 개이므로 처음은 낮고 나중이 높은 소리(상성)에 해당한다. 이를 고려할 때 ⓐ는 '평성-거성-상성-거성'으로 소리의 높낮이를 표시할 수 있다.

12 ①

정답 해설 | 첫 번째 문장의 주어는 '부톄(부처가)'이므로 주어가 3인칭이다. 또 '누가, 언제' 등과 같은 물음말이 없으므로 '-가', '-ㄹ가'와 같은 '아'형 어미를 사용해야 한다. 두 번째 문장의 주어는 '네(너는)'로서 주어가 2인칭이므로 '-ㄴ다'를 사용해야 한다.

13 ⑤

정답 해설 | ㉤은 객체높임 선어말 어미 '-좁-'을 통해 객체높임을 실현하였을 뿐, 현대국어처럼 '여쭙다'라는 특수어휘를 사용하지는 않았다.

오답 체크 |

① ㉠은 '효도ᄒᆞ+옴'으로 분석되어, 현대국어의 명사형 어미 '-(으)ㅁ'과 다른 형태임을 알 수 있다.
② ㉡의 'ㅲ'은 현대국어에서는 사용되지 않는 어두자음군에 해당한다.
③ ㉢은 '聖孫(성손)+ᄋᆞᆯ'로 분석되어 'ᄋᆞᆯ'이 현대국어의 목적격 조사 '을'과 다른 형태임을 알 수 있다.
④ ㉣은 문장의 주체인 '하늘'을 높이고자 현대국어와 동일하게 주체높임 선어말 어미 '-시-'를 사용하고 있다.

14 ⑤

정답 해설 | (마)의 '닐오리라'는 선어말 어미 '-리-'를 사용하여 미래의 의미를 나타내고 있는데, 선어말 어미 '-리-'는 현대국어에서도 미래를 나타내기 위해 사용되고 있으므로 적절하지 않다.

오답 체크 |

① (가)의 '명종(命終)호라'는 시제를 나타내는 선어말 어미 없이 '죽었다'라는 과거의 의미를 나타내고 있으므로 적절하다.
② (나)의 '롱담ᄒᆞ다라'에서 선어말 어미 '-다-'는 1인칭 주어 '내'와 함께 쓰여 과거의 의미를 나타내고 있으므로 적절하다.
③ (다)의 '묻ᄂᆞ다'는 선어말 어미 '-ᄂᆞ-'가 쓰여 '묻는다'라는 현재의 의미를 나타내고 있으므로 적절하다.
④ (라)의 'ᄒᆞᄂᆞ니라'는 현재형 선어말 어미 '-ᄂᆞ-'가 사용되어 '하늘이며 사람 사는 땅을 다 모아서 세계'라고 하는 보편적 사실을 나타내고 있으므로 적절하다.

15 ②

정답 해설 | 중세 국어의 명사절은 명사형 어미 '-옴 / 움, -기, -디'가 붙어 만들어졌다. 중세 국어의 명사절도 안은문장에서 주어, 목적어, 부사어 등 다양한 문장 성분으로 쓰였다. ⓐ 'ᄡᅮ메'는 'ᄡᅳ-+-움+-에'로 분석되며 음성 모음 아래에서 쓰이는 명사형 어미 '-움'이 결합된 명사절이다. ⓒ '부모롤 현뎌케 홈'은 양성 모음 아래에서 쓰이는 명사형 어미 '-옴'이 붙어 만들어진 명사절이다. ⓓ '본향(本鄕)애 도라옴'에서는 양성 모음 아래에서 쓰이는 명사형 어미 '-옴'이 붙어 만들어진 명사절이다. ⓔ '가져 가디'는 명사형 어미 '-디'가 붙어 만들어진 명사절로 '가져 가디'는 '어려ᄫᅳᆯ씨'의 주어로 쓰였다. 그러나 ⓑ에는 명사절이 나타나지 않는다.

16 ③

정답 해설 | 'ᄇᆞ얌'은 끝소리가 자음이므로 주격 조사 '이'가 나타난다. 따라서 ㉠에는 'ᄇᆞ얌'과 '이'가 결합한 'ᄇᆞ야미'가 들어간다. '불휘'는 끝소리가 반모음 'ㅣ'이므로 아무런 형태가 나타나지 않는다. 따라서 ㉡에는 그대로 '불휘'가 들어간다. '대장부'는 'ㅣ'도 반모음 'ㅣ'도 아닌 모음으로 끝나므로, 주격 조사 'ㅣ'가 쓰인다. 따라서 ㉢에는 '대장뷔'가 들어간다.

17 ④

정답 해설 | 중세 국어에서 앞말이 'ㅣ'모음으로 끝나면 주격 조사를 따로 표기하지 않았다. 따라서 앞말이 모음이라고 예외 없이 주격 조사 'ㅣ'가 사용되는 것은 아니다.

오답 체크 |

① 현대 국어의 주격 조사 중에는 중세 국어에서 사용하지 않았던 '가'가 있다.
② 주격 조사가 붙는 앞말이 'ㅣ' 모음으로 끝나면(음운 환경) 주격 조사를 따로 표기하지 않았다.
③ 현대 국어의 목적격 조사 형태는 '을 / 를'인데 중세 국어의 목적격 조사 형태는 'ᄋᆞᆯ / 을 / ᄅᆞᆯ / 를'이었다.
⑤ 중세 국어에서 앞말의 모음이 양성 모음일 때 목적격 조사로 'ᄋᆞᆯ / ᄅᆞᆯ'을 사용하였고, 앞말이 자음으로 끝나면 'ᄋᆞᆯ / 을'을 사용하였다. 따라서 앞말이 양성 모음이고 자음으로 끝났을 때 쓰이는 목적격 조사는 'ᄋᆞᆯ'임을 알 수 있다.

18 ①

정답 해설 | '거붑'은 동물이고 'ᅮ'가 음성 모음이기 때문에 관형격 조사로 '의'가 붙는다. '하ᄂᆞᆯ'은 사람도 아니고 동물도 아니기 때문에 관형격 조사로 'ㅅ'이 붙는다.

19 ⑤

정답 해설 | ⓜ은 '어느'에 목적격 조사가 결합한 형태로, ⓜ에 사용된 '어느'는 현대 국어의 '어느 것'이라는 의미를 가진 옛말이므로 대명사이다. 이는 <보기 2>의 '어느 02'에 해당하므로 적절하지 않다.

오답 체크 |

① ㉠은 체언 '나라'를 수식하고 있으므로 관형사이다. 따라서 <보기 2>의 '어느 01'과 품사가 동일하다는 진술은 적절하다.

② ㉡은 '어느'에 주격 조사 'ㅣ'가 붙은 형태이다. ㉡에 사용된 '어느'는 현대 국어의 '어느 것'이라는 의미를 가진 옛말이므로 대명사이다. 따라서 <보기 2>의 '어느 02'에 해당하므로 적절하다.

③ ㉢은 용언인 '듣ᄌᆞᄫᆞ리잇고'를 수식하고 있으므로 부사이다. 따라서 <보기 2>의 '어느 03'으로 쓰였다는 진술은 적절하다.

④ ㉣은 용언인 '플리'를 수식하는 부사이고, <보기 2>의 '어느 01'은 관형사이므로 적절하다.

20 ⑤

정답 해설 | 15세기에 'ㅐ'는 'ㅏ'와 반모음 'ㅣ̆'가 결합한 이중 모음이었을 것으로 추정된다. 따라서 15세기 국어의 체언 '바'에 조사 '이'가 붙어 '배'로 표기된 사례에서는 조사의 단모음 'ㅣ'가 반모음 'ㅣ̆'로 교체되는 것이지 체언의 단모음이 'ㅣ̆'로 교체되는 것이 아니다.

오답 체크 |

① 현대 국어에서 '피어'를 [펴:]로 발음하는 반모음화의 사례는 규범상 표준 발음으로 인정된다.

② 반모음화는 반모음과 성질이 비슷한 단모음에 적용되는 것으로 현대 국어에서 '피어'를 [펴:]로 발음할 때는 어간 'ㅣ'가 반모음 'ㅣ̆'로 교체된다.

③ 어간이 'ㅣ, ㅚ, ㅟ'로 끝날 때 어미에 반모음 'ㅣ̆'가 첨가되더라도 표기할 때는 음운 변동이 일어나지 않은 형태로 표기해야 한다. 따라서 '피어'로 표기해야 한다.

④ 15세기 국어에서는 'ㆎ, ㅐ, ㅔ, ㅚ, ㅢ'가 'ㅟ' 표기와 마찬가지 방식으로 이중 모음을 나타냈을 것으로 추정된다. 따라서 'ㅚ' 표기는 단모음 'ㅗ'와 반모음 'ㅣ̆'가 결합한 이중 모음을 나타냈을 것으로 추정된다.

21 ②

정답 해설 | ⓐ 15세기의 'ㅐ' 표기는 'ㅏ'와 반모음 'ㅣ̆'가 결합한 이중 모음을 나타냈을 것으로 추정된다. 따라서 '나+이 → 내'의 사례는 체언 '나'에 조사 '이'가 붙을 때 조사의 'ㅣ'가 반모음 'ㅣ̆'로 교체된 반모음화의 사례이다. ⓑ '니겨'는 어간 '니기-'에 어미 '-어'가 결합할 때 어간의 마지막 모음 'ㅣ'가 반모음 'ㅣ̆'로 교체된 반모음화의 사례이다. 따라서 '니겨'는 밑줄 친 ㉡의 사례에 해당한다. ⓒ 15세기의 'ㅢ' 표기는 'ㅡ'와 반모음 'ㅣ̆'가 결합한 이중 모음을 나타냈을 것으로 추정된다. 이에 따르면 '긔여'에서 어간 '긔-'는 반모음 'ㅣ̆'로 끝나므로 '긔여'는 반모음 'ㅣ̆' 뒤에서 반모음 'ㅣ̆'가 첨가된 반모음 첨가의 사례이다. 따라서 '긔여'는 밑줄 친 ㉠의 사례에 해당한다. ⓓ '디여'는 어간 '디-'에 어미 '-어'가 결합할 때 어미에 반모음 'ㅣ̆'가 첨가된 사례이다. 어간 '디-'는 'ㅣ'로 끝나므로 '디여'는 어간이 'ㅣ'로 끝나는 용언에서 일어난 반모음 첨가의 사례이다.

22 ④

정답 해설 | ㉣에서 주체인 '아ᄃᆞᆯ'을 높이지 않으므로 적절하지 않다.

오답 체크 |

① '니르샤ᄃᆡ'의 선어말 어미 '-샤-'를 통해 주체 높임법이 실현된 것은 확인되지만, 주체는 생략되어 드러나지 않는다.

② '묻ᄌᆞᆸ고'의 선어말 어미 '-ᄌᆞᆸ-'을 통해 객체 높임법이 실현된 것을 확인할 수 있다.

③ '오시니잇고'의 선어말 어미 '-시-'를 통해 주체 높임법이 실현된 것을 확인할 수 있다.

⑤ '뫼ᄉᆞᆸ고'의 선어말 어미 '-ᄉᆞᆸ-'을 통해 객체인 '어마님'을 높이고 있음을 확인할 수 있다.

23 ⑤

정답 해설 | '거부븨 터리 ᄀᆞᆮ고'에서 '의'는 관형격 조사로 사용되었고, 앞 단어 '거붑'의 마지막 음절의 모음이 음성 모음이므로 '의'의 형태로 실현된 것이다. '바ᄆᆡ 비취니'에서 'ᄋᆡ'는 부사격 조사로 사용되었고, 앞 단어 '밤'의 모음이 양성 모음이므로 'ᄋᆡ'의 형태로 실현된 것이다.

24 ③

정답 해설 | <보기>에서 '-오-'는 어말 어미 앞에서 문법적인 기능을 하는 어미임을 알 수 있다. 그런데 ㉢의 '롱담ᄒᆞ다라'에서 '-다-'는 '-더-'가 '-오-'와 결합하여 나타난 형태이므로 적절하지 않다.

오답 체크 |

① <보기>에서 ‘-오-’는 음성 모음 뒤에서 ‘-우-’로 나타남을 알 수 있다. ㉠에서 ‘-오-’는 ‘�-’의 음성 모음 뒤에서 ‘-우-’로 나타났으므로 적절하다.

② <보기>에서 ‘-오-’는 현재 시제를 나타내는 ‘-ᄂᆞ-’와 결합하면 ‘-노-’로 나타남을 알 수 있다. ㉡에서 ‘-노-’는 ‘-오-’가 ‘-ᄂᆞ-’와 결합하여 나타난 것이므로 적절하다.

④ ‘-오-’가 ㉡에는 현재 시제를 나타내는 ‘-ᄂᆞ-’와 결합하여 ‘-노-’로 나타났고, ㉢에는 과거 시제를 나타내는 ‘-더-’와 결합하여 ‘-다-’로 나타났으므로 적절하다.

⑤ <보기>에서 ‘-오-’는 문장의 주어가 화자임을 표현하기 위해 쓰였음을 알 수 있다. ㉠, ㉡, ㉢ 각각의 주어를 확인하면 세 경우 모두 ‘-오-’가 문장의 주어가 화자임을 표현하기 위해 쓰였다는 것을 알 수 있으므로 적절하다.

25 ③

정답 해설 | ‘김치’의 ‘치’는 과거에도 초성의 자음이 ‘ㅊ’이었다. 그러므로 ‘김치’의 ‘치’에서 구개음화가 일어나지 않은 것은 ‘치’의 본래 모음이 ‘ㅣ’였기 때문이라는 이해는 적절하지 않다.

오답 체크 |

① 피동화음이 ‘ㄷ, ㅌ, ㄸ’인 경우는 ‘ㄷ-구개음화’에 해당하므로 ‘딤칰’가 ‘짐칰’로 변하는 과정에서 일어난 구개음화는 ‘ㄷ-구개음화’에 해당한다.

② ‘딤칰’의 ‘딤’이 ‘짐칰’의 ‘짐’으로 변한 것이므로 ‘딤칰’가 ‘짐칰’로 변하는 과정에서 일어난 구개음화는 형태소 내부에서 일어났다.

④ 언중은 ‘짐칰’를 ‘ㄱ-구개음화’가 일어난 형태라고 생각했기 때문에 ‘김칰’로 교정했을 것이다.

⑤ ‘ㄷ’ 뒤에 오는 모음이 원래 ‘ㅣ’가 아닌 다른 모음이었던 단어들에는 과거에 구개음화가 일어나지 않았다. 그러므로 ‘김치’의 본래 형태가 ‘듐칰’였고 형태소 내부에서의 ‘ㄷ-구개음화’가 사라진 후에 ‘ㅢ’가 ‘ㅣ’로 변화했다면 구개음화는 일어나지 않았을 것이다.

26 ⑤

정답 해설 | ‘얼굴’은 중세 국어에서 ‘형체’라는 의미를 가지고 있었으나, 현대 국어에서는 ‘낯’이라는 의미로만 사용되고 있어서 중세보다 의미가 축소되었다.

오답 체크 |

① ‘기픈’은 어간의 받침 ‘ㅍ’을 어미의 첫소리로 옮겨 소리 나는 대로 표기한 것이다.

② ‘뮐씨’는 현대 국어에서는 사용되지 않는 단어이다.

③ ‘ᄅᆞᆯ’은 현대 국어의 ‘를’과 형태가 다르다.

④ ‘ᄡᅳᆶ디면’에는 현대 국어에서 쓰이지 않는 어두자음군 ‘ㅄ’이 사용되었다.

27 ①

정답 해설 | ‘얻논 藥(약)이 (㉠)’은 해석에 ‘무엇인가?’를 통해 구체적 답변을 요구하는 설명 의문문임을 알 수 있다. 그러므로 의문 보조사 ‘고’를 사용하여 ‘므스것고’가 적절하다. ‘이 ᄯᆞ리 너희 (㉡)’는 ‘예’ 또는 ‘아니오’의 판정을 요구하는 의문문이므로 의문 보조사 ‘가’를 사용한다. ‘엇뎨 일훔이 (㉢)’은 ‘어찌’를 통해 설명을 요구하는 의문문이라는 것을 알 수 있고, ‘선얘’라는 이름이 모음으로 끝나므로 의문 보조사 ‘오’를 사용한다.

28 ⑤

정답 해설 | 4문단에서 중세 국어에서는 보조적 연결 어미와 보조 용언의 결합이나 ‘-(으)며셔’, ‘-고셔’ 등과 같은 연결 어미를 통해 동작상이 실현되었음을 알 수 있다. ㄹ의 ‘시름ᄒᆞ야 잇더니’에서는 보조적 연결 어미와 보조 용언이 결합된 형태로 시간의 흐름 속에서 동작이 일어나는 양상인 동작상이 표현되어 있으나, ㅁ의 ‘닫고셔’에서는 연결 어미 ‘-고셔’로 동작상이 표현되어 있으므로, ㄹ과 ㅁ에서 보조적 연결 어미와 보조 용언이 결합된 형태로 동작상이 표현되어 있다는 진술은 적절하지 않다.

오답 체크 |

① ㄱ의 ‘안자 잇거늘’은 ‘-아 잇다’가 활용된 형태를 통해, 앉은 후의 결과가 지속되고 있음을 나타내는 완료상을 표현하고 있으므로 적절하다.

② ㄴ의 ‘쉬며셔’는 연결 어미 ‘-(으)며셔’를 통해 시간의 흐름 속에서 동작이 일어나는 양상인 동작상이 실현되어 있으므로 적절하다.

③ ㄷ의 ‘ᄧᅡᆯ아 잇더라’에서 ‘-아 잇다’는 진행상을 표현하는데 현대 국어에서는 ‘-아 있다’가 완료상을 표현하므로 적절하다.

④ ㄷ의 ‘ᄧᅡᆯ아 잇더라’와 달리 ㄹ의 ‘시름ᄒᆞ야 잇더니’에서는 보조적 연결 어미 ‘-아’가 ‘ᄒᆞ-’ 뒤에서 ‘-야’ 형태로 바뀌어 나타났으므로 적절하다.

29 ③

정답 해설 | 현대 국어의 ‘살코기’는 중세 국어의 ‘ᄉᆞᆯㅎ’과 ‘고기’가 결합하여 ‘ㅎ 종성 체언’의 흔적이 남은 단어이다. 제시된 중세 국어 자료에 의하면, ‘ㅎ 종성 체언’은 단독형으로 쓰일 때에는 ‘ㅎ’이 나타나지 않았으므로, ‘살코기’의 ‘살’은 중세

국어에서 단독으로 쓰일 경우 '숤'의 형태로 사용되었을 것이다.

오답 체크 |

① '안팎'은 '안'과 '밖'이 어울려 쓰인 것으로 '안ㅎ'의 흔적이 남은 경우에 해당한다.

② '수캐'는 중세 국어에서 '수ㅎ'와 '개'가 어울려 쓰인 것으로 '수'의 'ㅎ' 종성이 'ㄱ'과 어울려 'ㅋ'이 되는 거센소리되기가 이루어진 것이다.

④ 중세 국어에서 '나라'는 'ㅎ 종성 체언'으로, 모음으로 시작하는 조사 '이'와 결합할 경우 'ㅎ'을 이어 적어 '나라히'와 같은 형태로 나타난다.

⑤ '암평아리'는 중세 국어에서 'ㅎ 종성 체언'인 '암ㅎ'과 '병아리'가 결합하여 '암평아리'가 된 단어로, 'ㅎ 종성 체언'의 흔적이 남은 단어이다.

30 ④

정답 해설 | [탐구 결과]에 따르면, ㄱ과 ㄴ은 판정 의문문, ㄷ과 ㄹ은 설명 의문문이다. 그리고 4문단에 의하면, ㄱ의 '가'와 ㄷ의 '고'는 의문문을 만드는 보조사이고, ㄴ의 '-녀'와 ㄹ의 '-뇨'는 의문문을 만드는 종결 어미이다. 중세 국어에서는 판정 의문문에는 '아/어' 계통의 보조사나 종결 어미가 사용되었고, 설명 의문문에는 '오' 계통의 보조사나 종결 어미가 사용되었다. 따라서 <보기>의 사례들을 통해 중세 국어에서는 판정 의문문에 사용되는 보조사나 종결 어미의 형태가 설명 의문문과 달랐다고 판단할 수 있다.

31 ①

정답 해설 | ㉠의 현대어 '가겠습니다'를 통해 ㉠은 동사의 미래 시제임을 알 수 있고 이때의 중세 국어 표현은 선어말 어미 '-리-'를 사용한 '가리이다'이다. ㉡의 현대어 '스승이시다'를 통해 ㉡은 '체언+이다'의 현재 시제임을 알 수 있고 이때의 중세 국어 표현은 특정한 선어말 어미를 사용하지 않은 '스스이시다'이다. ㉢의 현대어 '묻는다'를 통해 ㉢은 동사의 현재 시제임을 알 수 있고 이때의 중세 국어 표현은 선어말 어미 '-ᄂᆞ-'를 사용한 '묻ᄂᆞ다' 이다.

32 ④

정답 해설 | ⓓ에서 '터리'의 '이'는 현대 국어와 달리 비교의 의미를 가지고 있는 부사격 조사로 사용되었지만 'ㅣ'모음 뒤에서 사용된 것이 아니므로 적절하지 않다.

오답 체크 |

① ⓐ에서 '바ᄅᆞ래'의 '애'는 선행 체언 '바ᄅᆞᆯ'의 끝음절 모음이 양성 모음이기 때문에 사용된 것이므로 적절하다.

② ⓑ에서 '지븨'의 '의'는 '집'이라는 특정 체언 뒤에 붙어 장소를 나타내는 부사격 조사로 사용된 것이므로 적절하다.

③ ⓒ에서 '블라와'의 '라와'는 현대 국어와 달리 비교의 의미를 가지고 있는 부사격 조사로 사용된 것이므로 적절하다.

⑤ ⓔ에서 '저그로'의 '으로'는 현대 국어와 달리 출발점의 의미로 사용된 것이므로 적절하다.